「參漢酌金」的再思考

清朝旗人與國家制度

旗人與國家制度工作坊
編　著

文史哲學集成
文史哲出版社印行

國家圖書館出版品預行編目資料

「參漢酌金」的再思考：清朝旗人與國家制度 / 旗人與國家制度工作坊編著. -- 初版. -- 臺北市：文史哲, 民 105.12
頁； 公分（文史哲學集成；694）
ISBN 978-986-314-348-2（平裝）

1. 官制 2. 清代

573.417 105025504

文史哲學集成 694

「參漢酌金」的再思考

清朝旗人與國家制度

編　著：旗人與國家制度工作坊
出版者：文史哲出版社
http:// www.lapen.com.tw
e-mail：lapen@ms74.hinet.net
登記證字號：行政院新聞局版臺業字五三三七號
發行人：彭正雄
發行所：文史哲出版社
印刷者：文史哲出版社
臺北市羅斯福路一段七十二巷四號
郵政劃撥帳號：一六一八〇一七五
電話886-2-23511028・傳真886-2-23965656

定價新臺幣四八〇元

2016 年（民一〇五）十二月初版

ISBN 978-986-314-348-2 00694

「參漢酌金」的再思考

清朝旗人與國家制度

目　　次

出版緣起…………………………………………………… 5

從《清史稿》的纂修看旗人與國家制度…… 莊吉發 …… 7
一、《清史稿》的纂修體例……………………………7
二、《清史稿・本紀》的天命史觀………………… 13
三、清史館《國語志》的纂修及其意義………… 17
四、從《清史稿・后妃傳》看滿蒙聯姻的歷史意義 18
五、固山牛彔組織與滿洲入關前的國家制度……19
六、從《朝鮮實錄》看旗人輔政制度的得失……21

統攝百辟：旗人與清代內閣及其文書……… 林士鉉 …25
一、前言……………………………………………25
二、清代內閣制度的建立……………………………28

三、清代內閣的職掌……………………………38
四、清代內閣的議政權力—兼與軍機處對照……44
五、內閣與旗人職缺…………………………59
六、旗人與內閣滿文文書……………………70
七、結論…………………………………………81

歷練有素 足備任使：清朝六部中的旗人 … 蔡松穎 …83
一、前言…………………………………………83
二、關外時期六部制度的演變………………85
三、順治時期的定制…………………………99
四、盛清時期的六部滿尚書…………………111
五、結論…………………………………………129

封疆大臣 職任緊要：清代的旗人督撫 …… 劉世珣 ··131
一、前言…………………………………………131
二、旗、漢督撫員額之消長…………………137
三、旗人督撫與進士功名……………………149
四、旗人任職督撫之前、後的官職…………154
五、結論…………………………………………161

同場一例：科舉制度與清朝旗人的仕途 ….. 杜祐寧 ··185
一、前言…………………………………………185
二、應試：科甲旗人的出現…………………187
三、除授：科甲旗人的入仕…………………197
四、升遷：科甲旗人的發展…………………204
五、結論…………………………………………217

仰食於官：俸餉制度與清朝旗人的生計……葉高樹‥231
一、前言……231
二、皇族：宗室與覺羅……233
三、旗員：京官與外官……242
四、兵丁：在京與駐防……261
五、結論……274

「格掄尼塔親」：以清朝旗人喪葬嫁娶規範為中心……鹿智鈞‥277
一、前言……277
二、清朝關外時期「法律」規範的建立……282
三、清朝入關前後之旗人喪葬嫁娶規範……291
四、「以禮化俗」政策與旗人的喪葬嫁娶……312
五、結論……325

徵引書目……327

出版緣起

「清承明制」？抑或是「參漢酌金」？這兩種不同的歷史解釋，涉及了清朝統治中國成功原因的關鍵，也等同於將明清時期中國史視為「連續」或「斷裂」的重要分野。某種程度上來說，近年「新清史」所引發的爭議核心之一，亦在於此。

2014 年 5 月，在一次聚會中，我們討論到這個議題。面對「清承明制」和「參漢酌金」這兩個「歷史事實」，以及中國清史學界對「新清史」的猛烈批判，當然不可能在閒聊中得到解答、共識或結論。然而，在無法解決、不應陷入又不可迴避的自覺下，我們試著提出一個問題：當「是」或「看似」明朝的制度，加入了「旗人」因素之後，會呈現什麼特徵？於是，形成了「旗人與國家制度」的主題，也擬訂了內閣、六部、督撫、科舉、俸餉、禮法等六個屬於明朝的制度，探討這些「明制」在清朝出現時，對旗人和國家的影響。

在過去的兩年間，我們定期見面討論，分就各自的子題分享閱讀和寫作的心得。2015 年 12 月，當初稿相繼成形時，我們又有舉辦小型研討會公開發表的構想。莊吉發老師得知我們的計畫，甚為支持，並以史書修纂為題，加入活動。

2016 年 5 月 24 日，會議於國立臺灣師範大學歷史學系視聽教室召開。感謝國立臺灣師範大學文學院、歷史學系的支持，並列入文學院「人文季」系列活動。又中央研究院近代史研究所魏秀梅老師、哈佛大學歐立德（Mark C. Elliott）教授全程參與，侯皓之、蔡偉傑、彭偉皓、清水裕美子、李順民、莊德仁諸位先生擔任與談人，以及文史哲出版社彭正雄先生協助出版，在此一併致謝。

受業於莊吉發老師門下，清史、滿文、檔案，是我們共同的學術興趣。今年，適逢老師八十大壽，謹以此論集向
恩師致敬。

「旗人與國家制度」工作坊　謹識
2016 年 9 月 28 日

從《清史稿》的纂修看旗人與國家制度

莊　吉　發*

一、《清史稿》的纂修體例

我國歷代修史，講求體例。錢穆先生(1895-1990)《國史大綱》已指出，我國是世界上歷史體裁最完備的國家，悠久、無間斷、詳密，就是我國歷史的三大特點。[1]有清一代，疆域廣大，民族複雜。清朝政府能統一國土，能治理人民，能行使政權，清朝歷史確實有其地位。清朝是我國歷代以來最後一個朝代，清史的纂修，就是我國歷代正史紀傳體中的最後一個階段。以傳統紀傳體纂修清史，具有時代意義。清朝國史館暨民初清史館在纂修《明史》的基礎上仿《明史》採傳統體例纂修清史，有傳承，也有創新。貶抑清朝歷史，否定傳統體例，無異自形縮短我國歷史。

---

* 國立故宮博物院研究員退休

[1] 錢穆，《國史大綱》，收入《錢賓四先生全集》（臺北：臺灣商務印書館，1993），冊 27，引論，頁 21。

《清史稿》纂修清代歷朝本紀，採長編體，一帝一紀，自成系統，以本紀為綱，以志傳為目。帝紀但載大綱，其詳俱分見各志傳。國史館黃綾本本紀，俱譯成滿文本。易代之際，曲筆不免。建州衛為清朝祖先始封衛名，清史館纂修《建州表》，上、下共二冊，詳載建州三衛設置經過。[2]探討女真民族，追溯旗人歷史，不能忽略建州表。已刊《清史稿》取清太祖努爾哈齊(*nurgaci*，1559-1626，1616-1626 在位)起兵前建州三衛事蹟可考見者，以阿哈出(生卒年不詳)、王杲(?-1575)為之綱，亦附同時並起者，著於篇，冠於列傳之首，[3]頗合體裁。

《明史》志七十五卷，為目十五，一從舊例。曆志增以圖，藝文志著述以明人為斷，稍變舊例。清朝國史館纂修清史志書，沿襲《明史》舊例，惟以「曆」字避清高宗弘曆(1711-1799，1736-1795 在位)御名諱，改曆志為時憲志，藝文志惟載清人著述。藝文志中旗人著述，有其特色。清史館改五行志為災異志，併儀衛志於輿服志，另增交通、邦交、國語等志。《國語志》的纂修，最能凸顯清史的特色。

清朝大學士，沿明舊名，分為滿、漢兩途，內閣實權，卻遠不逮明。六部尚書、侍郎，滿、漢並列，先滿後漢，有滿尚書、漢尚書，滿侍郎、漢侍郎。都察院分置承政滿左都御史、漢左都御史、參政滿左副都御史、漢左副都御史。

奉天、寧古塔、黑龍江、右衛、烏里雅蘇台、伊犁、綏遠、熱河、察哈爾、烏魯木齊、庫倫、科布多、塔爾巴哈台、喀什噶爾、哈密、喀喇沙爾、阿克蘇、烏什、葉爾羌、和闐、西寧、

2　《建州表》，冊上下，未刊，臺北：國立故宮博物院藏。

3　清史稿校註編纂小組編纂，《清史稿校註》（臺北：國史館，1986），冊 10，卷 228，〈列傳九〉，頁 7866。

西藏等各邊設將軍、都統、辦事大臣、參贊大臣，多以旗人充任。

充分掌握滿、漢文檔案，方能纂修《清史稿》武職職官志、內務府等志書。讀史最難解的，是正史中的志書，修史難度較高的也是志書。《清史稿》職官志四，含武職及藩部土司各官。在武職中侍衛處、圓明園八旗、內務府三旗護軍營，領侍衛內大臣，鑲黃、正黃、正白旗各二人，由散秩大臣、都統、滿大學士、滿尚書內特簡。鑾輿衛，掌衛事大臣，以滿、蒙王、公、大臣兼授。各武職人員，多由旗人充任。內務府總管大臣，由滿洲大臣內特簡。咸安宮官學管理事務大臣，由內務府大臣內特簡。協理大臣，由各部院滿漢尚書內特簡。繙譯教習，由八旗滿、蒙、漢軍舉貢生監考充。旗人在武職及內務府等職位上扮演了更重要的角色。

《明史》表十三卷，為目凡五，諸王表五卷，功臣表三卷，外戚表一卷，宰輔表二卷，俱從舊例。七卿表二卷，為新創體例。清朝國史館纂修宗室王公功績表傳、外藩蒙古王公表傳、國史貳臣表傳等，有表有傳，俱屬創新體例。凡以軍功始封之王公，皆人自為篇。外藩蒙古回部王公表傳，以一部落為一表傳，其有事實顯著王公，即於部落表傳之後每人立一專傳，並以滿、漢、蒙古字三體合繕成秩。凡旗人建功端委，傳派親疏，可按表傳而稽。《清史稿》軍機大臣年表、交聘年表，清史館總理衙門年表等，俱為新增年表，可以反映國家制度的變遷，以及旗人在歷史舞臺上所扮演的角色。

我國歷代以來，二十二家之史，從未有以貳臣為表傳者。乾隆年間，國史館奉命將曾仕明朝降清後復膺官爵諸臣，別樹專門，另立貳臣表傳，釐為甲、乙二編，各分上、中、下，以修史體例褒貶人物，史無前例。清史館纂修《清史稿》，淡化處理降人，廢貳臣等名目，以人物生卒先後，列事作傳。貳臣傳中李永芳(?-1634)入甲編中，馬光遠(?-1663)入乙編上。已刊《清史稿》將李永芳、馬光遠入於大臣列傳十八，與佟養性(?-1632)、石廷柱(1599-1661)、李思忠(1595-1657)、金玉和(?-1644)等並列，傳末論贊謂皆蒙寵遇，各有賢子，振其家聲云云，堪稱公允。

盛清諸帝重視開國元勳、開國功臣列傳的體例，以類相從，按照功臣事蹟先後，分別太祖、太宗、世祖等朝，以決定次第，並非以功績分次第。宗室王公功績表傳是纂輯宗室有勳績的王公，即以軍功封爵者纂輯表傳，以恩封襲爵者，另作恩封宗室王公表。有傳無表者，乃因其人有事蹟可以表彰；有表無傳者，乃因其人無足置議。清史館延續歷代正史紀傳體的修史傳統纂修《清史稿》，確實是正確的途徑。

列傳的意義，就是列事作傳，將其人一生事實臚列作傳。掌握歷史舞臺上的人物，才能掌握歷史活動。旗人在清朝歷史舞臺上扮演重要角色，掌握旗人的活動，才能凸顯清史的特色。《滿洲名臣傳》對探討旗人與國家制度，提供重要史料。皇史宬所藏《八旗列傳檔案稿不分卷》，共 10 冊，所錄八旗人物，俱書明旗分、姓氏，詳述事蹟。例如「都敏列傳」，記載「都敏，滿洲鑲紅旗人，姓他塔喇，先世居扎庫沐地。曾祖阿爾布尼，天聰初年，率丁三百來歸，授世管佐領」[4]云云。八旗列傳對於整修清史，用處頗大，經過校注、增補，即可成為定稿。

---

[4] 《清內務府八旗列傳檔案稿》（北京：全國圖書館文獻縮微複製中心，2001），冊上，頁 33。

聖祖仁皇帝第二子

允礽第三子弘晉第六子弘曣第十二子弘晥皆輔國公自有表

允礽

初立為皇太子康熙四十七年九月緣秉性乖戾廢黜四十八年三月復立為皇太子五十一年十月復緣怙惡不悛廢黜雍正二年十二月薨追封和碩理親王謚曰密第二子弘晳

弘晳

康熙六十一年十一月奉旨賜封多羅理郡王雍正八年五月晉封和碩理親王乾隆四年十月緣行止不端削爵本身黜宗室改名四十六以親弟弘㬙襲爵四十三年特旨復入宗室復原名

弘㬙

初次 承襲王爵

允礽第十子乾隆元年二月封授輔國公四年十月奉旨襲封多羅理郡王四十五年八月薨第一子永瓔降襲貝勒

永瓔

二次 降襲貝勒

乾隆四十五年十二月降襲多羅貝勒

追封和碩理親王允礽漢字表

《恩封宗室王公表》武英殿刊本

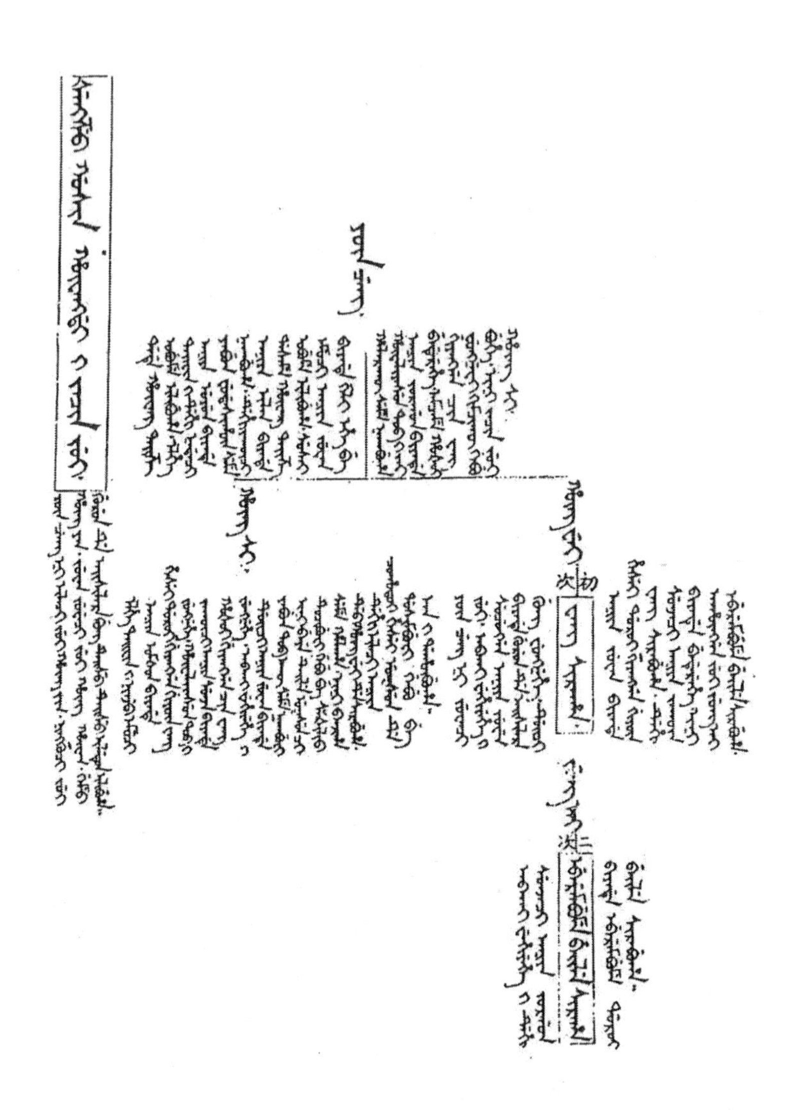

追封和碩理親王允礽清文表
《恩封宗室王公表》武英殿刊本

二、《清史稿・本紀》的天命史觀

《清太祖武皇帝實錄》立諸部世系，含兀喇、哈達、滿洲等國，清太祖努爾哈齊屬滿洲國。清史館纂修《建州表》，表中記載，明成祖永樂元年(1403)，設建州衛，努爾哈齊出自建州女真。明神宗萬曆十六年(1588)，努爾哈齊統一建州衛，是年九月，明廷始命努爾哈齊為都督僉事。萬曆二十六年(1598)二月、二十九年(1601)十二月、三十六年(1608)十二月，努爾哈齊先後入貢明廷。四十四年(1616)，努爾哈齊即汗位於赫圖阿拉（*hetu ala*），建元天命（*abkai fulingga*），國號金國（*aisin gurun*）。[5]

天命金國汗之印
（abkai fulingga aisin guruni han i doron）

[5] 李光濤、李學智編著，《明清檔案存真選輯・二集》（臺北：中央研究院歷史語言研究所，1973），附圖二。

清太祖以天命為年號，他將戰爭的勝負，國家的興亡，都歸根於天命，他上體天意，下合人心，他的用兵，合乎天意，天既佑之，所以君臨天下，是六合共主。《清史稿・太祖本紀》論曰：「太祖天錫智勇，神武絕倫，蒙難艱貞，明夷用晦，迨歸附日眾，阻貳潛消。自摧九部之師，境宇日拓。用兵三十餘年，建國踐祚。薩爾滸一役，剪商業定。遷都瀋陽，規模遠矣。比於岐、豐，無多讓焉。」[6]《詩・魯頌》：「實始翦商」。[7]清朝的建立，就是從清太祖「翦商」開始創業。《清史稿》將清朝的崛起，與西周相比。岐、豐都在陝西境內。《國語》記載，「周之興也，鸑鷟於岐山。」[8]相傳西周古公亶父自豳遷岐山建立都城。周文王(約 1152-1056B.C.)滅崇後，又自岐山遷都於豐邑。天命十年(1625)三月，清太祖遷都瀋陽，稱為盛京（*mukden*）。《清史稿》將清太祖的遷都，比作周文王的遷都。

《滿文原檔》記載傳國玉璽「制誥之寶」失傳及發現經過頗詳，是探討清太宗崇德改元不可忽視的原始史料。《清太宗文皇帝實錄》初纂本所載出征諸將領獲得傳國玉璽的經過，即取材於《滿文原檔》。《清史稿・太宗本紀》記載，天聰九年(1635)八月初三日庚辰，「貝勒多爾袞、岳託、薩哈廉、豪格以獲傳國玉璽聞。先是，元順帝北狩，以璽從，後失之。越二百餘年，為牧羊者所獲，後歸於察哈爾林丹汗，林丹亦元裔也。璽在蘇泰太妃所，至是獻之。」[9]九月初六日癸丑，又載，「貝

6 清史稿校註編纂小組編纂，《清史稿校註》，冊 1，卷 1，〈本紀一・太祖〉，頁 18。
7 西漢・毛亨傳，東漢・鄭玄箋，《毛詩》，收入《四部叢刊》（臺北：臺灣商務印書館，1966），冊 1，卷 20，頁 159。
8 春秋・左丘明，《國語・周語上》，收入《四部叢刊》，冊 14，卷 1，頁 9。
9 清史稿校註編纂小組編纂，《清史稿校註》，冊 1，卷 2，〈本紀二・太宗一〉，頁 46。

勒多爾袞等師還，獻玉璽，告天受之。」[10]天聰十年(1636)夏四月初五日己卯，大貝勒代善(*daišan*，1583-1648)等率滿、漢、蒙古大臣及蒙古十六國四十九貝勒，以三體表文詣闕請上尊號。《清史稿・太宗本紀》記載表文曰：「恭維我皇上承天眷祐，應運而興。當天下昏亂，修德體天，逆者威，順者撫，寬溫之譽，施及萬姓。征服朝鮮，混一蒙古，遂獲玉璽，受命之符，昭然可見，上揆天意，下協輿情。臣等謹上尊號，儀物俱備，伏願俞允。」[11]四月十一日乙酉，祭告天地，行受尊號禮，定有天下之號曰大清，改元崇德。皇太極(*hong taiji*，1592-1643，1627-1643 在位)有福，承天眷祐，特賜「制誥之寶」，因有德者始能得到傳國玉璽，所以建國號「大清」，改元「崇德」，應運而興。《清史稿・太宗本紀》「論」中亦稱，「明政不綱，盜賊憑陵，帝固知明之可取，然不欲亟戰以剿民命，七致書於明之將帥，屈意請和。明人不量強弱，自亡其國，無足論者。然帝交鄰之道，實與湯事葛，文王事昆夷無以異。」[12]《清史稿》也將清太宗皇太極比作商湯(約 1675-1646B.C.)、周文王(1152-1056B.C.)。

順治年間，將「崇儒重道」定為基本國策。清聖祖康熙皇帝(1654-1722，1662-1722 在位)更是儒家政治理念的躬行實踐者，他提倡堯舜之道，他以上接二帝三王的正統思想自居。《清史稿・聖祖本紀》記載康熙皇帝的話說：「堯、舜之世，府修事和，然且兢兢業業。」[13]康熙二十六年(1687)五月十五日壬辰，

---

[10] 清史稿校註編纂小組編纂，《清史稿校註》，冊 1，卷 2，〈本紀二・太宗一〉，頁 47。
[11] 清史稿校註編纂小組編纂，《清史稿校註》，冊 1，卷 2，〈本紀二・太宗一〉，頁 48。
[12] 清史稿校註編纂小組編纂，《清史稿校註》，冊 1，卷 3，〈本紀三・太宗二〉，頁 70。
[13] 清史稿校註編纂小組編纂，《清史稿校註》，冊 1，卷 7，〈本紀七・聖祖二〉，頁 211。

康熙皇帝製周公、孔子、孟子廟碑文，御史勒石。《清史稿》已經明白暗示清朝旗人政權不僅是政治上符合天命的正統政權，同時也是思想上實踐儒家理念的正統文化。《清史稿・本紀》強調的是旗人政權的合法性，以及正統性。

八月丙午，上大漸，乘舟回。庚戌，至愛雞堡，上崩，入宮發喪。在位十一年，年六十有八。天聰三年葬福陵。初謚武皇帝，廟號太祖，改謚高皇帝，累謚承天廣運聖德神功肇紀立極仁孝睿武端毅欽安弘文定業高皇帝。

論曰：太祖天錫智勇，神武絕倫。蒙難艱貞，明夷用晦。迨歸附日衆，阻貳潛消。自摧九部之師，境宇日拓。用兵三十餘年，建國踐祚。薩爾滸一役，翦商業定。遷都瀋陽，規模遠矣。比於岐、豐，無多讓焉。

七年。九月壬子，葬昭陵。冬十月丁卯，上尊謚曰應天興國弘德彰武寬溫仁聖睿孝文皇帝，廟號太宗，累上尊謚曰應天興國弘德彰武寬溫仁聖睿孝敬敏昭定隆道顯功文皇帝。

論曰：太宗允文允武，內修政事，外勤討伐，用兵如神，所向有功。雖大勛未集，而世祖卽位朞年，中外卽歸於統一，蓋帝之詒謀遠矣。明政不綱，盜賊憑陵，帝固知明之可取，然不欲亟戰以勦民命，七致書於明之將帥，屈意請和。明人不量強弱，自亡其國，無足論者。然帝交鄰之道，實與湯事葛、文王事昆夷無以異。嗚呼，聖矣哉！

《清史稿》太祖、太宗本紀論

三、清史館《國語志》的纂修及其意義

《清史稿・太祖本紀》記載，己亥(1599)二月，「始製國書」。所謂「國書」，即指滿文。滿文的創製，使滿洲獲得一種統一的、規範的民族文字。滿洲是旗人的主體民族，滿文的流通，對於形成滿洲共同文化、共同心理，起了重要的作用。明朝後期，建州女真仍然沒有自己的文字，其文移往來，主要是使用蒙古文字，必須「習蒙古書，譯蒙古語通之。」使用女真語的建州女真書寫蒙古文字，未習蒙古書者則無從了解。明神宗萬曆二十七年(1599)，歲次己亥二月，努爾哈齊為了文移往來及記注政事的需要，即命巴克什（*baksi*，儒者）額爾德尼(*erdeni*，1592-1634)等仿照老蒙文創製滿文，亦即以老蒙文字母為基礎，拼寫女真語音，連綴成句，於是創製了拼音系統的初期滿文。因在字旁未加圈點，故習稱老滿文。清太宗天聰六年(1632)三月，皇太極命巴克什達海(*dahai*，1595-1632)將老滿文在字旁加置圈點，使其音義分明。這種加圈點的滿文，習稱新滿文。滿文，清朝稱為清文，滿語稱為國語。民初清史館曾經纂修《國語志》，卷首有奎善撰〈滿文源流〉一文，文中指出，「茲編纂清史伊始，竊以清書為一朝創製國粹，未便闕而不錄，謹首述源流大略，次述字母，次分類繙譯，庶使後世徵文者有所考焉。」滿文的創製，是清朝文化的重要特色。滿洲入關後，滿洲語文一躍而成為清政府的清文國語，對外代表國家，對內而言，滿文的使用，更加普遍，儒家經典，歷代古籍，多譯成滿文。各種文書，或以滿文書，或滿漢兼書。繙譯考試，也考滿文。滿語，其實就是女真語，女真人是旗人的主體民族，

旗人與滿語是一體的，滿語是旗人的日常語言，皇帝召見八旗人員，也使用滿語。內務府上三旗，例應以滿語交談。八旗官員例應以滿文繕寫奏摺、本章，進呈御覽。旗人不說滿語，是一種隱憂。旗人不諳滿文，他在國家機構中便喪失功能。《清史稿》可倣遼金元史，附錄國語解。

四、從《清史稿．后妃傳》看滿蒙聯姻的歷史意義

滿洲與蒙古的聯姻活動，有其歷史背景。由於元朝蒙古對東北女真的統治，以及地緣的便利，在滿洲崛起以前，女真與蒙古的接觸，已極密切，蒙古文化對女真產生了很大的影響。滿洲與蒙古在思想觀念及婚姻習俗等方面，也大體相近，這些因素都為清代滿蒙聯姻活動提供了極為有利的條件。清太祖努爾哈齊、清太宗皇太極時期的大規模聯姻活動，遂成為滿洲入關後遵行不替的基本國策。由於滿蒙大規模、多層次、持久性的長期聯姻，不僅使滿蒙成為軍事聯盟，而且也成為政治、經濟的聯盟，滿蒙遂成為休戚與共的民族生命共同體。皇太極時期所以能實現借助於蒙古進攻明朝的願望，主要就是得力於滿蒙聯姻政策的成功。

滿蒙聯姻，主要是指滿洲男成員娶入蒙古婦女、滿洲女成員下嫁蒙古諸部。清太宗皇太極時期，盛京崇德五宮都是蒙古婦女，科爾沁部貝勒莽古思之女哲哲(*jeje*，1600-1649)被封為清寧宮中宮皇后，哲哲的姪女科爾沁部貝勒寨桑長女海蘭珠(*hairanju*，1609-1641)被封為東宮關雎宮宸妃，她的妹妹本布泰(*bumbutai*，1613-1688)被封為西宮永福宮莊妃。察哈爾部林丹汗妻娜木鐘(*namjung*，?-1674)被封為西宮麟趾宮貴妃，竇土門

福金巴特瑪・璪(*batma dzoo*)被封為東宮衍慶宮淑妃。五宮並建，蒙古歸心，得眾得國。

《清史稿・后妃傳》記載中宮皇后生女三人，分別下嫁蒙古察哈爾部林丹汗之額哲(？-1661)、蒙古科爾沁部奇塔特(生卒年不詳)、蒙古科爾沁部巴雅斯祜朗(生卒年不詳)；西宮永福宮孝莊文皇后生子福臨(*fulin*，順治皇帝，1638-1661，1644-1661在位)，生女三人，分別下嫁蒙古科爾沁部弼爾塔哈爾(生卒年不詳)、正黃滿洲旗人索爾(生卒年不詳)，復嫁蒙古巴林部色布騰(生卒年不詳)、鑲黃滿洲旗人鏗吉爾格(生卒年不詳)；麟趾宮貴妃娜木鐘，生子博穆博果爾(1642-1656)，生女一人，下嫁蒙古博爾濟吉特氏噶爾瑪索諾木(生卒年不詳)。此外，側妃博爾濟吉特氏女下嫁滿洲旗人夸札(生卒年不詳)；庶妃納喇氏生女下嫁滿洲旗人瓜爾佳氏輝塞(生卒年不詳)；庶妃納喇氏下嫁滿洲旗人哈拉(生卒年不詳)。滿蒙族外婚聯姻，是滿洲與蒙古諸部同化融合的過程，滿蒙一家，對維持東北與西北亞洲的長期和平作出了重要的貢獻。從《清史稿・后妃傳》的記載，可以說明旗人女性所扮演的角色，探討清朝旗人民族成分及女性活動，不能忽略《清史稿・后妃傳》的纂修。

五、固山牛彔組織與滿洲入關前的國家制度

八旗，滿語讀如「*jakūn gūsai niru*」，意即「八固山牛彔」。固山牛彔組織是從氏族狩獵生產組織的基礎上發展而形成的組織。穆昆（*mukūn*）是女真社會內部的氏族組織的基本形態，氏族的族長穆昆達（*mukūn i da*），也是衛所的掌衛職官。穆昆的下面有塔坦（*tatan*），這是女真人為採集狩獵組成的社會生

產組織，又是財富分配的單位。3、4 人為一個塔坦，每個塔坦都有頭人，叫做塔坦達（*tatan i da*），意即伙長，管理在野外生產的食宿事務。3、4 個塔坦組成一個統一行動的採集、漁獵、狩獵的集體·指定方位，分工合作，這個組織，就是牛彔（*niru*），其頭人就是牛彔額真（*niru i ejen*）。明神宗萬曆四十四年(1616)，努爾哈齊將其所屬的國人，全都編入固山牛彔，確立固山牛彔制度。隨著征服戰爭的不斷擴大，牛彔增多，便在牛彔的上層組成了固山（*gūsa*），亦即「旗分」，固山就是女真社會軍事編制的最大單位，設一首領統率，稱為領旗貝勒，以旗為標幟，按旗色行軍戰鬥。初設一固山，後來出於戰爭包抄的需要，分成二固山。後來戰爭要求四面包抄，又形成四固山，後來又增為八固山。領旗貝勒掌管一固山的軍、政、財、刑、生產、婚娶等等。在固山牛彔組織中設官分職，固山牛彔制度遂成為女真社會的國家制度。

《清史稿·太祖本紀》記載，萬曆四十三年(1615)，歲次乙卯，釐定兵制。初以黃、紅、白、黑四旗統兵，至是增四鑲旗，易黑為藍。《清史稿·兵志一》詳載八旗制度，「清初，太祖以遺甲十三副起，歸附日眾，設四旗，曰正黃、正白、正紅、正藍；復增四旗，曰鑲黃、鑲白、鑲紅、鑲藍，統滿洲、蒙古、漢軍之眾，八旗之制自此始。」[14]天聰九年，「以所獲察哈爾部眾及喀喇沁壯丁分為蒙古八旗，制與滿洲八旗同。」[15]崇德七年(1642)，「設漢軍八旗，制與滿洲同。」[16]

---

[14] 清史稿校註編纂小組編纂，《清史稿校註》，冊 5，卷 137，〈兵一·八旗〉，頁 3731。

[15] 清史稿校註編纂小組編纂，《清史稿校註》，冊 5，卷 137，〈兵一·八旗〉，頁 3732。

[16] 清史稿校註編纂小組編纂，《清史稿校註》，冊 5，卷 137，〈兵一·八旗〉，

《清史稿・食貨・戶口》記載，「清之民數，惟外藩札薩克所屬編審丁檔，掌於理藩院；其各省諸色人戶，由其地長官以十月造冊，限次年八月咨送戶部，浙江清吏司司之。而滿洲、蒙古、漢軍丁檔，則司於戶部八旗俸餉處。」[17]八旗人丁，定例三年編審一次，令各佐領稽查已成丁者，增入丁冊。清史館陳田、吳懷清纂輯戶口志，共十一冊，其中第三冊，即為八旗戶口志。八旗制度，不僅是軍事的，而且也是民政的，因此，八旗制度的記載，不僅見於兵志，同時也見於食貨戶口志。八旗人丁，包含滿洲、蒙古、漢軍，其丁檔由戶部八旗俸餉處掌管，探討旗人與國家制度，不能忽略食貨戶口志的史料及戶部八旗俸餉處的職掌。

六、從《朝鮮實錄》看旗人輔政制度的得失

《清史稿・世祖本紀》記載，順治十八年(1661)正月，遺詔立玄燁(*hiowan yei*，1654-1722，1662-1722 在位)為皇太子，特命內大臣索尼(*sonin*，?-1667)、蘇克薩哈(*suksaha*，?-1667)、遏必隆(*ebilun*，?-1674)、鰲拜(*oboi*，1610-1669)為輔政四大臣。輔政大臣中，索尼，赫舍里氏，是滿洲正黃旗人，他是為首輔政大臣，其孫領侍衛內大臣噶布喇之女赫舍里氏於康熙四年(1665)七月冊封為皇后。其次，蘇克沙哈，納喇氏，是滿洲正白旗人。遏必隆，鈕祜祿氏，是滿洲鑲黃旗人。其女鈕祜祿氏被封為孝昭仁皇后。其女鈕祜祿氏被封為溫僖皇貴妃。鰲拜，

頁 3732。

[17] 清史稿校註編纂小組編纂，《清史稿校註》，冊 5，卷 127，〈食貨一・戶口〉，頁 3440。

瓜爾佳氏，是滿洲鑲黃旗人。

順治十八年正月初九日，玄燁即皇帝位，以明年為康熙元年(1662)。同年七月初一日，朝鮮進賀使元斗杓(원두표，1593-1664)等人從北京回國，朝鮮國王顯宗(1641-1674，1659-1674在位)召見元斗杓等人，詢問清朝政局。元斗杓等人覆稱：「聞諸被俘人金汝亮，皇帝年纔八歲，有四輔政擔當國事，裁決庶務，入白太后，則別無可否，性唯諾而已。以故紀綱號令半不如前。」[18]康熙元年十一月，朝鮮陳奏使鄭太和等人指出，「輔政大臣專管國政，一不稟達於兒皇。」[19]康熙四年二月，冬至使鄭致和等人指出，「時清主幼沖，大小政令皆出於四輔政。將以二月十二日首輔政孫伊之孫女為后。」[20]

康熙六年(1667)六月，索尼病歿。同年七月，蘇克薩哈被鰲拜陷害處絞，其長子內大臣查克旦磔死，餘子六人，孫一人，兄弟二人皆處斬。康熙八年(1669)五月，詔逮鰲拜，交廷鞫。《清史稿．聖祖本紀》記載，「上久悉鰲拜專橫亂政，特慮其多力難制，乃選侍衛、拜唐阿年少有力者為撲擊之戲。是日，鰲拜入見，即令侍衛等掊而縶之。於是有善撲營之制，以近臣領之。庚申，王大臣議鰲拜獄上，列陳大罪三十，請族誅。詔曰：『鰲拜愚悖無知，誠合夷族。特念效力年久，迭立戰功，貸其死，籍沒拘禁。』」[21]

金兆豐著《清史大綱》稱「論者謂康熙初政，頗無足紀，皆鰲拜專橫有以致之，非虛語也。」[22]康熙四年三月初六日，

[18] 國史編纂委員會編，《朝鮮王朝實錄．顯宗改修實錄》（漢城：國史編纂委員會，1970），冊 37，卷 6，頁 1。

[19] 國史編纂委員會編，《朝鮮王朝實錄．顯宗改修實錄》，卷 8，頁 3。

[20] 國史編纂委員會編，《朝鮮王朝實錄．顯宗改修實錄》，卷 12，頁 48。

[21] 清史稿校註編纂小組編纂，《清史稿校註》，冊 1，卷 6，〈本紀六．聖祖一〉，頁 160。

[22] 金兆豐著，《清史大綱》(臺北：學海出版社，1977），頁 161。

朝鮮國王顯宗在熙政堂召見從北京返國的使臣鄭致和(生卒年不詳)。《顯宗改修實錄》記載了他們的談話內容說：「上曰：『清主何如云耶？』致和曰：『年今十二，何能自斷。聞輔政頗善處事，攝政已久，而國人無貳心，誠可異也。』」[23]輔政大臣專橫，固屬事實，然而輔政大臣，「頗善處事」，所以「國人無貳心」，政局穩定，也是事實。探討康熙初政，不可忽視當時柄國攝政諸臣的功績。

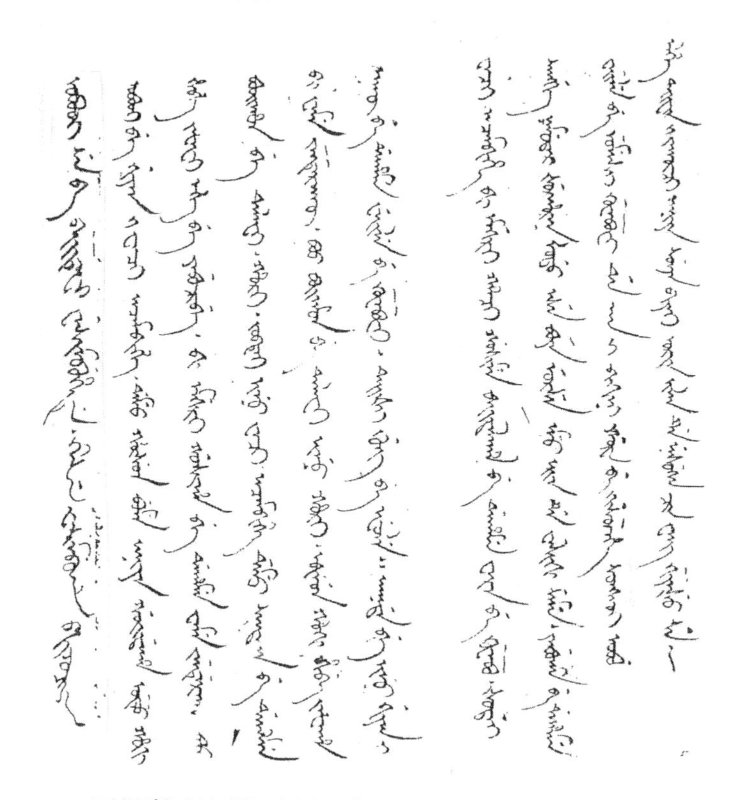

票擬鰲拜罪狀(局部)康熙八年五月二十四日

[23] 國史編纂委員會編，《朝鮮王朝實錄·顯宗改修實錄》，卷 12，頁 49。

統攝百辟：旗人與清代內閣及其文書

林 士 鉉*

一、前 言

嘉慶二十年(1815)四月，嘉慶皇帝(1760-1820，1796-1820在位)為整頓吏治，發表〈御製官箴二十六章〉，針對中央地方包括宗人府、內閣、六部、順天府、總督、學政、提督等 26 個職官機構，告誡其應守之禮法規範。[1]其中〈御製內閣箴〉更由嘉慶皇帝於四月二十日御筆，實際書寫日期早於實錄所載；滿漢文兼書，懸匾於內閣衙署之大堂，此舉無疑強調內閣的地位。此內閣官箴首句「綸扉重任」，綸扉即宮殿之門，意指內

* 國立臺北大學歷史學系副教授

[1] 清・曹振鏞等修，《清實錄・仁宗睿皇帝實錄》（北京：中華書局，1986），卷 305，頁 55，嘉慶二十年四月壬午條。此二十六個機構、職官清單：宗人府、內閣、翰林院、吏部、戶部、禮部、兵部、刑部、工部、理藩院、都察院、通政司、大理寺、步軍統領、順天府尹、八旗都統、總督、巡撫、總河、總漕、學政、鹽政、布政司、按察司、將軍、提督。

閣官署位於午門內東南隅；箴言之滿文譯本直言內閣大學士職任重大。[2]

錢穆先生(1895-1990)將秦漢時代以下之傳統政府，以「士人政府」稱之，表示傳統官僚體制的特色，[3]雖然此體制運作乃以皇權為核心，這種政府的性質較接近獨裁、極權、集權等政體，然而中央官僚體系中的「執政之府」，其決策、政令執行之運作方式，仍是研究中國傳統政治制度的重要課題。終清一代，不設宰相而設內閣，可謂是「清承明制」的具體表現；又使之成為正式而位尊之職官，同時有助於皇權之持續強化。雍正年間，另設軍機處，使得中央決策機制產生不同於明朝以來的變化。張德澤先生稱「清廷執政之府，厥唯內閣及軍機處。」[4]是故，從決策及執政而論，清代的內閣大學士、軍機大臣於制

---

[2] 清・清仁宗御製，〈內閣大堂之掛壁〉，《文獻論叢》，收入國立北平故宮博物院編，《文獻特刊論叢專刊合集》（臺北：臺聯國風出版社，1967），圖 11。御筆掛壁題寫日期為嘉慶二十年四月二十日：「綸扉重任，秉國之鈞。調元補袞，寅亮忠淳。統攝百辟，光輔一人。宣猷贊化，致君澤民。萬邦為憲，庶績咸循。濟川作楫，正直清純。素餐備位，政治難伸。予違汝弼，毋忽諄諄。」滿文拼音：*han i araha dorgi yamun i targabun. aliha bithei da i tušan ujen gurun i toose be alihabi. sukdun be hūwaliyambume dasan de aisalara de. tondo unenggi i gingguleme genggiyeleci acambi. geren ambasa be dalifi yabume mini emu niyalma de aisilame dasara de bodogon be tucibume wen be selgiyeme ejen be uileme irgen be gosime tumen gurun de durun ofi. eiten gungge yooni mutebure be kiceme bira doore gese šurukū obuha be gūnime. tob tondo bolgo gulu oso tušan de ton arame yabure oci dasan i baita dasabure de mangga ombi. bi jurceci suwe aisila. dahūn dahūn i wasimbuha gese be ume oihocilara.. saicungga fengšen i orici aniya duin biyai orin.*。

[3] 錢穆，《國史新論・中國歷史上的傳統政治》，收入《錢賓四先生全集乙編》（臺北：聯經出版社，1995），冊 30，頁 139。

[4] 張德澤，〈軍機處及其檔案〉，《文獻論叢・論述二》，收入國立北平故宮博物院編，《文獻特刊論叢專刊合集》（臺北：臺聯國風出版社，1967），頁 57。

定政策、推行政務均有要責，特別是內閣乃是作為正式職官機構，正式代表政府。

嘉慶皇帝〈御製官箴二十六章〉還有另一個特殊現象，即此 26 個職官機構中，並沒有一般周知的軍機處，亦無內務府；推究其原因，應是軍機處、內務府俱為內廷之屬。內閣的角色是「統攝百辟，光輔一人」，百辟即中央與地方職官，在官僚系統與皇帝之間，內閣大學士不僅以軍機大臣之銜得以進一步參與機要，承旨出政，更以內閣文書制度之運作，協同奏摺制度，使政務得以順暢溝通。是故，「統攝百辟」者並非軍機處，而是內閣。雖然，嘉慶朝、光緒朝《大清會典》在內閣之後介紹軍機處，敘述其職掌，似可將之視為正式機構，[5]然而乾隆四十五年(1780)，敕纂《欽定歷代職官表》一書，是為清朝職官進行考鏡源流之作，軍機處「其兼官無正員」，[6]終究未予收入。

清代內閣制度歷經清朝前期的長期發展，作為正式機構，即因其掌握中央文書之功能。呈覽御前的上行文書，明代主要是題本、奏本；清代承之，而後更出現獨有的奏摺制度。錢穆先生亦曾從文書制度略論明、清皇權的重要差異：「明代皇帝命令必先分別發與六部尚書，而清代皇帝命令可以秘密送出，

---

[5] 清．托津等奉敕修，《欽定大清會典（嘉慶朝）》，收入《近代中國史料叢刊·三編》（臺北：文海出版設，1991），第 64 輯，冊 631。清．崑岡等奉敕修，《欽定大清會典（光緒朝）》，收入《續修四庫全書》（上海：上海古籍出版社，1997），冊 794。

[6] 清．紀昀等撰，《欽定四庫全書總目》（北京：中華書局，1965），卷 79，〈欽定歷代職官表〉，「提要」，頁 686。此篇提要曰：「其兼官無正員，而所掌綦重，如軍機處之類，亦別有專表，崇職守也。」然而，纂修完成的《欽定歷代職官表》並無軍機大臣專表。

關於兵事，可以直接發送于前方統帥，不經兵部。關於財務，可以直接發送於某一地方之行政首長，不經戶部。此之謂『廷寄上諭』，密封，由兵部加封發驛；這又是破天荒未有之創制。」[7]

有清一代負有文書重責之機構演變，亦是內閣之所以名實相符的演變過程。清初負責中央上行文書之機構職能尚未完備，而文書種類基本定型，順治年間，條陳政事或外國機密等本章，俱赴「內三院」轉奏，並且初步具有票擬題本之責，內三院本身亦有書寫滿文、蒙文檔冊之制。從文書角度而論，內三省與後來的內閣有關係。現存最早的清代檔案《滿文原檔》，亦儲之內閣大庫，數量龐大的內閣部院檔案，反映文書、修書等文職工作，需用大量旗人參與其中。在滿漢複職制職官體制下，旗人除了佔有固定的職缺比例，包括滿洲大學士、滿本房、滿票籤處等職官，旗人處理滿文本章與文書亦是顯著特徵。旗人透過內閣穩定進入中央職官、參與政治，同時與軍機處搭配，共同形成穩固皇權不可或缺的部分。

二、清代內閣制度的建立

清代內閣制度雖沿自明朝而來，但早有類似部分職能之書房制度。雄才之主倘有開創文治宏規之遠見，立國方能遠久，清太祖努爾哈齊(*nurgaci*，1559-1626，1616-1626 在位)逐次統

[7] 錢穆，《國史新論·中國歷史上的傳統政治》，頁 104-105。

整女真各部，同時創制滿文，亦設有「書房（*bithei boo*）」。書房之制為清太宗皇太極(*hong taiji*，1592-1643，1626-1643 在位)所承，史載天聰三年(1629)設「文館」，其實仍是書房，[8]文館之說應為崇德至順治年間文人的美稱。[9]其後，又有內國史院、內秘書院、內弘文院──「內三院」之制，天聰十年(1636)以前，內三院已存在，國史、秘書二院在天聰初年亦已成立，見諸檔案記載。[10]約自崇德元年(1636)五月中旬起，改承政（*aliha amban*）之名為大學士（*aliha bithei da*）。

天聰十年三月，皇太極明確規範當時內三院的職掌，內國史院，記載汗（*han*）的諭旨，編纂史書等；內秘書院，撰擬外國往來文書，及國人奏疏、告冤詞狀、汗所降文告等；內弘文院，注釋歷代成敗事例，進講於汗、太子，教導諸王讀書，宣佈制度於眾人等。[11]惟此時尚沒有日後票擬題本的職掌。崇德

---

[8] 趙志強據《建州紀程圖記》、《舊滿洲檔》（《滿文原檔》天命六、七年記事，論證，努爾哈齊起兵之初，已設書房，為儒臣入值之所，已有記錄檔子（dangse）之巴克什（baksi）。參見趙志強，《清代中央決策機制研究》(北京：科學出版社，2007)，頁 162-163。

[9] 蔡松穎，〈皇太極時期的漢官(1627-1643)〉(臺北：國立臺灣師範大學歷史學系碩士論文，2011)，頁 166。

[10] 趙志強，《清代中央決策機制研究》，頁 165-170。趙志強據《滿文原檔》指出實錄所載天聰十年三月，太宗命改文館為內三院，乃是誤記。蔡松穎亦指出，內三院之各院在天聰十年三月之前已出現，且 *bithei boo* 在天聰十年之前亦有更動，出現 *bithei boo*（書房）、*bithei jurgan*（文書部院）、*bithei yamun*（文書衙門）、*ilan jurgan*（三部院）等稱謂，*bithei yamun* 一詞持續被使用，與 *bithei ilan yamun* 並行。參見蔡松穎，〈皇太極時期的漢官(1627-1643)〉，頁 172-177。

[11] 內三院職掌，諸書記載不同，《滿文原檔·日字檔》(臺北：國立故宮博物院，2005)，冊 10，頁 74-76（另參國立故宮博物院編，《舊滿洲檔》(臺北：國立故宮博物院，1969)，冊 10，頁 4686-4688），是較原始的記載，漢譯文參見趙志強，《清代中央決策機制研究》，頁 172-173；又參見滿文老檔研究會譯

年間，內院，滿文檔案亦記作 *bithei yamun*（文書衙門）；內三院，滿文記作 *bithei ilan yamun*（文書三衙門）；[12]而 *bithei yamun*，此滿名不但可稱作此前的書房，亦與後來設立的翰林院同名，文職功能亦較近於翰林官。

內閣，滿文 *dorgi yamun*（內部衙門），滿名其義亦簡，內閣就是一個「大衙門（*amba yamun*）」；[13]「內」之意，亦或解作宮廷、朝廷，因其確實位於紫禁城之內。清代官私著作一般將書房、文館、內三院視為清代內閣的前身，但從書房、內三院的職掌，及機構性質來看，並無承襲關係。又內三院的漢文名稱，國史、秘書、弘文，皆來自於明初的官制：翰林國史院、秘書監與弘文館，而這三個機構日後都被併入翰林院；「且無論書房或內三院，很多時候都是依照皇太極的旨意辦事。或正因此，皇太極在創制內三院之時，才未採用內閣之名，而選

注，《滿文老檔·太宗 3》(東京：東洋文庫，1958)，冊 VI，頁 956-967；清·鄂爾泰等修，《清實錄·太宗文皇帝實錄》(北京：中華書局，1986)，卷 28，頁 355-356，天聰十年三月丙午條。滿文檔案和實錄所載，亦稍有差異。另參見清·紀昀等撰，《欽定歷代職官表》（上海：上海古籍出版社，1989，影印武英殿本），卷 2，〈內閣上〉，頁 39-40，「內國史院掌記注詔令、編纂史書，及撰擬諸表章之屬；內秘書院掌外國往來書狀，及敕諭祭文之屬；內弘文院掌注釋歷代行事善惡，勸講御前，侍講皇子，並教諸親王，及德行制度之屬。」

[12] 河內良弘譯注，《中國第一歷史檔案館藏內國史院滿文檔案譯註·崇德二三年分》（京都：松香堂書店，2010），頁 809，「漢語滿洲語對照表」。

[13] 另據清·傅恆等奉敕撰，《御製增訂清文鑑》，收入《景印文淵閣四庫全書》(臺北：臺灣商務印書館，1983)，冊 232，卷 20，〈部院類第二〉，頁 655。內閣，滿文釋文：*aliha bithei da sai eiten wesimbure bithe be tuwafi ibebure wasimbuha hese be ulame selgiyere jergi baita be uheri icihiyara amba yamun be dorgi yamun sembi*，意即大學士等總理閱看奏章進呈，傳諭降旨等事之大衙門，稱之內閣。

用明國較早期的機構名稱，對內三院作出更貼切的定位。」[14]總之，內三院和明朝制度確有淵源，亦具有明顯的滿洲特色。

此外，清人對於內三院的由來，尚有另一種說法：「文皇（清太宗）踐祚之初，改內閣為三院，曰弘文，曰秘書，曰內院，皆置大學士、學士等官，蓋仿唐、宋昭文集賢之制。入關後仍沿其制，至順治戊戌，始復從明制」，[15]此處「改內閣為三院」語義未詳，當是訛傳，但卻將三院的來源比擬作時代較早的唐宋時期，宋將史館、昭文館、集賢書院，合稱「三館」，賜名崇文院；而集賢院為唐代最大的圖書典藏機構，兼有修撰、侍讀之功能。此說明顯是後人的溢美之詞，除將三院往上溯本，還於順治年間「始復從明制」；但也反映類似內閣的文職機構，在關外時期早已存在，有本可尋，內三院於明制之外另有淵源的說法，由來已久。

順治、康熙年間，三院和內閣之制歷經幾番調整，和政局密切相關。順治皇帝(1638-1661，1643-1661 在位)即位之初，亦是和碩睿親王多爾衮攝政時期。順治元年(1644)，設翰林院；次年，裁翰林院，併入內三院，改稱內翰林國史院、內翰林秘書院、內翰林弘文院。順治八年(1651)，順治皇帝親政，開始清除多爾衮(*dorgon*，1612-1650)之黨羽，乃移內三院衙署於紫禁城內。順治十五年(1658)九月，更名內閣，大學士加殿閣銜，

---

14 蔡松穎，〈皇太極時期的漢官(1627-1643)〉，頁 183。

15 清·昭槤，《嘯亭雜錄》（北京：中華書局，1997），卷 2，〈雜錄·國初定三院〉，頁 33；徐珂《清稗類鈔》亦承此說，見清·徐珂，《清稗類鈔》（北京：中華書局，1984），〈爵秩類·三院改內閣〉，頁 1287。

復設翰林院。順治十八(1661)年七月，鰲拜(*oboi*，1610-1669，鑲黃旗滿洲)等輔政，廢除內閣、翰林院，恢復內三院。康熙六年(1667)，康熙皇帝(1654-1722，1662-1722 在位)親政，廢除輔政體制，剪除鰲拜及其黨羽，又於康熙九年(1670)，再改內三院為內閣，恢復翰林院，此後成為定制。[16]

順治九年(1670)七月二十日，內翰林秘書院掌院事大學士范文程(1597-1666)為纂修會典事具題，范文程題請將滿洲職銜「阿達哈大」以下各銜釐定漢字。此案原由吏部行文內三院典籍廳，而到廳呈院。[17]此題本內將呈准單位亦稱作「秘書院典籍廳」，此舉或與秘書院的職掌有關。機構更名、裁併之後，職官之履歷亦調整職銜，例如，順治十五年至康熙七年間(1658-1668)，內國史院侍讀勒貝，歷任工部筆帖式、內閣辦事中書、內弘文院撰文中書等職。[18]

順治年間，內三院、內閣已有票擬題奏之責。順治二年(1645)，當時已檢討明朝本章呈轉之制，認為：

> 凡陳奏本章，照故明例，殊覺遲誤，今後部院一切疏章，可即速奏，候旨遵行；至於各衙門應屬某部者，有應奏

---

[16] 趙志強，《清代中央決策機制研究》，頁 91-103。

[17] 范文程，〈秘書院為改定漢銜事〉，貼黃，順治九年七月二十日，《中央研究院歷史語言研究所藏明清史料》，登錄號 006609-001。「阿達哈大」，此處對應漢字「侍讀學士」，而侍讀學士，後來滿名定作 *adaha hūlara bithei da*。此階段滿漢文官銜用字的實際情況，及變化過程，待進一步考察。

[18] 〈內國史院侍讀勒貝履歷〉，康熙七年，《中央研究院歷史語言研究所藏明清史料》，登錄號 291175-001；人內國史院侍讀正黃旗勒貝，年三十一歲，順治十五年七月內，授工部無品級筆帖式；十六年四月內，授內閣辦事中書；康熙三年六月內，授內弘文院撰文中書；七年六月內，陞授內國史院侍讀。

事宜，即呈該部轉奏，至直省撫按總兵等官，凡有章奏與某部相涉者，亦必具文該部，部臣即請旨定奪，或部臣不聽，致有遲誤，或部議舛謬，不合事宜，或冤抑苦情，不肯代為上達，或有參劾部臣章奏，俱赴都察院即為奏聞。其有與各部無涉，或條陳政事，或外國機密，或奇特謀略，此等本章，俱赴內院轉奏。[19]

再從內閣職司本章「票擬」之角度觀察，順治中期後，內三院已非常接近成熟的內閣，專職批本，且不斷調整奉旨批本的處理流程。[20]

由纂修國史的職掌變化，亦可稍知內院、內閣、翰林院的分職現象，原本史職掌於內國史院，自康熙九年以後，裁內三院，分其職掌於內閣、翰林院兩署，故史館自提調以下，皆用兩署人員；至編緝史傳，均係翰林人員秉筆，其滿提調、總纂

---

19 清・崑岡等修，《欽定大清會典事例（光緒朝）》，收入《續修四庫全書》（上海：上海古籍出版社，1997），冊 798，卷 13，〈內閣・職掌・進本〉，頁 276。另外，「順治十三年，諭：向來科道及在京滿漢各官奏摺，俱先送內院，今後悉照部例，徑詣宮門陳奏，其外省所送通政使司題本，及在京各官本章，仍照舊送通政使司，轉送內院。」頁 165，此所謂奏摺，當指題奏摺件。

20 例如，「順治十年，諭：各部院奏事，經朕面諭者，部臣識其所諭，回署錄之票籤，送內院照票批紅發科，如此則錯誤必多，今後如何始得詳明，俾無舛錯，合於大體，著定議具奏。欽此。遵旨奏定，嗣後各部院奏事各臣照常面奏，候御覽，畢退，御批滿漢字者，發內院轉發該科，其滿洲事件，止有滿字無漢字者，亦止批滿字，發內院轉發該衙門。又議奏，從前各部奏事畢，仍攜本章回部擬旨，方送內院，每致乖錯，本年正月議於奏事時，奉御批即發內院，嗣後擬於太和門內，擇一便室，大學士學士等官，分班入直，所有一應本章，或御筆親批，或於御前擬批，若有應行更改之事，即面奏更改，庶幾無弊，得旨允行，欽定大學士學士名次為二直，更番在內辦事。」清・崑岡等修，《欽定大清會典事例（光緒朝）》，收入《續修四庫全書》，冊 798，卷 14，〈內閣・職掌・票擬〉，頁 290。

各員，由內閣及各衙門充補，繙譯滿傳。清代國史館編制一直附屬於翰林院，但其職能始終和內閣密切相關。[21]

內三院的性質介於明代的內閣與翰林院之間，雖然日後內三院之名不復存在，仍可視為滿洲獨創的制度。其後清代內閣、翰林院的地位逐漸提昇，成為天下士子追求仕途之路，最為華貴的職官目標。[22]

《大清會典事例》記載從順治到康熙年間內閣編制的變化，反映康熙朝皇權已逐步穩固。內閣大學士至乾隆年間才定額數。順治十八年七月，復改內閣為內三院，設三院大學士，滿洲各 2 人，漢各 1 人。學士滿洲各 2 人，漢軍及漢學士俱各 1 人；增設滿洲侍讀學士 3 人、蒙古侍讀學士 3 人。[23]康熙八年(1669)，裁內三院滿洲學士缺各一。九年，改內三院為內閣。其大學士等官銜，俱照順治十五年之例，設滿洲學士 2 人、滿洲侍讀學士 4 人、蒙古侍讀學士 2 人、漢軍侍讀學士 2 人、滿

---

[21] 清代國史館之由來及組織，參見莊吉發，《故宮檔案述要》（臺北：國立故宮博物院，1983），頁 376-377，內文引述《清史稿．職官志》，記載國史館組織：「總裁，特簡，無定員；掌修國史清文總校一人，滿洲侍郎內特簡。提調，滿洲，內閣侍讀學士或侍讀派充；蒙古，內閣蒙古堂或理藩院員司派充；漢，翰林院侍讀學士以下官派充，各二人，總纂，滿洲四人，蒙古二人，漢二人。纂修、協修無定員，蒙古由理院司官充，滿漢由編檢充。校對，滿、蒙、漢各八人，內閣中書充，光緒間，增置筆削員十人。」光緒年間，曾有官員針對翰林院組織提出變革，包括上述史職分屬翰林院、內閣，「事關兩署，轉生牽掣，宜併歸一署，以專責成。」見不著撰人，〈翰林院應變通釐定事宜〉，說帖，引自中國第一歷史檔案館編，《清代文書檔案圖鑑》（長沙：岳麓書社，2004），頁 46-47。

[22] 瞿蛻園，〈歷代職官概述〉，收入黃本驥編，《歷代職官表》（上海：上海古籍出版社，1980），頁 62。

[23] 清．崑岡等修，《欽定大清會典事例（光緒朝）》，收入《續修四庫全書》，冊 798，卷 11，〈內閣．建置．設官〉，頁 267。

洲侍讀 8 人、蒙古漢軍侍讀各 2 人、滿洲漢軍漢典籍各 2 人。十年(1671)，增設滿洲學士 4 人，設漢軍學士 2 人、漢學士 2 人。滿漢均兼禮部侍郎銜。十二年(1673)，定漢軍學士併入漢缺，共為 4 人。十六年(1677)，增設滿洲侍讀 3 人。[24]

康熙二十一年(1682)，諭：「學士乃參贊政事之官，如有所見，應行啟奏。近來並無與議者，若惟送本接本，用一筆帖式足矣，何必設立學士。此後各有所見俱令敷陳。」[25]至此，要求大學士必須負起參贊之責。

康熙六十一年(1722)十一月，初授協理大學士事務，或稱署大學士事，或稱額外大學士。[26]其後大學士的數額仍有增減。至乾隆七年(1742)，內閣大學士滿漢俱各全備，不再增添。當時還曾出現「額外大學士」，乃聖祖仁皇帝時之老臣，當時在朝者已為數甚少，如禮部尚書陳元龍、左都御史尹泰二人歷奉聖祖仁皇帝多年，雖年近八旬，而精力尚健，故特加恩授為額外大學士。[27]

自雍正年間起，初置尚書協辦大學士，以六部尚書簡充，與大學士同理閣務。[28]雍正八年(1730)，增設漢中書 4 人；乾隆

---

24 張德澤，《清代國家機關考略》（北京：中國人民大學出版社，1981），頁 4-6。

25 清．崑岡等修，《欽定大清會典事例（光緒朝）》，收入《續修四庫全書》，冊 798，卷 11，〈內閣．建置．設官〉，頁 267。

26 錢實甫編，《清代職官年表》（北京：中國人民大學出版社，1981），〈附錄：清代內閣重要變化概況〉，頁 133，。

27 清．崑岡等修，《欽定大清會典事例（光緒朝）》，收入《續修四庫全書》，冊 798，卷 11，〈內閣．建置．設官〉，頁 267。

28 清．紀昀等撰，《欽定歷代職官表》，卷 2，〈內閣上〉，頁 40。

十三年(1748)，裁漢中書 2 人；十七年(1752)，漢軍侍讀學士，改為漢缺。[29]乾隆十三年，曾針對大學士、協辦大學士兼管總管之職銜，進行正名；議定協辦又兼管總督者，不必帶協辦之銜：

> 向來協辦大學士之設，原因大學士有在內廷行走，或奉差在外者，閣務需人坐辦，是以另簡人員，協同辦理，初非額設之缺。若因協辦而簡任封疆，則不必仍帶虛銜。嗣後大學士兼管總督者，著帶大學士銜；其協辦大學士兼管總督者，不必仍帶協辦大學士銜。著為例。[30]

內閣大學士由員缺無定數發展至滿漢大學士平均員額，即是從因人設官而至於體制化，固定職事人員的過程。乾隆十三年，朝廷總結內閣的發展歷程：「本朝由內三院改設內閣，大學士未有定數，自是官不必備，惟其人之意。而康熙年間，滿漢大學士率用四員，至雍正年間以來多用至六員，更或增置一二人協辦。」此後便以內閣位居六卿百官之首。又，「滿漢大學士應有定員，方合體制；嗣後著定為滿漢各二員，其協辦滿漢或一員，或二員，因人酌派。」又，「大學士官銜，例兼殿閣，會典所載中和、保和、文華、武英四殿，文淵、東閣二閣，未為畫一，其中和殿名從未有用者，即不必開載。著增入體仁閣名，則三殿三閣，較為整齊。」[31]乾隆五十八年(1793)，諭令嗣

---

[29] 清・崑岡等修，《欽定大清會典事例（光緒朝）》，收入《續修四庫全書》，冊 798，卷 11，〈內閣・建置・設官〉，頁 267-268。

[30] 清・崑岡等修，《欽定大清會典事例（光緒朝）》，收入《續修四庫全書》，冊 798，卷 11，〈內閣・建置・設官〉，頁 267。

[31] 清・崑岡等修，《欽定大清會典事例（光緒朝）》，收入《續修四庫全書》，

後各部院衙門，所有兼攝虛銜，一體裁汰，如大學士職居正一品，無需兼從一品之尚書虛銜。[32]此亦說明大學士甚受重用，或在內廷、或入軍機處，或兼管地方要職。

清人席吳鏊《內閣志》內載：「明獨有大學士及兩房舍人餘官。本朝設大學士與學士，並滿漢分設；學士參用蒙古員，大學士則否；侍讀學士、侍讀向無漢員，雍正初始設漢侍讀，後又設掌副本漢舍人。自大學士下合百餘員官職，滋繁于前矣。」[33]席鏊指出，雍正初年，內閣漢官漸多，體系逐漸擴大，此正與明代有極大之差異。事實上，約略統計內閣人員的額數，大學士滿漢各 2 人，協辦大學士滿漢各 1 人，學士滿 6 人、漢 4 人，典籍滿漢、漢軍各 2 人，侍讀學士滿 4 人、蒙漢各 2 人，侍讀滿 10 人、漢 30 人、漢軍 8 人，委署侍讀無定員，中書滿 70 人、蒙 16 人、漢 30 人、漢軍 8 人，貼寫中書滿 40 人，蒙古 6 人（以上各員額歷有增減），撰文中書無定員，供事 62 人；總人數多達 288 人。[34]

明代內閣其職掌不列入《大明會典》，此與清代內閣明顯不同，顯然在職官性質上，明清不完全相同。從清朝官方對明代內閣的評論，可知清朝特意避免明代內閣制度造成的政治弊端，是為重要的施政鑑戒：

冊 798，卷 11，〈內閣・建置・設官〉，頁 267-268。

[32] 清・崑岡等修，《欽定大清會典事例（光緒朝）》，收入《續修四庫全書》，冊 798，卷 11，〈內閣・建置・設官〉，頁 268。

[33] 清・席吳鏊，《內閣志》，收入《續修四庫全書》（上海：上海古籍出版社，1995），冊 751，頁 265-266。

[34] 張德澤，《清代國家機關考略》，頁 6。

> 明初尚沿舊制，置中書左右丞相。自胡惟庸謀逆事覺，始革中書省，歸其政於六部。歷代所謂宰相之官，由此遂廢不設。雖嘗仿唐宋集賢資政之制，置大，亦僅備顧問，並不與知國政。至成祖肇置內閣始以翰林入直，洊升大學士。然秩止五品而已。仁、宣以後，大學士往往晉階保、傅，品位尊崇，閣權漸重。用非其人，間有倒持太阿，授之柄者，而核其司存所在，不特非秦漢丞相之官，亦并非漢唐以來三省之職任矣。[35]

此論欲強調明代大學士雖曾有擅權的機會及事實，然並非制度設計之初衷。

三、清代內閣的職掌

清代內閣之所以位尊，基本上自「職司票擬」而來，即所謂的票本之制。票擬即是對於進呈御覽之本章公文，提供襄贊意見。「內閣職司票擬，其剙自明初，原不過如知制誥之翰林，並非古宰相之職」，[36]雖以票擬參與議政，究非傳統意義之宰相。其性質及偏重文書機能之職掌，分述於後。

內閣職掌明載於歷朝《大清會典》、《大清會典事例》，諸如：進本、票擬、票擬加籤、御門進折本、巡幸發遞本報、勾到收發紅本、收存揭帖、頒發書籍、收存副本、職掌恭擬謚號、撰擬制誥、撰擬匾額字、承宣諭旨、紀載綸音、請用御寶、

---

[35] 清．紀昀等撰，《欽定歷代職官表》，卷 2，〈內閣上〉，頁 37-38。
[36] 清．紀昀等撰，《欽定歷代職官表》，卷 2，〈內閣上〉，頁 37。

誥敕之式、稽察各部院事件、稽察欽奉上諭事件、增修世爵譜冊、繙譯清漢字諭旨、繙譯外藩各部落文字、進呈實錄、收藏起居注匱、收藏經略將軍印信、庶吉士散館引見、稽察俄羅斯館課程，等等。[37]此正是內閣之所謂「統攝百辟」之重責。

化約而論，內閣職掌主要為：「掌敷奏本章，傳宣綸綍。掌收發本章，總稽繙譯。掌收貯圖籍，出納文移。掌撰擬紀載，繙譯繕書之事。」[38]內閣成員主要為大學士、協辦大學士、學士、典籍，其次為侍讀學士、侍讀、委署侍讀、中書、貼寫中書、撰文中書、供事等職，辦理本章：

> 內閣自侍讀學士以下，辦理本章，分為五所。曰滿本房，專司繕寫清字，校正清文；曰漢本房，專司繙譯清漢文；曰蒙古本房，專司繙譯外藩章奏，及繕寫頒行西番、屬國詔敕；曰滿票籤處，曰漢票籤處，專司繕寫清漢票籤，記載諭旨，及撰文之事。又有稽察房，稽察各部院遲延事件，月終彙奏大學士，酌委侍讀學士，侍讀中書兼之；又稽察欽奉上諭事件處，雍正八年置，以滿洲漢人大學士、各部院堂官兼領，其文移鈐以典籍印。以上各處雖非設有專官，而職守所存，均關綸扉典則。[39]

清代故事，新任大學士到閣，內閣各房例辦「事宜單」，開列員缺、差額及職掌，呈堂備覽。現存清末〈滿本堂事宜冊〉，

---

[37] 清・崑岡等修，《欽定大清會典事例（光緒朝）》，收入《續修四庫全書》，冊 798，卷 13-15，〈內閣・職掌〉，頁 267-320。
[38] 清・紀昀等撰，《欽定歷代職官表》，卷 2，〈內閣上〉，頁 40-41。
[39] 清・紀昀等撰，《欽定歷代職官表》，卷 2，〈內閣上〉，頁 41-42。

可資了解滿本堂（滿本房）之職掌運作。包括各種清文繕寫工作；起居注冊、六科史書、八旗世職家譜等收存大庫。又如清漢文「篆字」之繕寫，廣泛用於上自天子寶璽，下至地方官職所用各種印記、關防等，其中「金寶、玉寶、香寶、絹寶、金印、絹印，及親王之印，各體清篆，揀派精於清篆中書恭篆，篆侍讀、委署侍讀、總辦中書恭校，呈中堂恭閱。」此亦屬滿本堂之職。[40]

清代內閣啟用大量閣員，其目的在於處理本章，其中以題本最重。清代本章制度承自明代者，主要是題本、奏本，而題奏範圍不同，凡內外衙門一應公事，使用題本，鈐印具題；臣工本身私事，則用奏本，概不鈐印。[41]各省之題奏本章，定例由通政使司轉呈。題本，滿文讀如：*doron i wesimbure bithe*（用印本章），奏本，滿文讀如：*an i wesimbure bithe*（尋常本章），主要區別正在於用印與否。[42]清初本章，即以此「公題私奏」

---

40 清人佚名編，〈滿本堂事宜冊〉，《文獻叢編》（臺北：臺聯國風出版社，1964），冊下，頁 1064-1066。〈滿本堂事宜冊〉亦載「御製各體清篆，滿本堂中書學習篆寫」，可知滿漢文篆字確實有教學及實際應用。

41 清代題本、奏本格式，及轉呈題奏本章的詳細定制，參見《欽定大清會典事例》，卷 1042，有關通政使司之相關體制規範；另參考單士魁，〈清代題本制度考〉，《文獻論叢．論述二》，收入國立北平故宮博物院編，《文獻特刊論叢專刊合集》（臺北：臺聯國風出版社，1967），頁 177-189。亦有題本未書總字數、奏本用印等不符格式的現象，見《清代文書檔案圖鑑》，頁 23。

42 據《御製增訂清文鑑》的詞條解釋，可知題奏本章的區別在於用印。本、本章，滿文讀如 *wesimbure bithe*，意即上奏之文書；題本，*doron i wesimbure bithe*，意即用印之本章；其釋文 *doron gidafi wesimbure bithe be doron i wesimbure bithe sembi*，意即壓印後上奏的文書，稱之題本。奏本，*an i wesimbure bithe*，意即尋常本章，其釋文 *doron gidarakū wesimbure bithe be an i wesimbure bithe sembi*，不壓印上奏的文書，稱之奏本。清．傅恆等奉敕撰，

之規，相輔而行。地方本章，俱由通政使司轉送內閣，稱為通本；京內各部院衙門等本章，附於六部之後，逕送內閣，稱為部本。本章由內閣大學士擬寫票籤，多至四籤，用備欽定，俟奉旨發下，由批本處照旨用紅筆批於本章封面，是為紅本，復交收發紅本處。[43]

與題奏本章有關卻又不同的文書，是名奏摺，清代的奏摺制度源自傳統奏本，奏摺應是奏本與具有清單之意的摺子（*jedz*）的結合名詞；從康熙年間至乾隆十二年(1662-1747)，「奏摺」滿文俱讀如 *wesimbure jedz*，此後至清末則改稱 *wesimbure bukdari*。[44]奏本和奏摺雖具不用印，奏本的內容限於私事，而奏摺的內容，不分公私；奏摺進呈程序亦與奏本不同，奏摺例應直達御前，不經通政司轉呈。清代奏摺通行日久，已漸趨形式化、公開化，當奏摺成為通用之簡便文書，奏本與之相較，則失去功能，名存實亡，終於在乾隆十三年十一月，頒諭廢止奏本，奏本與奏摺亦不致於混淆。[45]

《御製增訂清文鑑》，卷 5，〈事務類第二〉，頁 137。

[43] 莊吉發，《故宮檔案述要》，頁 9-10。又，方甦生指出題奏本章均經內閣票擬，乃據順治二年《刑科造完五月分紅本數目文冊》、《吏科造完五年三月分繳本文冊》著錄紅本，其中均有奏本數件，以及《康熙會典》卷二載，「凡內外衙門啟奏本章，並各官條奏，......送大學士等票擬，進呈請旨。」可知題本、奏本同一票擬批紅。方甦生編，《清內閣庫貯舊檔輯刊．敍錄》（北平：國立北平故宮博物院文獻館，1935），冊 1，頁 8；惟當時方甦生尚把奏本與日後出現的奏摺、硃批奏摺視為同一種文書。

[44] 莊吉發，〈*jedzi: bukdari*──清朝滿文奏摺制度的沿革〉，收入莊吉發編，《清史論集（二十四）》（臺北：文史哲出版社，2015），頁 54-127。

[45] 莊吉發，《故宮檔案述要》，頁 11-17。《清高宗純皇帝實錄》記載乾隆十三年十一月二十六日（丙子），諭令終止使用奏本，原用奏本之處，概用題本，其滿文諭旨，「題本」讀如 *šošofi wesimbure bithe*，意即「彙總本章」，

上述的奏摺制度其發展，始自康熙年間，其制度化主要和雍正年間，和設立軍機處有關。奏摺直接御前，若有諭旨，則軍機大臣聽旨秉筆，待皇帝批准始可寄發上諭，似乎和內閣無關，然而觀察實際職掌及文書運作情況，並非如此。詳後敘述。

明代內閣形成的時間頗長，清代內閣同樣有一段發展歷程，清代內閣除了最終沿用明代內閣之名，強化其贊襄、文書功能之外，進而調整內閣地位，搭配文書制度，至雍正八年(1730)，大學士品秩才定為正一品。真正實現明太祖朱元璋(1328-1398，1368-1398 在位)之意欲強化皇權、革新中央官制。

明清政體最重要的「承襲」現象，其內涵在於延續明太祖朱元璋不設宰相的皇權集中體制，清朝進一步使之形式化、規範化。明代內閣不見於《大明會典》，不是中央一級正式的行政機構，始終沒有取得法定地位。[46]清代內閣職掌則備載於《會典》、《會典則例》。除了以內閣為百官之首，內閣大學士的地位崇高。乾隆年間，葉鳳毛(生卒年不詳)曾任職內閣中書、典籍，所著《內閣小志》指出：「國朝仍前明之制，以內閣為政府，大學士為宰執，典籍為首領，中書舍人為椽。」明清之內閣，以大學士、典籍、中書舍人等職官，經理內外臣工之本章，綜理國政，整體而言，內閣即是政府，清代內閣實屬名實相符。

不用於上述官書用法。莊吉發，〈*jedzi:bukdari*──清朝滿文奏摺制度的沿革〉，頁 78-80。

46 白鋼主編，杜婉言、方志遠著，《中國政治制度史·明代卷》(北京：人民出版社，1996)，頁 89-90。另外，明代內閣本身與皇權的矛盾，受制於司禮監，亦與六部矛盾，以及閣臣間矛盾傾軋等等現象，參見同書，頁 90-96。

而清代內閣異於明代之處，主要表現於滿漢複職制，旗人佔有相當的職官比例，尤以滿文文書、繙譯職能，是最大的差異。葉鳳毛又言：「國朝文字必兼清書，故又多置滿員。」[47]清書，即是滿文，大量的滿文文書作業使得清代旗人在內閣體系中，佔有重要角色。

明代內閣的人事組織，相較於清代亦差距甚大。清代不但擴充僚署層級，分派滿漢，還參用蒙古。前引清人席吳鏊《內閣志》已扼要對比說明。[48]

再論明清內閣的沿革的關係，若欲強調二者的連續性精神，尚可參照錢穆先生之論：

> 明代，有許多只能說它是一些事，不能說它是一些制。尤其是清代，可說全沒有制度。它所有的制度，都是根據著明代，而在明代的制度裡，再加上他們許多的私心。這種私心，可說是一種“部族政權”的私心。一切有滿洲部族的私心處罰，所以全只有法術，更不見制度。[49]

---

[47] 清．葉鳳毛，《內閣小志》，收入《續修四庫全書》(上海：上海古籍出版社，1995)，冊 751，〈自序〉，頁 273。

[48] 清．席吳鏊，《內閣志》，頁 265-266。

[49] 錢穆，《中國歷代政治得失》，收入《錢賓四先生全集乙編》（臺北：聯經出版社，1995），冊 31，頁 156。關於理解明清之間的聯繫現象，及清朝的特色，亦可參照黃仁宇《中國大歷史》的論點：「滿人成功，端在他們肅清了一個憲法（不成文憲法、基本的組織）上的死結。他們在十七世紀給中國人提供一種皇帝所具有的仲裁力量，此時的漢人反而一籌莫展。……在實用的方面，清朝不待財政上的改組，即已使帝國的府庫充實，這也無非是嚴格執行明朝留下來的法律……。」「滿清雖承襲了朱明王朝組織系統，可是它在功用上的表現和以前不同。最顯著的是，清朝前朝在財政擴張之際，皇帝能行使之職權，遠勝於明末之帝王……。」黃仁宇，《中國大歷史》（臺北：聯經出版事業公司，1993），頁 258、264。

錢穆認為清承明制，沒有新制度，而且有許多「滿洲部族」特色。清代內閣確實承繼朱元璋的設計理念，參漢酌金，即是滿洲統治特色，誠可謂靈活運用了明代內閣制度。

四、清代內閣的議政權力——兼與軍機處對照

軍機處其全稱為「辦理軍機事務處」，一般認為，清朝為了處理準噶爾蒙古的軍事壓力，於雍正七年(1729)設立軍機處，[50]此後，重大事務之決策不由內閣與聞。[51]軍機處原無公署，大小無專官。其直廬始設於乾清門外西偏，繼遷於門內，與南書房鄰，復於隆宗門西，供夜直者食宿，地近養心殿。[52]曾於雍正年間任職內閣中書之席鏊，其《內閣志》記載軍機處設立前後，內閣權力的變化：「大學士於軍國事無所不統，其實每

---

[50] 有關軍機處成立過程及時間的各種說法，參見莊吉發，《故宮檔案述要》，頁 117-127；趙志強，《清代中央決策機制研究》，頁 288-296。趙志強另據乾隆十九年三月軍機處滿文月摺包內，含有軍機處奏片一件，認為軍機處設立應於雍正八年十二月(1731 年 1-2 月)。郭成康整理近年來各家說法，計有雍正四年、七年、八年三種，參見郭成康，《十八世紀的中國政治》(臺北：雲龍出版社，2003)，頁 199-200。

[51] 例如，據《清史稿．軍機大臣年表》對軍機處的描述，「軍機處名不師古，而絲綸出納，職居密勿。初祗秉廟謨商戎略而已，厥後軍國大計，罔不總攬。自雍、乾後百八十年，威命所寄，不於內閣而於軍機處，蓋隱然執政之府矣。」清史稿校註編纂小組編纂，《清史稿校註》（臺北：國史館，1986），冊 7，卷 183，〈表十六．軍機大臣年表上〉，頁 5382。

[52] 清．梁章鉅、朱智撰，何英芳點校，《樞垣記略》（北京：中華書局，1984），卷 22，〈詩文三．王昶文二首．軍機處題名記〉，頁 269-270。

日所治事，則閱本也。」及至軍機處設立，「其人直者亦不復至閣。至乾隆初，邊事息，軍機房不廢，由是大學士以下，有內、外廷之判矣。」[53]是故，自雍正皇帝(1678-1735，1723-1735在位)設軍機處始，入直內廷的大學士，則皇帝「日一再見，遂不至閣」，專職「起草覆奏，寄字外省，與夫閣務有特建者，皆自內主之」，這是指大學士兼軍機大臣，可參與決策，即日後之寄信上諭、明發上諭，並自內廷指揮內閣閣務的特殊現象。[54]

設立軍機處之後，亦帶動內閣地位的提升；雍正八年四月，改大學士為正一品，尚書為從一品，使內閣至此成為中樞首要行政機構，高居各部院之上。事實上，從清初至乾隆年間，內閣職官體系日益發展，漢官漸多，滿人和漢人共同參政的機會亦愈多，此情況一如軍機處。

從軍機大臣、軍機章京的出身而論，內閣大學士、中書均有機會晉升至軍機處。清人梁章鉅(1775-1849)《樞垣記略》記載軍機處規制，「軍機大臣兼用滿、漢大員，無定額，以大學士領班。」「滿、漢軍機章京各分為兩班，每班各八人，由軍機大臣揀派資深望重者為之。」至於選任軍機章京，「滿洲章京以內閣中書，六部、理藩院郎中、員外郎、主事、筆帖式兼充；漢章京以內閣中書，六部郎中、員外郎、主事、七品小京

---

53 清．席吳鏊，《內閣志》，頁 267。

54 席吳鏊，常熟人，雍正年間為內閣中書，為官七年，約乾隆十至十二年撰《內閣志》，據郭成康認為，《內閣志》是第一部記述內閣制度發生深刻變化、軍機處漸具雛形的私家史志；繼後有席吳鏊之同事，葉鳳毛撰《內閣小志》，參見郭成康，《十八世紀的中國政治》，頁 197-199。

官，由進士舉人出身者兼充。」「軍機章京向例由內閣中書挑取者居多，其由六部司員挑取者不及十之一二。」[55]就梁氏之言，內閣成員可謂是軍機處的骨幹。

內閣與軍機處的關係確實微妙，從中樞決策角度來看，軍機處設立以後，反而對內閣大學士參預決策產生了積極的影響。在軍機處設立之前，軍國機務交「議政處」議奏，議政大臣多以滿洲達官貴族充任，所有滿洲大學士均得預聞議政，而漢大學士得以位列議政者寥寥無幾，或為時短暫，實屬特例。軍機處成立以後，於滿漢大學士等員內，特簡軍機大臣者，歷年皆有漢大學士入值其中，且滿漢大學士在軍機處的地位和作用通常較為突出。軍機處成立後，已升為正一品大員的大學士，一般情況得以在軍機處發揮領導作用。是故，《清史稿》曰：「世謂大學士非兼軍機處不得為真宰相」，大學士既為內閣首長，又得參與機密，不少人還兼管部務，其權力和地位較之順、康時期的大學士自然不可同日而語。[56]

軍機處「其兼官無正員」的特殊性，還可由以下幾點觀察。首先，「軍機處」滿文讀如 *coohai nashūn i ba*，意即「軍機之所在地」；這是地方、處所的概念，與部院、衙門不同；再就其「辦理軍機事務印記」印文所示，[57]滿文讀作 *coohai nashūn i*

[55] 清．梁章鉅、朱智撰，何英芳點校，《樞垣記略》，卷 13，〈規制一〉，頁 129-132。

[56] 清史稿校註編纂小組編纂，《清史稿校註》，冊 11，卷 309，〈列傳八十九．論曰〉，頁 8984。高翔，〈也論軍機處、內閣和專制皇權──對傳統說法之質疑，兼析奏摺制之源起〉，《清史研究》，1996:2（北京，1996.5），頁 20-29；趙志強，《清代中央決策機制研究》，頁 391-393。

[57] 清．梁章鉅、朱智撰，何英芳點校，《樞垣記略》，卷 13，頁 129，「雍正

baita be icihiyara ba i temgetu，[58]此處「印記」一詞不在定制五種璽印規制之內，印記的滿名 *temgetu* 又對應作「圖記」，應是「佐領、內務府管領、守備以下等官」所用。[59]總之，軍機處與正式的職官機構十分不同。張德澤指出，雍、乾二朝《會典》未將軍機處列入，而嘉慶年間纂修《會典》時，便寫入軍機處，列為正式機構。[60]然而，即便如此，這應是基於軍機大臣、章京及所屬之方略館、內繙書房明確負有職責之故。前引乾隆年間纂修於《四庫全書》過程中，勅修之《欽定歷代職官表》，將清朝重要職官上溯歷朝歷代可資對應的官缺，首書宗人府，次述內閣，卻未見「議政處」及「軍機處」，僅於講述兵部之要職在於「稽核額籍，考察弁員」時，藉以對比國初置議政大臣，參承軍事籌畫，及軍機大臣承旨書宣，以郵函直達

十年三月初三日大學士等遵旨議奏，辦理軍機處密行事件，所需鈐封印信謹擬：辦理軍機印信字樣，移咨禮部鑄造，貯辦理軍機處，派員管理，并行知各省及西北兩路軍營。今辦理軍機處銀印，乾隆初年所換鑄清、漢篆，其文曰：辦理軍機事務印記。」

58 筆者所見印文，鈐印於〈軍機處知會內閣印領進哨人員路費〉，乾隆四十四年十月，臺北：國立故宮博物院藏，文獻編號 024983。此滿、漢文印文篆體似為「大篆」。

59 五種寶印規制，包括：寶 *boobai*、印 *doron*、關防 *kadalan*、圖記 *temgetu*、條記 *golmin temgetu*。至於使用圖記的職官，其職名及篆字形式為：「佐領、內務府管領、守備以下等官，銅條記、圖記；均懸鍼篆。」清・崑岡等修，《欽定大清會典事例（光緒朝）》，收入《續修四庫全書》，冊 803，卷 321，〈禮部・鑄印・鑄造・乾隆十三年〉，頁 153-154。又參見清史稿校註編纂小組編纂，《清史稿校註》，冊 4，卷 111，〈志八十六・輿服三〉，頁 3116，「八旗佐領，宗室、覺羅族長銅圖記，凡圖記皆直紐。方一寸七分，厚四分五釐。俱清文懸針篆。」「咸安宮官學、景山官學、養心殿造辦處銅圖記。方一寸七分，厚四分。」

60 張德澤，《清代國家機關考略》，頁 18。

之。可見這兩個「機構」的特殊性。[61]再參照前引嘉慶二十年，嘉慶皇帝發表〈御製官箴二十六章〉，告誡對象包括宗人府、內閣、六部、順天府、總督、學政、提督等二十六個職官機構，即無「軍機處」、「議政處」。相較於內閣，軍機處「其兼官無正員」應是主因。[62]是故，議政處、軍機處未見於《欽定歷代職官表》以及嘉慶朝之前的《大清會典》，一如明代內閣未見於《大明會典》。

錢穆先生簡述清代軍機處與內閣的特殊關係，認為：

> 內閣還像是文治，而軍機處則明明是一種軍事統治的名稱。既然最高法令均屬於軍機，當然只能說它是軍事統治了。不過軍機處的軍機大臣，也是由內閣大臣裡挑選出來的，在內閣大臣裡挑幾個出來到南書房〔養心殿〕協同皇帝辦事。……所以實際上清代的軍機處，也就等於如明朝般，皇帝不出宮來辦事，只在裡面找幾個私人商量。[63]

此論將清帝運用軍機處、軍機大臣入值內廷，比擬作明代大學士的角色。此處所謂的南書房，應作養心殿，即雍正皇帝即位後，將寢宮自乾清宮移至其西之偏殿，亦是其辦公所在地。

事實上，在雍正年間設立軍機處之前，康熙年間已存在相對於外朝內閣的內廷機構設立：其一為「內繙書房」，「在內

---

61 清．紀昀等撰，《欽定歷代職官表》，卷 12，〈兵部〉，頁 234-235。

62 清．紀昀等撰，《欽定四庫全書總目》，卷 79，〈欽定歷代職官表〉，「提要」，頁 686。

63 錢穆，《中國歷代政治得失》，頁 162。

繙書房行走者，以精通繙譯事務的滿人為主」；另外，康熙十年(1671)左右，成立「南書房」，基本上以漢人充任。內繙書房與南書房，可視為「滿漢複職制」的特殊形式。[64]康熙皇帝親政後，恢復內閣，大學士仍兼殿、閣銜，并兼尚書。取消輔政大臣，使南書房掌批答詔旨，實有權力。[65]《清史稿》論及「書房」之義云：「儒臣直內廷，謂之『書房』，存未入關前舊名也。上書房授諸皇子讀，尊為師傅；南書房以詩文書畫供御，地分清切，參與密勿。」[66]此將南書房之制等同於入關前的 *bithei boo*。

軍機處設立後，併入內繙書房，與方略館一同作為軍機處的文書單位。方略館原由內閣領之，即便改由軍機處管領，其人員仍多自內閣揀用。

內繙書房設管理大臣，由滿軍機大臣兼充，設提調官、協辦提調官、收掌官、掌檔官等員，主要職掌繙譯諭旨、書、文等事務。至於繙書房的記載，多不冠「內」字，因為並未設有「外繙書房」；其冠「內」者，大概是有別於在外朝的內閣，因內閣的漢本房、蒙古房，也都有繙譯事務；此外，是靠近皇帝、也靠近軍機處。其由軍機大臣兼管，大概也是這「內」的關係。[67]內繙書房職掌機要文書繙譯，「凡諭旨，清字則譯漢，

---

[64] 趙志強，《清代中央決策機制研究》，〈附錄二‧內繙書房〉，頁 488-490。

[65] 清‧梁章鉅、朱智撰，何英芳點校，《樞垣記略》，卷 27，〈雜記一〉，頁 325，「康熙中，諭旨或命南書房翰林撰擬，是時南書房最為親切地，如唐翰林學士掌內制。」

[66] 清史稿校註編纂小組編纂，《清史稿校註》，冊 11，卷 278，〈列傳五十八，徐乾學等傳附〈論曰〉〉，頁 8631。

[67] 張德澤，《清代國家機構機關考略》，頁 19。清‧梁章鉅、朱智撰，何英芳

漢字則繙清，各衙門咨送於內閣者，皆錄送繙書房，其每年起居注館承辦起居注有應繙應譯者，亦如之。」[68]

方略館設譯漢官，負有繙譯職責。「乾隆初定為六缺，後因應繙譯文件漸繁，隨時由吏部傳取，無定額。館內人員由各部院衙門選派，凡遇清字文案應譯漢者，皆令譯寫成冊，以備纂輯」；方略館亦倚重內閣人員，「方略館校對由軍機大臣咨取內閣中書兼充」。[69]又，軍機處存抄的摺件、檔冊甚多，其中滿漢文檔冊，每屆五年由軍機大臣奏請另繕，以備闕失；繕抄人員，「清字檔令方略館譯漢官繕寫，漢字檔令內閣中書繕寫」。[70]《樞垣紀略》載：「又外臣章奏，各書為副以藏之。」[71]由此可知，軍機處亦有保管文書的職能上，一如內閣。

點校，《樞垣記略》，卷 14，〈規制二〉，頁 156，「凡繙書房，提調二人，協辦提調二人，收掌四人，掌檔四人，皆由滿洲軍機大臣於繙書房行走官酌委其兼行走官。翰林院、詹事府、內閣中書、各部院司員筆帖式無定額，繙譯官四十人，各以通於繙譯者為之。」

[68] 此外，「凡恭遇臨御經筵，則敬繙御論及講官所擬講章。凡恭遇冊立、冊封，敕諭外藩、外國及各壇廟、山川祝文，暨諭祭、諭葬之祭文、碑文，皆由內閣、翰林院交繙。凡有旨令將經史繙清者，皆隨時纂辦，以候欽定。凡御製詩文之敕繙者，皆即恭繙錄進。」清．梁章鉅、朱智撰，何英芳點校，《樞垣記略》，卷 14，〈規制二〉，頁 156。

[69] 方略館校對，一如方略館譯漢官，「無定員，凡館中所纂書籍，及所錄清檔，皆令分司校勘。其供事亦無定額，由內閣、翰林院、詹事府等衙門傳取，書成時皆分別奏請議敘。」清．梁章鉅、朱智撰，何英芳點校，《樞垣記略》，卷 14，〈規制二〉，頁 156。

[70] 清．梁章鉅、朱智撰，何英芳點校，《樞垣記略》，卷 14，〈規制二〉，頁 151-152，「凡本處清字、漢字清檔，每居五年由軍機大臣奏請另繕一分，以備闕失。清字檔令方略館譯漢官繕寫，漢字檔令內閣中書繕寫，皆派本處章京二人校對，事竣，請旨議敘。謹按：乾隆二十二年奏准各衙門凡奉清、漢上諭，譯漢繙清，俱送軍機處繙譯，該大臣於行走官內揀擇繙譯精通者六人，定為六缺，專司辦理。」

[71] 清．梁章鉅、朱智撰，何英芳點校，《樞垣記略》，卷 22，〈詩文三．王昶

過去多強調軍機處取代內閣的議政權，注重二者之異，而其實也有「同」的一面。事實上，徐中舒也認為清代軍機處與內閣的關係密切，總難截然劃開，因此，內閣大庫也間或藏有軍機處摺件。[72]軍機處鈔繕保存的重要目錄類檔冊──隨手登記檔，也間或記錄題本。[73]

中國第一歷史檔案館現藏乾隆、嘉慶年間《清摺檔》，是內閣抄錄軍機處轉交有關奏摺及其所奉諭旨的編年體檔簿，主要內容是應交在京各部院等機關處理的奏摺。《清摺檔》又名《別樣檔》，雖抄錄奏摺，惟內容數件不包括所有的奏摺錄副；各件摘抄詳略不一；凡奉硃批「即有旨」或「另有旨」的奏摺，均將其所頒諭旨抄錄。[74]《清摺檔》即是軍機處、內閣兩個「領頭機構」之間，各種行政往來、執行政令的文書彙編。

總之，軍機處和內閣，就文檔管理、繙譯諭旨敕令，以及譯纂圖書的功能而言，一在內廷一在外朝，有著對應關係。

從「行在」的角度觀察，更可發現清代內閣的重要性。皇

文二首．軍機處題名記〉，頁 270。

[72] 徐中舒，〈內閣大庫檔案之由來及其整理〉，收入徐中舒，《徐中舒歷史論文選輯》(北京：中華書局，1998)，冊上，頁 307。此處例舉藏於內閣大庫軍機處檔案二種：嘉慶二十二年廷寄十六道，一匣；嘉慶十年留京處廷寄二十三件，一匣。

[73] 中國第一歷史檔案館編，《乾隆朝軍機處隨手登記檔》（桂林：廣西師範大學出版社，2000），冊 1，頁 6，乾隆元年 2 月 8 日，「禮部題」。《隨手登記檔》主要登錄漢文奏摺、諭旨之交發收訖等訊息，而登錄滿文奏摺的簿冊，即滿軍機處值班日記，稱之《日記》、《日記檔》。

[74] 中國第一歷史檔案館現藏《清摺檔》102 冊，起自乾隆元年至嘉慶九年，參見吳元豐，〈清內閣滿文檔案述略〉，收入吳元豐，《滿文檔案與歷史探究》（瀋陽：遼寧民族出版社，2015），頁 28；吳元豐，〈軍機處滿文月摺包及其史料價值〉，收入吳元豐，《滿文檔案與歷史探究》，頁 41-42。

帝巡幸，內閣需派出人員扈從辦事，處理奏章。「以滿票籤處，侍讀一人、中書五人，漢票籤，處中書二人隨駕。凡行在交出諭旨，及由京送到本章，竝隨本送到奏摺，進呈發出詳開清單，隨本送內閣，交票籤處發行。」[75]乾隆皇帝(1711-1799，1736-1795在位)為於行在、程途中，便於處理奏章、頒發諭旨，乾隆八年，諭曰：

> 今年秋間恭謁祖陵，所有內外本章，按日呈覽，部院臣工摺奏，隨本進呈，一切辦理事宜，與朕在京無異。惟是外省督撫提鎮等奏摺，向來俱係差人齎奏，此等齎奏之人，道途遙遠，萬一馬羸疲乏，風雨阻行，未免稽遲時日。著自啟鑾之日為始，凡有外省奏摺，俱齎赴在京總理事務王大臣處，交內閣隨本呈送行在，候朕批示，隨本發回，仍於總理處交付齎摺之人祗領。[76]

由此諭可知，奏摺由內閣周轉經理。外省奏摺，先交在京總理事務王大臣處，再轉文內閣，連同內閣經辦之題本，呈送行在批示。

又凡值重大齋戒、慶典之日，向有內閣停進本章之例。而謁陵之事乃皇帝巡幸於外之重大祀典，但又與宮中祭儀慶典，照例停進本章之例不同。乾隆四十一年(1776)，再次調整巡幸期間，內閣經理內外本章之事，若遇停進本章之日，改為「在

---

[75] 清．允祹等奉敕撰，《欽定大清會典則例（乾隆朝）》，收入《景印文淵閣四庫全書》(臺北：臺灣商務印書館，1983)，冊620，卷2，〈內閣〉，頁57。
[76] 清．崑岡等修，《欽定大清會典事例（光緒朝）》，收入《續修四庫全書》，冊798，卷14，〈內閣．職掌．巡幸發遞本報〉，頁303。

京內閣」挨日彙送，「行在內閣」按日並呈。[77]

一般認為，清代內閣職掌僅承續明制之舊，所不同的不過是地位較崇而已；自設立軍機處後，內閣完全成為一個承遞的機構，每日欽奉上諭由軍機處承旨，應發抄者，下於內閣。[78]關於軍機處侵奪內閣議政權的普遍看法，多從奏摺所奉硃批觀察，亦可參照《樞垣記略》的記載：「其職掌在恭擬上諭及內外臣工所奏有旨敕議者，各審其可否以聞。」[79]

然而硃批奏摺所奉諭旨，雖常見：「軍機大臣等議奏」，亦有敕令軍機大臣與大學士合議的情形。例如，道光十三年(1833)八月十二日，長清奏請循舊制，使參贊大臣移駐喀什噶爾，其摺件所奉硃批寫明「大學士、軍機大臣會議具奏」，還留下兩份錄副奏摺，其一開面注明「專交內閣」。[80]道光十六年(1836)六月三日，伊犁將軍特依順保(1768-1840)等奏查明巴爾楚克等城屯田情形並會議酌撤防兵事宜，其摺奉硃批「大學士、軍機大臣議奏。單片圖併發。」[81]反映軍機大臣、內閣大

[77] 清．崑岡等修，《欽定大清會典事例（光緒朝）》，收入《續修四庫全書》，冊 798，卷 14，〈內閣．職掌．巡幸發遞本報〉，頁 303-304。

[78] 徐中舒，〈內閣大庫檔案之由來及其整理〉，頁 303、307。又如《清史稿》：「自改內三院為內閣，台輔拱袂。迨軍機設，題本廢，內閣益類閒曹，六部長官數四，各無專事。」此處「題本廢」之說，乃認為設立軍機處之後，題本沒有地位，實是誇張之詞。清史稿校註編纂小組編纂，《清史稿校註》，冊 4，卷 121，〈志九六，職官一〉，頁 3254。

[79] 清．梁章鉅、朱智撰，何英芳點校，《樞垣記略》，卷 22，〈詩文三〉，頁 270。

[80] 《清代宮中檔及軍機處檔摺件資料庫》(臺北：國立故宮博物院藏)，文獻編號 065060、065061，〈長清．奏請循舊制參贊大臣移駐喀什噶爾〉，道光十三年八月十二日。

[81] 《清代宮中檔及軍機處檔摺件資料庫》，文獻編號 071663，〈特依順保．奏

學士確實參與議政。

更有奉硃批如「大學士會同該部議奏」之語，僅由大學士會同部院議奏的情況，例如：乾隆十二年二月二日，署江蘇巡撫安寧(?-1762)奏請調整捐納辦法裕倉儲，奉硃批「大學士會同該部議奏」；[82]乾隆四十五年(1780)三月二十日，河道總督陳輝祖(?-1783)奏報分賠堤工歲修銀兩情形，奉硃批「大學士阿桂會同該部議奏」。[83]《軍機處檔摺件》有關大學士議奏之硃批，其數量遠不及軍機大臣議奏，但是仍可顯示內閣大學士的特殊地位，是否具有議政權，由君主決定。又如，乾隆年間大學士史貽直(1682-1763)之例，大學士史貽直未曾在軍機處行走，乾隆皇帝仍垂詢於彼。[84]

即便是同治年間，皇太后聽政其間，值此特殊情況臣工奏摺所奉硃批亦有特殊形式，多為「議政王、軍機大臣奉旨：該衙門知道」[85]，例如，鴻臚寺少卿山海關監督宗室英元(1814-1874)

覆查明巴爾楚克等城屯田情形並會議酌撤防兵事宜(巴爾楚克喀什爾屯田圖)〉，道光十六年六月初三日。

[82] 《清代宮中檔及軍機處檔摺件資料庫》，文獻編號 000108，〈安寧・奏為江北連年被災請將江蘇貢監捐例停止部捐仍收本色統歸本省捐納以裕倉儲事〉，乾隆十二年二月初二日。

[83] 《清代宮中檔及軍機處檔摺件資料庫》，文獻編號 026614，〈陳輝祖・奏報分賠堤工歲修銀兩情形〉，乾隆四十五年三月二十日。

[84] 劉綸，〈太保、文淵閣大學士、溧陽史文靖公貽直墓表〉：「遂以乾隆癸亥（八年）協辦大學士，明年真授；遭逢盛際，準夷、回部以次削平，拓疆二萬餘里。公在政府時，從容承召對，移晷乃出；而公謹慎周密，雖子弟不得與聞，殆前史所云精練少年有不如，專門名家有不逮者。」清・錢儀吉編，《碑傳集》，收入《近代中國史料叢刊》(臺北：文海出版社，1973，據光緒十九年江蘇書局校刊本影印)，第 93 輯，冊 921，卷 26，〈太保、文淵閣大學士、溧陽史文靖公貽直墓表〉（湯右曾），頁 1565。

[85] 《清代宮中檔及軍機處檔摺件資料庫》，文獻編號 089143，〈宗室英元・奏

奏聞牛莊海關洋稅數目之摺件；又如江蘇巡撫丁日昌(1823-1882)奏聞審擬江蘇監生馬兆鴻京控案，所奏硃批為「軍機大臣奉旨某部議奏」。[86]這顯示即便君主因年幼不克指授諭旨，或由皇太后、大臣共議，而形式上、名義上的諭旨仍是「奉旨」而來的，君臣之別絲毫不可逾越。

軍機處、內閣二者承辦硃批奏摺的關係，除上述內閣《清摺檔》之外，據《樞垣記略》記載：「其內閣領鈔之摺於次日繳回，同不發鈔之摺，按日歸入月摺包備案」；「向來軍機處事件，俱係交內閣轉發，除密議密奏外，係何衙門承辦者，即傳該衙門承鈔。」[87]內閣實際上承辦硃批奏摺。此外，乾隆年間，議政處議覆文書，乃專交內閣處理，不另發鈔兵部，顯示內閣可作為議政王大臣與皇帝之間的溝通渠道。[88]

雍正皇帝在位時，曾數次挑選、編輯其諭旨，刊佈其施政

聞經征牛莊海關洋稅並扣撥外國各二成銀兩數目〉，同治二年六月初一日。

[86] 《清代宮中檔及軍機處檔摺件資料庫》，文獻編號 100954，〈丁日昌．奏聞審擬江蘇監生馬兆鴻京控案由〉，同治九年四月初九日。

[87] 清．梁章鉅、朱智撰，何英芳點校，《樞垣記略》，卷 13，〈規制一〉，頁 137-138，「凡中外奏摺，奉硃批「該部議奏」、「該部知道」者，皆錄副發鈔，其硃批「覽」或硃批「知道了」，或硃批「准駁其事」，及訓飭嘉勉之詞，皆視其事係部院應辦者，即發鈔，不涉部院者，不發鈔。凡未奉硃批之摺，即以原摺發鈔。凡硃批原摺，如在京衙門之摺，即存軍機處彙繳；如各省，俱於本日錄副後，係專差齎奏者，交內奏事封發，由驛馳奏者，即由本處封交兵部遞往。其內閣領鈔之摺於次日繳回，同不發鈔之摺按日歸入月摺包備案。」

[88] 清．梁章鉅、朱智撰，何英芳點校，《樞垣記略》，卷 13，〈規制一〉，頁 138-139，「乾隆十一年三月二十四日奏：向來軍機處事件，俱係交內閣轉發，除密議密奏外，係何衙門承辦者，即傳該衙門承鈔。今張允隨所奏卡瓦一摺，奉硃批「議政王大臣速議具奏」，因係兵部主稿，是以內閣傳鈔。伏思議政處與各衙門不同，嗣後凡遇交議政處事件，俱交內閣，專交該衙門辦理，不得發鈔。謹奏。奉旨：是。」

要項，其中雍正九年(1731)《上諭內閣》，因諭旨多由內閣宣示者，故以此名；[89]乾隆皇帝復將雍正八年至十三年(1730-1735)上諭，校正續刻。雍正皇帝刊行《上諭內閣》後，雍正十年(1732)，開始挑選批覽過的硃批奏摺，付諸剞劂；惟崩殂時，工未告竣，後由乾隆皇帝續就雍正年間檢錄已定的硃批奏摺，彙增新編，於乾隆三年(1738)告竣成書，名曰《硃批諭旨》。對照宮中檔原件，此書所刊臣工奏摺及硃批，其格式不同於原摺，奏摺內容逐件刪略，硃批旨意尤多潤飾。[90]《上諭內閣》與《硃批諭旨》均是雍正、乾隆皇帝欲開誠佈公，顯示君臣一體關係，取材自紅本、硃批奏摺，刊佈諭旨及美政。題本由內閣票擬意見，遇事涉兩歧，輒繕雙簽以請，無敢專擅，依皇帝旨意形成紅本；奏摺由皇帝親御硃批，軍機大臣，一詞莫贊。是故，題本、奏摺代表議事管道不同的文書，以皇權的角度而言，均是維持乾綱獨握之工具。

乾隆年間，還曾出現將軍機大臣和內閣大學士均比擬作「翰林」的觀點。「唐宋所謂翰林學士者，其職在於參受密命，發演絲綸，乃如今軍機大臣之承淨旨書宣，而於他事固無所預」，[91]「以大學士專司票擬，不過如知制誥之翰林」，[92]此處均是從

---

[89] 清．紀昀等撰，《欽定四庫全書總目》，卷 55，〈世宗憲皇帝上諭內閣〉，「提要」，頁 493-494。

[90] 莊吉發，《故宮檔案述要》，頁 45-47。

[91] 清．紀昀等撰，《欽定歷代職官表》，23，〈翰林院〉，頁 433。

[92] 清．紀昀等撰，《欽定歷代職官表》，卷首，〈御製詩．職官表聯句〉，頁 1-2。「綸言直下中書省，阿柄寧移政事堂」，詩注：「內閣職司票本，大學士以下有學士、侍讀學士、侍讀、典籍、中書等官。自明太祖罷丞相，以大學士專司票擬，不過如知制誥之翰林，其後職任漸崇，閣權遂重。伏讀聖諭，

皇權的角度而言，無論是翰林、軍機大臣、內閣大學士，或者丞相、宰相、中書、門下、平章知政事等歷代相職，「其實官名雖異，職守無殊，惟在人主太阿不移，簡用得人，則雖名丞相不過承命奉行」，欲強調的重點正是：天下治亂之樞，不在宰相，而在天子。[93]

直至宣統三年(1911)四月，「責任內閣」成立。軍機處撤銷，明清兩代的「舊內閣」亦至此結束。[94]《清史稿》載：「宣統三年四月，改軍機處為內閣，舊內閣遂裁」[95]，事實上，舊內閣、軍機處、責任內閣均是以皇權為中心的「政府」。

國立故宮博物院現存光緒三十一年(1905)八月初九日，〈大清國致大英國國書〉和〈大清國致大法國國書〉，當時國書製作之目的，在於透過平等外交途徑，考察他國君主立憲的施行方法。國書內文：「夙聞貴政府文明久著，政治日新，凡所措

事權輕重原乎人主之委任，而不繫乎官職之崇卑。我朝乾綱獨攬，宮府肅清，閣臣惟知恪奉官常，威柄不移，洵從古所未有也。」

[93] 清・紀昀等撰，《欽定四庫全書總目》，卷首，〈聖諭・乾隆四十五年九月十七日〉，頁 5-6。略謂：「乾隆四十五年九月十七日，奉上諭。國初設官分職，不殊周官法制，及定鼎中原，參稽前代，不繁不簡，最爲詳備。其間因革損益，名異實同，稽古唐虞，建官惟百。內有百揆、四嶽，外有州牧侯伯奮庸熙載亮采惠疇，周則監於二代，立三公三孤。秦漢以後，爲丞相，爲中書門下平章知政事。明洪武因胡惟庸之故，改丞相爲大學士，其實官名雖異，職守無殊，惟在人主太阿不移，簡用得人，則雖名丞相不過承命奉行，即改稱大學士而所任非人，竊弄威福，嚴嵩之流非仍名大學士者乎？蓋有是君，方有是臣。惟後克艱厥後，庶臣克艱厥臣。昔人言天下之安危係乎宰相，其言實似是而非也。」

[94] 張德澤，《清代國家機關考略》，頁 18。

[95] 清史稿校註編纂小組編纂，《清史稿校註》，冊 4，卷 111，〈志八十六・輿服三・文武官印信關防條記〉，頁 3116。

施，悉臻美善。」[96]此處「貴政府」，對應滿文 *coohai nashūn i ba*，意即「軍機處」。清廷派出朝廷重臣，出洋考察對方的「政府」，為何此「政府」又等同於清朝的「軍機處」呢？

前引《清史稿》編者將軍機處喻為「執政之府」，民國初年《清史稿》的編者距清末不遠，將軍機處喻為「執政之府」，與〈大清國國書〉將軍機處對應於「政府」可謂兩相呼應。此外，漢文「貴政府」，滿文並沒有譯出「貴」，推測這是因為對方並沒有「軍機處」這樣的單位，此處的「軍機處」並非強調它是一個「機構」的性質。因此，滿文文句非常恰當地表現了考察「君主立憲」，正在於考察類似清朝「軍機處」的功能──君主與欽命之軍機大臣，共同形成決策核心的運作方式。內閣，並非清末新政想改變的對象，而軍機處和君主的關係如何調整，才是君主立憲之道。若實施君主立憲，其新政府亦當不可再稱作軍機處，故仍保留內閣之名，稱之責任內閣。

再從文書的角度觀察，乾隆年間以降，題本因襲用日久，習為故套，積壓情形易嚴重，缺乏行政效率，漸失政治功能。清季變法，廢除題本成為革新政治的具體表現。光緒二十七年(1901)，設政務處，以軍機大臣領督辦事；是年六月，湖廣總督張之洞(1837-1909)等具奏請將題本「永遠省除」，同年八月，

---

96 〈大清國遣使出洋考察致英國國書（大清國致大英國國書）〉，文獻編號302000009，臺北：國立故宮博物院藏；〈內閣部院檔．國書〉，文獻編號302000010，現藏於國立故宮博物院；「夙聞貴政府文明久著，政治日新，凡所措施，悉臻美善。」對應的滿文文句羅馬拼音讀如：*an i donjici/ coohai nashūn i ba-de, šu genggiyen goidafi iletuleme/ dasan i baita ulhiyen i icemleme, yaya icihiyame gamarangge/ yooni saikan sain de isinafi*。

下令廢除題本，以歸簡易，奏摺終於取代題本。[97]光緒三十二年(1906)，更名會議政務處隸內閣；宣統三年，再改作責任內閣，是時軍機處已裁撤，是以軍機大臣為總協理大臣，因其辦事人員，即軍機處之員司，故內閣會議政務處及責任內閣之檔案，得與軍機處檔案同處保存。此類檔案，多種彙鈔之檔冊，如目錄類之收文檔，電報類之收電檔，行移類之行文檔，考績類之考勤簿，記事類之硃批簿，奏事類檔冊之奏稿，及奏事文稿。[98]

總之，回顧內閣和軍機處的最後關係，以機構而論，內閣與軍機處二者俱行裁撤，實是合併；以文書而論，軍機處襄贊之奏摺取代內閣票擬之題本，責任內閣的檔案和軍機處檔案同處保存。

五、內閣與旗人職缺

內閣提供的職缺頗多，其額數及升轉關係，稍能反映內閣制度對於旗人的影響。內閣的職缺約有 288 個員額，各級官缺選用途徑，備載於《大清會典事例》、《吏部則例》。本文以旗人大學士出身、滿洲軍機章京具有內閣資歷者，以及旗人參與譯纂實錄、《滿文大藏經》之情況，例舉說明之。

馬子木《清代大學士傳稿 1636-1795》一書，分析清代自

---

[97] 莊吉發，《故宮檔案述要》，頁 17。

[98] 國立北平故宮博物院文獻館，〈國立北平故宮博物院文獻館二十四年度工作報告〉，國立北平故宮博物院編，《文獻論叢》，〈附錄〉，收入國立北平故宮博物院編，《文獻特刊論叢專頁 34-35。

崇德朝自宣統朝(1636-1911)，共有 253 名大學士、協辦大學士（含署理、協理）之「清代大學士群體構成」現象。[99]依族別與地域分佈，出身與入仕，以及任用等項目，分別統計。

首先，族別與地域分佈：

1. 族別。253 名大學士，其中旗人 134 名，包括滿洲 89 人，宗室 14 人，漢軍 20 人，蒙古 11 人，占 52.97%；漢人，119 人，佔總數之 47.03%。旗人人數多於漢人。

2. 地域分佈。此針對漢大學士而言，北方（直隸、山東、山西、河南、陝西）凡 46 人，約佔漢大學士總數之 38.66%，南方（江蘇、浙江、四川、湖北、安徽、福建、江西、湖南、廣西、廣東）凡 73 人，約占 61.34%。

其次，出身與入仕：

1. 出身。大學士的出身途徑，計有數種：科目（進士、舉人、生員及博學鴻詞科）、監貢（監生、貢生、官學生）、世襲（襲世爵、襲世職、宗室、蔭生、襲佐領）、八旗職官（侍衛、護衛、筆帖式、親軍、拜唐阿、雲麾使），及其他（文館官、贊禮郎、額駙、來歸、入直內廷、奴隸、行伍）。以科目出身者，所占比重最高，漢大學士 117 人為進士出身，占漢大學士總數之 98.32%。

旗人（滿、漢軍、蒙古）大學士出身進士者 30 人，占旗人大學士總數之 22.3%，其中順治朝 1 人，康熙朝 1 人，雍正朝 2 人，乾隆朝 2 人，嘉慶朝 2 人，道光朝 6 人，咸豐朝 3 人，

---

[99] 馬子木，《清代大學士傳稿 1636-1795》（濟南：山東教育出版社，2013），頁 51-69。尚有追贈大學士二人：達海、杜塄。

同治朝 5 人，光緒朝 8 人；道光朝及以後即占 73.33%。旗人又別有繙譯科，自成體系。

監貢出身者，18 人，占總比例 7.12%。皆旗人，含監生、貢生、官學生，亦可由捐納而得。

世蔭為旗人之出身途徑，共 27 人，占總比例 10.68%。內含世襲、廕生、宗室、佐領等。因爵位有限，以世襲出身者，僅 11 人，占總數之 4.35%；廕生亦有 11 人，占總數 4.35%。

八旗職官，25 人，占總比例 9.88%。含侍衛、護軍、筆帖式、親軍、拜唐阿（滿語，執事人）、雲麾使。侍衛、拜唐阿出身者，8 人，順治朝 2 人，康熙朝 2 人，乾隆朝 2 人，道光朝 1 人，咸豐朝 1 人。筆帖式出身者，14 人。其他，包含文館官、贊禮郎、額駙、來歸、入直內廷、奴隸、行伍等，11 人，占總比例 4.35%。另未詳出身者 2 人，佔總比例 0.79%。

2. 入仕。入仕之初所任之官也。旗人之出身與入仕難分，出身即入仕，此分析漢大學士。分中央、地方二種，中央以翰林官出身者，94 人，占漢大學士總數 78.99%。其他中央職官出身者，庶吉士散館、主事、太常寺博士、中書等，9 人，占漢大學士總比例 7.56%。地方出身者，包括知縣、推官等 16 人，占漢大學士總數 13.45%。

任用方面：

1. 任前官職。部院大臣，含六部尚書、理藩院尚書、清季新設各部尚書、會辦大臣、都察院左都御史。共 189 人，占總數 74.7%。

侍郎、學士、啟心郎、巡撫，含翰林院掌院學士，15 人，占總數 5.93%。總督、駐防將軍，36 人，占總數之 14.21%。

2. 任用方法。清初，大學士任用均出自特旨，其後滿漢各員皆循資任用。

3. 任期。任期在十年內較為普遍。

4. 離任。卒於任、致仕、革職、革職起復、降週、解任共 233 人，占 92.09%。伏誅者（含棄市、賜自盡）共 15 人，占 5.93%。滿、蒙、漢軍卒於任者 49 人，高於同族別之致仕者 33 人。

《樞垣記略・題名》記載自乾隆至道光年間，滿漢軍機大臣、軍機章京之姓名、出身、經歷，可據以統計、分析內閣資歷與軍機大臣、軍機章京的關係。[100]

乾隆年間，入值軍機處者，滿洲軍機大臣計 36 名，其中「官至大學士、協辦大學士」者，有 15 名。[101]滿洲軍機大臣人數較多，而漢人軍機大臣共計 17 名，官至大學士、協辦大學士者，有 14 名。二者相較，漢軍機大臣官至大學士、協辦大學士的比重較高。可知這些軍機大臣、章京，大多數能晉升至大學士地位。

漢軍機大臣甚少同時兼有大學士、協辦大學士之職，少數如汪由敦(?-1758)，於乾隆五年至乾隆六年(1740-1741)職任「內

---

[100] 清・梁章鉅、朱智撰，何英芳點校，《樞垣記略》，卷 15-19，〈題名一至五〉，頁 157-221。

[101] 清・梁章鉅、朱智撰，何英芳點校，《樞垣記略》，卷 15、16，〈題名一至二・滿洲軍機大臣〉，頁 157-159。

閣學士」，後在乾隆十一年至乾隆二十三年(1746-1758)擔任「軍機大臣（軍機處行走）」期間，又於乾隆十四年(1749)署協辦大學士。[102]軍機大臣能夠「現官大學士」，當屬特殊情況，如咸豐年間，「文祥，字博川，滿洲正紅旗人。道光乙巳進士，現官大學士。」[103]

《樞垣記略》所載滿洲軍機章京清單中，亦標注由某職位「入直」軍機處，其中與內閣職官有關者，雍正十一年至乾隆六十年之間(1733-1795)，除去資料殘缺不計之外，共得 146 名滿洲軍機章京；由內閣中書、內閣侍讀入直者，有 46 人，佔 31.5%。其中，雍正十一年至十三年(1733-1735)，滿洲軍機章京僅 5 名，有 2 名由內閣中書入直，佔 40%。[104]至於漢軍機章京與內閣職官的關係，雍正九年至十三年(1731-1735)，除二名資料殘缺不計外，共 14 名漢軍機章京，有 10 名由內閣中書入直，佔 71%。乾隆元年至六十年(1736-1795)，除資料殘缺不計外，共 131 名漢軍機章京，有 115 名由內閣中書、中書、中書

---

102 《清國史館傳稿》，701005729 號，臺北：國立故宮博物院藏；〈人名權威人物傳記資料查詢〉，http://archive.ihp.sinica.edu.tw/ttsweb/ html_name/search.php (臺北：中央研究院歷史語言研究所)，2015 年 1 月 1 日檢索。清．梁章鉅、朱智撰，何英芳點校，《樞垣記略》記作「汪由敦，字謹堂，浙江錢塘人。雍正甲辰進士，官至吏部尚書、協辦大學士。謚文端。」

103 清．梁章鉅、朱智撰，何英芳點校，《樞垣記略》，卷 15，〈題名一．滿洲軍機大臣〉，頁 161。

104 清．梁章鉅、朱智撰，何英芳點校，《樞垣記略》，卷 16，〈題名二．滿洲軍機章京一〉，頁 168-182。其中頁 166，索柱，旗人，雍正十三年八月入直，雍正 10 年至乾隆 13 年，職任內閣學士，推斷由內閣學士入直，故列入；其他資料不詳者則暫略不計。〈人名權威人物傳記資料查詢〉，http://archive.ihp.sinica.edu.tw/ttsweb/html_name/search.php，2015 年 1 月 1 日檢索。

科中書入直，佔 88%。[105]

《滿文大藏經》的職名清單內，[106]雖然僅有非常少數的內閣人員，例如，纂修官，9 人，包括原任內閣學士依蘭泰(*ilantai*)、薩哈爾齊，及內閣中書崧齡，共 3 人；謄錄官，24 人，包括內閣中書塔番布、瑚松額(*hūsungge*，1772-1847，正黃旗滿洲)、德勳，共 3 人。但並不表示編譯刻印的過程中，沒有其他內閣人員參與。從現存內閣題本可知當時參與譯纂的人員，遠多於藏經職名。

乾隆四十年(1775)十二月十一日，清字經館奏稱，自漢文經文譯出的滿文經文「底本」（初稿），已全部完竣，故請議敘相關人員。[107]後經吏部尚書舒赫德(*šuhede*，1710-1777，正白旗滿洲)等題奏，應比照先前纂修《平定準噶爾方略正編續編》告竣從優議敘之事例辦理，其中，「一等收掌官准其加一級記錄二次，二等纂修各官准其加一級」，而此次清字經館「列在二等之纂修官」者，則有「內閣侍讀今陞江南道監察御使圖桑阿」等十四員，內閣侍讀佔一名。

其他議敘事例尚有：「一等滿謄錄官現任內閣中書，准其入於單月，以主事七缺之後陞用」，此次清字經館「列在二等」之「纂修官內閣中書翰圖」，「謄錄官內閣中書楊保、海亮」

---

[105] 清．梁章鉅、朱智撰，何英芳點校，《樞垣記略》，卷 18，〈題名四．漢軍機章京〉，頁 196-212。

[106] 清．清高宗敕譯，《滿文大藏經》（北京：紫禁城出版社，2002），目錄函。

[107] 《內閣全宗》，02-01-03-07-410-1346，吏部尚書舒赫德等題奏，乾隆四十一年七月二十一日，現藏於中國第一歷史檔案館。內引清字經館於乾隆四十年十二月十一日奏報此批滿文經文底本完成進度，包括「大般若等經二千六百十四卷」。

等八員。內閣中書佔三名。又，「（功臣館清文告竣，尋常議敘案內）一等繙譯官候補漢軍中書，應俟有漢軍中書缺出，准其坐補」。此次清字經館有「列在二等之纂修官候補漢軍中書曹廷奎」一員。又，「一等譯漢官內閣貼寫中書遇有本旗中書缺出，准其即行坐補」。此次清字經館列在一等之「收掌官內閣貼寫中書索寧安、纂修官內閣貼寫中書林欽、校對官內閣貼寫中書清華」；列在二等之「繙譯官內閣貼寫中書景昌、寶甡等五員」，照例遇有「各該旗內閣中書缺出，准其即行坐補。」又，「一等譯漢官候補貼寫中書，俟有本旗貼寫中書缺出，准其即行坐補。」此次清字經館列在一等之繙譯官學習中書達敏(*damin*)、謄錄官候補清字貼中書伍爾喜等十員。又，「二等繙譯官內閣中書薩爾，於本年正月內，已陞廣東廣州府同知；纂修館內閣中書成永於本年貳月內已陞浙江金華府通判」等人，在館行走均未滿五年，與議敘之例不符，應毋庸議。

由此件檔案可知，滿缺之內閣侍讀、內閣中書、內閣貼寫中書等，在譯編《滿文大藏經》過程中，曾參與包括纂修官、收掌官、謄錄官、繙譯官、譯漢官、校對官等職。同時也顯示內閣中書有機會轉調到外省地方任官。

遇有本旗中書或貼寫中書缺出之語，乃指此滿缺以旗為單位，據《欽定吏部則例》載：「滿洲中書七十缺，每旗七缺，八旗共五十六缺，其餘十四缺定為八旗公缺。旗缺由內閣於貼寫中書內，按旗每缺揀選二員。」[108]是故，由此例亦可明確知

[108] 清・阿桂等修，《欽定吏部則例》，收入故宮博物院編，《故宮珍本叢刊》（海口：海南出版社，2000），冊282，卷3，〈銓選滿官〉，頁113。

道，這些譯編人員均是旗人。相較於同樣啟用大批內閣成員參與纂修的《欽定四庫全書》，因無法僅據職名判斷是否為旗人，故無法用以分析旗漢比例，未來當據相關檔案分析。

內閣負有修書之責，歷朝實錄即為其要項，透過纂修實錄所用內閣人員的情形，對於旗人在內閣的角色亦有所認識。

康熙年間纂修《世祖實錄》，御製序文題寫日期為康熙十一年(1672)五月二十日。纂修人員基本由內閣及翰林院組成，包括監修總裁一名（巴泰(?-1690)）、總裁五名，均有大學士銜；[109]副總裁十名，除二名為翰林院掌院學士，其餘八名均為內閣學士。[110]

其餘各職務及派用之內閣人員情況如下：「纂修滿漢文」之職，24 名，內閣人士佔 8 名，包括內閣侍讀、內閣典籍、內閣撰文中書、內閣撰文中書舍人等職。[111]內閣成員的位次普遍較高，列於前位。其次為「纂修蒙古文」之職，共八名，全為內閣人員，包括：內閣侍讀學士、內閣侍讀、內閣撰文中書舍人。反映康熙年間的內閣，在蒙、藏文文書的繙譯工作佔有十分重要地位。其次為「收掌」之職，共 8 名，亦全為內閣人員，

---

[109] 世祖實錄纂修官參見：清．鄂爾泰等修，《清實錄．世祖章皇帝實錄》（北京：中華書局，1985），首卷三，頁 13-16。中和殿大學士巴泰、圖海，保和殿大學士索額圖、李霨、魏裔介、杜立德。

[110] 中和殿學士折爾肯、哈占，保和殿學士塞赫，達都，文華殿學士馬朗吉、張鳳儀，武英殿學士靳輔、東閣學士陳敳永，以上均有資政大夫（或通議大夫）禮部侍郎銜。翰林掌院學士禮部侍郎折庫訥、熊賜履。

[111] 成員包括：中憲大夫內閣侍讀杜冷格、田啟光、董昌國，奉政大夫內閣典籍兼光祿寺少卿伊拉哈、王國安，通議大夫正四品加一級內閣撰文中書舍人王敷政，承德郎內閣撰文中書舍人達岱、張萬祿。其餘為中憲大夫翰林院侍講學士喇沙里、文林郎翰林院檢討加一級李天馥等。

包括：內閣撰文中書與內閣辦事中書。次為「繙譯」之職，共12 名，前 6 名為內閣撰文中書、內閣辦事中書。[112]次為「謄錄滿洲字」之職，多達 20 名，且全為內閣人員，包括：內閣撰文中書、內閣辦事中書。次為「謄錄蒙古字」，21 名，前 18 名為內閣撰文中書、內閣辦事中書，後 3 名為承德郎七品筆帖式。「謄錄漢字」，共 20 名，以監生或生員任之。

總之，除了總裁、副總裁，「纂修滿漢文」及以下共 113 名員缺，內閣人員計 68 名，佔約 60%。

康熙二十五年(1686)纂成《太祖高皇帝實錄》，亦有類似情況。「纂修滿漢文」之職共 11 名，內閣人士佔 5 名，包括內閣侍讀學士、內閣侍讀。其次為「纂修蒙古文」之職共 3 名，俱為內閣侍讀學士。其次為「收掌」，共 5 名，內閣人士佔 4 名。[113]其次為「繙譯」之職，共 5 名，內閣佔 3 名。其次為「謄錄滿洲字」之職，共 6 名，內閣佔 3 名。其次為「謄錄蒙古字」共 6 名，全為內閣人士。「謄錄漢字」共 6 名，全為內閣人士。「纂修滿漢文」以下共 42 名職缺，內閣人員計 30 名，佔約 71%。

雍正九年撰成《聖祖實錄》。「纂修滿漢文」之職共 19 名，主要為翰林院人員，佔 10 名，內閣學士、侍讀等僅佔 4 名，此外亦啟用御書房總管、監察御史、侍衛、給事中等職員。其次為「纂修蒙古文」之職，共 8 名，以理藩院侍郎、郎中為主，佔 4 名，內閣學士兼禮部侍郎僅佔 2 名。「收掌」人員共 8 名，內閣侍讀、撰文中書舍人佔 3 名。「繙譯滿文」之職共

---

112 後六名並非翰林院人員，乃是承德郎七品筆帖式、文林郎七品筆帖式之銜。
113 另一名為文林郎起居注八品筆帖式加一級張承明。

22 名，內閣撰文中書僅佔 4 名，而七品、八品等筆帖式即佔 11 名。「繙譯蒙古文」之職共 20 名，內閣撰文中書僅佔 3 名，各主事即佔 5 名、筆帖式佔 6 名、國子監助教佔 3 名，另有工部郎中、理藩院員外郎、欽天監五官正各 1 名。「謄錄滿洲字」之職，共 52 名，內閣撰文中書舍佔 16 名，而筆帖式則佔 27 名，監生 6 名，廕生、拜他喇布勒哈番、戶部員外郎各一名。「謄錄蒙古字」之職共 37 名，內閣辦事中書舍人佔 4 名，筆帖式佔 16 名，監生 5 名、官學生 12 名。「謄錄漢字」之職共 43 名，內閣辦事中書舍人、額外中書舍人佔 5 名，其餘為廕生、舉人、候選州同、候選縣丞、貢生、生員等。

由此次《聖祖實錄》纂修人員之職屬分佈可知，內閣人員雖然在各種工作仍佔有員額，但是比重已大幅下降，「纂修滿漢文」以下有 209 個職缺，內閣人員佔 71 名，約 33%。而品秩較低的筆帖式，以及監生、官學生等，比重較高，例如，繙譯滿文的筆帖式佔員額的一半，謄錄滿洲字的筆帖式則超過一半，約佔 51%。反映滿、蒙文相關的收掌、繙譯、謄錄等工作，需要大量的旗人供職。

乾隆四年(1739)重修《太宗實錄》，「校閱滿漢文」之職共 34 名，內閣侍讀學士僅佔 3 名，而翰林院成員有 17 名，其餘來自太僕寺少卿、國子監祭酒、左春坊左庶子、起居注官、護衛、輕車都尉、戶部主事、各部員外郎等。其次「校閱蒙古文」之職共 12 名，內閣侍讀學士、內閣侍讀佔 2 名，理藩院郎中、員外郎、侍郎佔 4 名，其餘為國子監司業、戶部兵部太僕寺員外郎、騎都尉、吏部主事等。「收掌」之職共 8 名，內閣撰文中書舍人佔 3 名，兵部員外郎、主事佔 3 名，翰林院待詔、八品筆帖式佔 2 名。「繙譯滿文」之職共 22 名，內閣中書舍人佔 2 名，各種筆帖式佔 13 名，其餘為佐領、員外郎、主事、評事、生員、義學生等。「繙譯蒙古文」之職共 22 名，內閣撰文中書舍人、辦事中書舍人佔 4 名，佐領、吏部主事各 1 員外，其餘為七品八品筆帖式共佔 16 名。「謄錄滿洲字」之職，共 53 名，內閣中書舍人佔 3 名，其餘為各種七品八品筆帖式、監生、生員、繙譯生員、武生、官學生、義學生等。「謄錄蒙古字」之職共 23 名，無內閣人員，由七品八品筆帖式、繙譯舉人、繙譯生員、官學生、義學生組成。「謄錄漢字」之職共 40 名，候補內閣中書舍人佔 1 名，此外有廕生、進士、舉人、即用州同、候選州同、候補八品筆帖式、候選府經歷、監生、生員等。

由上述實錄撰修分析，可知內閣在此中的比重演變。整體而言，雖然內閣成員的比重漸次下降，這主要是因為需用人員數量龐大，是故編制、成員來源亦擴大，而內閣成員編製終究有限。嘉慶十二年(1807)撰成《高宗實錄》，其需用纂修人員甚至超過一千名。[114]即使雍正朝以後內閣人員比重下降，但仍是各種修史工作的有力成員，內閣仍是穩定提供文書人才之機

---

[114] 纂修《高宗實錄》不惟需用員額眾多，編制亦不同先前實錄，包括：監修總裁、總裁、副總裁、總纂、總校、滿漢提調、蒙古提調、纂修滿洲文、効力纂修滿洲文、纂修漢文、効力纂修漢文、纂修蒙古文、協修滿洲文、協修漢文、效力協修漢文、協修蒙古文、滿漢收掌、効力漢收掌、蒙古收掌、校對滿洲文、校對漢文、效力官校對漢文、校對蒙古文、効力官校對蒙古文、繙譯滿洲文、繙譯蒙古文、謄錄滿洲字、謄錄蒙古字、謄錄漢字、効力謄錄漢字。

構。

六、旗人與內閣滿文文書

旗人與內閣的關係，亦反映在內閣的滿文檔案。中央官僚機構之滿漢複職現象，以及滿洲語文作為國語、國書的地位，滿文檔案於有清一代，其地位不言而喻。內閣滿文檔案主要由旗人經辦，於現存清代滿文檔案中，內閣檔案便佔有二分之一。[115]內閣檔案原是清代內閣大庫所藏，清代內閣大庫共有兩庫：一是紅本庫，俗稱四庫；一是實錄及書籍表章庫，俗稱東庫，每庫上下兩層，各分十間。民國十三年(1924)十一月，清室善後委員會成立，開始點查文物；十四年(1925)十月，故宮博物院成立，開始將宮中各處經過點查手續的檔案，集中在南三所，預備整理；十五年(1926)一月，又向國務院接收軍機處檔案，移存大高殿。十九年(1930)，內閣大庫東西兩庫點查竣事，次年一月開始整理；民國二十一年(1932)起附帶清理雜亂檔案，經過一度文物南遷，裝箱移運，至二十四年(1935)，清理工作告一段落。[116]

王梅莊〈整理內閣大庫雜亂檔案記〉指出：內閣大庫檔與軍機處檔案，互相表裏，[117]依其來源，可分為六大類：第一類，

---

115 吳元豐，〈清內閣滿文檔案述略〉，頁 23。

116 王梅莊，〈整理內閣大庫雜亂檔案記〉，國立北平故宮博物院編，《文獻論叢·論述二》，收入國立北平故宮博物院編，《文獻特刊論叢專刊合集》（臺北：臺聯國風出版社，1967），頁 197-198。

117 王梅莊，〈整理內閣大庫雜亂檔案記〉，頁 202。

是內閣承宣或進呈的官文書，由內閣承宣者，如制、詔、誥、敕、諭旨等，由內閣進呈者，如啟、奏本、題本、表、箋、副本，以及隨本進呈的圖、冊、籤等；第二類，是帝王言動國家庶政的當時記錄，如起居注、六科史書；第三類，是官修書籍及其文件，如實錄、聖訓、會典、史、志，及奉敕修撰的書史所餘稿本、檔案等；第四類，因修書而徵集的參考材料，書成後，除分別繳還之外，其餘交內閣貯庫；第五類，是內閣日行公事的檔案稿件，如記事檔、章奏文移稿、貯藏收發目錄，以及各省來文或造送冊籍等；第六類是盛京移來的舊檔，為入關前文件，如滿文老檔、滿文木牌等。[118]

約略分類，內閣檔案可分作五類：一、內閣收存的各項檔案（帝王的制、詔、誥、敕等，題奏、表箋啟本、副本、揭帖、史書、錄書、塘報等，黃冊及其他隨本進呈及繳存之件，朝貢

---

118 第一類檔案詳目：詔書、敕書、誥命、大金榜、小金榜、試卷、滿文試卷、題名錄、紅本、副本、奏摺、賀表、黃冊、滿文黃冊、時憲書、官員考語名單。第二類檔案詳目：起居注、起居注稿本、內起居注、史書。第三類檔案細目：實錄、實錄稿本、滿文實錄稿本、聖訓稿本、會典、會典稿本、滿文會典稿本、平定羅剎方略稿本、宗室王公表傳、各館檔冊、收到文件、實錄館匠腰牌。第四類檔案詳目：明武職選簿、朝鮮檔冊、三藩文件、三藩圖記、明題稿、明揭帖、劄付、書籍、會典圖稿、各種則例。第五類檔案詳目：攝政王多爾袞致史可法書抄件、攝政王多爾袞諭馬科唐通書稿、堂諭、堂稿、咨文、移會、揭帖、來文、清冊、內閣京察冊、內閣試卷、金匱圖、世爵譜檔、絲綸、大事記、各房檔冊、滿文檔冊、兵部兵票、行刑錄、俸米表、俄羅斯來文、滿文俄羅斯檔、蒙古碑文、冊文拓片、碑文拓文、壇廟祝文、祭文、實錄冊樣、寶樣、政治官報等、詔諭則例等木刻版片、收發紅本處圖記。第六類檔案詳目：滿文老檔、滿文老檔重鈔本、滿文檔冊、滿文文件、滿文木牌、朝鮮賀表、奏疏、戶部禁種丹白桂告示。同上註，頁 203-204。以上檔案的簡要說明，另見：國立北平故宮博物院文獻館，〈國立北平故宮博物院文獻館二十四年度工作報告〉，頁 23-31。

諸國表章）；二、內閣本身的各項檔案；三、修書各館檔案；四、試題、試卷及其相關檔案；五、瀋陽舊檔。[119]內閣大庫檔案數量占現存清代檔案極大部分。

前文已述清朝入關前，書房、內三院均有文書職能，再據徐中舒以文書角度評價內三院：內三院上承文館之舊，下訖入關之初，所有開國時期檔案，皆存於此。入關以後，所有盛京舊檔，或隨內院移入內閣，或在康、乾時纂修實錄時陸續移來。而留存於瀋陽故宮崇謨閣的檔案，日本內藤虎次郎曾訪問並用晒藍及照相方法影出其內的漢文舊檔、《滿文老檔》。[120]

崇謨閣的漢文舊檔包含《奏疏簿》、《各項稿簿》、《朝鮮來書簿》三種；民國十三年，羅振玉編印「史料叢刊初稿」，將《奏疏簿》一冊收入該叢刊，並定名作《天聰朝臣工奏議》，計天聰六年正月至九年三月間(1632-1633)諸臣奏疏 97 篇。[121]徐中舒整理內閣大庫檔案之時，尚有天聰時奏本十餘通，有些可補崇謨閣滿文舊檔的缺失，有些可訂漢文舊檔的省改。[122]當時滿洲政權雖未改國號為「大清國」，效仿明朝文書制度已臻至完熟，以滿文記檔之制，是其最大的特色。

現存最早的清代檔案亦是滿文檔案，即是國立故宮博物院典藏的《滿文原檔》40 冊，包括乾隆年間整理托裱之 37 冊，

---

119 徐中舒，〈再述內閣大庫檔案之由來及其整理〉，收入徐中舒，《徐中舒歷史論文選輯》（北京：中華書局，1998），冊上，頁 335-370。

120 徐中舒，〈內閣大庫檔案之由來及其整理〉，頁 309。

121 遼寧大學歷史系編，《清初史料叢刊第四種．天聰朝臣工奏議》（遼寧：遼寧大學歷史系，1980），頁 1，〈前言〉。

122 徐中舒，〈內閣大庫檔案之由來及其整理〉，頁 311。

及未整理之 3 冊。[123]《滿文原檔》原由內閣掌管，其記事上起清太祖天命年號之前九年，止於清太宗崇德元年；內閣檔案中原有「老檔出納簿一本，備載閣僚借出卷冊時日，及繳還後塗銷的圖記」，此處之「老檔」當即現稱之《滿文原檔》；內閣檔案中亦有題稿顯示《太宗文皇帝實錄》原文即由「老檔」譯出。[124]對照前引天聰六年(1632)秀才楊方興(?-1665)疏稱書房之日記盡以滿文書寫，或許現存《滿文原檔》及其散頁，即楊方興所指之日記；天聰三年設文館於盛京，文館即原稱之書房；徐中舒據王先謙《東華錄》記載，認為當時稱「滿文老檔」為「日記」，似與後來的「起居注冊」相當，[125]而此刻距滿文創制之時(1599)，尚不過二十餘年。

天聰六年，「書房（*bithei boo*）」秀才楊方興奏疏條陳時政，其中針對「書房」的功能，有二項改革建言，其一，因「書房實六部之咽喉也」，六部皆用貝勒，書房亦當以貝勒總理，如此對內可「查點書房本稿」，對外可「代伸六部事務」，由貝勒決定各種奏章之或應進上，或應發部處理；其二，是繙譯

---

[123] 國立故宮博物院於 1958 年首次出版《滿文原檔》，當時以《舊滿洲檔》稱之；2006 年，重新校編出版，更名作《滿文原檔》。莊吉發，《故宮檔案述要》，頁 349-367；莊吉發，〈文獻足徵──《滿文原檔》與清史研究〉，收入莊吉發，《清史論集（一）》（臺北：文史哲出版社，1997），頁 39-74。乾隆年間整理並重繕《滿文原檔》的成果，現今多稱作《滿文老檔》，其版本及流變，參見吳元豐，〈《滿文老檔》芻議〉，《故宮學術季刊》，28:2（臺北，2010.12），頁 213-234。

[124] 徐中舒，〈內閣大庫檔案之由來及其整理〉，頁 311-313。

[125] 徐中舒，〈內閣大庫檔案之由來及其整理〉，頁 367-368；王先謙本《東華錄》天聰五年十二月條：「上幸文館，入庫爾纏直房問所修何書？對曰：記注上所行事。上曰：如此，朕不宜觀。」

清文「日記」，以編修國史。楊方興主張：「我金國，雖有榜什（*baksi*）在書房中，日記皆係金字而無漢字，皇上即為金、漢之主，豈所行之事，止可令金人知之，不可令漢人知之耶？」當時書房之遼、金、元三史，均是「漢字漢文」，故應該使金字清文「日記」、「實錄」繙譯成漢字，才能成為「國史」，「使金漢人共知，千萬世後，知先汗創業之艱難，知皇上纘統之勞苦」。[126]

由楊方興之條陳，可稍知當時書房的職能，且楊方興期望的書房地位，正是日後內閣及大學士的職能。書房「日記皆金字」，亦說明滿文記事之制，已行之有年。此處所謂「日記」，雖不知其所指系何種檔簿，但是日後內閣典籍廳則有「日記檔」；[127]事實上，內閣最有系統的日行公事檔簿為《大事記》，又名《記事檔》、《大記事》，是內閣滿票簽處的值班「日記」，其內容記載值班日期、值班者姓名，以及收發文書的時間、作者、事由、數量和處理結果；可作為內閣題本、史書之檢索工具。[128]

成立時間稍晚的軍機處，亦存有逐日記事之滿文「日記檔」，且其部分內容由內閣滿纂修處繙譯漢字。對照中央研究院明清內閣大庫檔案所存滿纂修處〈移付〉，內載移文軍機處方略館，迅將咸豐三、四、五年(1853-1855)《清字寄信檔》及

126　遼寧大學歷史系編，《清初史料叢刊第四種．天聰朝臣工奏議》，頁37-38，〈楊方興條陳時政奏〉，天聰六年十一月二十八日。

127　徐中舒，〈再述內閣大庫檔案之由來及其整理〉，頁354-355。

128　中國第一歷史檔案館現存《大事記》計697冊，起自乾隆元年二月，止於宣統三年四月，吳元豐，〈清內閣滿文檔案述略〉，頁29。

《清字日記檔》調來接辦繙譯[129]。

《日記檔》為軍機處各種記事檔冊的其中一種，國立故宮博物院典藏的嘉慶朝《軍機處檔冊・留京日記檔》，主要為秋獮木蘭期間，軍機處留京人員逐日記錄收發各類文書件數的記事檔冊，嘉慶二十五年(1820)三月分《留京日記檔》計二冊，其一右上角書明「方略館」。[130]或因非以滿文記事，不必轉送內閣繙譯。中國第一歷史檔案館現存《日記檔》即係滿軍機處值班日記，按季裝訂成冊；既是滿軍機處的值班日記、也是其他軍機處檔簿，如月摺包、月摺檔、上諭檔、議覆檔等檔案目錄。[131]

雖說天聰六年前後，書房僅以滿文記事，但是，在年代稍早的滿文檔案中，卻也已出現「漢檔」（*nikan i dangse*）。《滿文原檔》天聰四年(1630)五月十三日，以無圈點老滿文載明「已將送於白都堂、崔道員之文書，寫於漢檔」。[132]《滿文原檔》

[129] 〈滿纂修處為迅調清字寄信日記檔〉，同治1年6月1日，內容提要：「移付文移處，所有道光三十年起至咸豐二年清字寄信檔、清字日記檔將次譯漢完竣，現當接辦，相應移付貴處轉移方略館，迅將咸豐三四五三年清字寄信檔，及清字日記檔調來接辦。」《中央研究院歷史語言研究所藏明清史料》，登錄號165138-001。

[130] 莊吉發，《故宮檔案述要》，頁274。

[131] 中國第一歷史檔案館現存《日記檔》620冊，起自乾隆23年，止於光緒34年；此檔簿按日記錄值班日期、值班者姓名，和收發文書的種類名稱、作者、事由，以及處理情況等訊息，參見吳元豐，〈軍機處滿文月摺包及其史料價值〉，頁40-41。對應於滿文《日記檔》的漢文奏摺目錄，即《隨手登記檔》。

[132] 滿文老檔研究會譯注，《滿文老檔・太宗1》，冊4，頁385。*be du tang, ts'ui dooli de unggihe bithe be, nikan i dangse de arahabi.*；《滿文原檔》，冊7，〈呂字檔〉，頁211。

是事後抄寫的簿冊，但仍屬於較為原始的記錄，[133]此處未明指已將哪一件文書寫於漢檔之中，或許應和現存內閣大庫檔案天聰三年十二月〈巡撫白養粹等敕諭稿〉類似，[134]此件漢文敕諭在當時應也另載於漢文簿冊。

官署案卷，清初稱為「檔子」，滿漢文讀音相似，滿文俱讀如 *dangse*。檔子一詞可見於各種官書、檔案；內閣及其他部院亦有檔房（*dangse boo*），名目不一。[135]又據清初楊賓《柳邊紀略》記載，入關前的滿文檔案，還有書寫於木牌者，《柳邊紀略》亦稱之牌子，「邊外文字多書於木，往來傳遞者曰牌子」；又據順治二年，御史高去奢奏請：「令各衙門奏事，俱繕本章，不許復用木籤」，可知使用木牌、木籤記事至少延續到入關之後。[136]順治三年(1646)，宣府巡撫馮聖兆(1605-?)題奏

133 若所寫字體為無圈點之老滿文，可知其事之記寫時間約於天聰六年官方編造加圈點之新滿文以前。

134 金國汗，〈巡撫白養粹等敕諭稿〉，天聰 3 年 12 月，《中央研究院歷史語言研究所藏明清史料》，登錄號 038303-001。內容提要：「敕諭巡撫白養粹，及兵備道崔及第等知道。朕不日西去，與卿面酌，卿等當為朕用心撫宇，宣朕至意，爾等其竭力贊勳輔朕，成敗自有天意，禍福必與共之。」出版資料參見《明清史料》丙 01，頁 14；李光濤、李學智編著，《明清檔案存真選輯》，冊 3－002，頁 44。

135 例如，吏部，「滿檔房」*manju dangse boo*，「漢檔房」*nikan dangse boo*，參見清．傅恆等奉敕撰，《御製增訂清文鑑》，卷 20，〈部院類第三〉，頁 658；此二詞釋文均說明其他部院亦有此名之檔房（*g ūwa jurgan yamun de inu ere gebungge dangse boo bi*）。另參見安雙成主編，《滿漢大辭典》（瀋陽：遼寧民族出版社，1993），頁 249、737；*nikan dangse boo*：一、北檔房，隸戶部，繕寫各司題本，專管拔餉。二、漢檔房，各部院俱有此房。*manju dangse boo*：滿檔房，又分作清檔房、南檔房。南檔房屬戶部，稽察八旗人丁數目及駐防人數造入比丁冊檔，承辦選看秀女，又掌本部滿員升補。清檔房屬禮部，掌管冊檔，繕寫清文奏摺。工部亦有清檔房，掌守檔案，又掌本部旗員之升補。

136 徐中舒，〈內閣大庫檔案之由來及其整理〉，頁 298-299。御史高去奢之奏

查獲偽冒其差員，意圖闖關，「并馬帶滿字木牌」之犯，此滿字木牌似可用於通關傳令，故楊賓所記滿字木牌用於往來傳遞，應屬事實。[137]

天聰十年，清太宗皇太極改元改國號，同時「改文館為內三院」，前文已述國史、秘書、弘文三院早已出現，此時當是進一步明確其職掌。是故，內三院檔案似應以天聰十年之後，至康熙九年內閣正式設立為限。已出版的《清內秘書院蒙古文檔案》收錄清朝內秘書院存在期間，從崇德元年到康熙九年(1636-1670)共三十五年的蒙古文檔案，即是一例。[138]然而，中國第一歷史檔案館現存《內國史院檔》清太宗朝滿文檔案 47 冊，起事範圍上起天聰元年(1627)，下迄崇德八年(1643)，按年月日順序記載史事，亦即內國史院將實錄所記機構成立之前的史事，一併整理成冊，形成完整的太宗朝史冊，且於入關後繼續編錄。《內國史院檔》的記事方式和上述《滿文原檔》略同，據喬治忠比對二種檔案，可知《內國史院檔》是《滿文原檔》（舊滿洲檔）的承續，當時內國史院按照纂修實錄所需的史料

另見《東華錄》。

137 宣府巡撫馮聖兆，〈宣府巡撫為冒差闖關事〉，順治 3 年 10 月 29 日，《中央研究院歷史語言研究所藏明清史料》，登錄號 005765-001；另見《明清檔案》，A005-029。

138 《清內秘書院蒙古文檔案彙編》收入的文檔內容，包括由內秘書院起草或繙譯的文書，以及到院的外來信件、奏文等。內秘書院起草的蒙古文文書，主要有兩大部分，一是清朝為頒佈重大政治、軍事、皇室事務而起草的詔、諭、敕、誥、冊文等；二是向蒙古頒佈的詔、諭，及發給蒙古的敕書、誥命、冊文。外來信件是從蒙古各部來的信件、奏文、呈文的抄件，以及來自西藏、青海、厄魯特、俄羅斯等的信件和呈文。參見達力扎布，〈《清內秘書院蒙古文檔案彙編》評介〉，收入齊木德道爾吉、寶音德力根主編，《蒙古史研究．第十輯》（呼和浩特：內蒙古大學出版社，2010），頁 328-335。

取裁標準，追補天聰元年以來的記事檔冊，成為相對獨立的另一套歷史文獻。[139]盛京舊檔尤其以滿文檔案為主。在內閣正式成立之前，調整機構職掌，承續檔案文書，逐步完善記注、編纂滿文國史，可謂是滿洲政權最重要的制度特色。

中央部院衙門、全國各省向皇帝請示政令的本章──題本，均交至內閣，內閣票籤處擬寫票簽，說明處理意見，稱之票擬，供皇帝裁決參考；皇帝的批示，再由內閣批本處代批紅字，稱之批紅，批紅的題本即紅本，由六科抄給相關衙門執行。題本經過批紅，成為內閣文書，又開始抄錄作其他文書、檔簿，形成內閣文書體系。

紅本所示諭旨，清代官書特稱「綸音」，據《大清會典事例》，「記載綸音」是內閣重要的職掌，綸音抄作三冊：摘記事由，詳錄聖旨者，曰絲綸簿，內容簡單，可謂是紅本的重要目錄；奏摺奉旨允行，及交部議覆者，另抄一冊，曰外紀簿，所錄多為地方事宜的摺件，為內閣票籤處的記事檔冊；特降諭旨者，別為一冊，曰上諭簿，亦為票籤處檔冊，所載為奉敕旨、內閣奉上諭及奉旨事件，其中多不見於實錄。[140]特別是內閣《絲綸簿》，是為內閣日行公事檔簿之一，由內閣滿票簽處抄錄經批紅發回的題本的時間、作者、事由，及批紅內容而成的檔簿，雖所記題本事由極簡，不若史書詳細，仍可作為史書、題本的檢索工具。《絲綸簿》今分藏中國第一歷史檔案館及國立故宮

139 喬治忠，〈《舊滿洲檔》與《內國史院檔》關係考析〉，《歷史檔案》，1994:1（北京，1994.3），頁 80-83。
140 莊吉發，《故宮檔案述要》，頁 342-345。

博物院。[141]此外，內閣及各部院例記事類檔冊，尚有多種，例如，國立故宮博物院典藏的《題奏檔》、《奏事檔》、《軍機檔》等，《題奏檔》記載題本及奏本事件；《奏事檔》或載奏本及降旨事件，或一如《題奏檔》，抄錄具題請旨事件；《軍機檔》是漢票籤處的檔冊，乃是軍機處將摺片及隨摺發下諭旨，交給漢票籤處抄錄後，交滿票籤處簽收，其後將摺片交還軍機處，這種檔簿記錄軍機處發下的摺片及諭旨的記事檔冊，即是一種諭旨目錄或索引。[142]總之，內閣文書檔冊主要是由題本、紅本發展而來的各種簿冊。

紅本由六科別錄二份，供史官記注者，曰史書，儲科以備編纂，曰錄書，皆校對鈐印，史書送內閣收儲，錄書存科。史書滿文作：*suduri dangse*，即是一種檔子、檔冊，或照錄貼黃，或為貼黃摘要，或全抄紅本，亦是重要的內閣檔案；多是滿漢字兼書，且滿文部分的記載，與漢文部分往往略有出入。[143]

清帝重視繙譯內閣本章的傳統，可參見康熙五十年(1711)，諭曰：

> 繙譯通本，事甚緊要，如一二語不符漢文，則於事之輕重，大有關繫。內閣侍讀學士及侍讀官員，俱係按俸補授之人，恐所繙本章，不甚妥當，在內廷行走之和素、

---

[141] 中國第一歷史檔案館現存《絲綸簿》起於順治 18 年 4 月，止於嘉慶 6 年，共計 357 冊，參見吳元豐，〈清內閣滿文檔案述略〉，頁 29。國立故宮博物院典藏內閣《絲綸簿》計 215 冊，包括乾隆、嘉慶、道光、同治、光緒各朝，所存年月不一乾隆朝僅十五年冬季一冊，嘉慶朝較全，道光朝以降闕漏不全。

[142] 莊吉發，《故宮檔案述要》，頁 346-348。

[143] 莊吉發，《故宮檔案述要》，頁 314。

> 徐元夢，雖係革職之員，現今學繙譯者，無能過之，將和素、徐元夢補授額外侍讀學士，繙譯本章。[144]

「通本」是指外省臣工進奏之題本，由通政司經理，內閣實際負責的，是繙譯滿漢文諭旨。此後又進一步要求提升繙譯能力，雍正四年(1726)，上諭曰：

> 朕從前所降諭旨，各部院衙門，或將漢文繙清，或將清字譯漢者，皆不甚妥協，甚有關繫，著各部院衙門將從前所降諭旨，原係漢字者，陸續送內閣繙清，原係清字者，陸續送內閣譯漢，仍交各該處存案，若止一二句易於繙譯者，不必送內閣，嗣後所降一應清漢諭旨，皆送內閣繙譯妥協，再交各該處施行。[145]

由此可知，繙譯諭旨亦是內閣掌管絲綸的重點業務。

內閣專責繙譯外藩各部落文字，可謂是承續清初內秘書院的職掌。內閣經理的文字，包括蒙古字、托忒字、回子字、唐古特字、俄羅斯字、緬字、拉丁字等。內閣蒙古房是主要負責單位，「遇有陳奏事件及表文，皆由蒙古房譯出具奏」；其餘文字繕寫除拉丁字傳交西洋堂人譯寫，其餘均至內閣蒙古房譯寫。[146]外藩蒙古所上章奏，翻清進呈，不用漢字；若有詔勅下

---

144 清・崑岡等修，《欽定大清會典事例（光緒朝）》，收入《續修四庫全書》，冊 798，卷 15，〈內閣・職掌・繙譯清漢字諭旨・康熙五十年〉，頁 317。

145 清・崑岡等修，《欽定大清會典事例（光緒朝）》，收入《續修四庫全書》，冊 798，卷 15，〈內閣・職掌・繙譯清漢字諭旨・康熙五十年〉，頁 317。

146 清・崑岡等修，《欽定大清會典事例（光緒朝）》，收入《續修四庫全書》，冊 798，卷 15，〈內閣・職掌・繙譯外藩各部落文字〉，頁 317-318，各種文字之行文對象，及使用蒙古文情況的範圍參見原文：「內札薩克及喀爾喀四部落、阿拉善、額濟納、青海蒙古用蒙古字；科布多、伊犂之杜爾伯特、

西番，則召請喇嘛，入房翻寫。[147]其中蒙古文的使用範圍廣泛，筆寫蒙古字需使用「竹筆」，蒙古堂亦舉行竹筆字考試，應考者來自八旗蒙古。[148]

七、結　論

錢穆先生認為清承明制，沒有新制度，此論強調清代接續明代廢相、皇權集中的延續發展，而事實上，由於清朝滿洲政權始終重視文書制度，透過本章行文溝通決議及行政機制，漸成規制，內閣的職能即在多次調整議政機構及文書制度的過程中，逐步發展成最高文職機構；加上大量旗人供職，使得清代內閣並不同於明代。清朝入關之前，早已設立書房，創製滿文之後，即以滿文記載；內三院之制，分工文職功能，使記注更有系統，均是表現旗人之於職官制度的創造性。入關後，順治、康熙年間，內三院、內閣歷經存廢變動之後，漸趨定制，內閣終於掌握票籤題本之職，大學士參與議政；清代的滿漢複職制度，旗人得以穩定參與政治。內閣處理大量文書，職掌益形擴

土爾扈特、和碩特，用托忒字；各回部用回子字，西藏用唐古特字，俄羅斯用俄羅斯字，緬甸南掌用緬字，西洋諸國用拉體諾字。遇有陳奏事件及表文，皆由蒙古房譯出具奏。其頒發誥敕，及敕賜碑文扁額、武英殿蒙古字長方書籤，並各體印文，皆繙出繕寫，蒙古字以竹筆書之，托忒字、回子字、唐古特字、俄羅斯字、緬字，各傳該館人至蒙古房譯寫；拉體諾字傳西洋堂人譯寫。」

147 清．葉鳳毛，《內閣小志》，頁 277。

148 八旗蒙古應試蒙古竹筆字之事例，參見蒙古堂，〈蒙古堂為移送考試蒙古貼寫中書檔冊事〉，嘉慶 9 年 11 月 30 日，《中央研究院歷史語言研究所藏明清史料》，登錄號 163436-001。

大。清初議政王大臣、滿洲大學士等參與論政，為了在決策機制多元化的現實局勢中，取得皇權的高度地位，康熙皇帝特別以南書房、內繙書房為內廷。清代內閣取得了明代內閣從來沒有過的正式地位，具有穩定政治的作用。雍正年間，內閣大學士終於成為品秩最高的職官，以票擬題本之職責「統攝百辟」；而同時又設立軍機處，使之搭配奏摺、廷寄制度，如此一來，外朝與內廷其實職能對應，皇權穩固，真正落實「光輔一人」。清代內閣和軍機處可謂一體成為政府，內閣檔案與軍機處檔案，互相表裏。清朝內閣確實承繼明太祖朱元璋的皇權設計理念，靈活運用了明代的內閣制度，且具有滿洲統治特色。

歷練有素 足備任使：清朝六部中的旗人

蔡 松 穎*

一、前 言

乾隆十三年(1748)九月，備受乾隆皇帝(1711-1799，1736-1795 在位)所寵愛的重臣訥親(*necin*，?-1749，鑲黃旗滿洲)在金川吃了敗仗。在無比失望之餘，乾隆皇帝決定指派另外一名他更加重用的大臣──戶部尚書傅恆(*fuheng*，?-1770，鑲黃旗滿洲)──前往金川整頓戰局。在頒佈這項命令的同時，乾隆皇帝也藉此表達了他對傅恆等「滿洲大臣」的看法：「惟是出入禁闥，不及援枹鼓勇，諒（傅恆你）亦心所不安。況軍旅之事，乃國家所不能無，滿洲大臣必歷練有素，斯緩急足備任使。」[1] 乾隆皇帝對於滿洲大臣的定位，或許能讓我們對於清朝的滿漢複職制有更深一層的省思。在乾隆皇帝發佈這道上諭的此時，

* 國立臺灣大學歷史學系博士生

[1] 清・慶桂等修，《清實錄・高宗純皇帝實錄》（北京：中華書局，1985），卷325，頁 374，乾隆十三年九月己卯條。

傅恆已經官至戶部尚書且身兼協辦大學士，若以明朝便創立的這套文官系統來說，傅恆只需要也只能繼續在這套系統內努力，好攀上名為「殿閣大學士」的頂峰。然而，清朝的皇帝們似乎並不這麼想。在他們眼中，像傅恆這樣的滿洲大臣並不僅僅只是一名尚書或是大學士，或者更精確的說：他們並不像一名漢人的尚書或是大學士那樣，終身只能在這套文官系統內打轉。他們是滿洲大臣。他們從本質上便與漢官截然不同。

對於清代的六部，過往的研究者通常多由制度面加以探討，繼而再因其與明制的高度相似而加以忽略。這類的論點以孟森(1868-1938)為濫觴。孟森認為，清朝除了八旗制度外，「餘皆沿襲明制。……清之代明，綱紀仍舊，唯有節目之遷流，自非詳考不足標其大異之點。」[2]六部制度自然也包含在內。這樣的論點或隱或顯地影響了許多研究者，使得他們在論及清代的六部制度時，雖然意識到了軍機處、議政會議等清朝新設的機構使得六部在整體權力結構中處於一個與明朝時不同的位置，但他們大多並不認為六部本身有什麼改變，即便六部中多了滿漢複職制，也不過是種滿人圖利自身的表現、政制腐壞的根源而已。[3]在這樣的前提下，論者多以六部與其餘機構做出比較，試圖為此替六部做出定位，如郭成康便以六部與督撫相對照，試圖從兩者相維相制的關係中呈現清政府制度設計的理念。[4]

相對於此，在杜家驥研究八旗的專著中，六部則呈現了另一種樣貌。杜氏雖然也是以八旗和六部作為對照，以呈現兩者

[2] 孟森，《明清史講義》（臺北：里仁書局，1982），頁397。

[3] 如趙志強，《清代中央決策機制研究》（北京：科學出版社，2007），頁396-401；姚念慈，《清初政治史探微》（瀋陽：遼寧民族出版社，2008），頁242、358-360；郭成康，《十八世紀的中國政治》（臺北：雲龍出版社，2003），頁22。

[4] 郭成康，《十八世紀的中國政治》，頁248-249。

的特色，但同時他也以旗人為主體，將六部視為他們升遷的另一個分野。無論是他早期的書中將八旗和部院劃分為「武職」和「文職」來討論旗人的文武互轉問題，抑或是晚期書中直接將八旗與六部視為分離的兩個系統，探討兩個系統如何相互侵蝕，都是如此。[5]本文的核心也是將八旗作為一個與六部互相參照的系統，但是切入點及基礎設定皆與杜氏大相逕庭。本文擬從六部的組成成員出發，探討「旗人」這個新成員進入六部制度後，是如何將他們背後的八旗系統一同帶進六部中，令這些部門產生了質變。與此同時，皇帝又是如何理解和運用這兩套系統，並更進一步地將其運用到這些滿臣身上，好以此形塑他們心目中「滿洲大臣」該有的模樣。

二、關外時期六部制度的演變

（一）六部制度的引進與改制

天命十一年(1626)努爾哈齊(*nurgaci*，1559-1626)過世後，皇太極(*hong taiji*，1592-1643，1626-1643 在位)接手了金國汗的位置。然而努爾哈齊晚年所定下的八王共議制，卻讓這位金國的新共主困擾萬分。國中大小諸事，他都得與其他入八分的貝勒共同商量。他不像他的父親般以「汗父」的身分君臨八旗，正如當時國中漢人胡貢明的觀察，他手中的實權不過像是一個正黃旗的旗主貝勒而已。[6]

---

[5] 杜家驥，《八旗與清朝政治論稿》（北京：人民出版社，2008），頁 424；杜家驥，《清代八旗官制與行政》（北京：中國社會科學出版社，2015），頁 280-283。

[6] 羅振玉編，《史料叢刊初編．天聰朝臣工奏議》，收入于浩主編，《明清史料叢書八種》（北京：北京圖書館出版社，2008），冊 2，卷上，〈胡貢明五進狂瞽

雖然號稱八王共議，但實際上皇太極最主要的政敵，莫過於和他並列為四大貝勒的其他三人──代善(*daišan*，1583-1648)、阿敏(*amin*，1585-1640)與莽古爾泰(*manggūltai*，1587-1633)。國政的處理，是由四大貝勒輪值聽政，而元旦百官朝見，也是由四大貝勒並坐接受朝拜，皇太極的權力之低落可想而知。[7]為了改變這樣的政局、擁有更多實權，皇太極即位後便著手推動了一連串的改革。天命十一年，皇太極向共同議政的其餘貝勒們建議，將統領八旗的八位固山額真立為八大臣，比照過往天命時期的五大臣，讓他們共同參與議政會議。此外又立了審斷獄訟、佐理國政的十六大臣，以及出兵駐防的十六大臣，分掉原本掌握在旗主貝勒手中的權力。[8]議政會議的增員，等同於稀釋了原本與會貝勒們的重要性，打亂了原本會議中的權力結構。此外皇太極還大幅起用漢人，為日後的改制奪權鋪路。他一方面從漢人中汲取人才以增強自身實力，另一方面則是從這些人才中獲得改變金國權力結構的方式。這些漢人們無論任官與否，都竭力地向皇太極進言。他們有的人是想要高官厚祿，也有的人冀望著將金國變造而成一個漢式的北朝、讓皇太極成為一位儒家的明君。[9]無論其目的為何，對深陷政治困境的皇太極來說，他們的獻策可說是正中下懷。他將這

奏〉，頁 348，天聰六年九月。

[7] 努爾哈齊接受元旦朝拜時是一人南面獨坐，皇太極卻是和代善、阿敏、與莽古爾泰三人並坐，這情況直到天聰六年元旦才轉為皇太極一人獨坐。見滿文老檔研究會譯註，《滿文老檔》II（東京：東洋文庫，1958），頁 465、881；清．鄂爾泰等修，《清實錄．太宗文皇帝實錄》（北京：中華書局，1985），卷2，頁 31，天聰元年丁卯春正月己巳條；同書，卷 10，頁 149，天聰五年十二月丙申條；同書，卷 11，頁 150-151，天聰六年壬申春正月己亥條。

[8] 清．鄂爾泰等修，《清實錄．太宗文皇帝實錄》，卷 1，頁 34，天命十一年九月丁丑條。

[9] 蔡松穎，〈皇太極時期的漢官（1627-1643）〉（臺北：國立臺灣師範大學歷史學系碩士論文，2011），頁 16-17、331-336。

些漢人知識分子從奴隸的行列中拔擢出來，放入天命年間便已成立的文館之中，令他們成為自己的謀臣。[10]爾後，皇太極雖然廢除了四大貝勒按月分值治理國政以及並坐接受朝拜的制度，作為強化汗權的嘗試，[11]甚或逐步攻擊阿敏、莽古爾泰與代善以翦除或削弱他們的勢力，但這些作法僅是降低了其餘三大貝勒對於國政的影響力，但對於其他旗主對於各自旗內的統治力，皇太極所做的其實極為有限。就是在這樣的背景之下，皇太極採納了漢官們的建議。天聰五年(1631)，在金國領旗貝勒與固山額真等組成的議政會議中，這些金國的決策階層通過了漢官們的建議，成立六部。[12]

在正式建立六部前，金國內早已在天命年間將國內事務分為八類，後又簡化為六類，分別指派大臣負責，但除了刑名一類外，並未有正式的「部」、「衙」出現。[13]而皇太極在天命

---

[10] 文館的成立時間，見神田信夫，〈清初の文館について〉，《東洋史研究》，19：3（東京，1960.12），頁 363。漢官的奴隸出身及其拔擢，見蔡松穎，〈皇太極時期的漢官（1627-1643）〉，頁 59-60。

[11] 劉小萌，《滿族從部落到國家的發展》（北京：中國社會科學出版社，2007），頁 248-249。

[12] 張晉藩、郭成康，《清入關前國家法律制度史》（瀋陽：遼寧人民出版社，1988），頁 50-53。姚念慈亦認為六部的設立是為了收奪八旗之權，雖然處處受限，但依然以此取得了有效的進展。見姚念慈，《清初政治史探微》，頁 223-236。

[13] 郭成康、張晉藩根據清實錄中對皇太極言論的記載，認為天聰年間有「管地土、軍器、刑名三衙門」，為當時金國的最高行政機構，見張晉藩、郭成康，《清入關前國家法律制度史》，頁 52。但這個說法有值得商榷處。直接記錄這件事的史料，現存滿文老檔、太宗實錄初纂本、太宗實錄重修本等三種版本，彼此間略有出入。滿文老檔中記載：「*usin, uksin saca, weile beidere, ere ilan jurgan i niyalma suwe yabuha joboho seme beye ume sengguwendere, meni meni afaha jurgan be kice.* 」直譯為：「土地、盔甲、審案等三個 *jurgan* 的人，你們不要怕做事辛苦，勤於各自職掌的 *jurgan*。」滿文老檔研究會在此將 *jurgan* 翻為「職務」。初纂本和重修本實錄的記載應該皆譯自滿文老檔的這段記載，但這兩份實錄皆將 *jurgan* 譯為「部院」。初纂本為：「爾戶、兵、刑三部大臣，不可憚勞養重。」重修本則為：「至爾管地土、軍器、刑名三衙門大臣，責

十一年立了每旗各兩位審斷獄訟的十六大臣後，這個部門便不復見於史料之中。天聰五年成立的金國六部不同於明，是模仿過往的刑名衙門，採以貝勒領部的方式，每部各以一個貝勒或臺吉（*taiji*）掌管部務，[14]而六部的事務亦透過這些管部貝勒或

任尤重。其勿憚勞苦，各勤職業」與日人翻譯有所出入，而《清入關前國家法律制度史》的說法顯然是由重修本而來。見《大清太宗文皇帝實錄》（小紅綾初纂本，臺北：國立故宮博物院藏），卷 5，頁 27，天聰四年五月初九日條；清・鄂爾泰等修，《清實錄・太宗文皇帝實錄》，卷 7，頁 1，天聰四年五月己丑條。首先，根據《滿文老檔》在天命七年六月的記載，努爾哈齊將國內事情分成八類，並分配官員負責之。天命八年三月，他將其中除了「審斷獄訟」之外的七類事濃縮為五類，其中便有一類是負責人口田土糧食、一類是負責軍械。見滿文老檔研究會譯註，《滿文老檔》，II（東京：東洋文庫，1955-1963），頁 689-691。而在皇太極初即位時很可能繼承了這種行政上的六分法，其中的三類便是「地土、軍器、刑名」。姚念慈亦認為這「『三衙門』可能是太祖朝五類職官的殘存」，惟原為「審斷獄訟」的「刑名」一類並不在五類職官中，而是第六類才是。見姚念慈，《清初政治史探微》，頁 210，註 5。其次，此時是否真如太宗實錄重修本上的記載般，有「管地土、軍器、刑名三『衙門』」的存在？似乎仍有疑慮。其一，在滿文老檔中，並無關於 *usin*、*uksin saca* 等兩個 *yamun* 或 *jurgan* 的其他記載。但負責「*weile beidere*」的衙門或部院，在天命六年五月及天命十一年八月都有相關記載。此衙門由努爾哈齊的八個兒子、其下八大臣及其下眾大臣負責審理事務，衙門中亦設有通事。見滿文老檔研究會譯註，《滿文老檔》，I（東京：東洋文庫，1955-1963），頁 321；滿文老檔研究會譯註，《滿文老檔》，III（東京：東洋文庫，1955-1963），頁 1087。最少可以確認，單就「刑名」一項來講，確實有衙門的存在，地土、軍器二類則不得而知。再次，初纂本在此記載為「戶、兵、刑三部」，但六部正式成立後，戶部、兵部、刑部三部的滿文分別為「*boigon i jurgan*」、「*coohai jurgan*」、「*beidere jurgan*」，與此處所載的「*usin*」、「*uksin saca*」、「*weile beidere*」有所不合，可知太宗實錄初纂本的翻譯或許是根據這些職務的特性而和日後部院名做出比附，但卻是不妥切的。綜合以上諸點，我們可以得知六類事務中除了「刑名」類有正式的衙門外，*usin*、*uksin saca* 兩類事務可能沒有實際的辦事衙門，太宗實錄的初纂本和重修本也有值得存疑之處。因此，採用日人將「*jurgan*」譯為「職務」的說法，可能會較「衙門」一說來的準確。

14 根據李學智在《明清檔案存真選輯》第二輯中的考證，「管部貝勒」指的是管部又同時領有固山的貝勒；「管部臺吉」指的是在管部時沒領固山的貝勒。見李學智，〈明清檔案存真選輯（第二集）解題〉，收入李光濤、李學智編著，《明清檔案存真選輯二集》（臺北：中央研究院歷史語言研究所，1973），頁 28-29。

臺吉向皇上呈報。[15]每部貝勒底下各設四承政、十四侍郎、四啟心郎，滿、蒙、漢員各有一定比例(見表 2)。[16]承政負責遵照貝勒意旨處理部務，而侍郎則作為承政的輔佐。[17]啟心郎的作用則是負責監督與輔佐貝勒。如司官、書辦等較基層的人員，便「斟酌事務輕重設之」，無劃一的定額。[18]

表 1：天聰五年初設六部官員表

	管部貝勒/管部台吉	滿洲承政	蒙古承政	漢承政	滿洲參政	蒙古參政	漢參政	滿洲啟心郎兼筆帖式	漢啟心郎兼筆帖式
	每部一人	每部二人	每部一人	每部一人	每部八人	每部四人	每部二人		
吏部	多爾袞	圖爾格	滿朱習禮	李延庚	庫拜			索尼	吳景道
		拜尹圖							
戶部	德格類	薩璧翰	巴斯翰	吳守進	博爾輝			布丹	
		英俄爾岱			馬福塔				
					庫禮				

15 羅振玉編，《史料叢刊初編·天聰朝臣工奏議》，卷上，〈馬光遠請設六科奏〉，頁 370，天聰六年十一月二十九日。

16 李學智，〈明清檔案存真選輯（第二集）解題〉，頁 29-31。

17 劉小萌，《滿族從部落到國家的發展》，頁 255。

18 《大清太宗文皇帝實錄》初纂本，卷 7，頁 10，天聰五年七月初八日條。

					薩木哈圖				
					喀愷				
禮部	薩哈廉	巴都禮	布彥代	金玉和	滿達爾漢		李伯龍	祁充格	
		吉孫			穆祐				
兵部	岳託	納穆泰	蘇納	金礪	阿爾津	恩格圖		穆成格	丁文盛
		葉克書			傅喀				
刑部	濟爾哈朗	車爾格	多爾濟	高鴻中	郎球			額爾格圖	
		索海		孟喬芳					
工部	阿巴泰	孟阿圖	囊努克	祝世蔭				苗碩渾	羅錦繡
		康喀賴							馬鳴佩

註一：本表大部分的人名出自《清實錄．太宗文皇帝實錄》，卷 9，頁 7-8，天聰五年七月庚辰條。庫禮、薩木哈圖、喀愷、穆祐、阿爾津、傅喀、郎球之名未見於該條目的六部成立記載，但在天聰八年十一月乙丑考察六部官員績效授爵時，他們都和其他官員一般考滿晉爵，可知他們很可能是在同一時期入六部的。見《清實錄．太宗文皇帝實錄》，卷 21，頁 4-5，天聰八年十一月乙丑條。吏部滿承政在天聰五年七月的記載中僅有圖爾格一人，此時期史料中僅能得見的另一位吏部滿承政便是拜尹圖。見《清實錄．太宗文皇帝實錄》，卷 19，頁 9，天聰八年六月壬午條。

註二：滿、漢啟心郎與筆帖式的數量每部不一，詳見表 2。

表 2：天聰五年六部官員員額表

	吏部	戶部	禮部	兵部	刑部	工部
貝勒/臺吉	1	1	1	1	1	1
滿洲承政	2	2	2	2	2	2
蒙古承政	1	1	1	1	1	1
漢承政	1	1	1	1	1	1
滿洲侍郎	8	8	8	8	8	8

蒙古侍郎	4	4	4	4	4	4
漢侍郎	2	2	2	2	2	2
滿洲啟心郎	2	2	2	2	2	2
漢啟心郎	2	2	2	2	2	2
滿洲筆帖式	8	16	8	16	8	8
漢筆帖式	2	2	2	2	2	2
滿洲倉長		8				
漢倉長		2				
滿洲稅課長		8				
漢稅課長		4				
章京	每牛彔一名	每牛彔一名	每牛彔一名	每牛彔一名	每牛彔一名	每牛彔一名
差人	每固山一名	每甲喇一名	每甲喇一名	每甲喇一名	每固山一名	每牛彔一名

備註：啟心郎員額與筆帖式重疊，如吏部的兩名滿洲啟心郎包含在該部八名滿洲筆帖式中，而兩名漢啟心郎就是該部僅有的那兩名漢筆帖式。

參考資料：李學智，〈明清檔案存真選輯（第二集）解題〉，頁23-28；李光濤、李學智編著，《明清檔案存真選輯二集》，圖版叁之二—叁之六。

這樣不同於明朝的設計，主要是為了金國國內政治狀況所做的考量。在各旗貝勒仍擁有相當權力的狀態下，想要讓這個提案在議政會議中通過，皇太極勢必得將六部中的部分權力讓予八旗貝勒。他模仿過往天命年間貝勒領部的舊制，使得這個新制度較容易為其餘貝勒所接受。一方面讓各貝勒覺得自己能夠從新制中得到權力，另一方面則是透過六部慢慢削奪諸王的實權。崇德三年(1638)的再次改制，便是皇太極透過六部奪權的第二步棋。

天聰十年(1636)，皇太極在諸臣簇擁下改元崇德，定國號為大清（*daicing*）並稱帝。又過了兩年，基於都察院在陳七事件中與吏部管部貝勒多爾袞(*dorgon*，1612-1650)的對立，讓皇太極決定進一步制衡管部貝勒。[19]崇德三年七月，在范文程(1597-1666，鑲黃旗漢軍)、希福(*hife*，1589-1652，正黃旗滿洲)、剛林(*garin*，?-1651，正黃旗滿洲)等三位大學士上奏後，皇太極將部院衙門進行改制，六部二院每個衙門只設一位滿洲承政統領部務，以下分設左右參政、理事官（*icihiyara hafan*）、副理事官（*aisilakū hafan*）、主事（*weile ejeku*），共五等。[20]原本六部二院的官員只分承政、參政兩等，且承政滿漢兼有，至此轉為滿洲獨大。此外原本已有的理事官、副理事官被正式納入官制，使部院中官分五等(見表 3)。[21]

這種官制上的改變，令滿人在部中的權力增大，並使得貝勒在部中的權力受到制衡。此前六部事務主要由貝勒掌管，部中事件需透過貝勒轉達與皇帝；在這之後，部務若要奏聞皇帝雖仍須透過管部貝勒，但部員已可於舉行朝會時逕自上奏。[22]貝

---

[19] 見蔡松穎，〈皇太極時期的漢官（1627-1643）〉，頁 209-216。

[20] 清．鄂爾泰等修，《清實錄．太宗文皇帝實錄》，卷 42，頁 19-22，崇德三年七月丙戌條。根據李學智對老滿文原檔的研究，天聰年間《實錄》中所載的參政應為侍郎。但在崇德改制後由於沒有原始檔案可供佐證當時的原始名稱，故此處仍照實錄所載，記為參政。

[21] 理事官、副理事官等職在崇德三年前便已存在，但僅見於都察院、蒙古衙門與書房、內三院等機構。見清．鄂爾泰等修，《清實錄．太宗文皇帝實錄》，卷 30，頁 9，崇德元年六月戊戌條、庚子條；同書，卷 42，頁 2，崇德三年六月癸丑條；同書，卷 42，頁 7，崇德三年七月戊辰條；《大清太宗文皇帝實錄》初纂本，卷 22，頁 88，崇德元年六月二十五日條；同書，卷 23，頁 46，崇德元年十一月十五日條；同書，卷 26，頁 42，崇德二年九月二十日條。

[22] 如實錄崇德四年九月，刑部參政巴哈納和啟心郎額爾格圖便因「不傳集應至之官，反皆詭言已至；又不啟本部和碩鄭親王，徑自奏聞」而遭懲處。可知就常態而言，部員「逕自奏聞」是不允許的，必須要先告知本部的貝勒才行。見清．鄂爾泰等修，《清實錄．太宗文皇帝實錄》，卷 48，頁 19，崇德四年九月乙丑條。

勒在部院體制中的重要性下降，以及六部權力的增長，[23]使得六部逐漸成為足以和議政會議相抗衡的組織。范文程等大學士所上的這份奏疏，很可能是在皇太極授意下所設計的改革。藉由提昇六部官員的權力，一面制衡八旗、一面制衡管部貝勒，整體而言令皇太極自身的皇權得到進一步的擴張。也是在這個目的下，六部組織才於此時獲得了進一步的改革。

雖然領部貝勒的實質權力下降有可能會引起諸王貝勒們的反彈，但是皇太極也有相應的補償措施。他藉由服飾規制及爵制的改革，讓諸王貝勒之間分出了明確的高下，並與外姓公侯有所區別。[24]這使得諸王的注意力轉移到了抽象的爵位高低上。這點在杜度(*dudu*，?-1642，正白旗滿洲)的身上尤為明顯。崇德五年(1640)，負責管理禮部的多羅安平貝勒杜度被告發屢有不敬怨言，特別是對於自身封爵、地位的低落有所不滿。其中一次，是他向學士胡球(*hūkio*)抱怨:「我為貝勒，亦足貴否？」胡球回答：「既有儀仗，可謂貴矣。」杜度則不以為然：「若云尊貴，我頂上東珠如何又少？」「命我在部，豈榮貴之乎？止不許我安閒耳！」而對於自己所負責的禮部事宜，杜度也感

---

23 這點體現在各部逐漸擁有對王、貝勒的議罪權上。此前如莽古爾泰、岳託等貝勒犯事，都是交由議政會議議罪，但此後議罪權則逐漸過渡給刑部。如崇德五年七月「多羅武英郡王阿濟格抗違部議，不令和碩額駙古爾布什出征。」便遭部擬罰銀五千兩；又如崇德八年阿濟格裝病在家，遭「吏部察送刑部」後，由刑部查出事件真相，擬「罰銀三百兩」。但若事態過於嚴重，則依然由議政王大臣會議處理，如禮親王代善於崇德三年五月和八月兩次被議罪皆是如此。正如多爾袞所說，是由於「和碩禮親王一旗中有此三大事，此非一部所能獨審」之故。就常態而言，刑部、吏部已能對貝勒們進行議罪。見清．鄂爾泰等修，《清實錄．太宗文皇帝實錄》，卷 10，頁 5，天聰五年十月癸亥條；同書，卷 30，頁 17，崇德元年七月辛巳條；同書，卷 42，頁 26，崇德三年五月乙亥條；同書，卷 52，頁 18，崇德五年七月庚子條；同書，卷 65，頁 35-36，崇德八年八月丙寅條。

24 蔡松穎，〈皇太極時期的漢官（1627-1643）〉，頁 249-251。

到不以為然，認為祭天祭神都是無謂之事：「謂天無知，何為祭天？謂神無知，何為祀神？」[25] 杜度對於東珠的抱怨，是因為根據崇德元年的規定，身為多羅貝勒的杜度頂子只能有六顆東珠，而他所嫉妒的岳託（*yoto*，1598-1638）和濟爾哈朗（*jirgalang*，1599-1655），前者是多羅克勤郡王，帽上頂子有七顆東珠；後者是和碩鄭親王，帽上則有八顆東珠，都較杜度為多。東珠的數量讓杜度心生不滿，這表示了頂子完全成為身分的表彰。而杜度的抱怨中亦顯示，雖然他的稱呼和過往一樣都有「貝勒」之名，但皇太極的改制卻使得其中有了高下之別。貝勒間地位的高低，已經由皇太極建立了新的標準。此時的他對於自身所執掌的禮部事務不甚關心，反而斤斤計較於自身財產的多少與爵位高下。就這點來說，皇太極確實在貝勒們並未強力反彈或察覺的情況下，利用六部制度將權力從他們的身上悄悄剝去了。

（二）關外時期六部的滿洲成員

在皇太極引進六部制衡其餘旗主貝勒之時，如何讓這些貝勒接受這個新制度而不覺得權力受到侵奪，是此計成功與否的關鍵。最後出爐的六部人事雖然無法得知是皇太極與文館謀臣們精心策劃的結果，還是議政會議中的利益劃分，抑或是兩者綜合後的產物，但細究其人選，則隱約可看出一些當時金國八旗的權力結構。

在六部成立之時，大貝勒阿敏已經因為永平之失而遭到圈禁，此時議政會議中只剩下包含皇太極在內的三大貝勒、議政十貝勒與身任固山額真的八大臣。這十名貝勒分別是阿巴泰

---

[25] 清·鄂爾泰等修，《清實錄·太宗文皇帝實錄》，卷48，頁4，崇德四年八月甲午條；同書，卷53，頁18，崇德五年十二月己酉條。

(*abatai*，1589-1646)、德格類(*degelei*，1592-1635)、濟爾哈朗、阿濟格(*ajige*，1605-1651)、多爾袞、岳託、多鐸(*dodo*，1614-1640)、杜度、薩哈廉(*sahaliyen*，1604-1636)與豪格(*hooge*，?-1648)；而八大臣則是楞額禮(*lenggeri*，正黃旗)、達爾哈(*darhan*，鑲黃旗)、喀克篤禮(*kakduri*，正白旗)、伊爾登(*ilden*，鑲白旗)、和碩圖(*hošotu*，正紅旗)、葉臣(*yecen*，鑲紅旗)、色勒(*sele*，正藍旗)與篇古(*fiyanggū*，鑲藍旗)。[26]十貝勒中的多爾袞、德格類、薩哈廉、岳託、濟爾哈朗與阿巴泰分別出任吏、戶、禮、兵、刑、工六部的管部貝勒。八名固山額真或許是因為必須掌管旗務，因而未在六部中擔任承政或參政。

六部的滿洲承政大多由天命十一年所立的八固山額真、十六斷獄大臣與十六駐防大臣而來。戶部承政薩璧翰(?-1643，正藍旗滿洲)、兵部承政葉克書(?-1659，正紅旗滿洲)、工部承政孟阿圖、康喀賴(?-1640)分別為正藍、正紅、正白、鑲藍四旗的斷獄大臣。[27]刑部承政車爾格(?-1645)在天命十一年成為鑲白旗的固山額真，但很快就轉由他弟弟圖爾格(1587-1645，鑲白旗滿洲)接任，到了天聰五年的此時才再受起用。[28]原本身任鑲白旗駐防大臣的圖爾格在接了其兄固山額真的職位後，雖然在天聰四年永平四郡的失陷中表現英勇，卻因為後來沒能勸諫阿敏，而遭到革職解任。兵部承政納穆泰(?-1635，正黃旗滿洲)

---

[26] 清・鄂爾泰等修，《清實錄・太宗文皇帝實錄》，卷 8，頁 114-119，天聰五年三月乙亥條。

[27] 清・鄂爾泰等修，《清實錄・太宗文皇帝實錄》，卷 1，頁 27，天命十一年九月丁丑條。

[28] 清史稿校註編纂小組編纂，《清史稿校註》（臺北：國史館，1986），冊 10，卷 240，〈列傳二十〉，頁 8101-8102。至遲在天聰元年五月以前圖爾格便已接任固山額真，見《清實錄・太宗文皇帝實錄》，卷 3，頁 48，天聰元年五月庚寅條。

同樣在天命十一年成為正黃旗的固山額真，也共歷了永平四郡的失陷，因為當時納穆泰率領正黃旗鎮守灤州城，負有責任，所以遭到連坐，撤職抄家。圖爾格和納穆泰都直到創立六部的此時才再得到起用。[29]同樣經歷永平失陷，曾任扎爾固齊（斷事官）的禮部承政巴都禮(?-1634)則因為他的驍勇奮戰而未受處分。剩餘的幾位承政中，英俄爾岱(*inggūldai*，1596-1648，正白旗滿洲)從天聰元年開始便一直是與朝鮮方接觸的重要使臣；[30]索海(?-1645，鑲黃旗滿洲)是五大臣中費英東(*fiongdon*，1564-1620，鑲黃旗滿洲)之子，雖然承襲了費英東總兵官的爵位，但很快就遭到革爵，不復見於史料，天聰五年才直接成為刑部承政。[31]拜尹圖和其餘承政的出身較為不同，他的父親是太祖努爾哈齊的弟弟，但卻因為不會辦事而沒有成為貝勒，所以拜尹圖也因此直至天聰八年(1634)才受皇太極額外加恩而入宗室之列。[32]或許是因為如此，在天聰五年成立六部時還不是宗室的他才得以成為吏部承政，而不像多爾袞等貝勒直接身任管部貝勒。

從這些管部貝勒與滿洲承政的任用上，我們可以看到一些共通點。首先，貝勒們只能擔任掌部貝勒、台吉一職，而不得與其他官員競爭承政的職位。其次，12 名滿洲承政中有 7 名來

---

[29] 清・鄂爾泰等修，《清實錄・太宗文皇帝實錄》，卷 7，頁 100-104，天聰四年六月乙卯條。

[30] 例如天聰元年時英俄爾岱便與劉興祚一同送朝鮮國王弟李覺歸國，見清・鄂爾泰等修，《清實錄・太宗文皇帝實錄》，卷 3，頁 45，天聰元年五月庚午條。又如皇太極派人想和天聰五年與朝鮮來金的使臣朴蘭英溝通時，英俄爾岱也是成員之一。見同書，卷 8，頁 110，天聰五年正月庚子條。

[31] 清史稿校註編纂小組編纂，《清史稿校註》，冊 10，卷 232，〈列傳十二〉，頁 7931。

[32] 清・鄂爾泰等修，《清實錄・太宗文皇帝實錄》，卷 18，頁 238，天聰八年四月丙子條。

自於天命十一年所立的 40 名大臣，超過半數。這 40 名由皇太極所拔擢的大臣相較於其他的八旗勳舊，更有可能在立場上傾向這名實權不大的汗。讓他們進入六部，對於皇太極擴展其勢力無疑有著正面的幫助。再次，六部承政中有一大部分的人曾受到重用，卻因為各種因素遭到革職，直到此時才再度被起用。相反地，當時握有實權的八位固山額真則無一人進入六部任職。這兩點結合，或許我們能推論：最初在六部官員的選任上，議政會議有意避開了當時在八旗制度中握有實質管理職責的核心成員，而是以有實力卻未任要職的成員來擔任。因而曾獲罪的圖爾格、納穆泰、索海等人才有再起的機會。

在此時的金國，六部制度和八旗制度間是相輔相成的關係，而非涇渭分明的兩個系統。一方面是如前所說，各部的領部貝勒大多身兼八旗旗主，其底下的各部承政、參政亦有部分領有牛彔，在國家有戰事時亦需出征。像是天聰七年(1633)至山海關劫掠時，吏部滿參政圖爾格、兵部滿參政納穆泰和蒙古參政蘇納(1600-1648，正白旗滿洲)便一同領兵出征，還因作戰不利而受到皇太極的責罵。[33]對於旗主以下的承政、參政來說，他們最多在八旗中領有一牛彔，而未見有同時擔任梅勒章京或甲喇章京的紀錄。由此可知兩個系統中的官員雖然可以互相轉任，卻在某程度上不得身兼二職，最初六部設立時各固山額真之所以未兼部務，也是基於相同的邏輯。金國雖立了六部，但並沒有獨立的文、武官系統，在金國任職的漢官們也很明白這點，並直言「我國不用文臣」[34]，若在曾經身為明人的漢官們

---

[33] 清．鄂爾泰等修，《清實錄．太宗文皇帝實錄》，卷 15，頁 11-12，天聰七年九月辛丑條。

[34] 《大清太宗文皇帝實錄》初纂本，卷 21，頁 20，天聰九年十二月二十日條。

看來，六部中所任用的只是八旗下的武將，甚至能僅靠軍功便擔任六部官員。[35]但對金人來說，只要有能便能擔任官位，其中並無文武之別。

對進入六部的承政們來說，這次的任用使得他們有了戰功以外加官晉爵的機會。天聰八年十一月，這批率先進入六部的官員們便因為三年考滿而陞授世職，表現良好者大多爵升一等。[36]雖然諸王和皇太極似乎有意將固山額真和六部承政放在同樣的高度上，使他們同樣戴著帶有瑪瑙的金頂子，但若從六部承政的任官來看，則似乎並非如此。[37]不單是天聰五年所任命的十二位滿洲承政，關外時期的所有承政中，沒有一人來自於現任的固山額真。相較之下，由承政轉任固山額真的則大有人在。以最初的十二承政來說，除了巴都禮戰死、孟阿圖因為年高有疾而退休外，[38]兩位兵部尚書納穆泰與葉克書，在固山額真和碩圖、楞額禮過世後，分別接任固山額真的職位。[39]他們兩人兵部承政的位子則由伊孫與刑部承政車爾格接任。[40]圖爾格、拜尹圖和英俄爾岱也在日後分別成為固山額真。[41]若考

---

35 張晉藩、郭成康著，《清入關前國家法律制度史》，頁 68。

36 清・鄂爾泰等修，《清實錄・太宗文皇帝實錄》，卷 21，頁 277-248，天聰八年十一月乙丑條。

37 滿文老檔研究會譯註，《滿文老檔》VI，頁 941-942。崇德元年改制時也繼續遵照這個原則，令六部承政的服制與固山額真同、六部參政與甲喇章京同。見同書，頁 1059。

38 清・鄂爾泰等修，《清實錄・太宗文皇帝實錄》，卷 19，頁 241，天聰八年八月甲戌條；同書，卷 42，頁 554，崇德三年七月丁丑條。

39 清・鄂爾泰等修，《清實錄・太宗文皇帝實錄》，卷 14，頁 200，天聰七年七月乙巳條；同書，卷 17，頁 222，天聰八年正月乙未條；同書，卷 18，頁 244，天聰八年五月乙巳條。

40 清・鄂爾泰等修，《清實錄・太宗文皇帝實錄》，卷 21，頁 280，天聰八年十二月壬辰條。

41 清・鄂爾泰等修，《清實錄・太宗文皇帝實錄》，卷 24，頁 317，天聰九年八月庚辰條；同書，卷 26，頁 336，天聰九年十二月辛巳條；同書，卷 48，頁 649，崇德四年九月丙子條。

量到由承政轉任固山額真的不可逆，以及犯罪遭革職的前任固山額真反而能到六部擔任承政，或許能顯示即便這兩者的服制相同，但對時人來說，固山額真的地位是明顯高於六部承政的。

除了上述「升任」固山額真的承政以外，繼續留在六部的薩璧翰、車爾格與索海在崇德三年的六部改組中都遭到降級，成了各部院的左右參政。[42]但日後依然各自受到重用，薩璧翰成為議政大臣、車爾格升任戶部承政，索海則是以刑部承政的身分兼任梅勒章京。[43]康喀賴雖然因為表現不好而在改組中被降為刑部的副理事官，但日後依然得任梅勒章京。[44]整體而言，對這批滿洲承政來說，六部的承政職不但在八旗之外創造了另外一批重要職務，也讓他們得以藉此爬上八旗內部的高階領導職，無疑是道很好的晉身之階。

三、順治時期的定制

（一）入關後的改造與定制

崇德八年(1643)皇太極逝世後，大清國中爆發了繼位權的爭奪。豪格和多爾袞都有意奪取皇位，但在兩黃旗的強力擁立下，最後是皇太極之子、六歲的福臨(*fulin*，1638-1661，1643-1661在位)即位，多爾袞和濟爾哈朗則暫時擔任輔政，等福臨年長後

---

42 薩璧翰成了吏部右參政、車爾格成為工部左參政、索海成為都察院的左參政，見清．鄂爾泰等修，《清實錄．太宗文皇帝實錄》，卷42，頁559、560-561，崇德三年七月丙戌條。

43 清．鄂爾泰等修，《清實錄．太宗文皇帝實錄》，卷46，頁609，崇德四年四月甲寅條；同書，卷51，頁672，崇德五年二月丁巳條；同書，卷61，頁840，崇德七年七月辛未條。

44 清．鄂爾泰等修，《清實錄．太宗文皇帝實錄》，卷42，頁560，崇德三年七月丙戌條；同書，卷61，頁833，崇德七年六月甲寅條。

再奉還朝政。[45]長久擔任刑部管部貝勒的濟爾哈朗以及吏部貝勒多爾袞，並不像杜度那般輕忽六部的職能。特別是多爾袞，他在掌吏部事務的期間，對自己的職權相當重視，甚至曾為了一名小官的任用而和都察院大起衝突，進而引起皇太極的介入。[46]因而對於這兩人而言，六部的重要性及其掌控的權力是洞若觀火的。多爾袞和濟爾哈朗在擔任輔政後沒幾個月，便對各部院開始了第一波的改革。

崇德八年十二月，多爾袞和濟爾哈朗召開了議政會議，聲明自己因為已身任攝政，所以不宜再兼任部務。以此為藉口，他們兩人要求諸王貝勒也都退出部院、不再管理部務。[47]這兩位攝政王很清楚，若要總攬大權，就不能讓其餘諸王貝勒繼續掌管部務，因為六部在皇太極的改造下，已經握有能與八旗抗衡的權力。為了避免對自身的權力造成妨害，兩人決定先下手將貝勒從各部除去。這樣的改革其實繼承了自皇太極以來一貫的脈絡，崇德三年那次改制使得領部貝勒的權力弱化，至此兩攝政王乾脆將其除去，令滿洲承政成了各部的首領，直接向攝政王負責。

隔年(1644)五月，清軍進入北京後，多爾袞下令京師中明朝各部院衙門的官員仍然留任原職，和滿官一同辦事。[48]為了讓兩國制度相融，清朝的決策者將自身原本六部的官職更名，

---

[45] 清．鄂爾泰等修，《清實錄．世祖章皇帝實錄》（北京：中華書局，1985），卷1，頁6，崇德八年八月乙亥條。

[46] 清．鄂爾泰等修，《清實錄．太宗文皇帝實錄》，卷9，頁7-8，天聰五年七月庚辰條；蔡松穎，〈皇太極時期的漢官（1627-1643）〉，頁249-251。

[47] 清．鄂爾泰等修，《清實錄．世祖章皇帝實錄》，卷2，頁12，崇德八年十二月乙亥條。

[48] 清．鄂爾泰等修，《清實錄．世祖章皇帝實錄》，卷5，頁3，順治元年五月癸巳條。

承政改為尚書、參政改為侍郎、理事官改為郎中、副理事官改為員外郎、額者庫改為主事。[49]各部仍然只各設一位滿洲尚書主掌部務，這使得漢官的地位和權力受到壓抑。順治二年(1645)時，吏科給事中莊憲祖(生卒年不詳)便表明，他在吏部擔任郎中時曾觀察到，當時各部事務都是由該部尚書當面向多爾袞陳奏商議之後，再回部中具疏擬旨，交由內三院票紅發科。因此他建議應該在部中先經過滿漢官共同商議後再上疏，由攝政王裁決後，復交給內三院擬旨。多爾袞亦從善如流，要求各部院衙門的所有事件都必須與漢官商量完後，再具疏奏報，不得只用口頭秉報。[50]從莊憲祖的奏疏與多爾袞的回應可以推知，此前部務的彙報、與攝政王間的討論，可能僅由滿尚書獨自進行，甚至是在未與部中漢官討論的情況下便如此獨斷獨為。

這樣的情形到了順治五年(1648)後有所改變。該年年初，滿洲統治階層內部才剛經歷了一場激烈的政治風暴，曾經覬覦皇位的肅親王豪格在率兵凱旋後，多爾袞倚仗清軍在戰爭上的成功，意圖藉機清理八旗內部的反對勢力。[51]豪格隨即遭到多爾袞幽禁，不久後死於獄中。而和多爾袞同為攝政王的濟爾哈朗也遭革去親王爵位。[52]多爾袞將八旗中對其權位有威脅者都剷除後，隨即開始拉攏漢人作為其助力。該年七月，多爾袞在六部各增設了一名漢尚書、在都察院增設一名漢左都御史，改變了原本滿官獨大的情勢。除了新任的工部尚書金之俊外，其

---

[49] 清・允祿等監修，《大清會典（雍正朝）》，收入《近代中國史料叢刊・三編》（臺北：文海出版社，1992），第 77 輯，冊 761，卷 3，〈吏部一〉，頁 5a。

[50] 清・鄂爾泰等修，《清實錄・世祖章皇帝實錄》，卷 19，頁 16，順治二年七月戊寅條。

[51] 姚念慈，《清初政治史探微》，頁 304。

[52] 清・鄂爾泰等修，《清實錄・世祖章皇帝實錄》，卷 37，頁 9，順治五年三月己亥條；同書，同卷，頁 9-10，順治五年三月辛丑條。

餘五部尚書──陳名夏(?-1654)、謝啟光(1577-1658)、李若琳(?-1651)、劉餘祐(?-1653)、党崇雅(1584-1666)──都是由該部漢侍郎中拔擢出來。[53]隨後又下令准許滿漢官民通婚，表達「天下一家」的立場。[54]

雖然多爾袞廢除了諸王統領部務、並讓六部與都察院的滿、漢尚書並立，但實際上滿洲大臣仍有著較大的影響力。諸王大臣甚至得以對漢官任意陞降、懲處，呼之則來、揮之則去。像是和碩英親王阿濟格便曾跳過文官體系的授官遷轉機制，在出征喀爾喀時，擅自將大同、宣府文武官員各加一級，並私自授與官職。這種諸王大臣侵犯六部職權的情事在順治六年(1649)遭到了多爾袞的明文禁止。[55]而滿官依舊是部務的主掌者，直到順治十年(1653)，部院衙門仍然是由滿尚書向皇帝面奏，漢官的地位並未因為表面上的齊平而得到保障。多爾袞對六部所施行的改制，直到順治親政後才逐步完成。

順治七年(1650)多爾袞逝世，順治皇帝親政。面對著長期由多爾袞所把持的朝政，順治皇帝選擇了先拉攏八旗內部的勢力作為奧援。多爾袞攝政時期打擊諸王貝勒、提昇漢人地位以制衡滿洲的作法，早已令此等滿洲親貴心生不滿，加上順治皇帝與這群叔伯兄弟的熟悉度，使得兩者一拍即合。順治皇帝甫即位，便接納了諸王大臣的意見，在吏部、刑部與戶部各增設了一名滿洲尚書，使這三個重要部門呈現滿大於漢的形勢，並

[53] 清·鄂爾泰等修，《清實錄·世祖章皇帝實錄》，卷 39，頁 6-7，順治五年七月丁丑條。

[54] 清·鄂爾泰等修，《清實錄·世祖章皇帝實錄》，卷 40，頁 7，順治五年八月壬子條。

[55] 清·鄂爾泰等修，《清實錄·世祖章皇帝實錄》，卷 44，頁 14-15，順治六年六月壬寅條。

且除了官員陞轉遷除、官員犯過、大辟、錢糧穀物出入等大事外，其餘事務可由諸王直接辦理，為諸王貝勒重新領部開了先聲。[56]隨後順治便正式下令諸王貝勒管理部務，讓六部中的滿漢之別彷彿回到了入關初期的模樣。

但對於順治皇帝而言，這只是短暫的權宜之計而已。為了將實權握在手中，他最後還是選擇接受了多爾袞所作出的改變，讓部院中滿漢平衡、諸王遠離。順治皇帝確定了自己權位的穩固後，便停止了諸王貝勒管理部務的作法，將權力收回己有，接著再將吏、刑、戶三部多出的滿尚書削去，使得各部院的尚書滿漢比都能回歸一比一的均勢。[57]順治皇帝此舉並非單純偏好漢人、一味將漢人地位拉抬到滿人之上，而是要讓滿漢勢力在部院中形成平衡。所以當有漢官誤會了他的舉動、以為皇帝有意讓漢人把持朝政，因而提出了將部院衙門「裁去滿官，專任漢人」的建議時，便遭到了順治皇帝的痛斥與流放。表面上，順治皇帝的立場為「不分滿漢，一體眷遇」，作為滿漢共同的領導者，順治皇帝必須以此令漢人順服。[58]然與此同時，他卻只讓以兩黃旗與兩白旗為主的六部尚書與大學士參與議政，以便其親信同時順利掌握八旗與部院制度。[59]得以議政與

---

[56] 清・鄂爾泰等修，《清實錄・世祖章皇帝實錄》，卷 51，頁 7-8，順治七年十二月乙巳條。

[57] 清・鄂爾泰等修，《清實錄・世祖章皇帝實錄》，卷 63，頁 9，順治九年三月丙戌條；同書，卷 72，頁 8，順治十年二月己未條。

[58] 清・鄂爾泰等修，《清實錄・世祖章皇帝實錄》，卷 72，頁 2-3，順治十年二月丙午條；同書，同卷，頁 7，順治十年二月乙卯條。

[59] 姚念慈，《清初政治史探微》，頁 358；清・慶桂等修，《清實錄・高宗純皇帝實錄》，卷 474，頁 1129，乾隆十九年十月戊午條。在軍機處成立以前，凡是軍事、八旗、外交等國家大事，都是在議政王大臣會議中商議，相較於此，內閣與六部不過是處理日常庶務而已。見郭成康，《十八世紀的中國政治》，頁 82-87。

否，便成了這時期滿官與漢官最關鍵性的差異。這點在日後也為清朝諸帝所繼承，雖然康熙皇帝(1654-1722，1662-1722 在位)作出了更明確的規範，令「滿漢官員，畫一相對」，但直到乾隆年間欲伐準噶爾時，這些漢大臣依然不得參與這類攸關軍國的大事。[60]由諸王貝勒管理六部部務的制度也不再復行，統治國家的權柄不再由諸王分享。六部官制至此底定，不再有大幅的波動。綜觀天聰、崇德與順治朝，六部制度的引進與轉變，實則與統治者的需要及政治局勢密切相關。

（二）任官原則的傳承與轉變

順治朝的六部制度受政治局勢所影響，牽連著的，便是在部中任職的大小官員們。順治元年的六位六部尚書，除了星訥(?-1674，正白旗滿洲)外，都是原本崇德八年時的各部承政。隨著順治元年的改制，原本的「承政」改為「尚書」，再加上管部貝勒制度的廢除，他們也就成為順治年間第一批六部的最高領導者。

關外時期八旗與六部相輔相成的現象，在順治年間並沒有本質上的改變。最大的差異在於：關外時期所有的國人都被納入八旗系統之中，而入關之後，卻多出了一大批不在八旗中的漢人。旗人就像過往一樣，在任官上得以於八旗與部院兩套系統間自由遷轉，並沒有文、武之別，這點和漢人的認知是大不相同的。[61]許多宗室、覺羅甚至滿洲大姓都在八旗中擔任各階

60 清．馬齊等修，《清實錄．聖祖仁皇帝實錄》（北京：中華書局，1985），卷13，頁8，康熙三年十月庚申條。

61 這點對漢人來說是很特別的，因而在提及清朝官制時會特別記上一筆。如工科副理事官祁通格等的奏書、談遷的《北游錄》等。見清．鄂爾泰等修，《清實錄．世祖章皇帝實錄》，卷 83，頁 657，順治十一年五月戊午條；清．談遷著，汪北平校點，《北游錄》（北京：中華書局，1960），〈滿官〉，頁 349。王士禎亦有記載順治年間漢人官員文武互轉的情況，惟這種情形在康熙朝以

額真，雖然這看似是領兵的武職，但是並不妨礙這些位高權重的旗人擔任六部中的職位。像是巴哈納(?-1666，鑲白旗滿洲)便直接由正藍旗固山額真轉任戶部尚書、譚泰(1594-1651，正黃旗滿洲)由固山額真轉任吏部尚書，韓岱(鑲白旗滿洲)也在擔任完兵部尚書後緊接著出任鑲白旗的固山額真。[62]入關後雖然將名稱由承政改為尚書、參政改為侍郎，並將官員陞轉制度規範化，看似完全繼承了明朝的制度，但在旗人官員的任用上，仍保有關外時期原本文武不分的性質，使得旗人得以在八旗與部院兩套系統中互相遷轉。[63]

從《大清會典（康熙朝）》中對於尚書一職的任命方式，可看出這樣的旗部互轉已被規範化。六部尚書開缺時，官員們要將有資格補上來的人按照衙門分列排序，讓皇帝選用。在此，有資格的人包含了八旗中的都統（即固山額真）、六部中的尚書、都察院的左都御史、擁有精奇尼哈番（*jingkini hafan*，爵位名，乾隆年間改稱「子爵」）爵位之人、抑或各衙門中夠格升等的二品侍郎們。[64]雖然會典中寫道順治十年才正式議定這

後似乎不再復見。見清．王士禎撰，靳斯仁點校，《池北偶談》（北京：中華書局，1982），卷 1，〈文武互用條〉，頁 26。

[62] 清．鄂爾泰等修，《清實錄．世祖章皇帝實錄》，卷 23，頁 200，順治三年正月壬戌條；同書，卷 51，頁 405，順治七年十二月乙巳條。

[63] 杜家驥早先在《八旗與清朝政治論稿》中將這種情形區分為「文職」和「武職」間的流轉，但到了《清代八旗官制與行政》一書中，則改為以「八旗」和「傳統漢制機構」兩個系統作為區分。兩相比較之下，前者的定義較為含糊，也無法凸顯出八旗之於旗人的特殊性。見杜家驥，《八旗與清朝政治論稿》，頁 424；杜家驥，《清代八旗官職與行政》，頁 280-281。本文因為著重討論六部與八旗間的關係，所以姑且不論其餘機構，只討論旗人可以在八旗與部院兩套系統間陞轉的機制，因而以「旗部互轉」稱之。

[64] 各部院尚書在順治初年時分別是滿洲一品、漢人二品，順治十六年時將滿洲漢人都改為二品。康熙六年又將滿洲改為一品。直到康熙九年才將兩者俱定為正二品。見清．伊桑阿等纂修，《大清會典（康熙朝）》，收入《近代中國

樣的規則，但若看此前各部尚書的履歷，可以發現順治十年只是將原本行之有年的作法給明文化而已。

旗部互轉的設計雖然讓滿人有著較漢人更多的機會，但其中亦有其限制。若就六部尚書這一層級來看，由八旗武職或因爵位而轉任六部尚書的官員們，絕大多數先前都曾在六部中任職。像是由議政大臣轉任吏部尚書的韓岱，先前曾擔任過兵部尚書；由鑲白旗固山額真轉任吏部尚書的卓羅(?-1668，正白旗滿洲)，曾任刑部參政、都察院左都御史和禮部尚書；由正藍旗固山額真轉任戶部尚書的覺羅巴哈納曾任刑部參政；由鑲藍旗梅勒額真轉任工部尚書的孫塔(sunta，?-1665，鑲藍旗滿洲)曾任戶部侍郎、刑部理事官。除了工部尚書譚布(?-1665)和穆里瑪(?-1669)毫無相關經歷便空降至六部以外，其餘尚書都有著在部院工作的履歷。

在順治朝，六部尚書們在位的期間並不太長。雖然尚書的任期並沒有上限，像是星訥便從順治元年開始擔任工部尚書至順治八年，而橫跨順、康二朝的兵部尚書梁清標(1620-1691)，更是在該位上待了十年有餘，[65]但是實際上順治朝的尚書們大多無法在位那麼久。滿洲尚書平均一任任期只有 1.99 年，而漢人尚書則是 1.57 年，僅有滿人的四分之三。(見表 3)離開該職位的諸多原因中，以轉調他部尚書或左都御史者最多，共有 27

史料叢刊．三編》(臺北：文海出版社，1992)，第 72 輯，冊 713，卷 6，〈吏部四〉，頁 1b。

[65] 星訥從順治元年開始擔任工部尚書，最後是因為未舉發阿濟格謀亂而解職，見清．鄂爾泰等修，《清實錄．世祖章皇帝實錄》，卷 52，頁 1-6，順治八年正月甲寅條。梁清標在順治十三年四月時陞為兵部尚書，於康熙五年九月轉成禮部尚書，見清．鄂爾泰等修，《清實錄．世祖章皇帝實錄》，卷 100，頁 8，順治十三年四月壬申條；清．馬齊等修，《清實錄．聖祖仁皇帝實錄》，卷 20，頁 2，康熙五年九月丁亥條。

人，佔總數的 28%。轉任內三院者亦不少，共有 13 人，佔總數的 14%，之所以會有這樣的調動，和皇帝的意旨有很大的關係。原本設立來讓皇帝諮求典故、協助撰擬文章的翰林、內三院官員們，為了方便起見而「不與外任」。[66]但是順治皇帝曾多次下旨，要求「內外互用」，因為他認為「在內者習知紀綱法度，則內可外；在外者諳練土俗民情，則外亦可內」，只有在內外都歷練過了，才能鑒別出真正的人才。[67]因而在順治八年順治皇帝親政後，開始有了尚書轉任大學士的案例。順治八年三月，去年十二月才剛當上刑部尚書的陳泰才上任不到三個月，就由刑部尚書轉任吏部尚書，又過一個月，便轉任內國史院大學士。軍功赫赫的他，並沒有在內院任職的經歷，甚至在部的時間也不長，會如此迅速地升遷，怕是與他受多爾袞打壓的經歷不無關係。[68]然而這樣缺乏相關歷練的他，身任大學士畢竟是有點困難，短短四個月後，他便因為誤傳聖旨和誤寫上諭而遭削職。[69]轉任內院的尚書之中，有部分人像陳泰一般，之前從未有在內三院任職的經歷；亦有部分人像陳之遴一樣由內三院轉入六部任職的，原為內翰林秘書院的侍讀學士的陳之遴，後來轉任禮部侍郎時仍然保有侍讀學士的頭銜，而後才由禮部尚書一職轉任內翰林弘文院大學士。[70]

---

[66] 清．鄂爾泰等修，《清實錄．世祖章皇帝實錄》，卷 73，頁 3，順治十年三月己巳條。

[67] 清．鄂爾泰等修，《清實錄．世祖章皇帝實錄》，卷 74，頁 2，順治十年四月庚子條；同書，卷 75，頁 2，順治十年五月庚午條。

[68] 陳泰一族的牛彔人丁都被收入多爾袞旗下，見清．鄂爾泰等修，《清實錄．世祖章皇帝實錄》，卷 53，頁 15，順治八年二月己亥條。

[69] 清．鄂爾泰等修，《清實錄．世祖章皇帝實錄》，卷 58，頁 6-7，順治八年七月戊子條。

[70] 陳之遴的部份見清．鄂爾泰等修，《清實錄．世祖章皇帝實錄》，卷 40，頁 4，順治五年八月乙巳條；同書，卷 63，頁 4，順治九年二月辛酉條。

此外，滿洲尚書遭到革職、解任、轉任都統以及在任內死亡的比例高於漢人尚書，而漢人則是在退休、降職部分遠遠勝出。(表 4)這些情況跟順治朝特殊的任官制度有關。漢人之所以被降級調用的多，是因為在順治初年滿漢官員犯過罰則不同，正如祁通格在順治十一年所點出的：「漢官犯罪，重者革職、輕者降罰；滿洲止有革罰、而無降處。」[71]一直到順治十七年才有吏部尚書科爾昆一人遭降三級調用。但原本曾身任尚書的他本應轉任同品級的都統，然而科爾昆遭到懲處後即使復用，也比原本降了一級，僅回任鑲黃旗的蒙古副都統。過往「有過則免官，而本秩自在，無降罰」的情況，已有所改變了。[72]在轉任都統方面，則是由於前文提及的旗、部互轉制度僅適用於滿人，對於漢人而言一方面是文武殊途，另一方面他們亦不在八旗體系之中，是以即便官職品級再高，也無法擔任八旗中的各級額真。相對於此，漢尚書轉入內三院任職的比例亦遠高於滿尚書，大概和漢人嫻熟筆墨的特質有一定程度的關聯。

表 3：順治朝六部尚書任官週期

	任數	任官時間（年）	平均任官時間（年）	備註
吏部滿尚書	12	21.08	1.76	
吏部漢尚書	8	11.33	1.42	
戶部滿尚書	6	16.25	2.71	
戶部漢尚書	7	12.67	1.81	

[71] 清・鄂爾泰等修，《清實錄・世祖章皇帝實錄》，卷 83，頁 17，順治十一年六月戊午條。

[72] 清・鄂爾泰等修，《清實錄・世祖章皇帝實錄》，卷 132，頁 11，順治十七年二月丁未條；清・馬齊等修，《清實錄・聖祖仁皇帝實錄》，卷 2，頁 11，順治十八年四月庚辰條；談遷，《北游錄》，〈滿官〉，頁 349。

禮部滿尚書	6	14.66	2.44	
禮部漢尚書	5	11.17	2.23	
兵部滿尚書	8	17.66	2.21	
兵部漢尚書	7	7.91	1.13	
刑部滿尚書	10	16.25	1.63	伊圖因任官時間不詳，故未納入計算
刑部漢尚書	8	12.58	1.57	
工部滿尚書	9	15.83	1.76	
工部漢尚書	8	11.91	1.49	
滿尚書	51	101.73	1.99	
漢尚書	43	67.57	1.57	

備註：任期跨至康熙朝者未納入計算。

參考資料：錢實甫，《清代職官年表》，北京：中華書局，1980；清．鄂爾泰等修，《清實錄．世祖章皇帝實錄》，北京：中華書局，1985。

表 4：順治朝六部尚書出路表

離職原因	轉任他部尚書	轉任內三院	轉任八旗都統	降級	革職	解任	退休	死亡	其他	總計
吏部滿尚書	1	2	0	1	3	0	0	3	2	12
吏部漢尚書	0	5	0	1	0	0	1	0	1	8

戶部滿尚書	1	1	0	0	2	0	0	1	1	6
戶部漢尚書	2	1	0	1	2	0	0	0	1	7
禮部滿尚書	2	0	2	0	1	0	0	1	0	6
禮部漢尚書	0	2	0	0	1	0	0	0	2	5
兵部滿尚書	4	1	1	0	1	0	0	1	0	8
兵部漢尚書	4	0	0	1	0	0	1	1	0	7
刑部滿尚書	2	1	0	0	3	3	0	0	2	11
刑部漢尚書	4	0	0	1	0	0	1	0	2	8
工部滿尚書	2	0	1	0	1	3	1	1	0	9
工部漢尚書	5	0	0	0	1	0	2	0	0	8
滿尚書	12	5	4	1	11	6	1	7	5	52
漢尚書	15	8	0	4	4	0	5	1	6	43

參考資料：錢實甫，《清代職官年表》，北京：中華書局，1980；清・鄂爾泰等修，《清實錄・世祖章皇帝實錄》，北京：中華書局，1985。

四、盛清時期的六部滿尚書

（一）六部滿尚書的仕途

在清代，一名旗人想要當上六部尚書，有其資格上的限定。根據康熙朝的《大清會典》所載，在康熙二年(1663)以前「凡尚書員缺，舊例將都統、尚書、左都御史、精奇尼哈番及部院衙門應升各官開列具題。」[73]此處的都統，指的就是八旗的固山額真們，意即除了六部的尚書、左都御史與各部院侍郎外，便只有八旗都統與子爵有資格擔任。這些人的名字會按所屬衙門的次序排列，並題請皇帝簡用。到了康熙二年，則改由九卿、詹事、科、道等官員共同推舉適當人選，草擬出一正一陪後，再交給皇帝定奪。到了這時期，八旗都統和子爵已被排除在名單之外。康熙十年(1671)，又從會推回到了原本開列具題的方式，且停止各部尚書間的「互轉」慣例，尚書職缺主要是由左都御史和各部院侍郎陞授以及各部院尚書轉補。[74]而在乾隆朝所修纂《欽定吏部則例》中，可以發現情況又略有不同，則例中將吏部尚書和其餘各部院尚書分開，前者是「由各部院尚書、都察院左都御史改，各部院侍郎、盛京五部侍郎陞任。以上各衙門無人，方以內閣學士、翰林院掌院學士、都察院左副都御史、通政使司通政使、大理寺卿、詹事府詹事陞任。」而後者

[73] 清・伊桑阿等纂，《大清會典（康熙朝），》，收入《近代中國史料叢刊・三編》，第 72 輯，冊 711，卷 7，〈吏部五〉，頁 2a。

[74] 清・允祿等監修，，《大清會典（雍正朝），》，收入《近代中國史料叢刊・三編》（臺北：文海出版社，1992），第 77 輯，冊 762，卷 8，〈吏部六〉，頁 1a、26b-27a；清・允祹等奉敕撰，《欽定大清會典（乾隆朝）》，收入《景印文淵閣四庫全書》（臺北：臺灣商務印書館，1983），冊 619，卷 5，〈文選清吏司〉，頁 9a。

則沒有「由各部院尚書改」這部份，其餘皆同，也就是說吏部的地位隱隱高於其餘五部，只有它的尚書得由其他部尚書改任，而另五部之間的尚書則不得互改──至少，《則例》和《會典》是這樣告訴我們的。

但若觀察現實中的情況，則與《會典》或《則例》的簡明原則大相逕庭。康熙年間由八旗都統、內務府總管等八旗系統轉任六部尚書者，[75]便有 16 位，佔全體尚書的 10.4%，並集中在禮、兵、刑、工四部。雍正朝時，來自八旗系統的六部尚書佔了 13.5%，乾隆朝時再進一步提升到 14.8%，呈現穩定上升的趨勢。這些由八旗系統轉六部的尚書最常先進兵部，康熙朝有 21.7%的兵部尚書由八旗系統調來，到了乾隆朝時，有高達四分之一的兵部尚書皆出自八旗系統，應與都統等職的軍事特質有密切相關。由外省總督、大臣陞至尚書者，在康熙朝亦有 9 人，佔總數的 5.8%。到了雍、乾二朝，這個數字分別提升到了 13.5%與 14.1%，由增長的幅度可知，這兩位皇帝較之康熙皇帝，更為偏好任用外省官員擔任尚書。由外省進六部的官員中，似乎也呈現出某種趨勢。康熙年間的此類尚書集中在刑部，佔該部的 19.2%，其中又有八成來自川陝與山陝總督；[76]乾隆年間則多集中在兵部，佔該部的 21.4%，這時期並沒有明顯的區域傾向，但常見當上兵部尚書後仍兼署督撫的例子，像是班第(*bandi*，?-1755，鑲黃旗蒙古)便曾在任上兼署山西巡撫及四川巡撫，瑚寶(*hūboo*，1695-1796，鑲白旗滿洲)署陝西總督，而由雲南總督遷兵部尚書的明瑞(*mingšui*，?-1768)，甚至還留在

---

[75] 在此泛指八旗、內務府等僅限旗人的官僚體系。因其性質特殊，故在此將其合稱，好與部院、外省、內閣等有所區隔。

[76] 唯一的例外是阿山，他在擔任刑部尚書前為兩江總督。見清．馬齊等修，《清實錄．聖祖仁皇帝實錄》，卷 227，頁 279，康熙四十五年十一月甲戌條。

雲南處理軍務，兵部職責則交由當時的吏部尚書託恩多(*tondo*，?-1780)署理。[77]在康熙朝轉任尚書的 9 名外省官員皆為總督，到了乾隆朝卻連巡撫亦可陞任尚書，像是託庸(*toyong*，?-1773)便以安徽巡撫的身分直升兵部尚書。[78]此外還有由內閣大學士直接調來掌部務或兼管部務的例子。總的來看，會典中規定有資格擔任六部尚書的各部院尚書、侍郎與左都御史，在康雍乾三朝中不過佔了尚書來源總數的 69.5%，另外有三成的尚書則來自會典中並未記載、甚至是明文禁止的種種職位。

從六部尚書和內閣的關係中，亦能讓我們對盛清的政治局勢做出重新評估。在康熙朝有七任尚書由內閣的大學士兼管，雍正朝亦有兩任。兼管原本是一種非常態性的設計，讓一名官員同時擔任兩個以上的職位。清朝以大學士管部始自順治十年，以弘文院大學士劉正宗(?-1661)兼管吏部尚書。[79]如劉正宗這般同時身任大學士與一部尚書管部的情況，到了乾隆朝後有所改變，一方面是因為有不少官員對於「大學士領部」的情況多有微詞，另一方面則是這時期六部滿漢並列的複職官制已然穩定，在人事層面乾隆皇帝也較其父祖更能在這個穩定的基礎上進行操作。在兼管某部尚書這部份，乾隆皇帝不再以大學士一人身兼二職，而是讓六部尚書在因故不在京師、或是對部務尚不熟悉時，指派另一名官員兼管尚書或部務，而不佔該部尚

---

[77] 清．慶桂等修，《清實錄．高宗純皇帝實錄》，卷 780，頁 580，乾隆三十二年三月丙寅條；同書，同卷，頁 580，乾隆三十二年三月戊辰條。

[78] 清．慶桂等修，《清實錄．高宗純皇帝實錄》，卷 748，頁 240，乾隆三十年十一月乙酉條。

[79] 清．鄂爾泰等修，《清實錄．世祖章皇帝實錄》，卷 79，頁 624，順治十年十一月丙辰條。

書的缺。這名被指派的官員在職位上需得為某部的尚書或大學士，最好是能有該部門的相關經驗。像是乾隆四十二年(1777)時，刑部尚書英廉(*ingliyan*，1707-1783)調為戶部尚書後，由德福(?-1782)接任了刑部尚書一職，但乾隆皇帝仍命英廉繼續兼管刑部的事務。[80]然而大學士雖然不再身兼二職，但他們依然時常肩負起兼管部務的重任。在乾隆朝近百次指派官員兼管部務或尚書事務中，約有四分之一是由大學士來擔任。換句話說，大學士們仍然處於清朝官場的權力核心，並未因為軍機處的出現而有所削減。

與此同時，六部尚書們開始兼在軍機處任事，創設軍機處的雍正朝並未有六部尚書進軍機處的例子，到了乾隆朝，則有25 任尚書在任上的同時也在軍機處當值，佔總數的 19.5%。乾隆三十四年(1769)以前的戶部尚書除了尹繼善(*yengišan*，1694-1771，鑲黃旗滿洲)外，最後都進了軍機處當值，而 28 任兵部尚書中，便有 10 任同時值軍機。相較之下，乾隆年間的軍機處中則沒有任何一名禮部與刑部尚書。從中多少能看出來各部對於乾隆皇帝來說是輕重有別的。

在離開尚書一職後，這些滿官的出路亦有其規律在。對康熙朝的滿官而言，一旦進了六部擔任尚書，便意味著不會再被派到外省擔任督撫。該朝 9 名由總督升任的尚書中，有 3 名繼續待在六部中，1 名進了內閣。由尚書轉入八旗系統的案例也極少，全康熙朝不過 4 人，僅佔總數的 2.6%。對 16 名八旗系統來的尚書們來說，則有 6 名待在六部中，1 名回到八旗系統，1 名進了內閣。擔任過各部尚書後，入閣的機率也不小，扣除

---

80 清．慶桂等修，《清實錄．高宗純皇帝實錄》，卷 1042，頁 953，乾隆四十二年十月戊戌條。

掉原本便由大學士兼管部務的情況，康熙朝共有 9 名尚書從六部進入內閣，成為大學士之一。

但到了乾隆朝，情況便有所不同。首先是出現了尚書到外省任總督或烏什、西藏等地辦事大臣的例子，其中又以刑、工二部最多，兩部各有 19%的尚書在卸任後成為方面大員。此外，即便擔任尚書，但皇帝卻不一定要該員處理部務。前文提到留在雲南的兵部尚書明瑞，或像是工部尚書綽克托(?-1789)便花很多心力在烏什事務上，曾兼任烏什參贊大臣與烏什辦事大臣；同為工部尚書的和琳(?-1796)和松筠(*sungyūn*，1754-1835)甚至被要求長期留任在西藏擔任駐藏大臣，而不要他們到北京處理部務。[81]有趣的是，雖然此時決策中心已由內閣轉移到軍機處，但是較之康熙朝，六部尚書卸任後進入內閣的比例並沒有降低，一樣維持在 7.8%。整體來說，在康雍乾三朝一旦當上了尚書，日後還是以繼續待在六部的機率最高，無論是轉任他部尚書、因罪降職成侍郎或調往盛京六部，這樣的尚書共有 129 人，在 334 任尚書中佔了總數的 38.6%。

表 5：康雍乾三朝六部滿尚書來源表

康熙朝		吏部	戶部	禮部	兵部	刑部	工部	總數	百分比
	部院	22	19	27	16	15	19	118	76.6
	八旗	0	0	3	5	3	5	16	10.4
	內閣	0	1	0	0	2	0	3	1.9

81 清·慶桂等修，《清實錄·高宗純皇帝實錄》，卷 1001，頁 396、397，乾隆四十一年正月己丑條；同書，卷 1410，頁 959，乾隆五十七年八月癸酉條；同書，卷 1457，頁 428，乾隆五十九年七月甲辰條。

	外省	0	0	2	1	5	1	9	5.8
	其他	0	0	1	0	0	0	1	0.6
	不詳	1	1	2	1	1	1	7	4.5
	合計	23	21	35	23	26	26	154	100
雍正朝	部院	4	6	4	6	6	4	30	57.7
	八旗	1	0	0	1	0	5	7	13.5
	內閣	0	0	0	0	1	0	1	1.9
	外省	0	1	1	1	2	2	7	13.5
	其他	1	0	0	0	0	0	1	1.9
	不詳	1	1	1	1	1	1	6	11.5
	合計	7	8	6	9	10	12	52	100
乾隆朝	部院	16	16	9	13	16	14	84	65.6
	八旗	2	1	4	7	1	4	19	14.8
	內閣	0	0	0	0	0	0	0	0
	外省	2	2	3	6	3	2	18	14.1
	其他	0	0	0	1	0	0	1	0.8
	不詳	1	1	1	1	1	1	6	4.7
	合計	21	20	17	28	21	21	128	100

參考資料：錢實甫，《清代職官年表》，北京：中華書局，1980；清．鄂爾泰等修，《清實錄．世祖章皇帝實錄》，北京：中華書局，1985；清．馬齊等修，《清實錄．聖祖仁皇帝實錄》，北京：中華書局，1985年；清．鄂爾泰等修，《清實錄．世宗憲皇帝實錄》，北京：中華書局，1985年；清．慶桂等奉敕修，《清實錄．高宗純皇帝實錄》，北京：中華書局，1985；清史稿校註編纂小組編纂，《清史稿校註》，臺北：國史館，1986。

表 6：康雍乾三朝六部滿尚書出路表

		吏部	戶部	禮部	兵部	刑部	工部	總數	百分比
康熙朝	部院	3	10	7	14	12	14	60	39
	八旗	1	0	1	1	0	1	4	2.6
	內閣	5	2	4	0	1	0	12	7.8
	外省	0	0	0	0	0	0	0	0
	其他	13	7	22	7	12	10	71	46.1
	不詳	1	2	1	1	1	1	7	4.5
	合計	23	21	35	23	26	26	154	100
雍正朝	部院	2	2	2	4	4	3	17	32.7
	八旗	1	0	0	0	0	0	1	1.9
	內閣	1	1	0	1	0	0	3	5.8
	外省	0	0	0	0	0	0	0	0
	其他	2	4	3	2	5	7	23	44.2
	不詳	1	1	1	2	1	2	8	15.4
	合計	7	8	6	9	10	12	52	100
乾隆朝	部院	2	10	7	14	8	11	52	40.6
	八旗	1	0	1	1	1	1	5	3.9
	內閣	7	3	0	0	0	0	10	7.8
	外省	1	1	0	3	4	4	13	10.2
	其他	9	5	8	9	7	4	42	32.8
	不詳	1	1	1	1	1	1	6	4.7
	合計	21	20	17	28	21	21	128	100

參考資料：錢實甫，《清代職官年表》，北京：中華書局，1980；清・鄂爾泰等修，《清實錄・世祖章皇帝實錄》，北京：中華書局，1985；清・馬齊等修，《清實錄・聖祖仁皇帝實錄》，北京：中華書局，1985 年；清・鄂爾泰等修，《清實錄・世宗憲皇帝實錄》，北京：中華書局，1985 年；

清．慶桂等奉敕修，《清實錄．高宗純皇帝實錄》，北京：中華書局，1985；清史稿校註編纂小組編纂，《清史稿校註》，臺北：國史館，1986。

（二）八旗與六部的融合

到了乾隆朝，八旗與六部兩套制度的融合已趨近尾聲，在乾隆皇帝的手中這兩套制度合而為一，並為原本在明代看似已成熟的六部制度帶來了新的可能性。清朝為六部制度帶來的劇變大致可以分為三個方面：滿漢複職制、署理兼管制、以及八旗制。這三方共同作用的結果，令六部制度成了乾隆皇帝手上一部操作彈性極大、得以自由培育人才的官僚機器。

首先是滿漢複職制。清朝除了在順治年間確立了每部尚書滿漢各一之外，也將滿尚書與漢尚書的職權給劃分開來。雖然兩者分別的責任義務為何並未有明文規定，但大體上來說，六部事務中有與旗務、滿文相關的事務都會交由滿堂官來負責，若是其中出了紕漏，即便滿漢堂官皆在公文上具名，亦僅由滿堂官受罰。[82]此外若就兩者的候補人選來看，滿尚書屬於滿缺，僅有宗室與八旗滿洲得以擔任；漢尚書屬於漢缺，除嘉慶朝的百齡這等少數特例外，擔任者多為八旗漢軍或漢人。[83]就漢人

---

[82] 像是乾隆十四年時便規定宗室的死罪定擬需由宗人府與刑部的滿堂官一同覆奏，可見滿漢堂官確實有職務上的分別。又或如乾隆四十六年太常寺因為簡選贊禮郎時出了差錯，本來要議處該衙門的滿漢堂官，但乾隆皇帝認為這事通常由滿堂官決定，漢堂官「未諳清語，不過隨同畫題。」所以在這件事上只應懲處滿堂官。見清．慶桂等修，《清實錄．高宗純皇帝實錄》，卷 351，頁 847，乾隆十四年十月辛丑條；同書，卷 1144，頁 340，乾隆四十六年十一月庚戌條。

[83] 清．曹振鏞等修，《清實錄．仁宗睿皇帝實錄》（北京：中華書局，1985），卷 238，頁 216，嘉慶十六年正月癸酉條。從順治元年開始，漢軍在尚書這一職位上便只能與漢人競爭漢尚書的缺，雖然此時在侍郎、學士等職位上仍有專門的漢軍缺，但在雍正五年之後這些職缺也都歸入漢缺。見清．允祿等監修，《大清會典（雍正朝）》，收入《近代中國史料叢刊．三編》，第 77 輯，冊 762，卷 9，〈吏部七〉，頁 5a-b。在規定面上，乾隆朝的《欽定吏部則例》中明文規定「漢軍司官歸並漢缺陞補」，而在實行面上，據福格所言，「自裁漢軍專缺後，八旗漢軍除內閣侍讀、大理寺丞、六部漢字堂主事、中書、筆

的角度來說，對於八旗漢軍明明是旗人卻總是佔漢缺一事難免感到不滿。同樣在乾隆十一年(1746)，御史周禮(生卒年不詳)便上奏希望能讓當時丁憂的吏部漢侍郎李元亮(?-1761)比照漢人般解職、守三年喪，因為他覺得李元亮這些漢軍「雖屬旗員，究不可與滿洲並論。」但乾隆便認為周禮的說法不過是因為李元亮佔著一個漢侍郎的缺，若比照旗人例一般帶職在京守百日喪、甚或在任上守制，則得以晉升的漢人便又少了一名。[84]旗人守喪的規定不同於漢人丁憂，以致他們的仕途不會因為父母的亡故而有所停滯，例如乾隆三十五年(1770)，工部尚書福隆安(?-1784)之父傅恆過世，乾隆便在福隆安戴孝期間將其職務分派給數人署理，但福隆安仍然待在工部尚書的職位上，不單如此，隨後而來的皇太后壽典籌備中福隆安也被指為負責辦理的大臣之一，顯見他在很短的時間內已恢復到正常的工作軌道中。[85]而令這樣的在職守喪得以遂行的，便在於清朝的第二項變制──署理與兼管。

兼管已在前文簡單介紹過，是種以另名官員協助該員或該部處理事務的臨時性手段。署理的性質與此相當接近，但它卻較兼管要來得更為正式。兩者間有著幾點不同：首先是要某官員去署理某職位時，該職位上不必非有正職者，和兼管時該職位必須有人不同。打個比方說，乾隆指定工部尚書汪由敦

帖式仍有專缺外，其餘均借補漢缺，故仕途淹滯者多。」而昭漣也贊同漢軍多補漢缺，少數補滿缺者僅為例外而已。見清．阿桂等修，《欽定吏部則例》，收入故宮博物院編，《故宮珍本叢刊》(海口：海南出版社，2000 年)，冊 282，卷 3，〈銓選漢官〉，頁 1b；清．福格，《聽雨叢談》(北京：中華書局，1984)，〈內旗旗鼓與八旗漢軍不同〉，頁 17；清．昭槤，《嘯亭雜錄》(北京：中華書局，1980)，卷 7，〈漢軍用滿缺〉，頁 224。

84 清．慶桂等修，《清實錄．高宗純皇帝實錄》，卷 272，頁 555-556，乾隆十一年八月辛未條。

85 清．慶桂等修，《清實錄．高宗純皇帝實錄》，卷 864，頁 602，乾隆三十五年七月丁巳條；同書，卷 871，頁 679，乾隆三十五年十月甲午條。

(?-1758)署理吏部漢尚書一職時，原本的漢尚書王安國(1694-1757)已經因為眼疾解職，此時吏部並沒有一位正式的漢尚書存在，直到隔年汪由敦實授吏部尚書才解除了該職缺無人的狀況。[86]

其次是一個人只能署理一個職位，但一人卻能同時兼管多職。[87]而一名官員被指派署理某個職務後，他原本的職務也需要有人代為處理，像是署理了吏部尚書的汪由敦，他雖仍掛工部尚書銜，但工部尚書實際的職務便轉由左都御史趙宏恩(生卒年不詳)來署理，趙宏恩的左都御史職責則交給因過降級等候調用的何國宗(?-1766)署理，因為何國宗沒有正職，這種如同挖東牆補西牆的無限循環才停了下來。[88]

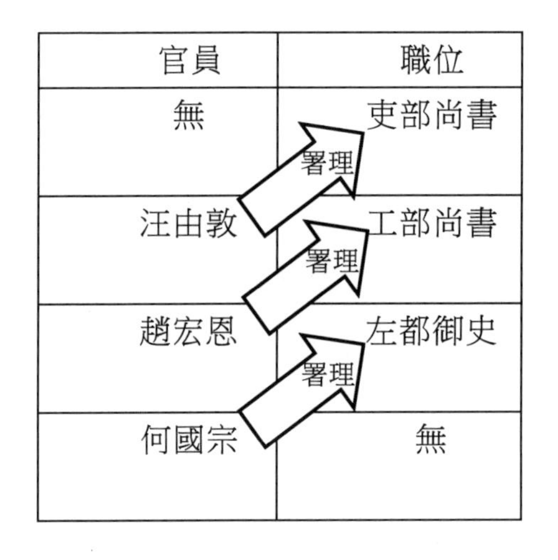

[86] 清・慶桂等修，《清實錄・高宗純皇帝實錄》，卷 527，頁 644，乾隆二十一年十一月壬戌條；同書，卷 530，頁 683，乾隆二十二年正月甲辰條。

[87] 像雍正年間同時兼管吏部尚書與戶部尚書二職直到乾隆二年底的張廷玉便是一例。見清・慶桂等修，《清實錄・高宗純皇帝實錄》，卷 57，頁 931、931，乾隆二年十一月壬午條。

[88] 清・慶桂等修，《清實錄・高宗純皇帝實錄》，卷 527，頁 644，乾隆二十一年十一月壬戌條。

再次，兼管尚書職需要有同等或更高的品級、職位，但署理的彈性更大，即便是品級較低的侍郎也能署理尚書。[89] 雖然兼管與署理兩者間有這許多差異，但它們亦有很重要的共同處——即滿缺多由八旗滿洲或蒙古來署理兼管，而漢缺則由漢軍與漢人為之。乾隆十三年(1748)兵部的滿尚書班第、左右滿侍郎鄂容安(*oyonggo*，?-1755，滿洲鑲藍旗)與雅爾圖(*yartu*，?-1767)等滿堂官都隨駕東巡，以致於兵部上奏乾隆皇帝「請於在京滿大臣內派一員暫署」，最終令戶部侍郎舒赫德(*šuhede*，1710-1777，正白旗滿洲)暫行署理該部事務。[90]從這事件得以看出即便是署理這種臨時性的手段，由滿員署滿缺仍是一種共識。這樣的作法，暗示著在以皇帝為首的決策集團中，非常嚴謹地維護著由滿缺和漢缺所劃分出來的界線。

但是在一些特殊情況中，如一部的滿漢堂官大半不在京或有其他任務時，皇帝會安排一名官員署理或兼管該部的尚書或侍郎，負責該部的整體部務。此時這名官員便有可能是滿洲、漢軍、甚或是漢人，而無定則。像是乾隆二十三年(1758)，漢軍李元亮便因為當時戶部之中只有一名滿侍郎吉慶(*giking*，1753-1802，正白旗滿洲)，而被乾隆皇帝以「一部之中豈可竟無尚書管理」為由，命其繼續兼管戶部尚書；又或像乾隆八年

---

89 像是乾隆十三年阿克敦以工部侍郎署理刑部尚書、或乾隆二十四年蘇昌以吏部侍郎署理工部尚書都是如此，但這些僅能算是特例，在絕大部分的情況下，尚書一職仍是以他部尚書署理。見清．慶桂等修，《清實錄．高宗純皇帝實錄》，卷 360，頁 260，乾隆十三年閏七月癸丑條；同書，卷 579，頁 384，乾隆二十四年正月癸卯條。

90 清．慶桂等修，《清實錄．高宗純皇帝實錄》，卷 310，頁 80，乾隆十三年三月癸巳條。如鄂彌達以滿洲署吏部漢尚書、或李元亮般以漢軍兼管甚至署理滿尚書的例子是極其罕見的例外。

乾隆皇帝前往奉天謁陵，因為帶走的戶部堂官太多，於是命漢大學士史貽直(1682-1763)兼管戶部尚書，都是這類的例子。[91]一般認為滿漢尚書雖然並列，實則身分高低有別。就以御門聽政或朝見的班次來說，兩者便有前後之差，滿尚書位列在漢尚書之前。[92]但從這類兼管部務的例子可知，即便只是暫署，滿員漢員其實都有可以主掌一部的資格，絕非如徐珂所言「部事向皆滿尚書當家，漢尚書伴食而已」那麼簡單。[93]他所記載的應只是某時期的現象，不能套用至整個清朝，至少乾隆朝便絕非如此。

若單只是滿漢複職與兼管署理等手段的並用，充其量只是讓清朝的皇帝有著更多空間來調度官員而已，基本上仍然不脫原本明代六部的架構，但真正讓清代六部制脫胎換骨的，則是八旗制度及其所帶來的旗員們。八旗在關外時即是軍事、行政性質兼備的制度，入關後它身為官制那部分與明朝的六部制度相結合，六部等同於多了一種截然不同的人才來源，擅於帶兵的八旗各級額真（*ejen*，首領之意）們開始源源不絕地進入六部，擔任尚書、侍郎等各級員缺。在明代，進入六部的官員們雖然也可能有在地方領兵勦亂的經驗，到後期甚至形成文人領兵的慣例，如袁崇煥、熊廷弼等人都是明末著名的文人將軍。

---

[91] 清．慶桂等修，《清實錄．高宗純皇帝實錄》，卷570，頁233、233，乾隆二十三年九月癸巳條；同書，卷194，頁494，乾隆八年六月庚申條。

[92] 如宗室恒祿在乾隆十三年擔任工部侍郎時，乾隆皇帝便因為他的宗室身分而給予優惠，使其在班次上排在該部的滿尚書之後、漢尚書之前，可見班次前後確實與地位尊卑有關，而且以同為尚書來說，滿員是高於漢員的。見清．慶桂等修，《清實錄．高宗純皇帝實錄》，卷320，頁261，乾隆十三年閏七月癸丑條。

[93] 清．徐珂，《清稗類鈔》（北京：中華書局，1984），〈各部堂司官瑣事〉，頁1313。

但相對於這些臨危受命的文人，來自八旗系統的額真們有著更多的軍事經驗。光是乾隆年間，便有 60 任的尚書、侍郎是直接由八旗系統中而來，其中有 11 人是直接由駐防將軍調任部院尚書、左都御史的。[94]

八旗系統帶給六部的不只是有領兵經驗的新血，它同時也令六部的滿尚書、侍郎等，無論曾經行伍與否，都能有軍事洗禮或遠歷邊區的機會。乾隆皇帝在指派戶部尚書傅恆遠征金川時，便曾以猜測傅恆心意的形式來傳達自己的想法：「惟是出入禁闥，不及援枹鼓勇，諒（傅恆你）亦心所不安。况軍旅之事，乃國家所不能無，滿洲大臣必歷練有素，斯緩急足備任使。」[95]乾隆皇帝的意思很清楚，國家的滿洲大臣不能只在朝中處理政務，也要識得軍旅之事，才能應付各種狀況，而身為滿洲大臣更應該自身便有此自覺。乾隆皇帝曾感嘆這類人才不單難得，而培育更難，無論是早先失敗的訥親或是今日的傅恆，都是如此。這些人才都是加意教導、使之歷練後才能成材。因而對這些需要長年培養的滿洲大臣，往往刻意加恩、任用。[96]乾隆朝在軍事上的大量需求，促使乾隆皇帝將現有的制度做出最大利用，好培養出自身所需要的人才，並將他們放在最適當的

---

[94] 那蘇圖由奉天將軍調任兵部尚書、傅森由吉林將軍調任兵部尚書、都賚由西安將軍調任兵部尚書、德敏由江寧將軍調任都察院左都御史、蘊著由綏遠將軍調任工部尚書、新柱由西安將軍調任理藩院尚書、阿桂由伊犁將軍調任兵部尚書、舒赫德由伊犁將軍調任戶部尚書、伍彌泰由西安將軍調任吏部尚書、慶桂由福州將軍調任工部尚書、保寧由伊犁將軍調任吏部尚書。見錢實甫編，《清代職官年表》（北京：中國人民大學出版社，1981），冊 1，頁 213-249。

[95] 清・慶桂等修，《清實錄・高宗純皇帝實錄》，卷 325，頁 374，乾隆十三年九月己卯條。

[96] 清・慶桂等修，《清實錄・高宗純皇帝實錄》，卷 328，頁 439，乾隆十三年十一月癸亥條。

位置。八旗官制與六部制度的結合正提供了這樣的環境。無論是前期的訥親、班第、傅恆，中期的兆惠、明瑞、阿里衮、舒赫德、阿桂，晚期的福康安、慶桂等，都是這般歷練出來的人才。除了在行伍歷練、帶兵出征外，在邊疆事務的處理上，乾隆皇帝也多所仰賴這批他信賴的重臣們。無論是烏什、葉爾羌、喀什噶爾抑或伊犁，都能見到大批尚書、侍郎的影子。如在乾隆二十四年(1759)喀什噶爾設官後，歷任都察院左都御史、禮部尚書的永貴(*yunggui*，?-1783，正白旗滿洲)，便因其在征伐該地時所累積的豐富經驗而多次前往該地，以「辦事尚書」這種身兼尚書與辦事大臣的雙重身分在該地處理回部事務，而他在京的尚書事務則自有人代為署理兼管。[97]這些到邊疆擔任駐防將軍、辦事大臣的滿洲要員們，因為八旗與六部的結合，使得他們可以自由遊走於邊疆與中央，既獲得了如尚書般得以彰顯其功績的高位，同時也待在能發揮其所長之處，讓清朝得到最大的利益。這點優勢及功能性，是六部中的漢員所難以企及的。

當滿漢複職、兼管署理、八旗官制與六部制度結合後，這樣看似疊床架屋的制度其實使得清朝皇帝在用人上有著更大的彈性。皇帝可以用署理或兼管的方式，讓他覺得最適合的人去處理適合的政務，無論是學習河工、留任外省邊地、辦理後勤甚或如傅恆、阿桂等滿臣般帶兵打仗。尚書的職位「品級化」，一部分變成地位的象徵甚至於是獎勵。擁有尚書的職銜不再如同明代那般代表著同時需得處理尚書的政務。每個人的權力大

---

[97] 清．慶桂等修，《清實錄．高宗純皇帝實錄》，卷 628，頁 8-9，乾隆二十六年正月甲寅條；同書，卷 652，頁 304，乾隆二十七年正月乙巳條；同書，卷 733，頁 75，乾隆三十年三月壬寅條。

小得看他的實際職務而定，而難從官銜判斷。以非正式的行政手段代替正式的授官任職，令皇帝用人不再受官員考績或缺額所限制，對於他屬意的官員，即便那人如同阿克敦般才剛犯錯遭解職，也能讓他先非正式的署理尚書，使國家人才不至出現斷層，也能觀察一陣子之後再決定進一步的處置；或是像戶部尚書舒赫德因為訥親的案件而需離開京師，乾隆皇帝也覺得能讓「人雖糊塗、近亦頗覺積唐」、但卻擁有戶部堂官經驗的海望暫行署理，可見署理的非正式性與臨時性使得皇帝可以更大膽的用人。[98]這些種種使得六部尚書的功能較明代來得更為多元，一旦有事需要出京，在京的大學士、其餘五部的尚書、同部及他部的侍郎、甚至於另一位滿漢有別的同部尚書等總共至少 21 人，都成為皇帝心中可用來暫時頂替的人才庫。便是因此，使皇帝在用人調派上再無後顧之憂。乾隆皇帝對於這整套系統的掌握也超越其父祖，他將兼管與署理制度頻繁地運用在尚書、侍郎等六部的高階官員身上，並讓八旗和六部間的滿員流動更加頻繁，進而得以鍛鍊出一批文武兼具的人才，至此，清朝的八旗與六部官制在旗人的身上才算是完全融合了。

這些深獲乾隆皇帝重用並加意培養的人才們，在乾隆皇帝的十全武功中居功厥偉，如傅恆和阿桂便是兩個很好的代表。在乾隆五年，有一名叫傅恆的藍翎侍衛，他是富察氏李榮保之子，日後被稱為孝賢純皇后的富察氏之弟。[99]此時的他還只是名位階最低的侍衛，雖說如此，藍翎侍衛也已相當於六品官，

---

[98] 清．慶桂等修，《清實錄．高宗純皇帝實錄》，卷 320，頁 260，乾隆十三年閏七月癸丑條；同書，卷 329，頁 470-471，乾隆十三年十一月庚辰條。

[99] 清史稿校註編纂小組編纂，《清史稿校註》，冊 11，卷 308，〈列傳八十八〉，頁 8966；《清國史館傳稿》，701005730 號，臺北：國立故宮博物院藏。

如果轉到外朝，則可以補主事的缺。[100]或許是因為表現良好、也或許是因為他的出身，傅恆在侍衛中爬升的很快，兩年不到的時間，他已經成為最高階的侍衛──御前侍衛，並補授為內務府總管。[101]相對於其他的內務府職官，總管內務府大臣雖為滿缺，但並不限於內務府包衣才能擔任，而是從侍衛、內務府郎中、內三院卿補授，或是由王公、內大臣、尚書、侍郎兼攝。[102]傅恆被欽點擔任這個官職，亦可見皇帝對他的寵信。[103]隔年（乾隆八年）他從內務府被調到戶部擔任右侍郎，這是他第一次在六部任職。此時他的同僚戶部左侍郎三和、以及上司戶部尚書海望，也都曾由內務府總管轉任戶部侍郎，三人的經歷相當類似。[104]不同的是，三和直到他在乾隆三十八年過世前，絕大部分的時間內都流轉於各部中，繼續擔任侍郎一職；[105]相對於這

100 清・崑岡等修，《欽定大清會典事例（光緒朝）》，收入《續修四庫全書》（上海：上海古籍出版社，1997），冊 799，卷 68，〈滿洲升補〉，頁 4b。

101 清・慶桂等修，《清實錄・高宗純皇帝實錄》，卷 169，頁 147，乾隆七年六月壬子條。陳康祺的《郎潛紀聞》中有提到，御前侍衛是由滿洲侍衛中的「貴戚」與「異材」拔擢而來，因此傅恆的家世或表現都很可能是他快速晉升的原因。見清・陳康祺，《郎潛紀聞》（北京：中華書局，1984），頁 84。

102 見祁美琴，《清代內務府》（瀋陽：遼寧民族出版社，2008），頁 220；清・允祹等奉敕撰，《欽定大清會典（乾隆朝）》，收入《景印文淵閣四庫全書》，冊 619，卷 3，〈京官〉，頁 10b。

103 黃麗君，〈皇帝及其包衣奴才：論清代皇權及內務府官僚體制〉（臺北：國立臺灣大學歷史學系博士論文，2014），頁 23、29、37。

104 三和原為總管內務府大臣署戶部左侍郎，直到乾隆七年十月才實授。海望之事見清・鄂爾泰等修，《清實錄・世宗憲皇帝實錄》（北京：中華書局，1985），卷 108，頁 431，雍正九年七月甲戌條。三和之事見清・慶桂等修，《清實錄・高宗純皇帝實錄》，卷 144，頁 1075，乾隆六年六月癸卯條；同書，卷 177，頁 277，乾隆七年十月乙巳條。

105 在乾隆十四年時，三和曾短暫擔任過八個月的工部尚書，但很快便因其「事事周章不能妥協」和御門聽政時「遲誤不到」而遭貶職。見清・慶桂等修，《清實錄・高宗純皇帝實錄》，卷 339，頁 680，乾隆十四年四月戊戌條；同書，卷 355，頁 901，乾隆十四年十二月辛卯條。

位比他早進戶部的同僚，傅恆的升官速度則異常迅速，兩年後，他便進了軍機處行走。

這時傅恆身上所負的職務其實遠超過一名普通的戶部侍郎，除了戶部事務外，他同時也得兼管原本的內務府事務、擔任圓明園行走、以及新添的軍機處行走。[106]這樣頻繁的兼職其實在清代的六部侍郎與尚書身上屢見不鮮。很快的，乾隆十二年之戶部尚書海望調任禮部尚書後，乾隆皇帝便命傅恆接任戶部尚書，也許是擔心傅恆在戶部的時間仍不夠長，便命海望仍然兼管戶部中三庫的事務，以這樣的方式協助傅恆。[107]若我們從傅恆的仕途看來，處處可見這種乾隆加意培養的痕跡，比方說在乾隆同意傅恆的自動請纓、命他出兵金川以前，便已能從他的職務調動中得見端倪。乾隆十三年兵部尚書班第因出兵而離京後，乾隆皇帝即命傅恆兼管兵部的事務，而後訥親前往金川，傅恆便因而得進內閣擔任協辦大學士。而在傅恆出兵後，乾隆皇帝亦指派大學士來保管理傅恆的吏部尚書事務，而原本由傅恆兼管的兵部尚書事務則交給哈達哈兼管。讓傅恆出兵所留下來的職務空缺得以藉由行政手段來加以彌補。[108]若綜觀傅恆的政治生涯，我們可以發現這次的出征並不是他輝煌功績的終點，相反地，應該說乾隆皇帝想要令他歷練有素、文武雙方皆「足備任使」的鍛鍊在這次之後才真的大功告成。經過這樣歷練後的傅恆，不單像是個普通漢人大學士那般足以擔任各種

---

106 傅恆的內務府總管一職持續到他乾隆三十五年病歿為止，而在軍機處當職的時間亦長達 23 年，見黃麗君，〈皇帝及其包衣奴才：論清代皇權及內務府官僚體制〉，頁 38。

107 清．慶桂等修，《清實錄．高宗純皇帝實錄》，卷 287，頁 739、740，乾隆十二年三月丙午條。

108 清．慶桂等修，《清實錄．高宗純皇帝實錄》，卷 306，頁 11，乾隆十三年正月庚子條；同書，卷 312，頁 115-2，乾隆十三年四月甲子條。

典籍的總裁官、管理部務、對行政事務提出建議，他也能針對駐防、軍務等提出精準的意見，甚至必要時還能帶兵打仗，無論是他在乾隆十八年對於駐防的建議、十九年對於出兵準噶爾的建議、抑或多次受命督導軍務、帶兵出征緬甸等，都是這類例子。[109]

傅恆出征緬甸時，在其手下擔任副將軍的阿桂也是備受乾隆皇帝寵信的人才。早年曾在軍機處當值的阿桂很受訥親賞識，因而被訥親以「內堪尚書、外堪督撫」的贊語向乾隆皇帝保薦。[110]而後阿桂的表現也正應驗了訥親的評價。舉人出身的阿桂在還是個吏部員外郎之時，便已時常在部院和軍營兩面奔波，像是他在乾隆十三年隨班第往金川、或是乾隆二十一年往烏里雅蘇台時，他的身上都有部院之職。[111]歷經這樣的鍛鍊，阿桂最終在軍事和政務上都取得非常高的成就，不僅在紫光閣中位居前列，並在歷任禮部、戶部與吏部尚書後，分別在乾隆四十一與四十二年當上軍機大臣與武英殿大學士。《清史稿》中給他的論贊，或許正是為他和傅恆這般歷經部院與行伍的滿洲大臣所設：

> 「將者國之輔，智信仁勇，合群策群力冶而用之，是之謂大將。由是道也，佐天子辨章國政，豈有二術哉？

---

[109] 清・慶桂等修，《清實錄・高宗純皇帝實錄》，卷 435，頁 679，乾隆十八年三月壬午條；同書，卷 474，頁 1129-2，乾隆十九年十月戊午條；同書，卷 805，頁 883，乾隆三十三年二月丙戌條。

[110] 清・陳康祺，《郎潛紀聞》，卷 3，頁 376，〈訥親之功過〉。

[111] 往金川時阿桂同時擔任吏部員外郎；往烏里雅蘇台時則是內閣學士兼禮部侍郎。見清・慶桂等修，《清實錄・高宗純皇帝實錄》，卷 517，頁 530，乾隆二十一年七月己丑條；同書，卷 487，頁 101，乾隆二十年四月庚申條；清史稿校註編纂小組編纂，《清史稿校註》，冊 11，卷 325，〈列傳一百五〉，頁 9187。

乾隆間，國軍屢出，熊羆之士，因事而有功。然開誠布公，謀定而後動，負士民司命之重，固無如阿桂者。還領樞密，決疑定計，瞻言百里，非同時諸大臣所能及，豈不偉歟？」[112]

五、結　論

過往的論者常將滿漢複職制是為一種疊床架屋、甚至導致腐敗的失敗政制，然而若是從制度中「個人」的角度出發，則不難見到與此截然不同的面貌，這是單從《大清會典》、《則例》等純粹制度面、甚至脫離現實的描述所無法察覺的。從旗人的角度出發審視六部制度，或許有助於我們重新理解皇帝、制度與旗人三者間的相互關係及影響。對於從皇太極以降的清朝諸帝來說，如何調和甚至於融合八旗與明朝舊有的部院制度，始終是他們在國家政制上的一大問題，每個皇帝都對繼承下來的制度做出了不同程度的妥協與革新，最終在這兩個系統不斷碰撞、交流的過程中，形成了一套與明朝大相逕庭的六部體制；對於傅恆、阿桂等旗人來說，「八旗」和「六部」兩者間並沒有絕對的界線，他們有著比漢人更多的選擇，與此同時，也肩負著皇帝的更多要求，在有了政務與軍事兩邊的歷練後，終於成為足以出將入相的人才，身任皇帝倚重的左右手。對於六部來說，這批旗人的加入使得它被迫與八旗制度產生碰撞、交融，新生的制度使得鍛鍊文武雙全的旗人成為可能，而這批滿洲大臣又以他們不同於漢族文人的經歷與見識，反過來為六

---

[112] 清史稿校註編纂小組編纂，《清史稿校註》，冊 11，卷 325，〈列傳一百五〉，頁 9196。

部注入了新血。三者間的交互作用，終於使清朝的盛世成為可能。本文礙於篇幅，並未對清中葉以降的變局加以考察，因而未能對該時段中六部制度所產生的質變作更進一步的論述。然而在探討明清之際制度的流變上，從關外一直到乾隆朝，對於這套名同實異的六部制度，或許我們可以說：所謂的「清承明制」，至少在六部制度上，是全然不適用的。

封疆大臣　職任緊要：清代的旗人督撫

劉世珣*

一、前言

滿洲人在明朝末年由一小部落開始發展，先統一女真諸部，繼而屢敗明朝，入主中國。順治元年(1644)滿洲人定鼎北京之後，首先必須面對的問題即為如何以少數滿洲人，統治多數且在制度、文化上皆異於滿洲民族的漢人。為了鞏固政權並有效治理，滿洲皇帝有意識、有系統地借用漢人典章制度進行統治，惟在此過程中，仍部分帶有滿洲特色。尤其朝廷中樞官員多為滿、漢並置，有些機構甚至全部任用旗人，旗人在清朝政權的重要性不言而喻。[1]

* 國立故宮博物院助理研究員、國立政治大學歷史學系博士生

[1] 關於「旗人」與「滿洲人」的定義問題，所謂「旗人」，是由八旗滿洲、八旗蒙古、八旗漢軍所組成；所謂「滿族」，則是以女真族系為主體，結合蒙古族、漢族、一小部份朝鮮族以及極少數的俄羅斯人、維吾爾族、藏族等，

入關以後，滿洲人採借明朝制度，[2]建立起以總督、巡撫為首的地方行政體系。[3]《大清會典．康熙朝》載：清初督撫建置，「要皆因事設裁，隨地分併」。[4]顯見清初督撫的設置，基本上仍承襲明代督撫因事差遣，事畢即撤的特點，且在一定程度上

由諸多民族共同組成的民族共同體。凡是「滿洲人」，皆被納入八旗之中，故「滿洲人」是「旗人」。從另一方面來看，由於各民族歸附及編入八旗的時間不同，而有「佛滿洲」（*fe manju*，舊滿洲）與「伊徹滿洲」（*ice manju*，新滿洲）之分。在關外時期，凡於努爾哈齊、皇太極天聰年間編入八旗者，稱為「佛滿洲」；皇太極崇德年間編入八旗者，稱為「伊徹滿洲」。入關之後，定義有所改變，轉變為：凡在關外即已入旗者，稱為「佛滿洲」；於順治、康熙年間陸續編入旗者，稱為「伊徹滿洲」。無論如何，由「佛滿洲」與「伊徹滿洲」名稱的出現來看，只要被納入八旗組織者，就是民族共同體的一分子，也都是「滿族」的成員，故「旗人」就是「滿洲人」。相關討論詳見葉高樹，〈「滿族漢化」研究上的幾個問題〉，《中央研究院近代史研究所集刊》，70（臺北，2010.12），頁 198-203。

[2] 關於明代督撫制度的討論，已有諸多研究成果，故不再贅述。相關討論可參見張哲郎，《明代巡撫研究》（臺北：文史哲出版社，1995）；王德金，〈淺析明代的督撫〉，《河北大學學報（哲學社會科學版）》，2001:4（保定，2001.07），頁 39-43；宋純路，〈明代巡撫及明政府對它的控制〉，《長春師範學院學報》，20:2（長春，2001.07），頁 36-39；趙中男，〈明代巡撫制度的產生及其作用〉，《社會科學輯刊》，1996:2（瀋陽，1996），頁 101-104；范玉春，〈明代督撫的職權及其性質〉，《廣西師範大學學報（哲學社會科學版）》，1989:4（桂林，1989.05），頁 49-55；關文發，〈試論明代督撫〉，《武漢大學學報（社會科學版）》，1989:6（武漢，1989.06），頁 83-92。

[3] 《欽定大清會典．光緒朝》載：「總督、巡撫分其治於布政司，於按察司，於分守分巡道；司道分其治於府，於直隸廳，於直隸州；府分其治於廳、州、縣；直隸廳、直隸州復分其治於縣。」又載：「凡尹與總督、巡撫所統，曰：府、廳、州、縣。府、廳、州、縣，統以總督、巡撫，領以布政使。府領廳、州、縣，亦有親轄地方者，直隸廳、直隸州皆親轄地方，亦領縣……廳、州、縣皆分轄地方。」詳見清．崑岡等修，《欽定大清會典（光緒朝）》，收入《續修四庫全書》（上海：上海古籍出版社，1997），冊 794，卷 4，〈吏部．尚書侍郎．職掌一〉，頁 3a-3b；《欽定大清會典．光緒朝》，卷 13，〈戶部．尚書侍郎．職掌一〉，頁 2。

[4] 清．伊桑阿等纂修，《大清會典（康熙朝）》，收入《近代中國史料叢刊．三編》(臺北：文海出版社，1992)，第 73 輯，冊 729，卷 146，〈都察院．督撫建置〉，頁 4a。

是臨時派出的官員；後則成為定制，並領中央官銜。康熙年間，督撫員額屢有裁復，其最大特色在於總督以兩省並置為準則。[5] 後歷經雍正與乾隆初年的調整，至乾隆二十五年(1760)，總督員額固定為八大總督，分別為：直隸總督、兩江總督、閩浙總督、湖廣總督、陝甘總督、四川總督、兩廣總督以及雲貴總督。[6]到了乾隆二十九年(1764)，巡撫數額亦固定為十五：山東巡撫、山西巡撫、河南巡撫、江蘇巡撫、安徽巡撫、江西巡撫、福建巡撫、浙江巡撫、湖南巡撫、湖北巡撫、陝西巡撫、廣東巡撫、廣西巡撫、雲南巡撫以及貴州巡撫。[7]至此，總督、巡撫無論在轄區或數量上皆已固定，督撫制度遂成為定制。[8]

清代督撫的選擢有其嚴格規定，在總督選用方面，或由各部侍郎、巡撫簡放或升任總督，或由尚書、左都御史簡放總督，亦有大學士兼管總督者。在巡撫方面，有由侍郎簡放巡撫者，亦有由大學士、副都御史、布政使、按察使等授予巡撫職務者。不過，無論是以何種身分授予督撫職，皆由皇帝特簡與定奪，意即督撫的任用完全掌握在統治者手中，且督撫日後能否升遷亦取決於皇帝個人的好惡。[9]

再就清代督撫的職掌而論，總督與巡撫在統治者眼中皆為「封疆大臣」，「職任緊要」。[10]《大清會典・雍正朝》載：

---

5 傅宗懋，《清代督撫制度》（臺北：國立政治大學，1963），頁 20。

6 清・允祹纂修，《大清會典（乾隆朝）》，收入景印文淵閣《四庫全書》（臺北：臺灣商務印書館，1986 年），冊 619，卷 4，〈吏部・官制四〉，頁 6b-7a。

7 清・允祹纂修，《大清會典(乾隆朝)》，收入景印文淵閣《四庫全書》，冊 619，卷 4，〈吏部・官制四〉，頁 7a。

8 本文所謂的「督撫制度」，係指以督撫為首長的地方行政制度。

9 關於督撫簡用與皇權之關係的探討，詳見劉鳳雲，〈從康雍乾三帝對督撫的簡用談清代的專制皇權〉，《河南大學學報（社會科學版）》，44：3（開封，2004.05），頁 60-63。

10 清・馬齊等修，《清實錄・聖祖仁皇帝實錄》（北京：中華書局，1985），

「督撫之設，統制文武，董理庶職，糾察考核，其專任也。」[11]《大清會典·乾隆朝》則將總督、巡撫分開來看，認為總督「統轄文武，詰治軍民」，巡撫職在「綜理教養刑政」。[12]《清朝文獻通考》亦載總督「統轄文武軍民，為一方保障」；巡撫「掌考察布按諸道，及府、州、縣官吏之稱職不稱職者，以舉劾而黜陟之」，且「臨合省之秀士升於禮部，於一省文職無所不統」。[13]僅管在文武分掌的架構之下，巡撫看似不掌兵務，但未設總督、提督之省分，其副將以下的武官皆歸巡撫兼轄；[14]且當總督承辦邊務，不能常駐省城時，該省所有各標協營官兵，亦歸巡撫代為巡查考覈。[15]由此可見，清代督撫的職權廣大，地方上各種文武事權皆為其管轄範圍。惟總督「統轄兩省，職任較巡撫更重」，[16]而此種職任的權力分配，亦反映在督撫官品的差異上，清代總督為正二品，加尚書銜者為從一品；巡撫則為從二品，加侍郎銜者為正二品。

既然督撫權重，身為「國家根本」[17]的旗人當然不會在督

卷31，頁417，康熙八年八月壬申條。

[11] 清·允祿等監修，《大清會典（雍正朝）》，收入《近代中國史料叢刊·三編》（臺北：文海出版社，1992-1993年），第79輯，冊794，卷223，〈都察院·督撫建置〉，頁7a-7b。

[12] 清·允祹纂修，《大清會典（乾隆朝）》，收入景印文淵閣《四庫全書》，冊619，卷4，〈吏部·官制四〉，頁6a。

[13] 清·清高宗敕撰，《清朝文獻通考》（臺北：新興書局，1958），卷85，〈職官九〉，頁5617。

[14] 清·馬齊等修，《清實錄·聖祖仁皇帝實錄》，卷31，頁420，康熙八年九月乙卯條。

[15] 清·慶桂等修，《清實錄·高宗純皇帝實錄》（北京：中華書局，1985），卷899，頁120，乾隆三十六年十二月丁亥條。

[16] 清·慶桂等修，《清實錄·高宗純皇帝實錄》，卷958，頁993，乾隆三十九年五月丙寅條。

[17] 中國第一歷史檔案館，《乾隆朝上諭檔》（北京：檔案出版社，1998），冊1，頁45，乾隆元年四月二十二日，奉上諭。

撫的舞台上缺席。惟清政府承襲明代督撫制度的同時，也在各重要城鎮、水路要衝以及邊疆海防等地設置八旗駐防，以監督和控制地方，直省督撫與駐防官員亦因此產生諸多互動。[18]由此觀之，在「清承明制」的大架構之下，清代督撫制度仍與八旗制度以及旗人息息相關。這點引發本文的寫作動機：旗人在清代督撫制度中究竟扮演何種角色？再者，無論何人被授予督撫職務，其背後皆涉及統治者的統治心態與用人政策。那麼，滿洲皇帝在其中到底發揮何種作用與影響力？[19]

目前關於清代督撫的研究成果繁多，討論議題廣泛，主要包括：清代督撫制度本身、[20]督撫幕僚、[21]督撫人物、[22]督撫與地方社會、[23]文案處與督撫權力的關係、[24]督撫體制與中央的關

[18] 定宜庄，《清代八旗駐防研究》（瀋陽：遼寧民族出版社，2002），頁 1-2。

[19] 由於本文聚焦於旗人在督撫制度中之角色的探討，制度本身的沿革並非本文重點，加以關於明清督撫制度的討論已有諸多出眾的研究成果，故於此不再贅述明清督撫制度之間的差異比較。

[20] 如：傅宗懋，〈清代督撫職權演變之研析〉，《政大學報》，6（臺北，1962.12），頁 379-409；傅宗懋，《清代督撫制度》；徐春峰，〈清代督撫制度的確立〉，《歷史檔案》，2006:1(北京，2006.02)，頁 62-71。

[21] 如：Kenneth E. Folsom, *Friends, Guests, and Colleagues : The Mu-fu System in the Late Ch'ing Period* (Berkeley: University of California Press, 1968)；凌林煌，《曾國藩幕府賓僚探究》（臺北：文史哲出版社，2002）。

[22] 如：Wong J. Y., *Yeh Ming-Ch'en: Viceroy of Liang Kuang (1852-8)* (New York : Cambridge University Press, 1976)；高翔，〈尹繼善述論〉，《清史研究》，1995:1（北京，1995.02），頁 27-37。

[23] 如：王燕飛，《清代督撫張允隨與雲南社會》（昆明：雲南大學出版社，2005）；李洵，〈清前期廣東督撫及其對地區發展的影響〉，《東北師大學報(哲學社會科學版)》，1988:1（長春，1988.03），頁 36-43；William Rowe, "Education and Empire in Southwest China: Ch'en Hung-mou in Yunnan, 1733-38," in Benjamin A. Wlman and Alexander Woodside, eds., *Education and Society in Late Imperial China,1600-1690* (Berkeley: University of California Press, 1994), pp. 415-457.

[24] 如：關曉紅，〈清季督撫文案與文案處考略〉，《近代史研究》，2006:3（北京，2006.05），頁 140-150。

係、[25]清季督撫的人事遞嬗、[26]督撫貪污及其懲處規定、[27]督撫與清末體制改革等等。[28]近年來，則以蓋博堅（R. Kent Guy）所著之《清代的督撫與行省——中國地方行政的演進（1644-1796）》（*Qing Governors and Their Provinces: The Evolution of Territorial Administration in China, 1644-1796*）一書最受學界的矚目。[29]

不過，綜觀目前的研究成果，除了羅繼祖、劉咏梅以及劉鳳雲曾討論清初的漢軍旗人督撫外，[30]其他論著鮮少注意到清

[25] 如：劉偉，《晚清督撫政治──中央與地方關係研究》（武漢：湖北教育出版社，2003）；林乾，〈咸豐後督撫職權的膨脹與晚清政治〉，《社會科學戰線》，1989:1（北京，1989.03），頁 142-148。

[26] 如：魏秀梅，〈從量的觀察探討清季督撫的人事遞嬗〉，《中央研究院近代史研究所集刊》，4（臺北，1973），頁 259-292。

[27] 如：劉鳳雲，〈清代督撫與地方官的選用〉，《清史研究》，1996:3（北京，1996.08），頁 22-30；R. Kent Guy, "Rule of Man and the Rule of Law in China: Punishing Provincial Governors during the Qing," in James V. Feinerman, and R. Kent Guy, eds., *The Limits of the Rule of Law in China* (Seattle: University of Washington Press, 2000), pp. 88-111.

[28] 如：李細珠，《張之洞與清末新政研究》（上海：上海書店出版社，2003）；關曉紅，〈陶模與清末新政〉，《歷史研究》，2003:6（北京，2003.12），頁 72-89。

[29] 該書書評可參見李仁淵，〈評 *Qing Governors and Their Provinces: The Evolution of Territorial Administration in China, 1644-1796*〉，《新史學》，22:4（臺北，2011.12），頁 229-239。另外，關於清代督撫制度的研究成果數量頗多，但礙於篇幅有限，無法在此一一列舉詳述。相關研究成果的回顧與討論，可參見林乾，〈近十年來明清督撫制度研究簡介〉，《中國史研究動態》，1991:2（北京，1991），頁 21-26；孫守朋，〈20 世紀 60 年代以來清前期督撫研究綜述〉，《平頂山學院學報》，23:1（平頂山，2008.02），頁 38-41；覃壽偉，〈近二十年來明清督撫研究綜述〉，《漳州師範學院學報（哲學社會科學版）》，2009:2（漳州，2009.06），頁 126-131。

[30] 詳見羅繼祖，〈清初督撫多遼東人〉，《吉林大學社會科學學報》，1980:5（長春，1980.05），頁 72；劉咏梅，〈論清初漢軍旗人督撫的歷史作用〉，《北京城市學院學報》，2001:4（北京，2001.12），頁 75-80；劉鳳雲，〈清康熙朝漢軍旗人督撫簡論〉，收入閻崇年主編，《滿學研究．第 7 集》（吉林：吉林文史出版社，2002），頁 350-372。

代督撫制度中的旗人。然旗人為清朝政權的重要核心，探討清代督撫實不可忽略他們在其中所扮演的角色。職是之故，本文以清代旗人督撫作為考察對象。首先，析論清代督撫制度中旗、漢員額之消長及其背後所反映的意義。接著，討論旗人進入督撫體系的途徑，同時探討旗人任職督撫後的轉任問題。最後，本文將於結論中，分析滿洲皇帝對督撫制度的操作與運用，希冀藉此重新省思傳統「清承明制」的觀點。

二、旗、漢督撫員額之消長

清代督撫體制對於督撫的職掌與人員的選用皆有一定的規定，那麼，進一步要追問的是旗人在此制度中究竟扮演何種角色？實際運作的情形為何？由於旗人督撫在官品、加銜、薪俸與職掌等方面與漢人督撫差異不大，故本文將從督撫體制中旗漢員額的消長、旗人督撫與科舉功名，以及旗人任職督撫之前、後的官職等三個層面切入討論。[31]

滿洲人入關以後，進入了一個以漢族為多數的異族社會，僅管因此獲得了前所未有的政治利益，但也遇到諸多難題，尤其是滿、漢在政治職位分配上的矛盾。[32]在此脈絡下，旗、漢督撫比例為一相當重要的參考點，有助於我們解構清代政權的內部結構與權力分配。茲將各省督撫旗漢籍製作成「清代總督

31 清代總督建置變化繁多，至乾隆二十五年(1760)方底定。職是之故，本文在分析時，以成為定制之直隸總督、兩江總督、閩浙總督、湖廣總督、陝甘總督、四川總督、兩廣總督以及雲貴總督等為主要對象。至於巡撫部分，則以設有駐防之福建、廣東、浙江、江蘇、湖北、四川、陝西以及甘肅等地區的巡撫為討論對象，便於日後旗人督撫與八旗駐防之關係的探討。

32 陳文石，〈清代八旗漢軍蒙古政治參與之研究〉，收入陳文石，《明清政治社會史論》（臺北：臺灣學生書局，1911），冊下，頁756。

旗漢籍表」與「清代巡撫旗漢籍表」。[33]

「清代總督旗漢籍表」與「清代巡撫旗漢籍表」透露出諸多有趣的訊息。首先，就旗、漢督撫所佔比例而論，除了四川、陝西以及甘肅巡撫之外，各省巡撫以漢人擔任者比例較多，約佔 55%，其比例高於旗人巡撫的 45%；至於總督，則是扣除直隸之後，各地區旗人總督所佔比例約為 63%，高於漢人總督的 37%。[34]顯示清代巡撫多為漢人，總督則多由旗人擔任。此原因在於滿洲政權為一外來政權，為了長治久安，政權必須依賴在地人，故多以漢人為巡撫；然對於漢人又不完全放心，所以多以旗人為總督，用以牽制漢人巡撫。

與此同時，清政府亦賦予督撫透過密摺制度參劾彼此的權力，藉此收相互監督之效。康熙八年(1669)七月，河南道御史余縉(1617-1689)上奏：「數年來，從未有總督參一巡撫，巡撫糾一總督。互庇如此，欲澄清吏道，拯救生民，勢必不能。請嚴立條例，通行飭諭。」康熙皇帝(1654-1722，1662-1722 在位)認為余縉言之有理，旋即下令：「督撫瞻狥情面，互相容隱，雖明知弊端，不肯舉發，殊負委任之意。以後務破情面，凡有確見，互相糾舉。如有狥隱事發，從重治罪不貸，爾部院即通行嚴飭。」[35]康熙五十年(1711)爆發辛卯科場案，兩江總督噶禮(*gali*，？-1714，正紅旗滿洲)參與其事，遭到漢人巡撫張伯行(1651-1725)上疏參劾。然而，噶禮隨後捏造了張伯行的七大罪狀上疏康熙皇帝，致使一場江南科場的舞弊案演變成轟動朝野的督撫互參案。惟此案不僅是總督與巡撫之間的角力，亦是一

---

[33] 參見附錄表 1、表 2。

[34] 參見附錄表 1、表 2。

[35] 清・馬齊等修，《清實錄・聖祖仁皇帝實錄》，卷 30，頁 412，康熙八年七月甲辰條。

場旗、漢封疆大吏彼此間的政治衝突，最終以噶禮革職，張伯行留任告結。[36]

僅管清代巡撫多為漢人，總督多為旗人；但進一步來看，不同省份、不同時間的旗、漢督撫所佔比例亦有所差異。在巡撫方面，廣東、浙江與江蘇巡撫清初多由旗人擔任，不過，從嘉慶朝開始，漢人比例大幅超越旗人。福建巡撫則是順康年間旗人多於漢人，雍正朝旗、漢各半，至乾隆朝漢人始多於旗人。至於湖北巡撫，亦為從乾隆朝開始漢人多於旗人，惟在嘉慶年間卻以旗人佔多數，之後又恢復漢人巡撫多於旗人巡撫的現象。[37]在總督方面，除了陝甘總督與四川總督之外，其餘皆以道光朝為分界，道光朝以前，旗人總督所佔比例遠高於漢人；道光朝以降，漢人總督所佔比例始超越旗人。至於陝甘總督與四川總督，其分界線則稍晚於道光朝，係以咸同年間為分界，咸同年間之前，旗人總督所佔比例遠高於漢人；咸同年間以降，漢人總督所佔比例始超越旗人。[38]

由上可知，清廷重視漢人督撫並非自太平天國動亂才開始，早在嘉道年間便有跡可尋，惟此種以漢人為督撫的趨勢，在太平天國動亂之後更加明顯。究其原因，入關之後，承平日久，清朝已不再是馬上治天下的政權，尤其自嘉慶朝以降，漢人官員無論在內政或平定動亂方面均逐漸展現能力，致使漢人在統治者眼中的地位日益重要，任官比例大增。而且，此時內憂外患不斷，先有川陝楚白蓮教亂、天理教亂，後有張格爾叛亂、鴉片戰爭，朝廷遂有「重外輕內之勢」，使得「京員之有

[36] 相關討論詳見羅麗達，〈清初江南地方行政上的滿漢政治衝突－張伯行噶禮互參案研究〉，《新史學》，7:3（臺北，1996.09），頁 49-90。
[37] 參見附錄表 2。
[38] 參見附錄表 1。

才者，皆期外用」。[39]與此同時，關於中國邊疆之地理和政策的私人著述領域，亦由旗人獨佔轉變為向漢人開放，自此以後，漢人學術菁英可以出版關於邊疆問題的著述而不用擔心被查禁的問題。以上種種均顯示嘉道年間的政治權力開始出現轉移，一方面從滿人朝廷轉到漢人菁英；另一方面，從中央轉換到地方。[40]這種現象直接或間接導致受朝廷重用之漢人官員外任督撫的機會大為增加，進而形成嘉慶、道光朝以降，漢人督撫所佔比例超越旗人督撫的現象。

由此而論，最遲自嘉道兩朝開始，漢人在國家政權結構中的地位愈來愈重要，滿人的絕對優勢則漸次削弱。《清史稿》認為嘉慶皇帝(1760-1820，1796-1820在位)「鋤奸登善，削平逋寇，捕治海盜，力握要樞，崇儉勤事，闢地移民，皆為治之大原也」；道光皇帝(1782-1850，1821-1850在位)「恭儉之德，寬仁之量，守成之令辟也」。[41]儘管這兩位皇帝在歷史上時常被定位為守成之君，但從統治者在督撫方面之用人政策的調整可知，嘉道時期在制度操作上已經開始依據現實情況而進行調整，力圖有所作為，以匡救時局。

降至咸同年間，漢人督撫比例更為大增，有研究者將此種現象解釋成咸豐(1831-1861，1851-1861在位)與同治皇帝

---

[39] 清・高延祐，〈請內外互用疏〉，收入王雲五主編，《道咸同光四朝奏議》（臺北：臺灣商務印書館，1970），卷4，頁251。

[40] 相關討論詳見 William Rowe, “Introduction: The Significance of the Qianlong-Jiaqing Transition in Qing History,” *Late Imperial China*, 32:2 (December 2011), 74-88.

[41] 清史稿校註編纂小組編纂，《清史稿校註》（臺北：國史館，1986），冊1，卷16，〈本紀十六・仁宗〉，頁593；清史稿校註編纂小組編纂，《清史稿校註》，冊1，卷19，〈本紀十九・宣宗三〉，頁690。

(1856-1875，1862-1874在位)重用漢臣；[42]亦有學者在此基礎上，強調晚清漢人督撫勢力的擴張。[43]然而，咸豐與同治皇帝願意委以漢人督撫重責，實際上是受到滿洲大臣文慶(*wenking*，1796-1856，鑲紅旗滿洲)與肅順(*sušūn*，1815-1861，鑲藍旗滿洲)之建議的影響。文慶，官至武英殿大學士，肅順，官至贊襄政務王大臣，皆為咸豐皇帝相當倚重的滿臣。[44]他們雖為滿人，卻屢屢建議咸豐皇帝破除滿漢畛域之見，任用漢人為官。文慶認為漢人官員「從田間來」，較知民間疾苦，且「熟諳情偽」，故「欲辦天下事，當重用漢人」。因此，他時常提醒咸豐皇帝用人當不拘滿漢，胡林翼(1812-1861)、曾國藩(1811-1872)以及駱秉章(1793-1867)等人，便是得到文慶的賞識，進而被拔擢為督撫。[45]文慶死後，肅順繼承其重用漢人的作法，亦以為「滿人暮氣深，非重用漢人，不能已亂」。[46]除了繼續支持胡林翼、曾國藩等人外，左宗棠(1812-1885)、羅遵殿(1798-1860)以及許振禕(1827-1899)亦是在肅順的建議下，被朝廷提拔擔任督撫的漢人。[47]同治皇帝繼位之後，依然繼續執行咸豐朝重用漢人的政策，李鴻章(1823-1901)、張樹聲(1824-1884)、劉長佑(1818-1887)

[42] 徐立亭，《清帝列傳・咸豐同治帝》（長春：吉林文史出版社，1995），頁46-50、83-88、276-281。

[43] 林乾，〈咸豐之後督撫職權的膨脹與晚清政治〉，頁142-148；王雪華，〈督撫與清代政治〉，《武漢大學學報(社會科學版)》，1992:1(武漢，1992.01)，頁 74-80；暴景升，〈清末督撫的崛起與中央權威的衰落〉，收於朱誠如等編，《明清論叢・第14輯》（北京：紫禁城出版社，2014），頁75-85。

[44] 清史稿校註編纂小組編纂，《清史稿校註》，冊12，卷393，〈列傳一百七十三・文慶〉，頁9897-9899；清史稿校註編纂小組編纂，《清史稿校註》，冊12，卷394，〈列傳一百七十四・肅順〉，頁9907-9909。

[45] 清・徐珂，《清稗類鈔》(北京：中華書局，1984)，〈文慶破除滿漢成見〉，頁3354。

[46] 清・薛福成，《庸盦筆記》（上海：江蘇人民出版社，1983），頁17。

[47] 高中華，《肅順與咸豐政局》（濟南：齊魯書社，2005），頁42、50。

等人便是當時名噪一時的漢人督撫。直到清末，漢人督撫的數量大體上一直維持較旗人督撫為多的情況。[48]

由此觀之，就表面上來看，咸同年間，清廷倚重漢人為督撫。然而，這並不能簡單地以滿洲皇帝重用漢臣或是漢人督撫勢力擴張的概念蓋括解釋。事實上，漢人之所以能被拔擢為督撫，並非滿洲統治者重用漢臣，而是受皇帝所倚重之滿洲大臣建議的影響，滿人從中扮演關鍵角色；而且，督撫的任命權，自始至終都牢牢掌握在滿洲皇帝手中，漢人督撫的勢力並未因數量較多而擴張。

其次，就旗人督撫內部的比例而言，在旗人總督所佔比例高於漢人總督的地區，以及福建、廣東、浙江、江蘇與湖北巡撫之中，以八旗滿洲與八旗漢軍擔任督撫者為多，八旗蒙古鮮少外任地方督撫。[49]其中，八旗漢軍擔任督撫的時間，正如清人福格所云：「自順治四年至雍正十三年止，共九十二年，八旗人員之任督撫者，漢軍則十居其七。」[50]尤其順治年間，八旗漢軍所佔旗人督撫比例甚至高達百分之百。[51]造成此種現象的原因在於入關初期，對統治者而言，「國方新造，用滿臣與民閡，用漢臣又與政地閡」；[52]且「漢人有所顧忌，滿人無以取信於天下」。[53]站在統治者的立場，由於剛入關時較不熟悉漢人的治理方式與生活情形，故必須仰賴漢人；然對漢人又不是那麼信任與放心，擔心漢人會不忠於清廷。在清廷「以漢治

48 參見附錄表1、2。
49 參見附錄表1、2。
50 清．福格，《聽雨叢談》（北京：中華書局，2007），頁57。
51 參見附錄表1、2。
52 清史稿校註編纂小組編纂，《清史稿校註》，冊10，卷246，〈列傳二十六．祝世昌〉，頁8229。
53 清．徐珂，《清稗類鈔》，〈融和滿漢〉，頁3328。

漢」的政策與較信任八旗的統治心態下，亦旗亦漢的八旗漢軍一方面為八旗統治集團的成員；另一方面他們擁有漢族血統，在文化心理與情感層面上較容易為漢人所接受；加以漢軍精通漢語，熟悉漢人的生活方式，故成為擔任地方督撫的最佳人選。[54]然而，到了乾隆朝，八旗漢軍督撫比例驟降；與此同時，八旗滿洲的比例卻驟增。[55]此種現象或肇因於隨著入關既久，至乾隆年間，滿洲統治者已逐漸熟悉漢地的治理方式，沒有必要非以漢軍擔任督撫不可，故改用自己向來較為信任的八旗滿洲擔任地方督撫。惟嘉慶朝以降，無論八旗滿洲或八旗漢軍在人數比例上均無法與漢人相抗衡，漢人督撫比例此時正逐漸超越旗人督撫。

那麼，八旗蒙古又為何鮮少外任地方督撫？在清朝統治集團的結構中，八旗蒙古為滿蒙共治之滿洲政權的重要組成分子，大多在京師任官，包括：內閣、六部、理藩院、盛京五部、太僕寺、欽天監以及內務府上駟院等，較少外任地方督撫。[56]如奉派外任，亦是在因地制宜的原則下，以任職邊疆地區的蒙古官缺為多，如：理藩院派往蒙古地區的理事司員；蒙古各地的理事同知、通判；管轄蒙古地區的將軍、都統、副都統；管理蒙古地區的辦事大臣、參贊大臣。[57]因語言、文字、風俗習慣等關係，凡事牽蒙古者，滿洲皇帝皆令八旗蒙古參與；至於在漢人為多數的直省各地，則是在統治者的掌控範圍內，有限度

---

[54] 關於清初漢軍督撫的討論，參見劉鳳雲，〈清康熙朝漢軍旗人督撫簡論〉，頁 350-372。

[55] 參見附錄表 1、2。

[56] 張永江，〈八旗蒙古任官初探〉，收入《蒙古史研究・第 3 輯》（呼和浩特：內蒙古大學出版社，1989），頁 156-159；陳文石，〈清代八旗漢軍蒙古政治參與之研究〉，頁 772-774。

[57] 張永江，〈八旗蒙古任官初探〉，頁 173-181。

地任用漢人為督撫。顯見同樣是外任，與地方督撫相較之下，任職邊疆地區的蒙古官缺對八旗蒙古而言，由於語言文化等因素，較能在管理蒙古與少數民族方面發揮所長，成為清廷重要的倚靠力量。

再次，就地域性差異來看，與兩江總督、閩浙總督、湖廣總督、四川總督、兩廣總督以及雲貴總督等相較之下，陝甘總督中旗人比例遠遠高於漢人總督，相差達 68%；陝西與甘肅巡撫人數加總之後的旗漢比例，亦有不小差距。[58]有清一代，陝甘總督一共有 87 位，其中，73 位為旗人，佔 84%；14 人為漢人，佔 16%。尤其順治、康熙以及嘉慶三朝的陝甘總督，更是全部都由旗人擔任。而且，在這 73 位旗籍陝甘總督之中，八旗滿洲有 52 位，八旗蒙古 7 位，八旗漢軍則佔 14 位。[59]至於陝西與甘肅巡撫，清代一共有 156 位，當中有 95 位是旗人，佔 61%；六十一位是漢人，佔 39%。在 95 位旗人巡撫中，八旗滿洲有 69 位，八旗蒙古 3 位，八旗漢軍則佔 23 位。[60]由此不難看出八旗滿洲在陝甘督撫的任職上擁有絕對優勢，而此種現象實與陝西、甘肅兩省的地理位置以及戰亂頻仍關係密切。

陝西、甘肅地處中國邊陲，且自清中期以降，歷經白蓮教亂、捻亂與回變，其在清代邊防戰略地位中所扮演的角色更顯重要。對滿洲統治者而言，陝甘地區為西北邊防重地，而「邊塞地方，必兼用旗員，方有裨益」，康熙皇帝甚至下令：「山、陝督撫，賴是滿洲。」[61]由此可見八旗滿洲在陝甘督撫職位上

---

[58] 參見附錄表 1、2。

[59] 參見附錄表 1。

[60] 參見附錄表 2。

[61] 中國第一歷史檔案館整理，《康熙起居注》（北京：中華書局，2009），冊 29，頁 14758，康熙五十四年十一月二十二日；清．馬齊等修，《清實錄．

的重要性。

繼位的雍正皇帝(1678-1735，1723-1735 在位)曾對康熙皇帝的政策略做調整，規定：「山、陝督撫參用蒙古、漢軍、漢人，纂為令甲。」[62]儘管自雍正初年以降，已可見八旗漢軍出身的范時捷(?-1738，鑲黃旗漢軍)、石文焯(?-1735，正白旗漢軍)、黃廷桂(1691-1759，鑲紅旗漢軍)以及漢人之劉於義(?-1748)、胡期恒(生卒年不詳)、史貽直(1682-1763)等人擔任山陝（陝甘）總督或陝西、甘肅巡撫的現象，打破了八旗滿洲壟斷西北督撫的局面；[63]但乾隆皇帝(1711-1799，1736-1795 在位)仍認為「滿洲騎射，比漢人為純熟，於控制北邊為相宜」，[64]故自乾隆二十九年陝甘總督成為定制之後，在此地區總督的任命上，基本上依然遵循康熙皇帝的御令，八旗滿洲一直具有絕對優勢。有趣的是，前述曾論及八旗蒙古鮮少外任地方督撫，但

聖祖仁皇帝實錄》，卷 266，頁 614，康熙五十四年十一月壬子條。其中，山陝總督為陝甘總督的前身，其沿革如下：順治二年(1645)設陝西三邊總督，十年(1653)改為川陝三邊總督兼轄四川，十八年(1661)改為陝西總督，四川單設總督。康熙四年(1665)，設山陝總督，轄山西，十一年(1672)山陝總督改陝西總督，十九年(1680)陝西總督改為川陝總督，五十七年(1718)改為陝西總督，六十年(1721)復改為川陝總督。乾隆十三年川陝總督改為陝甘總督。以上詳見朱彭壽編，《清代大學士部院大臣總督巡撫全錄》（北京：國家圖書館出版社，2010），頁 432。

[62] 清史稿校註編纂小組編纂，《清史稿校註》，冊 4，卷 123，〈志九十八．職官三．外官．總督巡撫〉，頁 3310。

[63] 范時捷，鑲黃旗漢軍，於雍正元年(1723)授陝西巡撫；石文焯，正白旗漢軍，於雍正元年三月授河南巡撫，後歷任浙江、陝西、甘肅巡撫；胡期恒為漢人，於雍正二年(1724)任職甘肅巡撫；史貽直為漢人，雍正十年(1732)十一月署陝西巡撫；劉於義為漢人，於雍正十年七月署陝甘總督；黃廷桂，鑲紅旗漢軍，於乾隆五年(1740)調甘肅巡撫，十六年(1751)閏五月任職陝甘總督。詳見朱彭壽編，《清代大學士部院大臣總督巡撫全錄》，頁 398、418、644、710、711、727。

[64] 清．慶桂等修，《清實錄．高宗純皇帝實錄》，卷 8，頁 303，雍正十三年十二月辛未條。

嘉慶年間八旗蒙古擔任陝甘總督的比例，竟曾一度高達 50%，[65]此與當時白蓮教亂為患西北，滿洲皇帝倚重蒙古旗人馬背上作戰的才能，故賦予其戍守邊疆之重任不無干係。降至咸同兩朝，儘管發生捻亂與回變，但滿洲統治者認為旗人督撫已無力繼續為朝廷解決邊境之憂患；與此同時，漢人因平定太平天國動亂而獲得朝廷肯定。影響所及，滿洲皇帝大量任用漢人為西北督撫，當中又以湘系人馬為數最多，諸如：楊岳斌(1822-1890)、曾國荃(1824-1890)、左宗棠、楊昌濬(1827-1897)、魏光燾(1837-?)等人，左宗棠任職陝甘總督甚至長達 13 年之久。[66]

清代督撫任用的地域性差異尚包括直隸總督中，漢人所佔比例高於旗人。有清一代，直隸總督「向俱於漢大臣中簡員補放」。[67]據統計，整個清代，漢人直隸總督約佔 60%，旗人總督約佔 40%。[68]究其原因，直隸總督轄內為在京八旗的大本營，各旗都統衙門、驍騎營、護軍營、步軍營、前鋒營，以及之後陸續增設的虎槍營、火器營、健銳營、神機營等八旗機構皆設於此。[69]既然此處駐有大批八旗禁旅，故無一定要用旗人擔任總督的必要，所以出現漢人直隸總督比例相對高於旗人的現象。

不過，康熙、道光以及咸豐三朝的直隸督撫，卻是旗人比

---

[65] 參見附錄表 1。

[66] 楊軍民，〈「邊塞」與「旗員」：清代陝甘總督群體結構特徵考論〉，《陰山學刊》，28:1（包頭，2015.02），頁 75。

[67] 中國第一歷史檔案館編，《乾隆帝起居注》（桂林：廣西師範大學出版社，2002），冊 32，頁 339，乾隆四十七年十月二十一日。

[68] 參見附錄表 1。

[69] 詳見劉小萌，《清代北京旗人社會》（北京：中國社會科學出版社，2008），頁 56。

例高於漢人。[70]扣除道光朝因直隸總督人數過少故不列入討論外，康熙朝與咸豐朝的情形頗值得探究。先就康熙朝的情況來看，直隸地區逼近京師，為旗、民雜處之地，加上盜賊、逃人向來甚多，且盛行圈地，致使此區旗、民矛盾日深。康熙五年(1666)，輔政大臣鑲黃旗滿洲鰲拜(*oboi*，？-1669，鑲黃旗滿洲)欲將正白旗在直隸附近的屯莊改撥自己所屬之鑲黃旗，並另圈民地給正白旗作為交換，但遭到當時直隸山東河南總督朱昌祚(？-1666，鑲白旗漢軍)反對。朱昌祚雖為旗人，卻同時觀察、考慮到旗、民兩方對於圈地的感受。朱昌祚親眼目睹旗、民交困之狀後指出，「兩旗官丁，較量肥瘠，相持不决。且舊撥房地，垂二十年，今換給新地，未必盡勝於舊，口雖不言，實不無安土重遷之意」，至於「被圈夾空民地，百姓環愬失業，尤有不忍見聞者」，因而奏請統治者即諭停止。[71]爾後，康熙皇帝更明白指出直隸地區「若用滿洲，事可漸少」，故下令將滿洲官員開列具奏。[72]自此以後一直到康熙朝結束，直隸督撫皆以旗人居多，包括：格爾古德(*gergude*，1641-1684，鑲藍旗滿洲)、阿哈達(生卒年不詳，正紅旗滿洲)、崔澄(生卒年不詳，鑲黃旗漢軍)、于成龍(1638-1700，鑲黃旗漢軍)、郭世隆(1645-1716，鑲紅旗漢軍)等人。[73]

---

70 參見附錄表 1。

71 清・馬齊等修，《清實錄・聖祖仁皇帝實錄》，卷 20，頁 284，康熙五年十一月丙申條。不過，朱昌祚此舉卻得罪了鰲拜，以鰲拜為首之輔臣等稱旨：朱昌祚不欽遵辦理奉旨已定之事，甚至「妄行紛更具題」，理應革職，交刑部議。朱昌祚最後遭到賜死。詳見清・馬齊等修，《清實錄・聖祖仁皇帝實錄》，卷 20，頁 285-286，康熙五年十二月庚申條。

72 中國第一歷史檔案館整理，《康熙起居注》，頁 813，康熙二十一年正月二十日戊辰條。

73 詳見朱彭壽編，《清代大學士部院大臣總督巡撫全錄》，頁 585-588。

至於咸豐年間直隸總督旗人比例高於漢人的現象，則與咸豐皇帝的用人政策關係密切。徐立亭認為咸豐皇帝重用漢人，尤其在朝廷內以祁寯藻(1793-1866)等有才幹的漢臣為智囊。[74]然而，誠如前述，咸豐皇帝之所以會重用漢人，實際上是聽從了文慶與肅順的建議，咸豐皇帝本人仍然較為倚重旗人。舉例而言，文慶死前曾告誡咸豐皇帝，安徽巡撫福濟(1811-1875)與山東巡撫崇恩(1803-1878)雖為八旗滿洲，但皆無能平庸之輩。然而，咸豐皇帝不僅沒有罷免他們，反而將其連連升遷。[75]由此可見，咸豐皇帝不願放權於漢人，某些旗人督撫儘管無能，但不減皇帝對滿人的信任，依然繼續任用甚至將其升官。

降至同治年間，直隸總督又回復到漢人所佔比例高於旗人的狀態，此與晚清朝廷練軍海防不無關係。自鴉片戰爭爆發以來，清廷日漸意識到海防的重要，屢屢要求大臣悉心講求海防事宜。時任兩江總督的曾國藩提出「師夷智以造炮製船」的主張；[76]直隸總督李鴻章強調海防應採取重點布防的方式，且以岸防為主，水防為輔；[77]湖南巡撫王文韶(1830-1908)則認為「海防之要，以守為體，以戰為用，守之所恃者，重在炮台，戰之所恃者，重在輪船，二者相輔而行，缺一不可」。[78]與此同時，士人亦紛紛提出己見。在中國綿延萬里的沿海之中，晚清著名海防著作──《新編沿海險要圖說》認為直隸沿海是「天下最要

---

[74] 徐立亭，《清帝列傳．咸豐同治帝》，頁 83-88。

[75] 相關討論詳見高中華，《肅順與咸豐政局》，頁 38-39。

[76] 清．曾國藩，《曾國藩全集．奏稿》（湖南：岳麓書社，1985），卷 2，〈復陳洋人助剿及采米運津摺〉，頁 368-370。

[77] 清．李鴻章，〈海防條議〉，收入清．文慶等纂，《籌辦夷務始末．同治朝》（臺北：文海出版社，1971），卷 99，頁 21。

[78] 《清代宮中檔及軍機處檔摺件資料庫》（臺北：國立故宮博物院藏），文獻編號 117767，〈條議海防事宜清單〉，同治十三年十月二十九日。

之區」，由東北向西南斜趨，「拱衛神京」，「環護北闕」，海防地位甚為重要。[79]而且，「海防之設水師在所必需」，[80]加以海防練軍，以綠營為主，故直隸總督的人選，當以海防、水戰優於旗人的漢人較為適宜。前述之曾國藩與王文韶，即是在提出海防建議之後，先後被任命為直隸總督；而李鴻章更在直隸總督任內，致力於海防工作，甚至成立北洋水師，以禦外敵。

三、旗人督撫與進士功名

有清一代，官員出身有正途與異途之別。《清史稿》載：

> 凡滿、漢入仕，有科甲、貢生、監生、廕生、議敘、雜流、捐納、官學生、俊秀。定制由科甲及恩、拔、副、歲、優貢生、廕生出身者為正途，餘為異途。異途經保舉，亦同正途，但不得考選科、道。非科甲正途，不為翰、詹及吏、禮二部官。惟旗員不拘此例。……其由異途出身者，漢人非經保舉、漢軍非經考試，不授京官及正印官，所以別流品，嚴登進也。[81]

《大清會典》亦載：

> 分出身之途以正仕籍。凡官之出身有八：一曰進士，二曰舉人，三曰貢生，四曰廕生，五曰監生，六曰生員，七曰官學生，八曰吏。無出身者，滿洲蒙古漢軍曰閒散，

---

[79] 清．余宏淦，《新編沿海險要圖說》（清光緒二十八年(1902)江震學堂石印本，國家圖書館藏），卷 3，頁 1-6。

[80] 清．王文韶，〈海防條議〉，收入清．文慶等纂，《籌辦夷務始末．同治朝》，卷 99，頁 60。

[81] 清史稿校註編纂小組編纂，《清史稿校註》，冊 4，卷 117，〈志九十二．選舉五．推選〉，頁 3213-3214。

漢曰俊秀，各辨其正雜以分職。[82]

由此可知，須經由科甲以及恩、拔、副、歲、優貢生、廕生等途徑入仕，方被視為正途，否則即為異途。惟異途經保舉者，亦同正途出身。不過，旗人任官不拘此例，意即旗人出仕為官，無所謂正途、異途的分別。此種官人之法，致使旗人入仕條件較漢人寬鬆，不少旗人督撫出身於侍衛、筆帖式、拜唐阿等。[83]然而，仔細分析實際統計的結果卻會發現，各省旗人督撫中，擁有進士功名者實佔有一定比例。據統計，擁有進士功名的旗人督撫在清初所佔比例不高，但隨後比例逐漸增加，在嘉、道、咸三朝甚至一度達 30%~40%。[84]

八旗子弟無論是在官方所辦的各種官學或是家塾學習者，皆可透過科舉入仕，先考取順天府學為生員，進而考舉人、進士。取中進士者，第一甲第一名授翰林院修撰，第二、三名授翰林院編修，其餘從中擇優選為庶吉士，留庶常館再學習三年。三年之後，留庶常館者參加散館考試，優者授翰林院翰林官，按照殿試甲第，二甲授編修，三甲授檢討。如授官外任，則以知縣即用。[85]

至於那些取中進士但未被選為庶吉士者，順治九年(1652)

---

[82] 詳見清．崑岡等奉敕纂，《欽定大清會典（光緒朝）》，收入《續修四庫全書》，冊 794，卷 7，〈吏部．文選清吏司〉，頁 7a-7b。

[83] 筆帖式為滿文[*bithesi*]的音譯，漢譯為辦理文書之人，天聰五年(1631)改巴克什（*baksi*）為筆帖式，掌管翻譯滿、漢章奏文書；拜唐阿為滿文[*baitangga*]的音譯，漢譯為執事者，是內務府一種小差使的名稱，或為內外衙門部院管事的無品級之人，亦可指隨營聽用之各項匠人、醫生。詳見安雙成主編，《滿漢大辭典》（瀋陽：遼寧民族出版社，1993），〈*bithesi*〉條，頁 387；安雙成主編，《滿漢大辭典》，〈*baitangga*〉條，頁 422。

[84] 詳見附錄表 3。

[85] 杜家驥，《清代八旗官制與行政》（北京：中國社會科學出版社，2015），頁 122。

規定，滿洲、蒙古進士，如考前即為他赤哈哈番、筆帖式哈番者，授為部院員外郎、主事；考前若無任何官職，僅由一般舉人中進士者，則授他赤哈哈番。康熙十二年(1673)議准，進士擴大授為通政使司經歷、通政使司知事、大理寺評事、太常寺博士、太常寺典簿以及各部的司庫。[86]乾隆六年(1741)，滿洲皇帝頒布諭令，此後滿洲進士與漢進士一體，外任者照科甲名次選用知縣。七年(1742)又定，凡不准外用者，或用為國子監監丞、博士、典簿，或為翰林院典簿、詹事府主簿、光祿寺署丞等小京官。[87]在八旗漢軍方面，漢軍旗人進士，初定選授與滿蒙進士同，康熙十二年，改授為知縣。[88]

有清一代，擁有進士功名的旗人總督包括：丁思孔(?-1694，鑲黃旗漢軍)、年羹堯(?-1725，鑲黃旗漢軍)、滿保(*mamboo*，1673-1725，正黃旗滿洲)、福敏(*fumin*，1673-1756，鑲白旗滿洲)、塞楞額(*selengge*，1686-1748，正白旗滿洲)、鄂容安(*oyonggo*，?-1755，鑲藍旗滿洲)、鶴年(1711-1757，鑲藍旗滿洲)、開泰(*k'aitai*，?-1763，正黃旗滿洲)、尹繼善(*yengišan*，1694-1771，鑲黃旗滿洲)、吳達善(?-1771，正紅旗滿洲)、三寶(*samboo*，?-1784，正紅旗滿洲)、明山(*mingšan*，?-1779，正藍旗滿洲)、勒爾謹(*lergiyen*，?-1781，鑲白旗滿洲)、增福、吉慶(*giking*，1753-1802，正白旗滿洲)、長麟(1748-1811，正藍旗滿洲)、瑚圖禮(*hūturi*，?-1815，正白旗滿洲)、百齡(*beling*，

---

86 清·允祿等監修，《大清會典(雍正朝)》，收入《近代中國史料叢刊·三編》，第77輯，冊2，卷8，〈吏部·滿缺除選〉，頁8b。

87 清·崑岡等奉敕撰，《欽定大清會典事例(光緒朝)》，收入《續修四庫全書》（上海：上海古籍出版社，1997），冊798，卷33，〈吏部·滿洲銓選·滿洲科甲除授〉，頁3b-4a。

88 清·允祿等監修，《大清會典(雍正朝)》，收入《近代中國史料叢刊·三編》，第77輯，冊2，卷9，〈吏部·漢軍缺除授升補〉，頁5b。

1748-1816，正黃旗漢軍)、馬慧裕(?-1816，正黃旗漢軍)、鐵保(*yeboo*，1752-1824，正黃旗滿洲)、蔣攸銛(1766-1830，鑲藍旗漢軍)、寶興(*boohing*，1777-1848，鑲黃旗滿洲)、楊霈(1790-?，鑲黃旗漢軍)、那彥成(1764-1833，正白旗滿洲)、鄂山(*ošan*，1770-1838，正藍旗滿洲)、裕謙(*ioikiyan*，1793-1841，鑲黃旗蒙古)、伊里布(*ilibu*，1772-1843，鑲黃旗滿洲)、鍾祥(1782-1849，鑲黃旗漢軍)、恒春(*hengcūn*，1792-1857，正白旗滿洲)、徐澤醇(1787-1858，正藍旗漢軍)、慧成(1803-1864，鑲黃旗滿洲)、舒興阿(*šuhingga*，1799-1858，正藍旗滿洲)、慶祺(1805-1859，正藍旗滿洲)、訥爾經額(*nergingge*，1783-1857，正白旗滿洲)、熙麟(1799-1864)、福濟(1811-1875，鑲白旗滿洲)、崇實(1820-1876，鑲黃旗滿洲)、和寧(?-1821，鑲黃旗蒙古)、鍾音(鑲藍旗滿洲)、邊寶泉(1831-1898，鑲紅旗漢軍)、錫良(1853-1917，鑲藍旗蒙古)、趙爾巽(1844-1927，正藍旗漢軍)等人。[89]

在上述總督中，部分是透過繙譯科舉進入仕途，如乾隆年間的三寶、增福、勒爾謹、以及道光年間的訥爾經額。[90]繙譯科考是清朝在明代科舉制度之基礎上，專為旗人而設且極具滿洲特色的科舉考試制度，亦有考取生員、舉人、進士三種接續進取的步驟。乾隆年間規定：滿洲、蒙古、漢軍繙譯進士，優者以六部主事用；次者在主事上學習行走，三年期滿之後，合格者留補主事，不合格者，滿洲、蒙古授翰林院典簿等小京官缺，漢軍授內閣中書或太常寺博士；等而次之者，補授翰林院典簿等小京官缺。至於繙譯進士外用者，則選任知縣。道光二

[89] 詳見朱彭壽編，《清代大學士部院大臣總督巡撫全錄》，頁 395-543。

[90] 清史稿校註編纂小組編纂，《清史稿校註》，冊 11，卷 327，〈列傳一百七．三寶〉，頁 9204-9205；清史稿校註編纂小組編纂，《清史稿校註》，冊 12，卷 399，〈列傳一百七十九．訥爾經額〉，頁 9947-9949。

十七年(1847)，清廷再度下令：繙譯進士亦選其優等者為庶吉士、散館，考為一、二等者授翰林院編修，三等授翰林院檢討，作為內班補用。[91]

旗人投身科舉，意謂著從披甲當差轉入文治政府之中。尤其，擁有進士功名的旗人擔任握有軍事大權的總督之後，甚至可以兼職統轄綠營，顯示「以文統軍」並非曾國藩等漢人讀書人的專利，出身行伍的旗人，亦可透過科舉進而以文職身分統御軍隊。舉例而言，康熙朝晚年，川、藏交界局勢不穩，康熙六十年(1721)正月，四川打箭爐口外，有裏塘所屬之上下牙色，上下牙呢巴塘所屬之桑阿壩，以及林卡石等處生番出沒不常，時行劫掠，朝廷即令四川總督、鑲黃旗漢軍人、康熙三十九年進士年羹堯帶官兵剿撫；三月，更令年羹堯自打箭爐進藏，以穩定西陲。[92]再如嘉慶十八年(1813)發生癸酉之變(又稱天理教亂)，禍及京畿、直隸、山東和河南等地，陝甘總督、正白旗滿洲人、乾隆五十四年進士那彥成亦被授予軍權，用兵於河南省滑縣。[93]

---

[91] 清‧崑岡等奉敕撰，《欽定大清會典事例(光緒朝)》，收入《續修四庫全書》，冊 798，卷 33，〈吏部‧滿洲銓選‧滿洲科甲除授〉，頁 12a-14a。另外，繙譯科考的相關研究可參見葉高樹，〈清朝的繙譯科考制度〉，《臺灣師大歷史學報》，49（臺北，2013.06），頁 47-136；葉高樹，〈繙譯考試與清朝旗人的入仕選擇〉，《臺灣師大歷史學報》，52（臺北，2014.12），頁 95-132。

[92] 清‧馬齊等修，《清實錄‧聖祖仁皇帝實錄》，卷 291，頁 826，康熙六十年正月辛巳條；清‧馬齊等修，《清實錄‧聖祖仁皇帝實錄》，卷 291，頁 835-836，康熙六十年三月己丑條。

[93] 中國第一歷史檔案館整理，《嘉慶帝起居注》（桂林：廣西師範大學出版社，2006），冊 17，頁 345，嘉慶十八年九月十六日；清‧曹振鏞等修，《清實錄‧仁宗睿皇帝實錄》（北京：中華書局，1986），卷 274，頁 721，嘉慶十八年九月己卯條；清‧曹振鏞等修，《清實錄‧仁宗睿皇帝實錄》，卷 274，頁 725，嘉慶十八年九月庚辰條；清‧曹振鏞等修，《清實錄‧仁宗睿皇帝實錄》，卷 277，頁 729，嘉慶十八年十月丁巳條。

惟旗人擁有科舉功名且任官的現象，不僅出現在督撫的任職上，其他旗人官缺亦是如此。令人好奇的是，既然旗人任官不重視出身，為什麼還有這麼多旗人要投入科舉？首先，對旗人而言，科舉畢竟是入仕的重要途徑之一；且隨著清初大規模戰爭的結束，旗人透過立軍功而當官的機會相對減少，故轉而投入科舉仕途。其次，儘管順治十四年(1657)滿洲皇帝曾一度禁止旗人參加科舉考試，但大體而言，統治者仍是從優確立八旗子弟的錄取人數。再次，儘管科舉功名非旗人入仕的必要條件，但當八旗人口壓力導致就業競爭激烈，而制度又規定擁有科舉功名者可以獲得較高品秩時，自然會驅使旗人投身科舉之列。[94]

四、旗人任職督撫之前、後的官職

關於清代督撫之選擢，《吏部則例》有一完善的規則：各省總督，由都察院左都御史開列，各部侍郎、各省巡撫陞任；各省巡撫，由內閣學士、都察院左都御史開列，順天府尹、奉天府尹、各省布政使陞任。[95]康熙六年(1667)，甚至針對滿洲官

---

[94] 除了上述原因之外，張杰尚列舉雍正朝的鄂爾泰、乾隆朝的阿桂、嘉慶朝的那彥成、道光朝的英和、穆彰阿等人的例子，認為清代受到皇帝重用的八旗大臣皆科甲出身，且擁有進士功名者多能快速升遷，故滿洲統治者任用八旗官員愈來愈重視科舉出身。然而，葉高樹對此提出質疑，他認為當旗人應文科舉人數日增時，擁有功名而能擠身高位者自然漸多，故與統治者重視功名未必有必然關係；而且，張杰所論究竟是個案還是通則，尚有待釐清。相關討論詳見張杰，〈清代八旗滿蒙科舉世家論述〉，《滿族研究》，2002:1（北京，2002.07），頁 39；張杰，《清代科舉家族》（北京：社會科學文獻出版社，2003），頁 248-251；葉高樹，〈繙譯考試與清朝旗人的入仕選擇〉，頁 118。

[95] 《欽定吏部則例．銓選滿洲官員品級考》（臺北：成文書局，1966），卷 1，

員開列督撫頒布規定：「總督員缺，應將滿洲旗下副都統、蒙古旗下副都統并侍郎開列；如不用，將學士、副都御史開列。巡撫員缺，應將學士、副都御史、通政使、大理寺卿、宗人府滿洲啟心郎開列。」[96]此外，旗人尚可透過文武互轉的方式，由武職轉任總督、巡撫，此為旗人升轉的特殊途徑。[97]

古鴻廷與傅光森根據上述《吏部則例》的記載，主張在統治者精心設計之下，不論總督或巡撫出缺，內官都較外官有優先升任的資格，意即在總督職位出缺時，左都御史、各部侍郎等較各省巡撫優先被考慮；當巡撫出缺時，內閣學士及左副都御史較各省之布政使更有機會出任巡撫。[98]不過，筆者將清代各地旗人督撫任官前與任官後之官職統計成「清代各地旗人督撫任官前官職統計表」與「清代各地旗人督撫任官後官職統計表」後發現，旗人升任督撫的實際情況並非如古鴻廷、傅光森所述，事實上，《吏部則例》與康熙六年關於督撫選擢的規定，並未落實於旗人督撫的選任上。[99]

透過「清代各地旗人督撫任官前官職統計表」與「清代各地旗人督撫任官後官職統計表」可知，旗人擔任某省總督之前，

頁 1-10；《欽定吏部則例．銓選漢官品級考》，卷 1，頁 1-12。

[96] 清．馬齊等修，《清實錄．聖祖仁皇帝實錄》，卷 24，頁 340，康熙六年十二月壬申條。

[97] 除了總督、巡撫外，旗人由武職改用文職者尚包括以武科甲出身，但擔任知縣、糧儲道、刑部員外郎、工部主事、理藩院尚書、內閣學士等文職者。亦包含由參領、佐領、驍騎校、護軍校等八旗兵丁或武職官，轉任郎中、員外郎、布政使、按察使等文職官者。詳見清．福格，《聽雨叢談》，卷 11，〈武進士涔文職〉，頁 238-239；清．福格，《聽雨叢談》，卷 1，〈軍士錄用文職〉，頁 26。

[98] 古鴻廷、傅光森，〈清代部院大臣陞遷模式之探討〉，《朝陽學報》，1（臺中，1996.06），頁 4。

[99] 詳見附錄表 4、表 5。

以任職於巡撫、他省總督的數量較多；任職總督之後，則以轉任他省總督最多。至於巡撫方面，旗人擔任某省巡撫之前，以擔任他省巡撫、布政使為多；任職巡撫以後，則以轉任他省巡撫、直省總督為數較多。由此觀之，旗人督撫多從外官而非內官升任該職缺。

首先，旗人任職總督前的官職以巡撫為最多，擔任巡撫之後亦常升任直省總督，但這種現象也存在於漢人督撫之中，並非旗人專有的特色。舉例而言，乾隆四十七年(1782)十月，直隸總督出缺，乾隆皇帝第一時間即從各省巡撫中，「再四籌度」，挑選適任者。[100]就其原因，總督與巡撫的職掌相差無幾，兩者皆熟悉地方文武行政事務，由巡撫擢升總督，在工作上較能快速上手。在此情況下，職品高於巡撫的總督，自然成為巡撫理想的升遷管道。

其次，總督調任總督以及巡撫調任巡撫的情況也很常見。值得注意的是，將「清代各地旗人督撫任官前官職統計表」與「清代各地旗人督撫任官後官職統計表」一起看便可發現，對旗人而言，在擔任某省總督、巡撫之前，多擔任他省總督或巡撫；在督撫任職期滿之後，亦以轉任他省總督、巡撫的情形最為常見。由此觀之，旗人一旦進入督撫體系之後，大多會留在此體系之內輪轉。舉例來說，雍正朝的尹繼善，鑲黃旗滿洲，自雍正六年(1728)八月署理江蘇巡撫進入督撫體系之後，先後擔任過兩江總督、雲廣總督、雲貴總督、雲南總督、川陝總督、兩廣總督、陝甘總督，最後於晚年回京，入閣辦事並兼軍機大

---

[100] 中國第一歷史檔案館編，《乾隆帝起居注》，冊32，頁339，乾隆四十七年十月二十一日。

臣，不久後病逝。[101]再如乾隆朝的阿思哈(*asha*，1707-1776，正黃旗滿洲)，從乾隆十四年(1749)任職江西巡撫以後，歷任山西巡撫、廣東巡撫、河南巡撫、陝西巡撫、雲貴總督，後於乾隆三十九年(1774)七月拔擢為軍機大臣，惟於兩年後過世。[102]又如乾隆朝的福康安(*fuk'anggan*，1754-1796，鑲黃旗滿洲)，自乾隆四十五年(1780)三月擔任雲貴總督後，先後擔任四川總督、陝甘總督、閩浙總督，且於閩浙總督任上，在平定貴州苗亂中染瘴病而亡。[103]

不過，旗人在擔任直隸總督之後，卻很少再轉調其他省的總督，大多死於任上或遭革職或回到中央任職。據朱彭壽編《清代大學士部院大臣總督巡撫全錄》，清代擔任直隸總督的旗人共 16 人，在這 16 人中，死於任上者人 5 人；回到中央任官者 5 人，多擔任尚書、軍機大臣或者入閣辦事；被革職、免職或卸職者 5 人；僅有一人轉調兩廣總督。[104]惟這種現象不僅出現在旗人直隸總督身上，漢人總督亦是如此。[105]擔任直隸總督後之所以很少再轉調他省總督，或與直隸地區特殊的政治地位有關。直隸總督因其直接隸屬京師，位於天子腳下而得名，向來被統治者視為「漢之廷尉京兆」，[106]其轄區包括今天的河北、北京、天津以及山東、山西、河南、遼寧、內蒙古的一部分。

---

[101] 清史稿校註編纂小組編纂，《清史稿校註》，冊 11，卷 314，〈列傳九十四．尹繼善〉，頁 9039-9042。

[102] 清史稿校註編纂小組編纂，《清史稿校註》，冊 12，卷 344，〈列傳一百二十四．阿思哈〉，頁 9420-9422。

[103] 清史稿校註編纂小組編纂，《清史稿校註》，冊 12，卷 337，〈列傳一百十七．福康安〉，頁 9322-9327。

[104] 詳見朱彭壽編，《清代大學士部院大臣總督巡撫全錄》，頁 395-410。

[105] 詳見朱彭壽編，《清代大學士部院大臣總督巡撫全錄》，頁 395-410。

[106] 清．慶桂等修，《清實錄．高宗純皇帝實錄》，卷 23，頁 544，乾隆元年七月辛酉條。

再者，直隸總督的職權頗大，自雍正年間成為定制以後，其職掌逐漸擴增：乾隆十四年，統治者下令直隸總督兼管黃河的防汛和治理工作；[107]乾隆二十八年(1763)，規定直隸總督兼任直隸省巡撫；[108]咸豐十年(1860)，長蘆鹽政亦劃歸直隸總督直轄；[109]同治九年(1870)，清廷將天津、營口以及煙台三個口岸的通商事宜劃歸直隸總督管理，並將北洋通商大臣一銜授予直隸總督。[110]由此觀之，直隸總督集軍事、行政、鹽務、河道及北洋大臣於一身。直隸總督因直隸地區獨特的地理位置而名列全國八督之首，且因其權位之重，致使該職位非重臣莫屬。職是之故，外任至直隸總督已達督撫輪調體系中的頂端，無從他調，所以只好將其調回中央任職。

再次，透過「清代各地旗人督撫任官前官職統計表」與「清代各地旗人督撫任官後官職統計表」亦可發現，由駐防將軍轉任總督者亦不在少數。定宜庄指出，康熙年間，駐防將軍的官品和職權皆明顯高於督撫；但雍正朝以後卻剛好相反，旗人中較幹練者，往往被任命為督撫，致使以駐防將軍兼任督撫或轉任總督反而顯示受到皇帝的重用；乾隆朝以降，自駐防將軍改任總督的例子更是屢見不鮮。對清廷而言，駐防將軍與總督同為鞏固地方的重要樑柱，故希冀由旗人擔任。惟雍正朝之後的駐防將軍儘管品級仍然較高，但其實權卻不及督撫。因此，由

[107] 清·崑岡等奉敕撰，《欽定大清會典事例(光緒朝)》，收入《續修四庫全書》，冊 810，卷 902，〈工部·河工·河員職掌二〉，頁 1a。

[108] 清·崑岡等奉敕撰，《欽定大清會典事例(光緒朝)》，收入《續修四庫全書》，冊 798，卷 23，〈吏部·官制·各省督撫〉，頁 16b。

[109] 清·崑岡等奉敕撰，《欽定大清會典事例(光緒朝)》，收入《續修四庫全書》，冊 801，卷 222，〈戶部·鹽法·長蘆二〉，頁 16a。

[110] 清·崑岡等奉敕撰，《欽定大清會典事例(光緒朝)》，收入《續修四庫全書》，冊 798，卷 23，〈吏部·官制·各省督撫〉，頁 20a。

駐防將軍轉任總督的旗人，意味著其能力受到朝廷認可，故而從鎮守地方的武將被拔擢成為握有較大實權的封疆大吏。[111]

在駐防將軍轉任總督的案例之中，以湖廣旗人總督任職總督前擔任駐防將軍的比例最高，且多任職荊州將軍。[112]以地理位置而言，荊州駐防屬於湖廣總督的轄區，兩者具有地緣關係。不過，此種地緣關係不僅為湖廣獨有，其他由駐防將軍轉任督撫的地區亦大多是如此。如：成都將軍轉任四川總督、福州將軍轉任閩浙總督、京口將軍轉任江蘇巡撫，以及廣州將軍轉任兩廣總督、廣東巡撫。[113]其他地區即便不是由所在駐防將軍轉任總督，亦是由鄰近駐防地區之將軍轉任而來，如：成都將軍任雲貴總督、伊犁將軍任陝甘總督以及福州將軍任兩江總督。[114]惟這類旗人由武職轉任封疆大吏者，除駐防將軍外，尚有從都統、副都統、侍衛、總兵改任督撫者，但人數不多。同時，亦有從督撫轉任駐防將軍、都統、副都統的情況，但同樣為數不多。[115]

八旗人等由駐防將軍轉任總督，意謂著先前只能專任武職者，一躍成為能獨當地方之任的外任大員；駐防八旗亦從原來肩負監督地方、綠營之責，轉而成為旗人任職地方大員前熟習地方之前哨站。為何會有如此轉變？為了進一步探究旗人由駐防將軍轉任總督的現象，筆者按時間統計駐防將軍轉任總督之

---

111 定宜庄，《清代八旗駐防研究》，頁 168、171。

112 詳見朱彭壽編，《清代大學士部院大臣總督巡撫全錄》，頁 484-499。

113 詳見朱彭壽編，《清代大學士部院大臣總督巡撫全錄》，頁 452-466、467-483、500-511、664-686、817-830。

114 詳見朱彭壽編，《清代大學士部院大臣總督巡撫全錄》，頁 512-525、432-451、411-431。

115 參見附錄表 5。

旗人人數，製成「清代旗人由駐防將軍轉任督撫表」。[116]透過此表可知，由駐防將軍轉任總督的比例，在咸豐年間為最高。前已論及咸同年間，漢人督撫比例大增。這對向來以旗人為重的咸豐皇帝來說，是一難以接受的事實，故想盡辦法要扭轉此種局勢；而將同為地方樑柱的駐防將軍轉任總督，正是一種最為便捷且最為可行的辦法。就行政歷練的角度而言，具有在駐防地區工作經驗的旗人，遠比一個沒有什麼地方行政經歷之人，更快、更能融入督撫體系之中；且在地方督撫與駐防將軍必須相互協調之時，更能因為對對方有所瞭解，而增加溝通與協調的能力。

除此之外，亦有旗人總督內調尚書的現象，當中，甚至有人入閣成為大學士，惟這種情形亦出現在漢人督撫之中。[117]有清一代，對官員的內升外轉有所規定。總督之所以可內調為尚書，其原因即在於總督多兼右都御史銜，依規定可內轉為左都御史或部院尚書。然而，按《吏部則例》的規定，總督原本並無內升大學士之資格；雍正朝以降，總督兼右都御史銜或尚書銜，而都御史與尚書皆為從一品之大員，遂使總督具有內升大學士之資格。此種將內閣大學士之職位開放給總督的方式，一方面提供總督一條合理的升遷管道；另一方面則加強了中央政府對地方大員的掌握，將能幹或勢力日增的總督調入京師，防其坐大，同時亦可借重這些總督的才幹與豐富的行政經驗，協助處理中央或全國性事務。[118]

---

116 參見附錄表 6。

117 古鴻廷、傅光森，〈清代部院大臣陞遷模式之探討〉，頁 9-10。

118 古鴻廷、傅光森，〈清代部院大臣陞遷模式之探討〉，頁 10。

五、結　論

滿洲人入關以後，採借明制，建立起以總督、巡撫為首的地方行政體系。然而，採行漢人督撫制度的同時，要如何維持統治的穩定？旗人從中扮演重要關鍵角色。就出身而論，不少旗人督撫出身於侍衛、筆帖式、拜唐阿等。不過，擁有進士功名的旗人督撫亦佔有一定比例。旗人督撫出身進士，意謂著從披甲當差被納入文治政府之中，甚至可以文職身分統御綠營軍隊。就旗人擔任督撫的途徑來看，以巡撫擢升總督的現象最為常見，此與督撫的職掌相差無幾故較能快速上手不無關係。惟由駐防將軍轉任總督者亦不在少數，此為旗人任官的特殊途徑。就轉任問題而言，旗人一旦進入督撫體系之後，大多會留在此體系內輪轉互調；但擔任直隸總督之後，因已達督撫輪調體系中的頂端，故很少再轉調他省總督。除了在督撫體系中輪調外，另有一些旗人督撫內調尚書，當中，甚至有人入閣成為大學士，此與總督兼右都御史或尚書銜關係密切。

綜觀清代統治者對督撫的任用可以發現，督撫的任用隨滿洲皇帝的統治心態、用人政策以及地域性差異而有所調整。在此過程中，旗人為滿洲皇帝手上的活棋，依統治上的需要被放在皇帝認為最適宜的位置。透過對旗人督撫的任命，統治者靈活操作、運用督撫制度。

先就皇帝的統治心態與用人政策而論，有清一代，巡撫多為漢人，總督則多由旗人擔任，滿洲皇帝藉此收相互監督之效，並透過對制度的操弄，控制著複雜的大清帝國。大致在嘉道年間之前，旗人督撫所佔比例遠高於漢人。但至清中葉，局勢卻發生重大改變。過往的研究大都認為太平天國動亂之後，清廷開始重視漢人督撫。然而，此種現象卻早在嘉道年間便有跡可尋。自嘉慶朝以降，承平日久，清朝已不再是馬上治天下的政權，加以漢人官員無論在內政或平定動亂方面均逐漸展現能力，致使政治權力從滿人朝廷轉到漢人菁英。與此同時，戰亂頻仍，使得清廷逐漸重外輕內，政治權力亦因此由中央轉換到地方。這種現象直接或間接導致受朝廷重用之漢人官員外任督撫的機會大為增加，進而形成嘉慶、道光朝以降，漢人督撫所佔比例超越旗人督撫的現象。

咸豐年間，漢人督撫比例更為大增。儘管從表面上來看，清廷相當倚重漢人為督撫。然而，這並不能簡單地以滿洲皇帝重用漢臣或是漢人督撫勢力擴張的概念蓋括解釋。事實上，漢人之所以能被拔擢為督撫，並非滿洲統治者重用漢臣，而是受皇帝所倚重之滿洲大臣建議的影響，滿人從中扮演關鍵角色。對於此種漢人督撫比例大增的現象，向來以旗人為重的咸豐皇帝自然是無法接受，故想盡辦法要扭轉此種局勢。對他來說，從行政歷練的角度而論，同為地方樑柱的駐防將軍轉任總督，能更快融入督撫體系之中，且更具溝通與協調的能力，不失為一種最為便捷且最為可行的辦法，因而出現咸豐年間駐防將軍轉任總督比例最高的現象。顯示督撫的任命權，自始至終都牢牢掌握在滿洲皇帝手中，即便到了晚清，漢人督撫數量大增，但其勢力並未因此而擴張。

再者，滿洲皇帝對八旗漢軍的任用亦值得注意。順治年間，正逢入關之初，由於較不熟悉漢人的治理方式與生活情形，故必須仰賴漢人，然對漢人卻又不是那麼信任與放心。在清廷以漢治漢的政策與較信任八旗的統治心態下，亦旗亦漢的八旗漢軍既熟悉漢人的生活方式，又屬於八旗統治集團之中，故成為擔任地方督撫的最佳人選。然而，到了乾隆朝，距離入關之初已有一段時間，滿洲統治者已逐漸熟悉漢地的治理方式，沒有必要非以漢軍擔任督撫不可，故改用自己向來較為信任的八旗滿洲擔任地方督撫。惟嘉慶朝以降，無論八旗滿洲或八旗漢軍在人數比例上均無法與漢人相抗衡，漢人督撫比例此時正逐漸超越旗人督撫。

再就地域性差異而言，陝西、甘肅地處中國邊陲，且自清中期以降，歷經諸多動亂，在清代邊防戰略地位中扮演重要角色。對滿洲統治者而言，陝甘地區既為西北邊防重地，故當以八旗滿洲擔任督撫較為適宜。一直要到同治朝開始，滿洲皇帝認為旗人督撫再也無力為朝廷分憂解難，方大量任用湘系漢人為督撫。

清代督撫任用的地域性差異，尚包括直隸總督中，漢人所佔比例高於旗人。直隸總督轄內為在京八旗的大本營，故無一定要用旗人擔任總督的必要，所以出現漢人直隸總督比例相對高於旗人的情況。然而，康熙與咸豐兩朝卻是旗人比例高於漢人。康熙皇帝認為直隸地區為旗、民雜處之地，加上盜賊、逃人向來甚多，旗、民矛盾日深，若以旗人擔任總督，則可望緩解衝突。至於咸豐年間旗人直隸總督比例高於漢人的現象，則與咸豐皇帝偏好倚重旗人關係密切。

對統治者而言，滿洲人為「國家根本」，是自己最為信賴、倚重之國家棟梁。然而，若想要確保長治久安的統治，單單倚賴滿洲人不足以成事，滿洲政權必須與在地結合，重用漢軍甚至漢人，逐步貼近轄下的土地與人民，透過以漢治漢的方式，控制漢族人口眾多的帝國。督撫為滿洲皇帝在地方上的代理人，對統治者來說，最理想的狀況即為任用八旗滿洲擔任自己在地方的分身。然為局勢所迫，為了維持政權的穩定，統治者不得不有時委以漢軍，有時又委以漢人督撫重任，藉此穩固中央與地方的關係。

滿洲人能以少數軍隊在短時間內統一中國並維持長期統治的重要原因之一即在於沿襲明朝體制，學者往往視「清承明制」為清朝統治成功的關鍵所在。然而，透過本文的討論可知，問題似乎不是如此簡單。在「清承明制」的背後，旗人的參與，以及滿洲皇帝隨時間、地區而調整的統治心態與用人政策，實係沿襲明朝而來之制度能否在清朝被長時間妥善運用的關鍵所在。本文聚焦於旗人在清代督撫制度中所扮演的角色，但旗人督撫的「旗人」身分對其與同為八旗之駐防將軍之間的互動所造成之影響，尤其此種身分是否能緩解駐防將軍與督撫之間不睦的情況，以及彼此在軍事權上的競爭與合作等議題，亦值得深入探究，筆者將另外撰文討論。

附錄

表 1　清代總督旗漢籍表

直隸總督										
	總督總人數	旗人總督人數	八旗滿洲總督人數	八旗蒙古總督人數	八旗漢軍總督人數	漢人總督人數	旗人總督/全數總督（%）	漢人總督/全數總督（%）	八旗滿洲/所有旗人總督（%）	八旗漢軍/所有旗人總督（%）
順治	6	3	0	0	3	3	50%	50%	0	100%
康熙	14	9	2	0	7	5	64%	36%	22%	78%
雍正	9	1	0	0	1	8	11%	89%	0	100%
乾隆	12	3	2	0	1	9	25%	75%	67%	33%
嘉慶	10	2	1	0	1	8	20%	80%	50%	50%
道光	3	3	2	0	1	0	100%	0%	67%	33%
咸豐	7	5	4	1	0	2	71%	29%	80%	0%
同治	5	1	1	0	0	4	20%	80%	100%	0%
光緒	6	2	2	0	0	4	33%	67%	100%	0%
宣統	2	1	1	0	0	1	50%	50%	100%	0%
合計	74	30	15	1	14	44	41%	59%	50%	47%

◎備註

1. 直隸總督沿革：順治元年(1644)初，仍保留明制天津總督，同年十月裁撤，六年(1649)增設直隸山東河南總督，十五年(1658)裁撤，十八年(1661)，直隸、山東、河南均單設總督。康熙四年(1665)，併直隸、山東、河南總督為直隸山東河南總督，八年(1669)裁撤。雍正二年(1724)設直隸總督。
2. 直隸總督尚未成為定制之前的總督，一律算入直隸總督之列。惟順治十八年，直隸、山東、河南均單設總督，故其時僅將直隸總督算入統計之列。因此，本表的直隸總督包含天津總督、直隸山東河南總督。
3. 康熙四年裁撤直隸總督之後，整個康熙年間直隸未設總督，僅設巡撫，故康熙年間的統計加入直隸巡撫一併計算。（整個康熙年間，直隸巡撫12人，直隸總督2人）

陝甘總督

	總督總人數	旗人總督人數	八旗滿洲總督人數	八旗蒙古總督人數	八旗漢軍總督人數	漢人總督人數	旗人總督/全數總督（%）	漢人總督/全數總督（%）	八旗滿洲/所有旗人總督（%）	八旗漢軍/所有旗人總督（%）
順治	7	7	0	0	7	0	100%	0%	0%	100%
康熙	20	20	16	0	4	0	100%	0%	80%	20%
雍正	6	4	3	0	1	2	67%	33%	75%	25%
乾隆	20	19	16	1	2	1	95%	5%	84%	11%
嘉慶	8	8	4	4	0	0	100%	0%	50%	0%
道光	12	9	8	1	0	3	75%	25%	89%	0%
咸豐	3	2	2	0	0	1	67%	33%	100%	0%
同治	4	1	1	0	0	3	25%	75%	100%	0%
光緒	6	2	1	1	0	4	33%	67%	50%	0%
宣統	1	1	1	0	0	0	100%	0%	100%	0%
合計	87	73	52	7	14	14	84%	16%	71%	19%

◎備註

1.陝甘總督沿革：順治二年(1645)設陝西三邊總督，十年(1653)改為川陝三邊總督兼轄四川，十八年(1661)改為陝西總督，四川單設總督。康熙四年(1665)，設山陝總督，轄山西，十一年(1672)山陝總督改陝西總督，十九年(1680)陝西總督改為川陝總督，五十七年(1718)改為陝西總督，六十年(1721)復改為川陝總督。乾隆十三年(1748)川陝總督改為陝甘總督。

2.本表陝甘總督包含：陝西三邊總督、川陝總督、川陝三邊總督、陝西總督、山陝總督。

湖廣總督

		總督總	旗人總	八旗滿	八旗蒙	八旗漢	漢人總督人數	旗人總督/全數	漢人總督/全數	八旗滿洲/所有

		人數	督人數	洲總督人數	古總督人數	軍總督人數		總督（%）	總督（%）	旗人總督（%）
順治	6	5	0	0	5	1	83%	17%	0%	100%
康熙	16	14	3	0	11	2	88%	12%	21%	79%
雍正	7	6	3	0	3	1	86%	14%	50%	50%
乾隆	31	28	26	1	1	3	90%	10%	93%	4%
嘉慶	15	8	5	1	2	7	53%	47%	63%	25%
道光	9	3	3	0	0	6	33%	67%	100%	0%
咸豐	6	3	2	0	1	3	50%	50%	67%	33%
同治	3	1	1	0	0	2	33%	67%	100%	0%
光緒	5	1	0	0	1	4	20%	80%	0%	100%
宣統	1	1	1	0	0	0	100%	0%	100%	0%
合計	99	70	44	2	24	29	71%	29%	63%	34%

◎備註

1.湖廣總督沿革：順治二年(1645)設湖廣四川總督，十年(1653)改為湖廣總督(不轄四川)與川陝三邊總督，十八年(1661)四川單設總督。康熙七年(1668)改設川湖總督，轄四川，十三年(1674)復改湖廣總督，四川單設總督，十九年(1680)裁撤四川總督併為川陝總督。乾隆五十二年(1787)，四川再度單設總督。

2.本表湖廣總督包含：湖廣四川總督、川湖總督。

四川總督

	總督總人數	旗人總督人數	八旗滿洲總督人數	八旗蒙古總督人數	八旗漢軍總督人數	漢人總督人數	旗人總督/全數總督（%）	漢人總督/全數總督（%）	八旗滿洲/所有旗人總督（%）	八旗漢軍/所有旗人總督（%）
順治	1	1	0	0	1	0	100%	0%	0%	100%

康熙	5	4	0	0	4	1	80%	20%	0%	100%
雍正	1	1	0	0	1	0	100%	0%	0%	100%
乾隆	17	14	12	2	0	3	82%	18%	86%	0%
嘉慶	5	4	3	0	1	1	80%	20%	75%	25%
道光	5	4	3	0	1	1	80%	20%	75%	25%
咸豐	9	4	4	0	0	5	44%	56%	100%	0%
同治	1	0	0	0	0	1	0%	100%	0%	0%
光緒	12	4	2	1	1	8	33%	67%	50%	25%
宣統	1	1	0	0	1	0	100%	0%	0%	100%
合計	57	37	24	3	10	20	65%	35%	65%	27%

◎備註
1.四川總督沿革：順治二年(1645)設湖廣四川總督，十年(1653)改為湖廣總督(不轄四川)與川陝三邊總督，十八年(1661)四川單設總督。康熙七年(1668)改設川湖總督，轄四川，十三年(1674)復改湖廣總督，四川單設總督，十九年(1680)裁撤四川總督併為川陝總督。乾隆五十二年(1787)，四川再度單設總督。

雲貴總督

	總督總人數	旗人總督人數	八旗滿洲總督人數	八旗蒙古總督人數	八旗漢軍總督人數	漢人總督人數	旗人總督/全數總督（%）	漢人總督/全數總督（%）	八旗滿洲/所有旗人總督（%）	八旗漢軍/所有旗人總督（%）
順治	3	3	0	0	3	0	100%	0%	0%	100%
康熙	16	13	5	0	8	3	81%	19%	38%	62%
雍正	7	6	5	0	1	1	86%	14%	83%	17%
乾隆	26	24	20	0	4	2	92%	8%	83%	17%
嘉慶	6	5	5	0	0	1	83%	17%	100%	0%

道光	11	4	3	1	0	7	36%	64%	75%	0%
咸豐	7	2	2	0	0	5	29%	71%	100%	0%
同治	4	0	0	0	0	4	0%	100%	0%	0%
光緒	7	2	1	1	0	5	29%	71%	50%	0%
宣統	1	0	0	0	0	1	0%	100%	0%	0%
合計	88	59	41	2	16	29	67%	33%	69%	27%

◎備註

1.雲貴總督沿革：順治十年(1653)設湖廣兩廣雲貴總督，總督各省軍務；十六年（1659）設雲貴總督，裁撤湖廣兩廣雲貴總督；十八年（1661）九月雲貴總督分設雲南總督、貴州總督。康熙四年（1665）五月雲南、貴州總督合併改雲貴總督。雍正五年（1727）二月雲貴總督兼轄廣西改為雲廣總督；十二年（1734）十二月雲廣總督免轄廣西恢復雲貴總督。乾隆元年(1736)六月雲貴總督分設雲南總督、貴州總督；十二年(1747)雲南貴州總督合併仍為雲貴總督直至清末。

2.本表雲貴總督包含：湖廣兩廣雲貴總督、雲貴總督、雲南總督、雲廣總督。

閩浙總督

	總督總人數	旗人總督人數	八旗滿洲總督人數	八旗蒙古總督人數	八旗漢軍總督人數	漢人總督人數	旗人總督/全數總督（%）	漢人總督/全數總督（%）	八旗滿洲/所有旗人總督（%）	八旗漢軍/所有旗人總督（%）
順治	7	5	0	0	5	2	71%	29%	0%	100%
康熙	18	14	1	0	13	4	78%	22%	7%	93%
雍正	6	4	0	0	4	2	67%	33%	0%	100%
乾隆	22	19	16	0	3	3	86%	14%	84%	16%
嘉慶	7	4	4	0	0	3	57%	43%	100%	0%
道光	12	4	3	0	1	8	33%	67%	75%	25%

咸豐	4	2	2	0	0	2	50%	50%	100%	0%
同治	8	2	2	0	0	6	25%	75%	100%	0%
光緒	9	3	2	0	1	6	33%	67%	67%	33%
宣統	0	0	0	0	0	0	0%	0%	0%	0%
合計	93	57	30	0	27	36	61%	39%	53%	47%

◎備註
1.閩浙總督沿革：順治二年(1645)設浙閩總督，十五年(1658)分設浙江總督與福建總督。康熙八年(1669)將浙江總督與福建總督合併設閩浙總督；九年(1670)四月分設浙江、福建總督；二十六年(1687)三月改為閩浙總督。雍正五年(1727)再次分為福建、浙江總督；十二年(1734)十月仍設閩浙總督。乾隆元年(1736)二月又分設為福建、浙江總督；三年(1738)九月仍改設閩浙總督直至清末。
2.本表閩浙總督包含：浙閩總督、福建總督。

兩江總督

	總督總人數	旗人總督人數	八旗滿洲總督人數	八旗蒙古總督人數	八旗漢軍總督人數	漢人總督人數	旗人總督/全數總督（%）	漢人總督/全數總督（%）	八旗滿洲/所有旗人總督（%）	八旗漢軍/所有旗人總督（%）
順治	4	4	0	0	4	0	100%	0%	0%	100%
康熙	16	13	9	0	4	3	81%	19%	69%	31%
雍正	7	5	1	0	4	2	71%	29%	20%	80%
乾隆	14	11	10	0	1	3	79%	21%	91%	9%
嘉慶	11	8	4	1	3	3	73%	27%	50%	38%
道光	12	5	3	2	0	7	42%	58%	60%	0%
咸豐	3	1	1	0	0	2	33%	67%	100%	0%
同治	5	0	0	0	0	5	0%	100%	0%	0%
光緒	11	2	2	0	0	9	18%	82%	100%	0%
宣統	1	0	0	0	0	1	0%	100%	0%	0%

合計	84	49	30	3	16	35	58%	42%	61%	33%

◎備註
1.兩江總督沿革：順治四年(1647)設江南江西河南總督，六年(1649)免轄河南，改江南江西總督，十八年(1661)各省均設總督，故分設江南與江西總督。康熙四年(1665)改為兩江總督。
2.本表兩江總督包含：江南江西河南總督、江南江西總督、江南總督。

兩廣總督

	總督總人數	旗人總督人數	八旗滿洲總督人數	八旗蒙古總督人數	八旗漢軍總督人數	漢人總督人數	旗人總督/全數總督（%）	漢人總督/全數總督（%）	八旗滿洲/所有旗人總督（%）	八旗漢軍/所有旗人總督（%）
順治	8	5	0	0	5	3	63%	37%	0%	100%
康熙	9	8	0	0	8	1	89%	11%	0%	100%
雍正	6	4	2	0	2	2	67%	33%	50%	50%
乾隆	24	20	16	1	3	4	83%	17%	80%	15%
嘉慶	9	7	4	1	2	2	78%	22%	57%	29%
道光	9	2	2	0	0	7	22%	78%	100%	0%
咸豐	4	0	0	0	0	4	0%	100%	0%	0%
同治	6	2	2	0	0	4	33%	67%	100	0%
光緒	11	1	0	0	1	10	9%	91%	0%	100%
宣統	2	0	0	0	0	2	0%	100%	0%	0%
合計	88	49	26	2	21	39	56%	44%	53%	43%

◎備註
1.兩廣總督沿革：順治四年(1647)設兩廣總督轄廣西，十八年(1661)增設廣西總督與廣東總督。康熙四年(1665)，撤除廣西總督，廣西政務復歸廣東總督管轄。雍正元年（1723）重設廣西總督，不久旋裁撤；六年(1728)，設雲廣總督轄廣西；十二年(1734)，廣西政務仍隸廣東總督管轄，更號兩廣總督。
2.本表兩廣總督包含：廣東總督，但不含廣西總督。

總計										
	總督總人數	旗人總督人數	八旗滿洲總督人數	八旗蒙古總督人數	八旗漢軍總督人數	漢人總督人數	旗人總督/全數總督（%）	漢人總督/全數總督（%）	八旗滿洲/所有旗人總督（%）	八旗漢軍/所有旗人總督（%）
順治	42	33	0	0	33	9	79%	21%	0%	100%
康熙	114	95	36	0	59	19	83%	17%	38%	62%
雍正	49	31	14	0	17	18	63%	37%	45%	55%
乾隆	166	138	118	5	15	28	83%	17%	86%	11%
嘉慶	71	46	30	7	9	25	65%	35%	65%	20%
道光	73	34	27	4	3	39	46%	54%	79%	9%
咸豐	43	19	17	1	1	24	44%	56%	89%	5%
同治	36	7	7	0	0	29	19%	81%	100%	0%
光緒	67	17	10	3	4	50	25%	75%	59%	24%
宣統	9	4	3	0	1	5	44%	56%	75%	25%
合計	670	424	262	20	142	246	63%	37%	62%	33%

◎備註

1.清代總督建置變化繁多，至乾隆二十五年方底定。職是之故，本表以成為定制之直隸總督、兩江總督、閩浙總督、湖廣總督、陝甘總督、四川總督、兩廣總督以及雲貴總督等為主要統計對象。

2.本表次數統計，係以該督撫第一次就任該職缺的年代為計。

◎統計資料來源：

朱彭壽編，《清代大學士部院大臣總督巡撫全錄》，北京：國家圖書館出版社，2010。

錢實甫，《清代職官年表》，北京：中華書局，1980。

魏秀梅編，《清季職官表：附人物錄》，北京：中華書局，2013。

表 2　清代巡撫旗漢籍表

福建巡撫										
	巡撫總人數	旗人巡撫人數	八旗滿洲巡撫人數	八旗蒙古巡撫人數	八旗漢軍巡撫人數	漢人巡撫人數	旗人巡撫／全數巡撫（%）	漢人巡撫／全數巡撫（%）	八旗滿洲／所有旗人巡撫（%）	八旗漢軍／所有旗人巡撫（%）
順治	7	4	0	0	4	3	57%	43%	0%	100%
康熙	19	11	2	0	9	8	58%	42%	18%	82%
雍正	6	3	1	0	2	3	50%	50%	33%	67%
乾隆	29	12	10	0	2	17	41%	59%	83%	17%
嘉慶	11	0	0	0	0	11	0%	100%	0%	0%
道光	9	0	0	0	0	9	0%	100%	0%	0%
咸豐	5	2	2	0	0	3	40%	60%	100%	0%
同治	5	0	0	0	0	5	0%	100%	0%	0%
光緒	8	1	1	0	0	7	13%	87%	100%	0%
合計	99	33	16	0	17	66	33%	67%	48%	52%

◎備註

1.福建巡撫沿革：順治四年(1647)二月設福建巡撫，光緒十一年(1885)九月改為臺灣巡撫，光緒二十一年(1895)因將臺灣割予日本，裁撤臺灣巡撫。

廣東巡撫										
	巡撫總人數	旗人巡撫人數	八旗滿洲巡撫人數	八旗蒙古巡撫人數	八旗漢軍巡撫人數	漢人巡撫人數	旗人巡撫／全數巡撫（%）	漢人巡撫／全數巡撫（%）	八旗滿洲／所有旗人巡撫（%）	八旗漢軍／所有旗人巡撫（%）
順治	3	3	0	0	3	0	100%	0%	0%	100%
康熙	18	14	3	0	11	4	78%	22%	21%	79%
雍正	6	5	3	0	2	1	83%	17%	60%	40%
乾隆	25	15	13	0	2	10	60%	40%	87%	13%
嘉慶	15	4	4	0	0	11	27%	73%	100%	0%
道光	15	3	3	0	0	12	20%	80%	100%	0%
咸豐	3	2	1	1	0	1	67%	33%	50%	0%
同治	5	0	0	0	0	5	0%	100%	0%	0%
光緒	15	3	2	0	1	12	20%	80%	67%	33%
合計	105	49	29	1	19	56	47%	53%	59%	39%

◎備註

1.順治六年(1649)五月設廣東巡撫，光緒三十一年(1905)裁撤由兩廣總督兼理。

浙江巡撫										
	巡撫總人	旗人巡撫	八旗滿洲	八旗蒙古	八旗漢軍	漢人巡撫	旗人巡撫／全數巡撫（%）	漢人巡撫／全數巡撫（%）	八旗滿洲／所有旗人巡撫	八旗漢軍／所有旗人巡撫

	數	人數	巡撫人數	巡撫人數	巡撫人數	人數			(%)	(%)
順治	7	6	0	0	6	1	86%	14%	0%	100%
康熙	23	10	3	0	7	13	43%	57%	30%	70%
雍正	8	3	1	0	2	5	38%	62%	33%	67%
乾隆	25	18	15	0	3	7	72%	28%	83%	17%
嘉慶	17	6	5	0	1	11	35%	65%	83%	17%
道光	14	2	2	0	0	12	14%	86%	100%	0%
咸豐	7	0	0	0	0	7	0%	100%	0%	0%
同治	3	0	0	0	0	3	0%	100%	0%	0%
光緒	14	2	1	1	0	12	14%	86%	50%	0%
合計	118	47	27	1	19	71	40%	60%	57%	40%

◎備註

江蘇巡撫

	巡撫總人數	旗人巡撫人數	八旗滿洲巡撫人數	八旗蒙古巡撫人數	八旗漢軍巡撫人數	漢人巡撫人數	旗人巡撫／全數巡撫(%)	漢人巡撫／全數巡撫(%)	八旗滿洲／所有旗人巡撫(%)	八旗漢軍／所有旗人巡撫(%)
順治	6	4	0	0	4	2	67%	33%	0%	100%
康熙	14	4	1	0	3	10	29%	71%	25%	75%

雍正	10	5	1	0	4	5	50%	50%	20%	80%
乾隆	24	13	12	0	1	11	54%	46%	92%	8%
嘉慶	13	3	2	0	1	10	23%	77%	67%	33%
道光	14	1	0	1	0	13	7%	93%	0%	0%
咸豐	5	1	1	0	0	4	20%	80%	100%	0%
同治	8	0	0	0	0	8	0%	100%	0%	0%
光緒	16	7	6	0	1	9	44%	56%	86%	14%
宣統	3	2	1	1	0	1	67%	33%	50%	0%
合計	113	40	24	2	14	73	35%	65%	60%	35%

◎備註
1.江蘇巡撫沿革：順治二年(1645)設江寧巡撫，康熙二十五年(1686)改江蘇巡撫。
2.本表江蘇巡撫包括：江寧巡撫、江蘇巡撫。

湖北巡撫

	巡撫總人數	旗人巡撫人數	八旗滿洲巡撫人數	八旗蒙古巡撫人數	八旗漢軍巡撫人數	漢人巡撫人數	旗人巡撫／全數巡撫(%)	漢人巡撫／全數巡撫(%)	八旗滿洲／所有旗人巡撫(%)	八旗漢軍／所有旗人巡撫(%)
順治	7	5	0	0	5	2	71%	29%	0%	100%
康熙	16	9	0	0	9	7	56%	44%	0%	100%
雍正	13	7	2	1	4	6	54%	46%	29%	57%
乾隆	44	16	11	1	4	28	36%	64%	69%	25%

嘉慶	12	7	5	1	1	5	58%	42%	71%	14%
道光	13	2	2	0	0	11	15%	85%	100%	0%
咸豐	8	3	2	0	1	5	38%	62%	67%	33%
同治	7	0	0	0	0	7	0%	100%	0%	0%
光緒	13	6	4	2	0	7	46%	54%	67%	0%
合計	133	55	26	5	24	78	41%	59%	47%	44%

◎備註

1.湖北巡撫沿革：順治二年(1645)七月設湖廣巡撫，雍正二年(1724)後稱湖北巡撫，光緒三十年(1904)十一月裁撤湖北巡撫由湖廣總督兼理。

2.本表湖北巡撫包含：湖廣巡撫、湖北巡撫。

四川巡撫

	巡撫總人數	旗人巡撫人數	八旗滿洲巡撫人數	八旗蒙古巡撫人數	八旗漢軍巡撫人數	漢人巡撫人數	旗人巡撫／全數巡撫(%)	漢人巡撫／全數巡撫(%)	八旗滿洲／所有旗人巡撫(%)	八旗漢軍／所有旗人巡撫(%)
順治	3	3	0	0	3	0	100%	0%	0%	100%
康熙	13	10	6	0	4	3	77%	23%	60%	40%
雍正	6	5	2	1	2	1	83%	17%	40%	40%
乾隆	4	2	2	0	0	2	50%	50%	100%	0%
合計	26	20	10	1	9	6	77%	23%	50%	45%

◎備註

1.四川巡撫沿革：順治五年(1648)閏四月設四川巡撫，乾隆十三年(1748)十一月裁撤。

陝西巡撫										
	巡撫總人數	旗人巡撫人數	八旗滿洲巡撫人數	八旗蒙古巡撫人數	八旗漢軍巡撫人數	漢人巡撫人數	旗人巡撫／全數巡撫（%）	漢人巡撫／全數巡撫（%）	八旗滿洲／所有旗人巡撫（%）	八旗漢軍／所有旗人巡撫（%）
順治	6	4	0	0	4	2	67%	33%	0%	100%
康熙	20	20	18	0	2	0	100%	0%	90%	10%
雍正	11	9	6	0	3	2	82%	18%	67%	33%
乾隆	26	19	15	0	4	7	73%	27%	79%	21%
嘉慶	9	2	1	1	0	7	22%	78%	50%	0%
道光	16	4	3	1	0	12	25%	75%	75%	0%
咸豐	6	1	0	0	1	5	17%	83%	0%	100%
同治	7	0	0	0	0	7	0%	100%	0%	0%
光緒	14	4	2	1	1	10	29%	71%	50%	25%
合計	115	63	45	3	15	52	55%	45%	71%	24%
◎備註										

甘肅巡撫										
	巡撫總人數	旗人巡撫人數	八旗滿洲巡撫	八旗蒙古巡撫	八旗漢軍巡撫	漢人巡撫人數	旗人巡撫／全數巡撫（%）	漢人巡撫／全數巡撫（%）	八旗滿洲／所有旗人巡撫（%）	八旗漢軍／所有旗人巡撫（%）

			人數	人數	人數					
順治	6	3	0	0	3	3	50%	50%	0%	100%
康熙	18	18	16	0	2	0	100%	0%	89%	11%
雍正	5	2	1	0	1	3	40%	60%	50%	50%
乾隆	12	9	7	0	2	3	75%	25%	78%	22%
合計	41	32	24	0	8	9	78%	22%	75%	25%

◎備註

1.甘肅沿革：順治二年(1645)四月設甘肅巡撫，乾隆二十九年(1764)裁撤甘肅巡撫，由陝甘總督兼管，直至清末。

總　計

	巡撫總人數	旗人巡撫人數	八旗滿洲巡撫人數	八旗蒙古巡撫人數	八旗漢軍巡撫人數	漢人巡撫人數	旗人巡撫／全數巡撫（%）	漢人巡撫／全數巡撫（%）	八旗滿洲／所有旗人巡撫（%）	八旗漢軍／所有旗人巡撫（%）
順治	45	32	0	0	32	13	71%	29%	0%	100%
康熙	141	96	49	0	47	45	68%	32%	51%	49%
雍正	65	39	17	2	20	26	60%	40%	44%	51%
乾隆	189	104	85	1	18	85	55%	45%	82%	17%
嘉慶	77	22	17	2	3	55	29%	71%	77%	14%
道	81	12	10	2	0	69	15%	85%	83%	0%

光									
咸豐	34	9	6	1	2	25	26%	74%	67%	22%
同治	35	0	0	0	0	35	0%	100%	0%	0%
光緒	80	23	16	4	3	57	29%	71%	70%	13%
宣統	3	2	1	1	0	1	67%	33%	50%	0%
合計	750	339	201	13	125	411	45%	55%	59%	37%

◎備註

1.本表以設有駐防之福建、廣東、浙江、江蘇、湖北、四川、陝西以及甘肅等地區的巡撫為統計對象，便於日後旗人督撫與八旗駐防之關係的探討。

2.本表次數統計，係以該督撫第一次就任該職缺的年代為計。

◎統計資料來源：

朱彭壽編，《清代大學士部院大臣總督巡撫全錄》，北京：國家圖書館出版社，2010。

錢實甫，《清代職官年表》，北京：中華書局，1980。

魏秀梅編，《清季職官表：附人物錄》，北京：中華書局，2013。

表 3　清代旗人督撫擁有科舉功名表

	進士出身的旗人總督	旗人總督人數	進士出身的旗人總督/全數旗人總督（%）
順治	2	33	6%
康熙	7	95	7%
雍正	4	31	13%
乾隆	19	138	14%
嘉慶	16	46	35%
道光	10	34	30%
咸豐	8	19	42%
同治	2	7	29%
光緒	5	17	29%

宣統	0	4	0%
合計	73	424	17%
	進士出身的旗人巡撫	旗人巡撫人數	進士出身的旗人巡撫/全數旗人巡撫（%）
順治	0	32	0%
康熙	11	96	11%
雍正	7	39	18%
乾隆	23	104	22%
嘉慶	7	22	32%
道光	5	12	42%
咸豐	2	9	22%
同治	0	0	0%
光緒	4	23	17%
宣統	0	2	0%
合計	59	339	17%

◎備註

1.清代總督建置變化繁多，至乾隆二十五年方底定。職是之故，本表以成為定制之直隸總督、兩江總督、閩浙總督、湖廣總督、陝甘總督、四川總督、兩廣總督以及雲貴總督等為主要統計對象。

2.本表以設有駐防之福建、廣東、浙江、江蘇、湖北、四川、陝西以及甘肅等地區的巡撫為統計對象，便於日後旗人督撫與八旗駐防之關係的探討。

3.本表次數統計，係以該督撫第一次就任該職缺的年代為計，且復任者不重複計算。

◎統計資料來源：

朱彭壽編，《清代大學士部院大臣總督巡撫全錄》，北京：國家圖書館出版社，2010。

錢實甫，《清代職官年表》，北京：中華書局，1980。

魏秀梅編，《清季職官表：附人物錄》，北京：中華書局，2013。

表 4　清代各地旗人督撫任官前官職統計表

總　督						
	他省總督	巡撫	尚書	駐防將軍	侍郎	其他
陝甘總督	10	12	3	3	1	7
雲貴總督	17	25	1	3	1	2
四川總督	11	11	1	6	0	7
直隸總督	6	2	4	1	0	2
閩浙總督	16	19	0	4	0	2
兩江總督	11	13	5	2	5	7

兩廣總督	15	19	0	3	0	6
湖廣總督	12	31	3	8	4	5
合　計	98	132	17	30	11	38（人）

巡　撫

	他省巡撫	布政使	按察使	學士	侍郎	其他
福建巡撫	9	15	1	1	2	6
廣東巡撫	21	8	2	3	6	12
浙江巡撫	18	9	0	4	8	6
江蘇巡撫	15	9	1	0	3	10
湖北巡撫	12	22	1	3	8	8
四川巡撫	7	4	1	2	1	4
陝西巡撫	22	21	2	1	8	7
甘肅巡撫	4	10	3	5	3	6
合　計	108	98	11	19	39	59（人）

◎備註

1.清代總督建置變化繁多，至乾隆二十五年方底定。職是之故，本表以成為定制之直隸總督、兩江總督、閩浙總督、湖廣總督、陝甘總督、四川總督、兩廣總督以及雲貴總督等為主要統計對象。

2.本表以設有駐防之福建、廣東、浙江、江蘇、湖北、四川、陝西以及甘肅等地區的巡撫為統計對象，便於日後旗人督撫與八旗駐防之關係的探討。

3.丁憂、免職、革職、解職等不列入本表計算範圍之內。

4.本表次數統計，係以該督撫第一次就任該職缺為計，且復任者不重複計算。

◎統計資料來源：

朱彭壽編，《清代大學士部院大臣總督巡撫全錄》，北京：國家圖書館出版社，2010。

錢實甫，《清代職官年表》，北京：中華書局，1980。

魏秀梅編，《清季職官表：附人物錄》，北京：中華書局，2013。

表 5　清代各地旗人督撫任官後官職統計表

總　督						
	他省總督	巡撫	尚書	侍郎	駐防將軍	其他
陝甘總督	9	1	0	0	1	4
雲貴總督	20	4	3	2	0	4
四川總督	12	1	6	0	2	2
直隸總督	1	0	2	0	0	3
閩浙總督	15	1	3	0	2	9
兩江總督	11	0	4	4	0	9
兩廣總督	13	2	6	2	0	3
湖廣總督	25	2	5	2	3	5
合　計	106	11	29	10	8	39（人）

巡　撫						
	他省巡撫	直省總督	尚書	侍郎	駐防將軍	其他
福建巡撫	8	6	1	1	1	0
廣東巡撫	13	13	0	5	1	3
浙江巡撫	10	8	1	6	0	3
江蘇巡撫	17	5	0	2	1	4
湖北巡撫	23	7	1	3	0	7
四川巡撫	4	2	1	2	0	0
陝西巡撫	18	14	0	5	3	3
甘肅巡撫	7	5	2	5	0	1
合　計	100	60	6	29	6	21(人)

◎備註

1.清代總督建置變化繁多，至乾隆二十五年方底定。職是之故，本表以成為定制之直隸總督、兩江總督、閩浙總督、湖廣總督、陝甘總督、四川總督、兩廣總督以及雲貴總督等為主要統計對象。

2.本表以設有駐防之福建、廣東、浙江、江蘇、湖北、四川、陝西以及甘肅等地區的巡撫為統計對象，便於日後旗人督撫與八旗駐防之關係的探討。

3.降調、免職、革職、解職、休致、丁憂、卒等不列入本表計算範圍之內。

4.本表次數統計，係以該督撫第一次就任該職缺為計，且復任者不重複計算。

◎統計資料來源：

朱彭壽編，《清代大學士部院大臣總督巡撫全錄》，北京：國家圖書館出版社，2010。

錢實甫，《清代職官年表》，北京：中華書局，1980。
魏秀梅編，《清季職官表：附人物錄》，北京：中華書局，2013。

表 6　清代旗人由駐防將軍轉任總督表

	駐防將軍轉任總督	旗人總督人數	由駐防將軍轉任總督之旗人/全數旗人總督（%）
順治	0	33	0%
康熙	2	95	2%
雍正	2	31	6%
乾隆	11	138	8%
嘉慶	1	46	2%
道光	4	34	12%
咸豐	7	19	37%
同治	2	7	29%
光緒	1	17	6%
宣統	1	4	25%
合計	31	424	7%

◎備註

1. 清代總督建置變化繁多，至乾隆二十五年方底定。職是之故，本表以成為定制之直隸總督、兩江總督、閩浙總督、湖廣總督、陝甘總督、四川總督、兩廣總督以及雲貴總督等為主要統計對象。
2. 本表次數統計，係以該督撫第一次就任該職缺的年代為計，且復任者不重複計算。

◎統計資料來源：

朱彭壽編，《清代大學士部院大臣總督巡撫全錄》，北京：國家圖書館出版社，2010。
錢實甫，《清代職官年表》，北京：中華書局，1980。
魏秀梅編，《清季職官表：附人物錄》，北京：中華書局，2013。

同場一例：科舉制度與清朝旗人的仕途

杜 祐 寧*

一、前 言

關於清朝科舉制度「上承明制」的特色，研究者早有申論，[1]然此概括性的說法，卻忽略了清朝作為征服王朝的特殊性，其在征服的過程中，為政治需要而採行漢制，[2]但滿洲統治者並非

* 國立臺灣師範大學歷史學系博士候選人

1 參見王德昭，《清代科舉制度研究》（香港：香港中文大學出版社，1982），頁 17。又如商衍鎏在提及清代科舉制度多承明制之餘，認為清朝在防弊上較明朝謹慎嚴密，參見商衍鎏，《清代科舉考試述錄》（北京：故宮出版社，2014），頁 2。

2 魏復古（Karl A. Wittfogel）所提出的征服王朝理論中，遼、金、元、清等征服王朝政權的共同特點為社會的二元性結構，且各政權不同程度地接受漢文化，但在接收的過程中是有選擇性的。如清朝採用明朝的政治組織，卻配合本身需要而經過很大的改變，使得皇帝能對官僚組織有更多的控制。參見魏復古著，蘇國良等譯，〈中國遼代社會史（九○七～一一二五年）總述〉，收入鄭欽仁、李明仁譯著，《征服王朝論文集》（臺北：稻鄉出版社，1999），頁 1-69。

全盤接受，而是以滿洲文化自主意識為中心，藉由「參漢酌金」的原則掌握了選擇權與主導權，論者更以此作為重新思考清朝統治中國成功原因的關鍵。[3]

康熙二十六年(1687)，清政府宣布八旗准同漢人一體考試，[4]係旗人正式進入科舉制度的開端。然從皇太極(1592-1643，1626-1643 在位)時期以降，歷朝統治者基於防範「日後子孫忘舊制、廢騎射，以效漢俗」，無不強調保持「國語騎射」民族特性的重要，[5]而科舉制度源自漢文化，無疑有沾染漢習、以文廢武的擔憂，是以滿洲君臣如何以「參漢酌金」的原則對該制度進行選擇與調整，是研究清朝科舉制度不容忽視的議題。

其次，科舉作為中國菁英的主要生產制度，[6]在漢人社會中擁有極重要的地位，但對主張「八旗仕進之階，不泥一轍」[7]，入仕途徑多元的旗人群體而言，科舉扮演何種角色，亦為研究清朝旗人的政治參與值得重視的一環。

因此，本文欲透過清朝科舉制度中旗人應考、錄取、除授、

---

3 葉高樹，〈「參漢酌金」：清朝統治中國成功原因的再思考〉，《臺灣師大歷史學報》，36（臺北，2006.12），頁 154-192。

4 參見清．允祿等監修，《大清會典（雍正朝）》，收入《近代中國史料叢刊．三編》（臺北：文海出版社，1994），第 77 輯，冊 772，卷 73，〈禮部．貢舉二．鄉試通例〉，頁 22a。

5 參見清．鄂爾泰等奉敕修，《清實錄．太宗文皇帝實錄》（北京：中華書局，1985），卷 32，頁 404，崇德元年十一月癸丑條。又關於清朝國語騎射與滿洲文化政策的推動，請參見葉高樹，《清朝前期的文化政策》（臺北：稻鄉出版社，2002），〈第六章 學習國語 專精騎射：清帝的文化危機意識〉，頁 351-415。

6 李弘祺指出科舉制實施的最重要結果之一是創造了一種新的社會結構，給予士紳階級榮耀的地位與特權，以維持這個階級的穩定，參見李弘祺，《宋代官學教育與科舉》（臺北：聯經出版公司，1993），頁 13、22。

7 參見清．福格，《聽雨叢談》（北京：中華書局，1984），卷 1，〈軍士錄用文職〉，頁 26。

升遷等一連串的過程，探討旗人如何運用科舉在競爭激烈的官場謀生，並從中思考進入清朝後的科舉制度，在旗人與漢人間意義上的不同。又清朝政府仿行文科舉的規制，另為旗人設置了宗室科舉和繙譯科考，惟本文主旨在於旗人面對文科舉的運用，且繙譯科考已有專文論述，[8]故在此不予討論。

二、應試：科甲旗人的出現

早在入關以前，滿洲統治者即曾舉辦考試，通過者或免徭役、或賜舉人、生員頭銜，但未成定制，且內容異於傳統科舉制，只能稱作模仿科舉的選才考試。[9]入關後的順治二年(1645)，清朝宣布恢復科舉，[10]真正施行繼承自漢文化的科舉制度，並持續到光緒三十一年(1905)方廢止。[11]然滿洲統治者關於是否允許旗人投身舉業的態度，在入關後的數十年間均搖擺不定。清政府最早允許旗人參加科舉，是在順治八年(1651)宣布：「滿洲、蒙古、漢軍生員開科鄉試，於順天舉人定額外，取中滿洲

[8] 葉高樹，〈清朝的繙譯科考制度〉，《臺灣師大歷史學報》，49（臺北，2013.6），頁 47-136。葉高樹，〈繙譯考試與清朝旗人的入仕選擇〉，《臺灣師大歷史學報》，52（臺北，2014.12），頁 95-132。

[9] 天聰三年(1629)，滿洲統治者從明諸生中考取二百人，考中者賞緞布、免差徭；後於崇德三年(1638)、六年(1641)的考試中，賜考取者生員、舉人頭銜、賞官品，然未舉辦進士考試，且無鄉試之名。至於天聰八年(1634)的考試，論者以為項目以滿書、蒙書、漢書為主，是賜與舉人頭銜的語文測驗。參見清・鄂爾泰等奉敕修，《清實錄・太宗文皇帝實錄》，卷 5，頁 73，天聰三年九月壬午條；同書，卷 18，頁 239，天聰八年四月辛巳條；同書，卷 43，頁 567-567，崇德三年八月戊申條；同書，卷 56，頁 751，崇德六年六月辛亥條；同書，卷 56，頁 754，崇德六年七月戊寅條；葉高樹，〈清朝的繙譯科考制度〉，頁 51-52。

[10] 「順治二年秋初行鄉試，三年春初行會試，嗣後定以子午卯酉年秋八月舉鄉試，丑未辰戌年春二月舉會試」，參見清・伊桑阿等纂修，《大清會典（康熙朝）》，收入《近代中國史料叢刊・三編》（臺北：文海出版社，1992），第 72 輯，冊 717，卷 52，〈禮部・貢舉一・科舉通例〉，頁 1a。

[11] 清・世續等奉敕修，《清實錄・德宗景皇帝實錄》（北京：中華書局，1987），卷 548，頁 273-273，光緒三十一年八月甲辰條。

五十名、蒙古二十名、漢軍五十名」，[12]隔年會試錄取旗人 85 名。[13]

此次考試中，八旗滿洲、蒙古考試內容，為繙譯或滿文寫作的測驗，與漢人、漢軍不同。[14]因此，放榜時將「滿洲、蒙古生員、筆帖式同列一榜」、「漢軍生員、筆帖式、漢生員、監生同一榜」，亦即採行了滿、漢分榜的制度。[15]然而，旗人應試的辦法只持續至順治十四年(1657)，便因擔心「八旗人民崇尚文學，怠於武事」而停止，[16]實際只施行了兩科。

康熙二年(1663)時，朝廷以「八旗生員停止科舉，無上進之階」為由，特設八旗鄉試，[17]但只開此一科，之後未繼續施

---

[12] 後於順治十三年(1656)裁減鄉試中額為滿洲 40 名，蒙古 15 名，漢軍 40 名，參見清・伊桑阿等纂修，《大清會典（康熙朝）》，收入《近代中國史料叢刊・三編》，第 72 輯，冊 717，卷 53，〈禮部・貢舉二・鄉試〉，頁 8b-9a。另旗人生員中式名額為滿洲 120 名、蒙古 60 名、漢軍 120 名，參見清・鄂爾泰等奉敕修，《清實錄・世祖章皇帝實錄》（北京：中華書局，1985），卷 57，頁 457，順治八年六月壬申條。

[13] 會試原訂取中滿洲 25、蒙古 10、漢軍 25 名，但順治九年(1652)恩詔各加額 10、5、10 名。參見清・伊桑阿等纂修，《大清會典（康熙朝）》，收入《近代中國史料叢刊・三編》，第 72 輯，冊 717，卷 53，〈禮部・貢舉二・會試〉，頁 15a。

[14] 漢人文鄉試共分三場，內容以四書、經、判、策為主，篇數各有規定，八旗滿洲、蒙古則試繙譯漢文、或滿文寫作各一篇；八旗漢軍考試內容與漢人相同，只在首次鄉試時篇數略減，並聲明在第三科後內容將與漢人文鄉試相同。參見清・伊桑阿等纂修，《大清會典（康熙朝）》，收入《近代中國史料叢刊・三編》，第 72 輯，冊 717，卷 52，〈禮部・貢舉一・科舉通例〉，頁 2516；同書，卷 53，〈禮部・貢舉二・鄉試〉，頁 8b-9a。

[15] 參見清・伊桑阿等纂修，《大清會典（康熙朝）》，收入《近代中國史料叢刊・三編》，第 72 輯，冊 717，卷 53，〈禮部・貢舉二・鄉試〉，頁 8b-9a。

[16] 上諭：「我國家創興，全賴治兵有法，今見八旗人民崇尚文學，怠於武事，以披甲為畏途，遂至軍旅較前迥別，詳究其源皆由限年定額考取生童鄉會兩試即得陞用，及各部院衙門考取他赤哈哈番及筆帖式哈番，徒以文字由白身優擢六七品官，得邀俸祿，未幾又陞副理事主事等官得免從軍之役，各部院衙門一事數官，以致員缺居多無不樂於部用，今後限年定額考取生童鄉會兩試，俱著停止。」參見清・鄂爾泰等奉敕修，《清實錄・世祖章皇帝實錄》，卷 106，頁 831-832，順治十四年正月甲子條。葉高樹認為此時停止旗人科舉之舉措，是清朝從順治十一年(1654)始，捍衛滿洲傳統風暴中的一環，故包括宗學、旗人的部院衙門考試等，與漢字諸書教育相關者均受波及，參見葉高樹，〈清朝的旗學與旗人的繙譯教育〉，《臺灣師大歷史學報》，48（臺北，2012.12），頁 108-109。

[17] 此科共中式舉人滿洲 21 名、蒙古 17 名、漢軍 118 名，參見清・鄂爾泰等修，

行；並宣布「中式者送交吏部錄用，不中者革去生員」，[18]隔年亦未開設會試，故為一種仿行科舉規制，實為部院衙門的任官考試。康熙六年(1667)，因御史徐誥武(生卒年不詳)的建議，宣布允許旗人參與科舉考試，[19]值得注意的是，此時雖言「復設」八旗科舉，[20]但實際與順治朝的規定大不相同。首先，下令「滿洲、蒙古、漢軍與漢人同場一例考試」，[21]又將參與科舉的八旗滿洲、蒙古設為「滿字號」，漢軍設「合字號」，[22]係在漢人中式名額外，增加滿、合字號中式額數，但中式後與漢人同榜，等於廢止滿、漢分榜。新的措施於康熙八年(1669)正式實施，[23]並在隔年允許旗人參加會試。[24]然後因三藩戰爭爆發，國家正值用武之際，若旗人過於熱中科場，勢將導致武備廢弛，於是自康熙十五年(1676)丙辰科會試後停辦，[25]使旗人的應試資格再次中止。

《八旗通志・初集》（長春：東北師範大學出版社，1985），卷 126，〈選舉表二〉，頁 3428。

18 參見清・伊桑阿等纂修，《大清會典（康熙朝）》，收入《近代中國史料叢刊・三編》，第 72 輯，冊 717，卷 53，〈禮部・貢舉二・鄉試〉，頁 9a-9b。

19 清・馬齊等奉敕修，《清實錄・聖祖仁皇帝實錄》（北京：中華書局，1985），卷 24，頁 328，康熙六年九月丁未條。

20 參見清・鄂爾泰等修，《八旗通志・初集》，卷 126，〈選舉表二〉，頁 3429。

21 清・馬齊等奉敕修，《清實錄・聖祖仁皇帝實錄》，卷 24，頁 328，康熙六年九月丁未條。

22 參見清・鄂爾泰等修，《八旗通志・初集》，卷 126，〈選舉表二〉，頁 3429。

23 參見清・伊桑阿等纂修，《大清會典（康熙朝）》，收入《近代中國史料叢刊・三編》，第 72 輯，冊 717，卷 53，〈禮部・貢舉二・鄉試〉，頁 9b。

24「定滿洲、蒙古、漢軍鄉會試額數。順天鄉試滿洲蒙古編滿字號，共取中十名，漢軍編合字號，共取中十名，會試滿字號取中四名，合字號取中四名。」參見清・馬齊等奉敕修，《清實錄・聖祖仁皇帝實錄》，卷 30，頁 414，康熙八年七月乙卯條。

25「議政王大臣等議覆，禮部疏言，朝廷定鼎以來，雖文武並用，然八旗子弟，尤以武備為急，恐專心習文，以致武備懈弛。今值用武之際，若令八旗子弟仍與漢人一體考試，必偏尚讀書，有悮訓練，見今已將每佐領下子弟一名准在監肄業，亦自足用，除見在生員舉人進士錄用外，嗣後請將旗下子弟，考試生員舉人進士暫令停止。應如所請。從之」參見清・馬齊等奉敕修，《清實錄・聖祖仁皇帝實錄》，卷 63，頁 816，康熙十五年十月己巳條。

然滿洲統治者既視旗人為「國家根本」，[26]藉由擴展入仕之階解決人數繁衍的問題，自是刻不容緩，至康熙二十六年朝廷宣布八旗准同漢人一體考試，[27]旗人參與文科舉的制度終真正確立。該考試相關的規定如下，一、規定旗人應試前必須驗看馬步箭；[28]二、旗人考試內容與漢人相同；三、在原本漢人中額外，另設旗人之滿洲、蒙古「滿字號」、漢軍「合字號」，[29]。希冀藉由驗看馬步箭的門檻，保持滿洲文武並重的特質；旗、漢同試，但額外設置字號的辦法則同時慮及民族平衡與旗人權益，不難看出康熙皇帝(1654-1722，1662-1722 在位)有意解決順、康兩朝以來，對旗人參與科舉考試的疑慮，以上政策亦為後繼者所沿用，而與清朝科舉制度共存廢。

清朝以皇帝所在之京師為中心，視為旗人鄉土，故不論在京、駐防，旗人如欲應考鄉試，均需至順天府。[30]清朝每科鄉

---

[26] 清世宗諭：「八旗人員乃國家根本，所關甚重。」參見清・鄂爾泰等奉敕修，《清實錄・世宗憲皇帝實錄》（北京：中華書局，1985），卷 60，頁 923，雍正五年八月庚戌條。

[27] 「（康熙）二十六年恩詔，八旗准同漢人一體鄉試，遵旨議定。」參見清・允祿等監修，《大清會典（雍正朝）》，收入《近代中國史料叢刊・三編》，第 77 輯，冊 772，卷 73，〈禮部・貢舉二・鄉試通例〉，頁 22a。實至康熙二十九年(1690)才真正施行，原因是二十六年宣布施行後認為「今歲鄉試為期以迫，應暫行停止。」參見中國第一歷史檔案館整理，《康熙起居注》（北京：中華書局，2009），冊 22，頁 10912，康熙二十六年五月十六日癸巳條。

[28] 先是兵科給事中能泰建議考取滿洲生員宜試騎射，後康熙帝諭曰：「滿洲以騎射為本，學習騎射，原不妨礙讀書，考試舉人進士，亦令騎射，倘將不堪者取中，監箭官及中式人一并從重治罪。」參見清・馬齊等奉敕修，《清實錄・聖祖仁皇帝實錄》，卷 140，頁 533，康熙二十八年三月丁亥條。又乾隆九年將馬步箭考試規定進一步制度化，規定必在兵部測驗騎射後登記的「箭冊」，以及學政考試等錄科之「科冊」上均有名字方能入場。參見清・慶桂等奉敕修，《清實錄・高宗純皇帝實錄》（北京：中華書局，1985），卷 227，頁 930，乾隆九年十月丙寅條。

[29] 「遵旨議定，於直隸舉人額外，照舊例，滿洲蒙古取中舉人十名，漢軍應減五名，止取中五名。」參見清・允祿等監修，《大清會典（雍正朝）》，收入《近代中國史料叢刊・三編》，第 77 輯，冊 772，卷 73，〈禮部・貢舉二・鄉試通例〉，頁 22a。

[30] 雍正朝時曾有大臣建議開放駐防旗人就地考試，但皇帝認為國家設立駐防兵

試應試與錄取人數均有規定，順治二年開科時，規定每舉人一名，能錄送 30 名，[31]後增至 100 名，[32]最後於乾隆九年(1744)確定，大省每舉人 1 名，錄送應考生 80 名，中省 60 名、小省 50 名，順天鄉試除直隸生員「貝字號」錄送 60 名外，其他則錄送 80 名。[33]在乾隆九年降低錄送比例的同時，也減少錄取額數，[34]其中順天鄉試錄取額數如表 1。自此，清朝順天鄉試之錄送比例與額數，除特別恩詔廣額外，便無太大變化。[35]

丁，是「令其持戈荷戟，備干城之選，非令其攻習文墨。」且「弁兵之子弟有能讀書向學，通曉文藝者，原聽其來京應試」，主張「駐防之地不過出差之所，京師乃其鄉土」，否決了大臣的提議。後於嘉慶十八年(1813)清政府宣布准許駐防旗人就近應考鄉試，但因駐防旗人各省鄉試僅規定 10 名取中 1 名，無定額，且人數較少，故本文僅討論順天鄉試之錄取額數。參見清．鄂爾泰等奉敕修，《清實錄．世宗憲皇帝實錄》，卷 121，頁 592-593，雍正十年七月乙酉條。清．曹振鏞等奉敕撰，《清實錄．仁宗睿皇帝實錄》，（北京：中華書局，1986），卷 270，頁 664-665，嘉慶十八年六月癸亥條。

[31] 參見清．伊桑阿等纂修，《大清會典（康熙朝）》，收入《近代中國史料叢刊．三編》，第 72 輯，冊 717，卷 52，〈禮部．貢舉一．科舉通例〉，頁 2a。

[32] 參見中國第一歷史檔案館編，《乾隆朝上諭檔》（北京：檔案出版社，1991），冊 1，乾隆七年二月十三日，內閣奉上諭，頁 761。

[33] 根據鄉試錄取額數，將額數較多者劃分為大省，故直隸、江南、浙江、江西、湖廣、福建為大省；山東、河南、山西、廣東、四川、陝西為中省；廣西、雲南、貴州為小省。直隸生員貝字號原為大省，後於乾隆十二年(1747)改為中省。參見清．慶桂等奉敕修，《清實錄．高宗純皇帝實錄》，卷 222，頁 867-868，乾隆九年八月乙卯條；清．慶桂等奉敕修，《清實錄．高宗純皇帝實錄》，卷 286，頁 732，乾隆十二年三月戊戌條。

[34] 乾隆皇帝(1711-1799，1736-1795 在位)降低錄送鄉試比例與減額是源於該年發生順天鄉試考試夾帶、白卷、不完卷、文不對題者人數高達 686 人的事件，皇帝認為此為濫收所導致，且解額過多，舉人分發任官之路壅塞，故要求順天等直省鄉試中額以 10 分之 1 的比例裁減。參見中國第一歷史檔案館編，《乾隆朝上諭檔》，乾隆九年八月十六日，內閣奉上諭，頁 931-933。

[35] 這一點從實際中式結果可證實：嘉慶二十一年(1816)丙子科與道光二十四年(1844)甲辰科順天鄉試，總數分別為 238 與 239 名，當中滿字號均為 28 名，合字號則是 12 與 13 名。可知即使是在駐防鄉試已經開放的嘉慶二十一年，以及規定駐防旗人參加各省鄉試必須改考繙譯的道光二十四年，旗人中式人數與乾隆朝規定仍十分相近。參見《嘉慶二十一年丙子科順天鄉試錄》、《道光二十四年甲辰科順天鄉試》，收入中國第一歷史檔案館等編，《清代戶口．宗譜．鄉試錄．會試錄等項檔案縮微膠捲》（北京：中國第一歷史檔案館，1987）。

表 1 乾隆九年順天鄉試錄取額數

字號	錄 取 額 數
滿	27（加五經為 28）
合	12（加五經為 13）
南皿	36（加五經為 38）
北皿	36（加五經為 38）
中皿	二十卷取中一名
貝	97（加五經為 102）
旦	4
夾	4
合計	216（加五經為 227）

說明：

1. 滿、合字號為旗人的生員、監生、筆帖式，前者為滿洲、蒙古，後者為漢軍。漢人方面，皿字號為監生，又依照地區分南、北、中皿；貝字號指直隸省生員；旦字號指宣化府屬生員；夾字號指奉天府學生員；原有長蘆等處商竈籍鹵字號，因人數過少，於乾隆十八年(1753)取消，故不計。乾隆九年後旦、夾字號略有增減，然人數少，故包括乾隆四十四年(1779) 新增承德府承字號 1 名等變化均不計。
2. 五經額數是臨時酌文取中，未必每科均有。
3. 中皿字號未設定額，故不計入「合計」。

資料來源：

清・托津等奉敕纂，《欽定大清會典事例（嘉慶朝）》，收入《近代中國史料叢刊・三編》，第 65-70 輯，第 641-700 冊，臺北：文海出版社，1991。

清・慶桂等奉敕修，《清實錄・高宗純皇帝實錄》，北京：中華書局，1985。

以此推算，乾隆九年後，滿、合、南北中皿、旦、夾等字號應考總人數最高可達到 10000 名、貝字號 6120 名，[36]然如乾隆四十二年(1777)丁酉科順天鄉試實際應考人數約僅 2600～3000 名，貝字號 5000 餘名，[37]應考人數低於規定額數，故在錄取額不變的情況下，實際錄取率便相對提高。[38]至清晚期順天鄉試應考人數有明顯提升，如同治三年(1864)應考人數達 1 萬多人，[39]才接近乾隆九年定制時預設的人數。由此可知，乾隆九年設定順天鄉試（貝字號除外）應考人數時，是較優惠的待遇，又宣告「現應試人數雖屬無多，亦應令該學臣及監臣等嚴加考試，務取三場精通，方准錄送，即應試人多，亦不得過八十名之額」，[40]即使日後應試人數增加，不會因此將科舉的窄

---

36 順天鄉試為 80 取 1，以加上五經中額人數計算，不計「中皿」人數，應考人數為（28+13+38＋38＋4＋4）×80＝10000；貝字號為 60 取一，應考人數為 102×60＝6120。

37 「每科試卷數，滿字、合字、夾字、旦字及中皿、北皿約一千七、八百至二千餘，……南皿卷約九百至一千餘，……其貝字號卷約五千餘。」清・慶桂等奉敕修，《清實錄・高宗純皇帝實錄》，卷 1035，頁 871，乾隆四十二年六月庚申條。又乾隆十三年張廷玉在設定繙譯科考額數時，亦同時提到當時滿洲、蒙古、漢軍應考文鄉試人數大約 5、600 名，與規定錄科額數 3280 名（41×80），亦相距甚遠。參見清・鐵保等敕撰，《欽定八旗通志》，收入《景印文淵閣四庫全書》(臺北：臺灣商務印書館，1983)，冊 665，卷 103，〈選舉志二・八旗繙譯科武科緣起〉，頁 15b-17b。

38 張杰以八旗滿洲生員每科錄取 60 名，順天鄉試滿字號（八旗滿洲、蒙古生員）中額為 27 名，故認為八旗滿洲鄉試的錄取率約為 1/3（27÷60），相較於順天鄉試規定錄送比例的 80 取 1，前者容易許多。然而八旗生員每科的額數並不等於參與鄉試的應考生人數，此外順天鄉試錄送比例的 80 取 1，實已包含八旗滿洲、蒙古、漢軍，無法以此比例較之。參見張杰，〈清代科舉制度對滿洲文化發展的多元影響〉，《學習與探索》，2004：4，（哈爾濱，2004.4），頁 131。

39 「本年應試士子已交納試卷一萬六百套。」參見清・寶鋆等奉敕修，《清實錄・穆宗毅皇帝實錄》（北京：中華書局，1987），卷 111，頁 462-463，同治三年八月甲戌條。

40 參見清・慶桂等奉敕修，《清實錄・高宗純皇帝實錄》，卷 222，867，乾隆九年八月乙卯條。

門拓寬。[41]即使如此，同為大省，如江南（中額 114 名），與順天府（除貝字號外中額 119 名），兩者錄取人數接近，但前者應考人數約 16000～17000 人，[42]後者則約 10600 人，[43]雖有江南本身文風鼎盛，舉子人數本較多的因素影響，然在大省中，順天府因應考人數較少，錄取率較高的情況仍不容忽視，隨之使得參與的旗人亦佔得優勢。[44]

至於旗人應考會試，順治九年(1652)壬辰科、十二年乙未科因滿漢分榜，故旗人佔總進士人數比例為清朝最高。迨旗人應試規定確立後，旗人佔進士總數比例最高是在道光十六年(1836)丙申恩科的 11%，該朝也是清朝旗人進士比例較高的時期。[45]整體而言，清朝旗人進士比例平均值為 5%，高於旗丁佔

---

41 清朝政府設定特殊舉子字號，後因應考人數增加，進而增額並為定例的例子並不少見，如承德府承字號、臺灣府學閩籍生員至字號，便分別於嘉慶十一年、十二年增額。然滿合字號則未增額。參見清．托津等奉敕纂，《欽定大清會典事例（嘉慶朝）》，收入《近代中國史料叢刊．三編》（臺北：文海出版社，1991），第 67 輯，第 663 冊，卷 280，〈禮部．貢舉．鄉試中額〉，頁 28b-29b。

42 「江南人文甲於各省，每鄉試，合江寧、江蘇、安徽三布政司所屬士子，恆萬六七千人，入鎖院時，唱名授卷，竭一晝夜之力未能竣事，有擁擠顛仆者。」此為描述林則徐擔任兩江總督時期，即道光十九年(1839)時江南考場情形。參見清．徐珂編撰，《清稗類鈔．考試類》（北京：中華書局，1984），〈林文忠公創設鄉試信礮〉，頁 650。

43 此處受限資料，只能以道光朝江南數據與同治朝順天府數據相較。參見清．寶鋆等奉敕修，《清實錄．穆宗毅皇帝實錄》，卷 111，頁 462-463，同治三年八月甲戌條。

44 明代洪熙朝開始實施鄉試配額制時，順天鄉試額數僅與江西省相等，後至景泰朝與應天府齊為全國鄉試額數最高者，直至明亡，此外，順天府額數增加的趨勢高於應天府，且從頻繁發生的冒籍事件亦能反映順天鄉試較應天中式容易的實況。清朝順天府額數與江南等同為大省，或因延續明朝制度所致。關於明朝鄉試配額制中順天府的變化，參見林麗月，〈科場競爭與天下之「公」：明代科舉區域配額問題的一些考察〉，《國立臺灣師範大學歷史學報》，20（臺北，1992.6），頁 8-10。

45 以往規定旗人鄉試必須到順天府應考，但嘉慶皇帝(1760-1820，1796-1820 在位)以路途遙遠，以致駐防旗人「裹足不前」為由，宣布「各省駐防兵丁子弟，准其於本省就近考試入學」，同時亦開放駐防旗人就近應生員考試，此措施於嘉慶二十年(1816)先行開放生員考試，隔年開放鄉試。或因此使旗人投身科

全國總人丁的比例。[46]以上清代歷科進士中旗人人數比例見圖 1。

圖 1 清朝進士中旗人所佔百分比變化圖

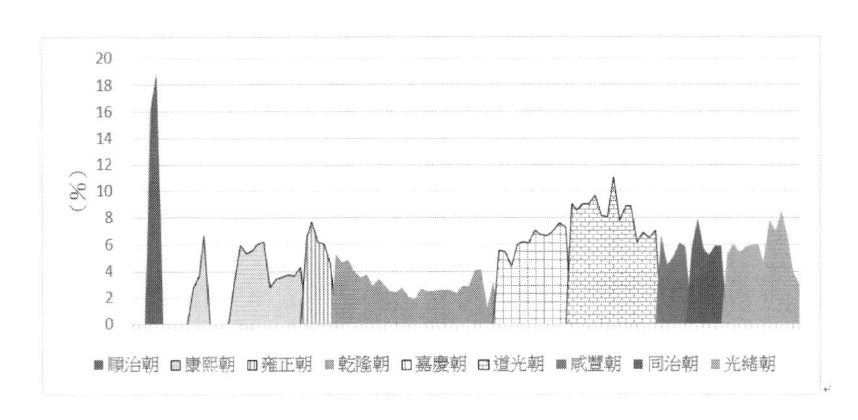

說明：

康熙三十九年(1700)丁丑科王允猷、李延塏、陳還、高其偉 4 人籍貫載「奉天府人」，經查對《八旗通志・初集・選舉表》，知實為八旗漢軍。

資料來源：

江慶柏編著，《清朝進士題名錄》，北京：中華書局，2007。清・鄂爾泰等奉敕修，《八旗通志・初集》，長春：東北師範大學出版社，1986。

舉人數增加，增加旗人進士比例。參見清・曹振鏞等奉敕撰，《清實錄・仁宗睿皇帝實錄》，卷 270，頁 664-665，嘉慶十八年六月癸亥條。

46 根據雍正朝調查，順治五年(1648)八旗丁數為 346931 丁，雍正二年為 657627 丁，又順治八年(1651)全國丁數為 10633326 丁，雍正二年為 25510115 丁，故八旗丁數各約佔全國丁數的 3%、2%。由於清朝全國總丁數資料有限，而順治八年為清朝首次編審黃冊的開端；雍正二年則正可與同年旗丁數對應，故以此資料統計。又丁數雖在明中期以後轉為一種賦稅單位，但在缺乏具體丁數資料時，仍可提供參考，關於明清時期「丁」的性質，請參見何炳棣著，葛劍雄譯，《明初以降人口及其相關問題：1368～1953》（北京：生活・讀書・新知三聯書店，2000），頁 28-41。以上參見清・鄂爾泰等奉敕修，《清實錄・世祖章皇帝實錄》，卷 61，頁 483，順治八年十二月辛未條；清・鄂爾泰等奉敕修，《清實錄•世宗憲皇帝實錄》，卷 27，頁 421，雍正二年十二月己亥條；中國第一歷史檔案館，〈清初編審八旗男丁滿文檔案選譯〉，《歷史檔案》，1988：4（北京，1988.11），頁 11，「總理戶部事務允祥等為報順康年間編審八旗男丁事奏本，雍正元年五月初四日」、頁 13，「總理戶部事務允祥等為編審八旗男丁數目事奏本，雍正二年十一月初七日」。

研究者認為，宋、元以來科舉配額的區域劃分越來越細，而明代的南、北分卷制度更宣示政府希望藉由進士名額的地域均衡，達到政治勢力的合理分配，清朝雖然在康熙五十一年(1712)時取消南、北分卷，但隨之開啟的分省取中制度，顯示了明清考試制度逐漸捨棄自由競爭，而堅持公平分配的原則。[47] 清朝滿合字號的設置自是維持旗人入仕優勢的手段，然從其他各省設定各種字號可看出，[48]亦是希望加強科舉表現相對弱勢的區域與特殊身分者中式的人數，取得區域與族群間的平衡，仍是明代以來「公平分配」原則的展現。因此，字號制度並不單純僅為旗人設計，而是清朝統一制定的科舉制度內容。然而從錄取率、進士人數比例等實際狀況中，仍可窺見旗人的些許優勢，可見滿洲統治者仍針對統治民族，做出了細緻的權衡與調整。

---

[47] 參見林麗月，〈科場競爭與天下之「公」：明代科舉區域配額問題的一些考察〉，頁 46、57。清朝原於順治時規定，會試依照省份劃分南、北、中卷，各自有規定的中式額數，後於康熙五十一年宣布：「嗣後會試不豫定額數，亦不必編南北官民等字號，惟按直隸各省及滿洲蒙古漢軍分編字號，印名卷面，於入場時，禮部將直省舉人各實數奏聞，酌定省分大小人材多寡欽定中額，行文主考就各省內擇其文佳者，照數取中」，是為分省取中制。參見清．伊桑阿等纂修，《大清會典（康熙朝）》，收入《近代中國史料叢刊．三編》，第 72 輯，冊 717，卷 53，〈禮部．貢舉二．會試〉，頁 9b-10a；清．乾隆十二年奉敕撰，《欽定大清會典則例（乾隆朝）》，收入《景印文淵閣四庫全書》（臺北：臺灣商務印書館，1983），冊 622，卷 67，〈禮部．儀制清吏司．貢舉下〉，頁 36a-36b。

[48] 清朝針對偏遠地方士子或是該省少數族群設定若干特殊身分舉子的字號，如順天鄉試的直隸生員貝字號、監生皿字號、宣鎮旦字號，順天以外各省如臺灣臺字號、苗生田字號、陝西寧夏丁字號、甘肅聿字號等，參見清．崑岡等修，《大清會典事例（光緒朝）》，收入《續修四庫全書》（上海：上海古籍出版社，1997），冊 803，卷 346，〈禮部．貢舉．外簾事宜〉，頁 1b-2b。

三、除授：科甲旗人的入仕

「科甲」一詞包括進士、舉人，為通過科舉考試者之泛稱，[49]在金榜題名後，各依功名等第除授，是否能於起跑點掌握先機，自然與個人能力、考試成績相關，然其中是否存在旗、漢差異，亦是值得關注的焦點。因現存《鄉試錄》有限，無法掌握完整八旗舉人名錄，且舉人出身官員仕途大多不可考，故僅以文進士為主要探討對象。

殿試後，依據覆試、殿試、朝考的成績分等第後除授，大致分為「翰林院庶吉士」、「分部學習」、[50]「知縣即用」、「歸班銓選」等途，[51]旗、漢進士規定大致相同。[52]各途中，「以

---

[49] 清朝官書「科甲除授」一條，便包含文進士、文舉人、繙譯進士、繙譯舉人除官的相關規定，參見清·允祹等奉敕撰，《欽定大清會典則例（乾隆朝）》，收入《景印文淵閣四庫全書》，冊 620，卷 4，〈吏部·文選清吏司·月選一〉，頁 2a-5a。

[50] 「分部學習」指分發各部院為額外主事，學習辦事，待學習期結束觀察表現後決定是否實授，不合格者，或改授小京官，或歸班銓選。參見清·允祿等監修，《大清會典（雍正朝）》，收入《近代中國史料叢刊·三編》，第 77 輯，冊 762，卷 11，〈吏部九·吏部文選司·漢缺除選〉，頁 3a；清·福格，《聽雨叢談》，卷 6，〈庶吉士散館〉，頁 135。

[51] 朝考本為選庶吉士而設，然清朝或先引見再朝考，或由大臣保舉後再行考試，制度多有更動，至乾隆朝方確定殿試後先朝考後引見，取消大臣保舉，後於道光朝再將朝考結果細分為一、二、三等，結合殿試、覆試成績後分發。以上參見商衍鎏，《清代科舉考試述略》，頁 162。

[52] 此外進士亦有除授為小京官、教習等，各有滿、漢缺之分，然每科授職例少。又有分發為內閣中書（從七品）者，旗、漢選用規定不同。漢缺規定：凡進士、舉人（原有貢生，後取消）均可報考內閣中書，後於乾隆中期取消考試，直接在每科會試後從落第舉人與朝考入取但未經授職的新進士中，以科舉墨卷選用。然五十五年(1790)時，因「實未平允」，故改在每科進士引見授職後從歸班進士中選用，並沿用至清末。因此嚴格來說新科進士除授官職中無內閣中書一項，而是從歸班進士中選取，但或許因同樣從新科進士中選取，為

翰林為榮選，次亦望為六部曹郎，以升途較外吏捷耳」。[53]翰林院庶吉士被視為晉升的重要跳板，故觀察每科庶吉士中旗、漢人數比例，可對清朝官方科甲除授的標準有進一步的了解。由於清朝維持三年舉辦一次科舉的原則（除去恩科），故以 3 的倍數 9 年為一週期，共 24 科，觀察清朝旗、漢進士除授庶吉士的情形如表 2。[54]

省去一道步驟，便在引見時一併選取，使清朝許多科仍有記載分發「以內閣中書用」一項。此外藉由考試選取中書的辦法，仍於內閣中書人員不足時，不定期舉行，讓進士、舉人報名參加。另外一方面，旗缺的選用辦法則相對複雜，乾隆十三年(1748)、十五年(1750)規定：將內閣中書分為旗缺與八旗公缺，從各旗內貼寫中書與文舉人、繙譯舉人和舉人出身的筆帖式選用，然而嘉慶十一年(1806)時，卻將滿洲、蒙古、漢軍進士以內閣中書用。又商衍鎏提及進士選為內閣中書者，是因年少不能任主事，但又不宜外任者，人數也較少，每科約三、四人，道出除授為內閣中書的潛規則。以上參見清．允祹等奉敕撰，《欽定大清會典則例（乾隆朝）》，收入《景印文淵閣四庫全書》，冊 620，卷 4，〈吏部．文選清吏司．月選〉，頁 4a-4b；同書，收入《景印文淵閣四庫全書》，冊 620，卷 7，〈吏部．文選清吏司．旗員遴選．內閣中書〉，頁 7b-10a；清．托津等奉敕纂，《欽定大清會典事例（嘉慶朝）》，收入《近代中國史料叢刊．三編》，第 65 輯，冊 643，卷 14，〈吏部．滿洲官員品級〉，頁 19b；同書同卷，〈吏部．蒙古官員品級〉，頁 26a；同書同卷，〈吏部．漢軍官員品級〉，頁 28b；同書，收入《近代中國史料叢刊．三編》，第 65 輯，冊 643，卷 15，〈吏部．漢官品級〉，頁 20a-20b；同書，收入《近代中國史料叢刊．三編》，第 65 輯，冊 644，卷 30，〈吏部．滿洲銓選．科甲除授〉，頁 5b；同書，收入《近代中國史料叢刊．三編》，第 65 輯，冊 645，卷 42，〈吏部．滿洲遴選．內閣侍讀中書員缺〉，頁 14a-16b；同書，收入《近代中國史料叢刊．三編》，第 65 輯，冊 646，卷 44，〈吏部．漢員遴選．內閣中書〉，頁 14b-17b；同書，收入《近代中國史料叢刊．三編》，第 65 輯，冊 647，卷 56，〈吏部．除授．進士授職〉，頁 2a-2b。商衍鎏，《清代科舉考試述略》，頁 163。

[53] 清．陳康祺，《郎潛紀聞》（北京：中華書局，1984），卷 8，〈作官須從牧令出身〉，頁 165。

[54] 由於清朝每科庶吉士資料均能掌握，面對如此龐大完整的資料時，為免將大量的時間花費在統計上，本文採取「隨機抽樣」法，亦即指每一科資料都有相等的機會被抽樣，同時亦能囊括所有皇帝在位時期。關於隨機抽樣在史學上的應用，請參見科瓦利琴科主編，聞一、蕭吟譯，《計量歷史學》（成都：四川人民出版社，1987），頁 38-40。

表 2 清朝庶吉士旗、漢比例表

人數、百分比 / 科別	旗人進士			漢人進士			庶吉士	
	總數	庶吉士	百分比	總數	庶吉士	百分比	旗（%）	漢（%）
康熙三十年辛未科（1691）	5	3	60	149	30	20	9	91
康熙三十九年庚辰科（1700）	17	6	35	285	37	13	14	86
康熙四十八年己丑科（1709）	8	2	25	281	62	22	3	97
康熙五十七年戊戌科（1718）	6	3	50	156	52	33	5	95
雍正五年丁未科（1727）	14	4	29	209	31	15	11	89
乾隆元年丙辰科（1736）	18	5	28	323	59	18	8	92
乾隆十年乙丑科（1745）	11	6	55	299	44	15	12	88
乾隆十九年甲戌科（1754）	7	3	43	231	32	14	9	91
乾隆二十八年癸未科（1763）	4	2	50	181	27	15	7	93
乾隆三十七年壬辰科（1772）	4	2	50	155	31	20	6	94
乾隆四十六年辛丑科（1781）	4	2	50	162	30	19	6	94
乾隆五十五年庚戌恩科（1790）	4	4	100	90	20	22	17	83
嘉慶四年己未科（1799）	12	4	33	205	66	32	6	94
嘉慶十三年戊辰科（1808）	16	5	31	242	70	29	7	93
嘉慶二十二年丁丑科（1817）	18	6	33	234	65	28	8	92
道光六年丙戌科（1826）	24	8	33	259	39	15	17	83
道光十五年乙未科（1835）	22	7	32	247	47	19	13	87
道光二十四年甲辰科（1844）	13	4	31	193	40	21	9	91
咸豐三年癸丑科（1853）	10	2	20	209	63	30	3	97
同治元年壬戌科（1862）	11	4	36	179	45	25	8	92
同治十年辛未科（1871）	19	5	26	301	85	28	6	94
光緒六年庚辰科（1880）	18	7	39	309	82	27	8	92
光緒十五年己丑科（1889）	18	9	50	275	78	28	10	90
光緒二十四年戊戌科（1898）	23	7	30	320	75	23	9	91

說明：

1. 清朝雖自順治朝開始便允許旗人參與科舉考試，然時廢時興，至康熙二十六年方正式宣布旗人參與文鄉試，二十九年實施，並持續至清末，故本表以旗人參與會試的正式開端—康熙三十年為始。
2. 由於一甲三名進士固定授職翰林院修撰、編修，故每科一甲均未列入計算。
3. 有時進士會因個人因素而未參與當科除授，乃延至下科或下下科，致使每科除授庶吉士名單會存在非當科進士者。如雍正五年周紹龍（實為元年癸卯恩科進士）、周龍官（實為二年甲辰科進士），乾隆十年馮秉彝（實為二年丁巳恩科進士）等，由於本表為計算每科進士中庶吉士比例，故此情形均不計入。

4.乾隆五十五年原為正科，因乾隆帝八旬萬壽改為恩科。

資料來源：

《清實錄》，北京：中華書局，1986－1987。

江慶柏編著，《清朝進士題名錄》，北京：中華書局，2007。

圖 2 清朝旗、漢進士除授庶吉士比例圖

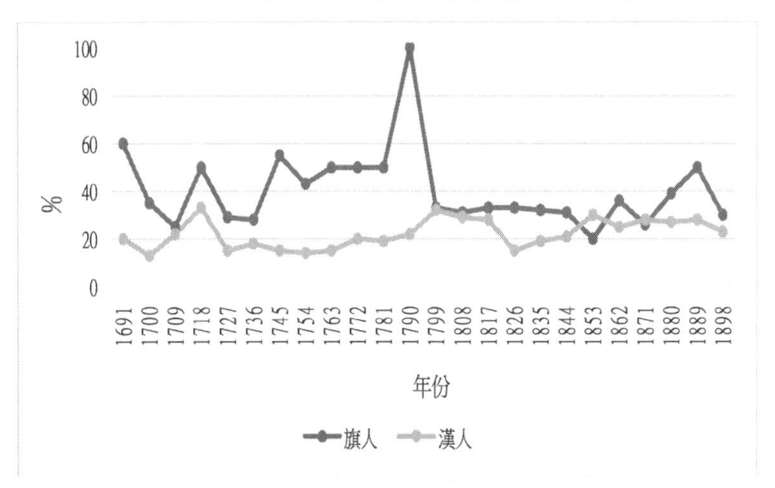

由結果可知每科庶吉士中漢人雖占多數，然而若將旗、漢分開來看，旗人被選為庶吉士的比例均高於漢人，為方便觀察，將此數據以折線圖顯示如圖 2。可發現，除咸豐三年(1853)、同治十年(1871)外，旗人進士除授庶吉士的機率均高於漢人進士。若更進一步以省籍為劃分，統計表 2 各科庶吉士之各省人數，以嘉慶元年(1796)為分界，分為清前期與清中後期，[55]結果如圖 3、4。清前期因將文風鼎盛的江蘇、安徽二省劃分為江南

[55] 由於清朝省份與考區劃分多有變化，欲將資料綜合於單一圖表不易，故以江南省劃分為江蘇、安徽的嘉慶元年為分界，分為清前期與清中後期。

省，使該地區庶吉士人數比起他省高出許多；清中後期因進士人數增加，庶吉士增多，省份排行先後有些許變化。

圖 3 清前期庶吉士省籍分布人數圖

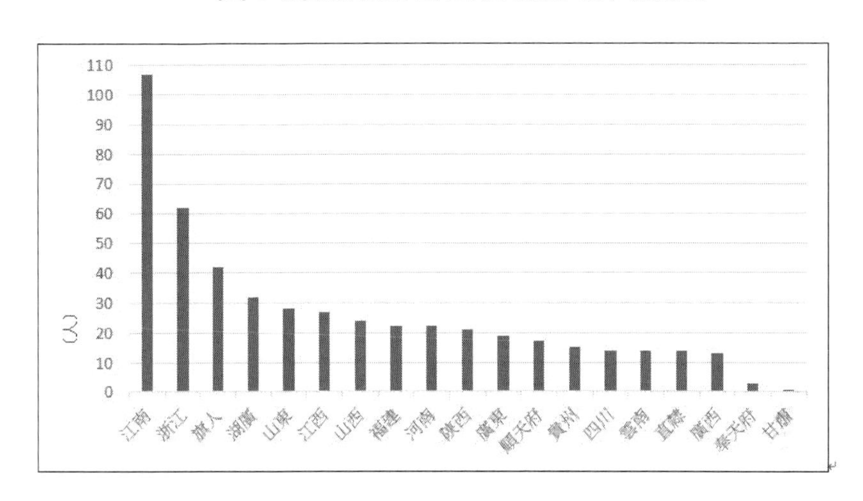

圖 4 清中後期庶吉士省籍分布人數圖

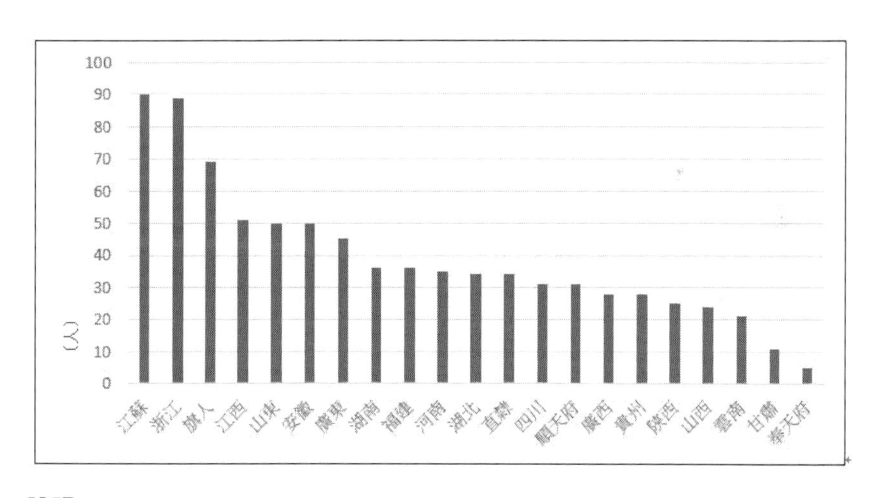

說明：

1.甘肅、直隸與奉天雖各屬陝西、順天鄉試，然另編字號，故獨立計算。

2.清朝開科省份與考區多有變化，為方便計算，如湖廣於雍正元年(1723)後分為湖南、湖北兩考區， 故在清前期將湖南、湖北併歸為湖廣，清中後期方分為二；江南於乾隆元年(1736)分為上江、下江，至嘉慶元年方有安徽、江蘇之名，故清前期均歸至江南，清中後期分為江蘇、安徽二區。

資料來源：

清・托津等奉敕纂，《欽定大清會典事例（嘉慶朝）》，收入《近代中國史料叢刊•三編》，第 65-70 輯，第 641-700 冊，臺北：文海出版社，1991。

清・崑岡等修，《大清會典事例（光緒朝）》，收入《續修四庫全書》，第 798-814 冊，上海：上海古籍出版社，1997。

江慶柏編著，《清朝進士題名錄》，北京：中華書局，2007。

進士省籍為清朝進士除授過程中，重要的分配依據。乾隆朝在進士引見時，規定「各按省分，仍依甲第前後，分班帶領，並將上次每省錄用人數詳晰開單呈覽」，目的是「使邊方遠省名次在後者，亦得均與館選也」。[56]圖 3、4 中各省均有名額的結果，亦能明顯看出此種各省均分的原則。[57]同時江浙等文風鼎盛地區的表現仍突出，而旗人亦屬名列前茅，故清朝政府雖力使各省均分，然能力、旗籍亦不無影響。

其次，旗人進士授職庶吉士比例偏高的原因，或涉及除授官職外任的與否。在進士除授各途中，除庶吉士、分部學習以及人數較少之內閣中書、小京官外，知縣即用、歸班銓選均屬外任。朝廷雖未明確規定旗人進士不授予知縣，然就《清實錄》

[56] 館選即選為庶吉士。參見清・慶桂等奉敕修，《清實錄・高宗純皇帝實錄》，卷 758，頁 352-353，乾隆三十一年四月壬子條。

[57] 早在康雍時期，各省均分便是進士分發庶吉士時的重要原則，然世宗亦提及「翰林職司文章，若以文義不及者處之則用違其才」，且「江浙人文義實較各省為優」，明白點出一方面須顧及各省均分，另一方面又須權衡庶吉士文才能力間的難處。參見清・鄂爾泰等奉敕修，《清實錄・世宗憲皇帝實錄》，卷 31，頁 476，雍正三年四月癸未條。

所載，至乾隆六年(1741)明確宣布「滿洲進士亦著照依甲第名次選用知縣」為止，[58]，進士分發為知縣即用者，乾隆元年(1736)、二年(1737)、四年(1739)共 65 人中，只有 1 名旗人，且為漢軍。[59]可知旗人進士習慣上不授予知縣，就算有，亦以漢軍為先。究其原因，或與旗員外任政策相關，乾隆皇帝(1711-1799，1736-1795 在位)曾提及：「從前八旗人員補用外任者本少，且因外任上官既眾，習套更煩，是以旗員亦多不願外擢。嗣因生齒日繁，故將外任文武員缺酌量簡用旗員」。[60]明白點出將旗員外任，是因「生齒日繁」之不得已之舉，故除授時，或因此盡量避免旗人授予知縣。又旗人中亦包含規定不外任之宗室，[61]使得旗人進士除授集中於京師各途，連帶提升了分發為庶吉士的機率。

延續應考階段的作法，滿洲統治者於科甲除授時，再度展現於制度外，細緻操作的政治手腕，在不破壞庶吉士各省均分的原則下，給予旗人適度的保障，是在同場一例考試政策下，

---

[58] 清．允祹等奉敕撰，《欽定大清會典則例（乾隆朝）》，收入《景印文淵閣四庫全書》，冊 620，卷 4，〈吏部．文選清吏司．月選．科甲除授〉，頁 2b-3a。

[59] 《清實錄》從乾隆朝起方載分發為知縣即用者，故僅能參考此三科資料，又慣例上不載歸班銓選者。參見清．慶桂等奉敕修，《清實錄．高宗純皇帝實錄》，卷 18，頁 455，乾隆元年五月丙申條；同書，卷 44，頁 777，乾隆二年六月乙丑條；清．慶桂等奉敕修，《清實錄．高宗純皇帝實錄》，卷 92，頁 418，乾隆四年五月己未條。

[60] 參見中國第一歷史檔案館編，《乾隆朝上諭檔》，乾隆二十四年二月十六日內閣奉上諭，頁 294。

[61] 「（嘉慶十三年）又定宗室文進士，除奉旨以翰林改用，其以部屬錄用者，歸於宗人府及各部額外主事上學習行走，其歸班者不選外任知縣，應以科甲小京官用。」參見清．托津等奉敕纂，《欽定大清會典事例（嘉慶朝）》，收入《近代中國史料叢刊．三編》，第 65 輯，冊 644，卷 30，〈吏部．滿洲銓選．科甲除授〉，頁 8b。

貫徹「八旗為國家根本」的具體表現。

四、升遷：科甲旗人的發展

清初旗人官僚多以血緣、家世關係等背景入仕，[62]如康熙朝 20 位旗人大學士中，只有伊桑阿(*isangga*，1638-1703，正黃旗滿洲)為科舉出身者，其餘或以廕生、或以世爵、或出身不詳但以侍衛、筆帖式等滿洲專有途徑入仕者。[63]隨著旗人應考規定的確立，科甲旗人陸續進入清朝官僚體系，觀察身為統治民族的旗人，與科甲漢人以及經由其他途徑進入官僚體系之旗人間，在仕途升遷上的差異，能進一步了解科舉功名在旗人政治參與過程中扮演的角色。

進士經除授後展開仕途，或以七品知縣終生，或位極人臣，各依能力、機運，然無論何途，官品大致自七品為始。[64]乾、嘉朝禮親王昭槤(1766-1829)曾描述近年所見科甲官員升遷快速者：「阮中丞元中式後，未三年即擢少詹事。桂香東侍郎中式五年間，擢內閣學士。董鄂少司馬恩寧中式七年，官至亞卿。」[65]可見進士升遷時間具有潛在規則，方凸顯出宦途快速的特殊

62 陳文石，〈清代滿人政治參與〉，收入陳文石，《明清政治社會史論》（臺北：臺灣學生書局，1991），頁 666-679。

63 康熙朝旗人大學士的出身，請參見附錄。

64 以進士除授主要之三途而言，「翰林院庶吉士」散館後經常授予之翰林院檢討、編修，與「知縣即用」之知縣，官品為正、從七品，「分部學習」擔任之六部主事雖為正六品，但須經過學習期，方正式授職，故亦與其他二途升遷時間相似。

65 少詹事為正四品官、內閣學士為從二品、亞卿即中央官署副職的別稱，此處指禮部侍郎正二品。昭槤亦描述雍正朝大學士尹繼善，方六年便任江蘇巡撫（從二品），亦屬於升遷快速的例子。參見清・昭槤，《嘯亭雜錄》（北京：中華書局，1980），卷 7，〈尹文端公〉，頁 190-191；同書，卷 9，〈仕宦最速〉，頁 277。

性。由於不可能囊括清朝所有官職升遷過程，故將對象集中在大學士，一方面是因為歷任大學士大多以翰林院庶吉士開啟宦途，仕途起點相同時，[66]更能將觀察重心置於除授後的仕途；另一方面，大學士官品為清朝最高之正一品，[67]可藉由進士除授至一品官的長期宦途，得知各階段官職升遷時間；最後，大學士作為官僚系統的頂端，雖只佔清朝官員人數的一小部分，但卻能觀察從不同入仕途徑出發的官員，各需付出多少光陰，方能登頂，藉此得知各途在官場上的價值。

表 3「清朝旗、漢大學士同科進士升遷時間表」是從清代旗、漢大學士中挑出同科進士出身者，觀察其從進士達到五品官、三品官、一品官、（協辦）大學士等所需的時間。[68]當中

[66] 表 3 大學士中，除覺羅長麟、宗室福錕、寶鋆、文祥授分部學習，覺羅伊里布授小京官，章煦授內閣中書外，其餘或以一甲進士授翰林院職，或授翰林院庶吉士。

[67] 清初大學士為正五品，但依規定兼各部尚書銜，故為正二品，至雍正八年(1730)升為正一品。順康間大學士品級雖不是最高，然權重品低，且兼尚書銜，顯示重要性，因此在本文中討論大學士時，選擇不排除清初時期。關於清初大學士品級的變化，請參見古鴻廷，《清代官制研究》（臺北：五南出版社，2005），頁 57-61。

[68] 乾隆元年清國史館列傳纂修，文職以在京五品以上為入傳標準，後又決議若該官無足置議則有表無傳，以此標榜列傳不單以官階，而是以人不以官。可知五品官為文官留名的基本門檻。此外陳文石將清朝中央政府官職分為四級，第一級為各機關長官，具有決策影響力量，除通政使司副使、大理寺少卿、國子監祭酒為四品外，其餘皆三品以上；第二級為實際擬定計畫方案，負責推行的官員，最高只到四品（內閣侍讀學士），無三品官。可知官員職責劃分，是以三品官作為界線。又協辦大學士雖只是兼銜，但卻幾乎成為榮升大學士的必經途徑，是官僚體系中的重要關卡，但有時卻因身故、犯案等，仕途止於協辦而離大學士僅一步之遙。故再此將僅擔任過協辦大學士卻未能升至大學士者一併列入討論，加上作為官員升遷的金字塔頂端之一品官、大學士，故本表以五品、三品、一品、（協辦）大學士四階段探討。關於清朝國史館列傳纂修體例，請參見莊吉發，〈傳統與創新──清朝國史館暨民初清史館纂修列傳體例初探〉，收入莊吉發，《清史論集（十八）》（臺北：文史哲出版社，2008），頁 7-80。陳文石，〈清代滿人政治參與〉，頁 715。關於清朝協辦大學士的意義與轉變請參見古鴻廷，《清代官制研究》，頁

道光十八年(1838)戊戌科進士宗室靈桂(1815-1885)與漢人曾國藩(1811-1872)仕途初階段時間全然一致，但光緒二年(1876)丙子恩科進士旗人裕德(?-1905)便與漢人戴鴻慈(?-1910)相差數十年；又道光六年(1826)丙戌科進士麟魁(1791-1862)雖與柏葰(?-1859)同為旗人，但升至五品官的時間相異，反與漢人賈楨(1798-1874)相同，故即使同科進士出身，甚至同為旗人，際遇仍可能大相逕庭。個案雖難以比較，然若擴增樣本人數，或能分析當中旗、漢趨勢，如本表旗人平均升遷時間為 8、12、23、33 年，在所有階段均少於漢人。

表 3 清朝旗、漢大學士同科進士升遷時間表

各階段所需時間（年） 科別、名字		進士→五品	進士→三品	進士→一品	進士→（協辦）大學士
順治十二年乙未科（1655）	伊桑阿	9	18	22	33
	宋德宜	12	16	22	29
康熙四十八年己丑科（1709）	阿克敦	5	8	34	39
	趙國麟	15	15	29	30
雍正元年癸卯恩科（1723）	尹繼善	5	6	10	26
	陳宏謀	4	11	35	42
乾隆三十七年壬辰科（1772）	百　齡	13	20	33	41
	章　煦	19	32	41	42
	鄒炳泰	15	17	33	39
乾隆四十年乙未科（1775）	覺羅長麟	不詳	8	18	30
	戴均元	18	25	39	42
	孫玉庭	11	20	41	45
乾隆五十八年癸丑科（1793）	英　和	3	6	20	29
	潘世恩	5	6	19	40
嘉慶六年辛酉恩	覺羅伊里布	14	22	34	37

66-68。

科（1801）	李鴻賓	8	14	21	29
道光二年壬午恩科（1822）	文　慶	2	7	22	33
	翁心存	8	27	29	34
道光六年丙戌科（1826）	麟　魁	7	9	17	36
	柏　葰	10	11	22	30
	賈　楨	7	14	21	26
道光十八年戊戌科（1838）	寶　鋆	11	16	24	36
	宗室靈桂	5	6	28	42
	曾國藩	5	9	22	24
道光二十五年乙巳恩科（1845）	文　祥	9	12	17	26
	閻敬銘	15	16	37	39
咸豐九年己未科（1859）	宗室福錕	9	19	25	25
	孫家鼐	5	20	31	39
同治元年壬戌科（1862）	宗室崑岡	10	15	23	34
	徐　郙	10	18	31	39
	鹿傳霖	9	18	34	45
光緒二年丙子恩科（1876）	裕　德	4	12	18	27
	戴鴻慈	18	24	29	33
平均值		9	15	27	35
旗人大學士平均值		8	12	23	33
漢人大學士平均值		11	18	30	36

說明：

1.表格中灰色網底為旗人。

2.平均值四捨五入至個位數，下同。

3.若升遷所花時間不到一年，為方便計算，仍計為 1 年。

4.仕途只計正式職位，暫署者不計，又若為跳級升遷，則計算最接近的時間，如尹繼善於雍正七年 (1729)直接由內閣侍讀學士(從四品)升江蘇巡撫(從二品),「進士→三品」便以此年計。

5.光緒十二年（1886）丙戌科進士榮慶（蒙古）、徐世昌（漢人）因仕途歷經清末新政，官職系統與前相左，不計。

資料來源：

王鍾翰點校，《清史列傳》，北京：中華書局，1987。

清・國史館編纂，《清國史》，北京：中華書局，1993。

清史稿校註編纂小組編纂，《清史稿校註》，臺北：國史館，1986。
清・錢儀吉等編，《清朝碑傳全集》，臺北：大化出版社，1984。
《大清國史人物列傳及史館檔傳包傳稿資料庫》，臺北：國立故宮博物院藏。

圖 5 清朝大學士各階段平均升遷時間表

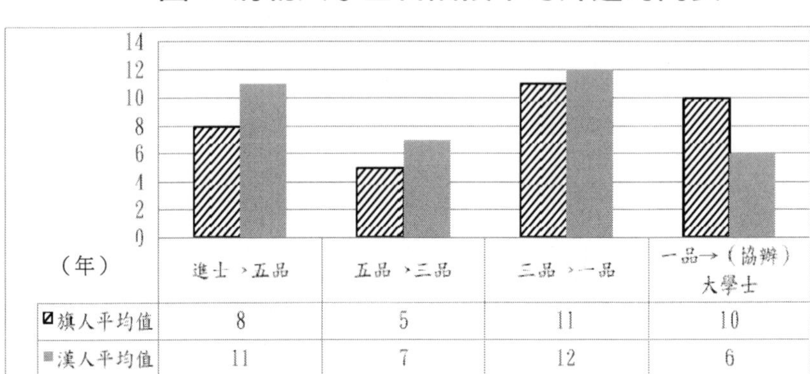

	進士→五品	五品→三品	三品→一品	一品→（協辦）大學士
旗人平均值	8	5	11	10
漢人平均值	11	7	12	6

為更進一步了解表 3 旗、漢進士差異的原因，故將各階段升遷時間單獨計算後，以直條圖呈現如圖 5。可知不論旗、漢，三品升至一品官階段的時間均最長，如康熙四十八年(1709)己丑科進士阿克敦(*akdun*，1685-1756，正藍旗滿洲)，便花了 26 年，這亦是表 3 中時間最長的。相反地由五品升至三品官的時間則是最短的，表 3 中就有 6 位僅一年甚至一年不到的時間便達成。若分別旗、漢，除升至（協辦）大學士外，旗人所需時間均少於漢人，當中又以第一個階段差距較大。自進士升至五品官仕途大多維持一定原則，如表 3 之 33 位大學士中，除授庶吉士（或一甲授職翰林院修撰、編修）後，於翰林院內部升遷者 16 名；[69]藉由「分部學習」一途，升至六部員外郎（五品）

[69] 於翰林院內部升遷者包括經翰林院編修、檢討，升至翰林院侍講、侍讀（五品）者 8 名，又庶吉士散館後，先任詹事府贊善、中允等官（六品），再升

者 5 名；其餘或任國子監司業（六品，6 名），或任翰林院編修、檢討後轉御史（五品，3 名）等，因此進士早期陞轉有一定的模式，個人能力對仕途的影響不如三品以上官員來得大，在此階段旗人官員升遷優於漢人，表示在不考慮個人能力時，旗、漢之別確實有影響力。值得注意的是，在一品官升至（協辦）大學士這個階段的所需時間，漢人首次低於旗人，可知政治表現等個人特質成為競逐高位的最大武器。在同場一例的框架下，旗、漢進士通過相同的考驗，藉由同樣的分發制度進入官場，其官運順逆，理應各依能力、機運，但從上述討論結果可知，在官員升遷過程中，旗、漢仍被視為重要條件，左右著官員的仕途發展。

清朝大學士的出身，不限於進士。根據規定，官員正途出身有：進士、舉人、貢生、廕生、監生、生員、官學生、吏。[70] 將旗、漢大學士依照出身加以分類(參見附錄)，其中單獨將旗人大學士以圖 6 呈現。[71]除進士外，旗人大學士出身比例較高者為「不詳」、「廕生」等，[72]故以下擬與表 3 相同方式，觀

至翰林院侍講者 8 名。

[70] 參見清．崑岡等修，《欽定大清會典（光緒朝）》，收入《續修四庫全書》（上海：上海古籍出版社，1997），冊 794，卷 7，〈吏部．文選清吏司〉，頁 7a。

[71] 圖表可見出身不詳者約占總數的 33%，張瑞德認為在量化方法運用於社會流動史學研究時，若不詳的比例過大，量化結果會缺乏學術價值。然根據不同社會背景，不詳本身亦可被視為重要的社會變動，如陳文石以《清史列傳》、《清史稿》為基礎，觀察滿洲文職 293 人的出身，結果呈現不詳與閒散比例偏高，陳氏認為這是清朝政府有意的安排，呈現出部族政權的本質。故本圖表中出身不詳者比例高，說明清朝統治者運用征服者的身分，不經過一般出身資格，使族人進入政府，參與運作。以上參見張瑞德，〈測量傳統中國社會流動問題方法的探討〉，《食貨月刊》，5:9（臺北，1975.12），頁 438；陳文石，〈清代滿人政治參與〉，頁 660。

[72] 以世爵入仕者，數量雖在大學士出身類別中名列前茅，然多以軍功、武職升

察其達到五品、三品、一品、（協辦）大學士所需時間。

圖 6 清朝旗人大學士出身人數圖

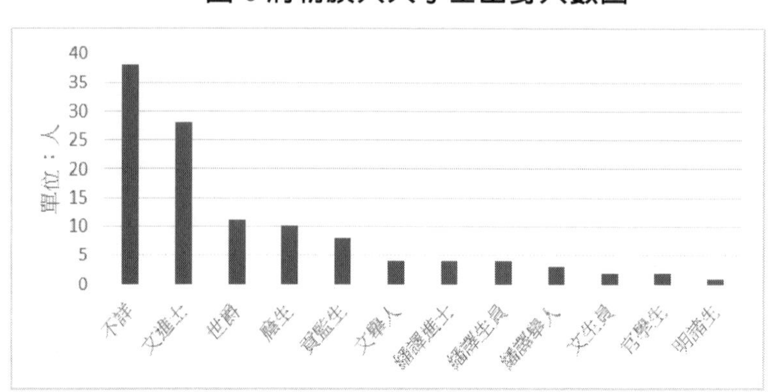

資料來源 參見附錄

雖然出身「不詳」者的升遷時間不易討論，但當中有許多人是由筆帖式起家的，[73]筆帖式分布於中央、地方衙門，依據繙譯、文書等職掌而有不同。[74]然清朝官書列舉官品、官職時，筆帖式未列其中，反而別項記載，[75]可見雖為官職，筆帖式卻與一般文官性質不同。且「筆帖式為滿員進身之階」，[76]又言：「滿人入官，或以科目，或者任子，或以捐納、議敘，亦同漢人，其獨異者，惟筆帖式。」[77]，故即使出身不詳，仍可將筆

遷，官品與文職分屬不同系統，故在此不予討論。

[73] 出身不詳者 34 位中，初仕官為筆帖式者 19 位，約佔 56%。

[74] 筆帖式分為有品筆帖式與無品筆帖式，前者分七、八、九品，後者不入流，參見陳文石，〈清代的筆帖式〉，收入陳文石，《明清政治社會史論》（臺北：臺灣學生書局，1991），頁 605-606。

[75] 清・崑岡等修，《欽定大清會典事例（光緒朝）》，收入《續修四庫全書》，冊 798，卷 17，〈吏部・官制・滿洲官員品級〉，頁 1a-25b。

[76] 清史稿校註編纂小組編纂，《清史稿校註》（臺北：國史館，1986），冊 4，卷 121，〈職官一・宗人府〉，頁 3256。

[77] 清史稿校註編纂小組編纂，《清史稿校註》，冊 4，卷 117，〈選舉五・推

帖式作為仕途的起點，觀察旗人升遷情形，其結果整理如下：

表 4 清朝初仕官為筆帖式之旗人大學士升遷時間表

各階段所需時間（年）／時期、名字		筆帖式→五品	筆帖式→三品	筆帖式→一品	筆帖式→（協辦）大學士
康熙朝	對喀納	7	9	21	23
雍正朝	孫柱	2	15	24	34
雍正朝	邁柱	3	17	18	26
乾隆朝	舒赫德	4	11	20	45
乾隆朝	兆惠	4	10	26	30
嘉慶朝	宗室琳寧	3	不計	33	35
嘉慶朝	托津	4	25	32	35
光緒朝	宗室敬信	8	17	31	41
平均值		4	15	26	34

說明：

1. 由於授予筆帖式之時間多為不詳，且在此欲將筆帖式作為一種出身，與進士、廕生相較，故本表以該旗人以筆帖式身分授予其他官職之時間為起點計算，如康熙朝對喀納，於順治二年(1645)由內院筆帖式遷工部主事（正六品），九年遷工部郎中（正五品），「筆帖式→五品」一欄便記為 7 年。
2. 清朝旗人大學士以筆帖式為初仕官者，尚有圖海、阿蘭泰、溫達、佛倫、尹泰、宗室祿康，但因以筆帖式授職的時間不詳，故不計，又為方便與進士出身者比較，故主要以武職升遷之高其位，亦不計。
3. 以筆帖式身分參與科舉者不計。

資料來源：

《愛新覺羅宗譜》，收入《中國少數民族古籍集成（漢文版）》52 冊，成都：四川民族出版社， 2002。

清・曹振鏞等奉敕撰，《清實錄・仁宗睿皇帝實錄》，北京：中華書局，1986。

王鍾翰點校，《清史列傳》，北京：中華書局，1987。

選〉，頁 3220。

其次以相同方式統計以廕生入仕者的升遷時間如表 5。根據順治十八年(1661)官廕監生任用規定，一品官廕生以五品用，二品官廕生以六品用，三品官廕生以七品用，四品官廕生以八品用，[78]至雍正元年(1723)規定照以往對品任用，但在各部僅為學習行走。[79]乾隆元年將學習期定為二年，期滿後依該部考核方正式分發。[80]故如表中的慶桂(1737-1816，鑲黃旗滿洲)、琦善(*kišan*，?-1854，正黃旗滿洲)，2 年便可升至五品官。

表 5 清朝廕生出身之旗人大學士升遷時間表

各階段所需時間（年） 時期、名字		廕生→五品	廕生→三品	廕生→一品	廕生→（協辦）大學士
康熙朝	馬齊	1	16	19	30
乾隆朝	楊應琚	<1	20	25	35
嘉慶朝	慶桂	2	12	27	46
道光朝	宗室耆英	7	14	23	39
道光朝	琦善	2	8	19	30
光緒朝	榮祿	6	19	23	44
平均值		3	15	23	37

說明：

1.旗人大學士以廕生入仕者尚有 4 人：蕭永藻、阿桂以廕生授職的時

[78] 清·伊桑阿等纂修，《大清會典（康熙朝）》，收入《近代中國史料叢刊·三編》，第 72 輯，冊 711，卷 7，〈吏部·滿缺陞補除授〉，頁 18a。

[79] 清·允祿等監修，《大清會典（雍正朝）》收入《近代中國史料叢刊·三編》，第 77 輯，冊 762，卷 8，〈吏部·滿缺除選〉，頁 10b-11a。

[80] 參見乾隆十二年奉敕撰，《欽定大清會典則例（乾隆朝）》，收入《景印文淵閣四庫全書》，冊 620，卷 4，〈吏部·文選清吏司·月選一•廕生錄用〉，頁 21b-22a。

間不詳；李侍堯、裕誠主以武職升遷，均不計。

2.康熙朝未建立二年學習期的制度，故廕生分發即授官的時間，馬齊由廕生授工部員外郎（從五品），故未滿一年，為方便計算記 1 年。慶桂由廕生分發的時間不明，在此根據乾隆朝廕生分發後須經二年學習期方正式授職的規定，將其授職時間往前加 2 年。楊應琚先以廕生授員外郎，但二年未滿便外任道員（正四品），故記為<1，不列入平均值計算。

3.榮祿於同治五年任正藍旗蒙古副都統（正二品），然為武職，故在此以同治十年任工部右侍郎（正二品）計算。

資料來源：王鍾翰點校，《清史列傳》，北京：中華書局，1987。

最後將表 4、5 與表 3 中，各階段平均值統整如圖 7。與漢人進士相較，除旗人廕生在「升至（協辦）大學士」階段時間與漢人進士相同外，旗人進士、廕生、筆帖式在各個階段所需升遷時間均較少。此外，若僅觀察旗人，進士與其他出身相比，優勢未必明顯，如升至五品官所需時間，進士為最多；升至一品官、（協辦）大學士的時間亦分別與廕生、筆帖式極為相近。因此科甲旗人在仕途發展上的優勢，並不單源自於科甲身分，而更來自於旗人身分，滿洲統治者並非獨厚科甲旗人，[81]而是遵循清朝政府保護統治民族的一貫政策。[82]

---

[81] 張杰以雍乾朝以後，有許多大學士、軍機大臣出身科舉，說明清朝皇帝任用旗人時逐漸重視科舉出身官員，且以鄂爾泰父子與尹繼善為例，說明雍乾後科舉功名者升遷加快。然從本文討論可知，此情形不單集中於科舉出身者。參見張杰，《清代科舉家族》（北京：社會科學文獻出版社，2003），頁 248-251。

[82] 路康樂認為相較於漢人，旗人在司法、政治（入仕、任官）、經濟上均享受優待，除旗人擁有漢人無緣分享的獨有入仕途徑外，旗人考取進士的比例亦高於旗人佔中國總人口比例（1%）。參見路康樂(Edward J · M · Rhoads)著，王琴、劉潤堂譯，《滿與漢—清末民初的族群關係與政治權力（1861-1928）》（*Manchus and Han : Ethnic Relations and Political Power in Late Qing and Early Republic China, 1861-1928*）（北京：中國人民大學出版社，2010），頁 39-47。

圖 7 清朝大學士中主要出身平均升遷時間比較表

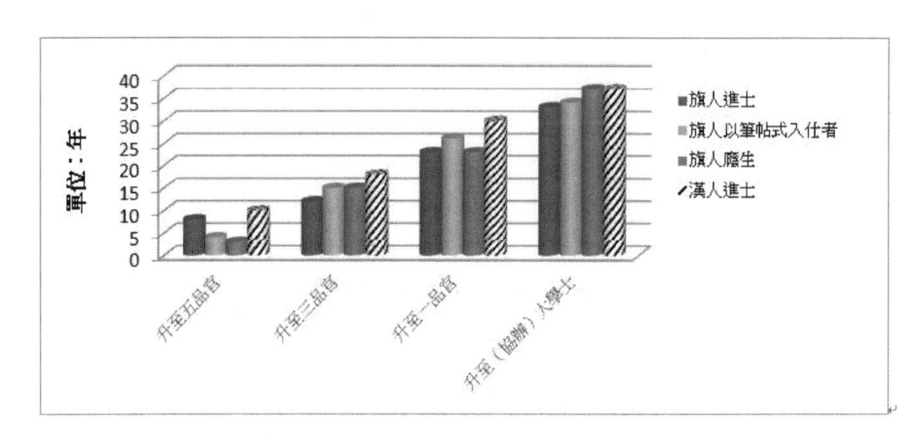

科舉制度開創以來，逐漸成為生產菁英最重要的制度，[83]如清朝官僚系統最頂端的大學士中，漢人出身文進士的比例佔絕對多數(見附錄)，相較旗人大學士之出身，兩者差異一目了然。除科舉制度外，旗人或以廕生、或以筆帖式等充滿滿洲特色的入仕途徑，[84]削弱了科舉制度在菁英生產中的絕對強勢地位。

---

[83] 李弘祺認為傳統中國社會中除了通過考試制度晉身科名外，可以說沒有其他有意義的社會流動，而參與科舉的知識份子也就構成了菁英階層（該文中所用名詞為「紳士」，本文為方便論述使用「菁英」一詞）的主體。參見李弘祺，〈公正、平等與開放—略談考試制度與傳統中國的社會結構〉，收入李弘祺，《宋代教育散論》（臺北：東昇出版社，1980），頁 33。

[84] 漢人亦可以廕生入仕，但從附錄中便可發現，漢人由廕生入仕要成為菁英的機會遠遠不如旗人。清朝漢廕生授官的規定可參見清．崑岡等修，《大清會典事例（光緒朝）》，收入《續修四庫全書》，冊 799，卷 74，〈吏部．除授．廕生錄用〉，頁 13b-16a。

道光二年(1822)壬午恩科同年錄相對詳盡的記載，有助於具體了解旗人如何利用科舉入仕，在該科旗人進士中，發展最好的是文慶(*wenking*，1796-1856，鑲紅旗滿洲)與宗室恩桂(*engui*，1800-1848，鑲藍旗滿洲)，二人均除授翰林院庶吉士，散館後同為編修；擁有曾祖為大學士溫福(*wenfu*，?-1773，鑲紅旗滿洲)、祖父為兩廣總督永保(*yongboo*，?-1808，鑲紅旗滿洲)等家世背景的文慶，歷任禮部侍郎、吏部尚書、步軍統領，再以戶部尚書協辦大學士，軍機大臣，晉大學士；[85]宗室恩桂則歷任內閣學士兼禮部侍郎、禮部尚書、步軍統領。[86]同科的李希增仕宦生涯較為平淡，李家為內務府管領下，父祖官最高至員外郎（從五品），但從曾祖輩開始便為科甲旗人，李希增自己進士除授為即用知縣，歷任廳同知、知州，最高達到知府（從四品），[87]內務府包衣出身的漢軍李氏一族，為缺乏雄厚

---

[85] 文慶，費莫氏，鑲紅旗滿洲，曾祖大學士溫福，以繙譯舉人補兵部筆帖式入仕，祖兩廣總督永保，以官學生考授內閣中書入仕，父親英華曾任頭等侍衛。參見《（清）重訂道光二年壬午恩科同年齒錄不分卷》，收入姜亞沙等編，《中國科舉錄續編》（北京：全國圖書館文獻縮微複製中心，2010），冊 6，頁 649；王鍾翰點校，《清史列傳》(北京：中華書局，1987)，卷 24，〈溫福〉，頁 1785；同書，卷 40，〈文慶〉，頁 3132-3138；清史稿校註編纂小組編纂，《清史稿校註》，冊 12，卷 352，〈列傳・永保〉，頁 9503-9504。

[86] 宗室恩桂，鑲藍旗人，祖拜靈額，曾任右翼宗學副管，父吉純，曾任右翼宗學副管，參見《（清）重訂道光二年壬午恩科同年齒錄不分卷》，頁 703；清史稿校註編纂小組編纂，《清史稿校註》，冊 12，卷 381，〈列傳・宗室恩桂〉，頁 9799-9800。然即使同為宗室，也未必都能官運亨通，如同科進士宗室受慶（？-？），授翰林院庶吉士，歷任詹事府詹事，後任都察院左副都御史（正三品）但因事革職旋卒，其祖、父均為四品宗室無正式官職。參見《（清）重訂道光二年壬午恩科同年齒錄不分卷》，頁 629。

[87] 李希增（曾），正白旗漢軍，滿洲都統內務府蘇章阿管領下漢軍監生，曾祖李士通，乾隆十六年辛未科貢士（未殿試），曾任知縣；祖李法，為乾隆庚寅舉人，曾任安徽合肥等縣知縣、都察院經歷；父親李恩鐸為嘉慶十三年戊辰科進士，曾任翰林院編修、福建道監察御史、戶部員外郎。另外希增之子李怙，為道光二十年庚子科進士。參見《（清）重訂道光二年壬午恩科同年

家族背景的旗人，試圖透過科舉制度生存之典型例子。

該科同樣達到三、四品官的還有吉達善(1791-?)、吉年(1796-?)兩兄弟，[88]二人在考取進士前均任筆帖式與候補主事，金榜題名後，同樣分發為即用知縣，兄吉達善前往四川擔任知縣，升至知府，後續仕途不詳；弟吉年則得到留在京師的機會，任吏部員外郎，後轉外任，歷任知府，最高至奉天府府尹（正三品）而卒。

出身於良好家世的文慶與宗室恩桂，雖可經由其他途徑入仕，卻仍就選擇科舉進入官場，吉達善、吉年兄弟雖已任被視為「滿員進身之階」之筆帖式，仍欲透過科舉取得更多機會；李希增家族則藉由世代投身科舉，取得延續家族命脈的條件。可見旗人不分階級，均可見採用其他入仕途徑，或運用本身條件之餘，利用科舉擴展機會的例證，這是只能仰賴科舉為唯一入仕途徑的漢人所無法企及的。[89]

齒錄不分卷》，頁 705；江慶柏編著，《清朝進士題名錄》，〈乾隆十六年辛未科（1751）〉，頁 505。

[88] 吉達善（後改名吉珩）、吉年，鄂卓氏，鑲藍旗滿洲。祖德昌，以筆帖式入仕，曾任太常寺、戶部筆帖式、江西知縣、四川保寧府知府，父親福舒，出身不詳，曾任湖北宜昌府通判、內繙書房繙譯官、內閣中書等，家族中與科舉相關者只有伯父福寬為繙譯生員出身、堂弟吉明為嘉慶二十四年（1819）己卯科舉人。參見顧廷龍主編，《清代硃卷集成（6）》（臺北：成文出版社，1992），頁 327-330；《（清）重訂道光二年壬午恩科同年齒錄不分卷》，頁 533、657。

[89] 清朝政府規定入仕有正途、異途之分，「由科甲及恩、拔、副、歲、優貢生、廕生出身者為正途，餘為異途」，異途在升遷、任官上有許多限制，如不得考選科、道、不為翰、詹及吏、禮二部官等，但是「旗員不拘此例」。使得旗人在入仕途徑的選擇上，比起漢人更加多元。參見清史稿校註編纂小組編纂，《清史稿校註》，冊 4，卷 117，〈選舉五．推選〉，頁 3213。

五、結　論

從應考、錄取，至入仕、升遷，旗人與漢人均是在「同場一例」考試的原則下，依照制度規定參與科舉制度，卻可在每個階段中窺探出運行於制度外的潛在政治操作，使旗人佔得優勢。此種隱而不顯的民族優遇，一方面源於清朝政府不願過度彰顯民族差異，以維持族群平衡；另一方面，亦源於面對繼承自漢文化的科舉制度時，對旗人沾染漢習、以文廢武的擔憂。又從科甲旗人與經由他途入仕旗人間的比較，可知科甲出身者並非獨攬皇恩，只是依循保護統治民族的一貫政策而已。由此亦可觀察到，在繼承漢制上態度十分謹慎的滿洲統治者，並不樂見科舉宰制旗人官員的出身。

科舉作為一種政府人才選拔辦法，在宋朝以來的幾百年日趨重要，甚至幾乎成為菁英生產的唯一管道。但到清朝產生了轉變，滿洲統治者對旗人參與科舉的態度從入關初期的排斥，到康熙後期的穩定，甚至到清晚期可看到大量科舉出身的旗人在政府扮演重要角色。然而不可忽略的是，科舉以外的其他入仕途徑仍持續運作著，不論是天潢貴胄的宗室，抑或是出身包衣奴僕階級的中下階層旗人，均多見將科舉與各種入仕管道交互靈活運用的例子，此與漢人文職入仕由科舉制獨佔的情況大相逕庭。顯示出進入清朝，旗人雖與漢人同場一例考試，卻隨著滿洲統治者細緻的操作，與旗人本身將科舉與多種入仕途徑的交相運用，使得科舉制度對旗人社會的影響力隨之降低，此為漢制面對滿洲文化衝擊時，制度本身雖維持原樣，結果卻產生變化的明顯例證。

附 錄

清朝歷代大學士出身與初仕列表

一、旗人大學士

時間	編號	姓名	旗籍	出身	初仕	備註
康熙	1	蔣赫德	漢軍	諸生	秘書院副理事官	原名蔣元恆，賜名赫德。原為明諸生，天聰三年清太宗得遵化、永平後考校明朝儒生入文館，與焉，後於崇德七年編入漢軍。
	2	覺羅巴哈納	滿洲	世爵	刑部理事官	世爵是騎都尉。《清史列傳》載「分設佐領，巴哈納與焉」，《清實錄》亦載巴哈納分專管牛彔。然均未提及正式職稱，故在此仍以刑部理事官為初仕官職。
	3	覺羅伊圖	滿洲	不詳	秘書院學士	
	4	圖海	滿洲	不詳	筆帖式	
	5	巴泰	漢軍	不詳	二等侍衛	
	6	對喀納	滿洲	不詳	內院筆帖式	
	7	索額圖	滿洲	不詳	三等侍衛	
	8	莫洛	滿洲	不詳	刑部理事官	
	9	覺羅勒德洪	滿洲	不詳	不詳	資料上最早記載官職為宗人府理事官
	10	明珠	滿洲	不詳	侍衛	
	11	伊桑阿	滿洲	順治十二年乙未科進士	禮部六品筆帖式	《清史列傳》載為順治九年進士，在此根據《八旗通志·初集》、《清朝進士題名錄》改正。

	12	阿蘭泰	滿洲	不詳	兵部筆帖式	
	13	馬齊	滿洲	廕生	工部員外郎	
	14	佛倫	滿洲	不詳	筆帖式	
	15	席哈納	不詳	不詳	不詳	僅知首次出現在史料上即為郎中。
	16	溫達	滿洲	不詳	筆帖式	
	17	蕭永藻	漢軍	廕生	刑部筆帖式	
	18	嵩祝	滿洲	世爵	佐領	世爵為騎都尉
	19	白潢	漢軍	不詳	筆帖式	
	20	富寧安	滿洲	世爵	侍衛	世爵為騎都尉
雍正	1	高其位	漢軍	不詳	筆帖式	
	2	孫柱	滿洲	不詳	吏科筆帖式	又名遜柱
	3	馬爾賽	滿洲	世爵	鑲紅旗護軍統領	世爵為三等公
	4	尹泰	滿洲	不詳	翰林院筆帖式	
	5	鄂爾泰	滿洲	康熙三十八年己卯科舉人	佐領	康熙四十二年襲佐領，同年授三等侍衛
	6	邁柱	滿洲	不詳	筆帖式	
	7	查郎阿	滿洲	世爵	佐領	世爵為一等輕車都尉
	8	徐元夢	滿洲	康熙十二年癸丑科進士	戶部主事	
乾隆	1	福敏	滿洲	康熙三十六年丁丑科進士	內閣學士兼禮部侍郎	
	2	納親	滿洲	不詳	筆帖式	以筆帖式襲公爵
	3	慶福	滿洲	世爵	散秩大臣	又名慶復 世爵為一等公
	4	高斌	滿洲	不詳	內務府主事	
	5	來保	滿洲	不詳	庫使	
	6	傅恆	滿洲	不詳	藍翎侍衛	
	7	張允隨	漢軍	監生	光祿寺典	由監生捐光祿寺

					簿	典簿
	8	黃廷桂	漢軍	世爵	三等侍衛	先由監生襲世爵（雲騎尉）
	9	楊廷璋	漢軍	不詳	佐領 筆帖式	先世襲佐領，再由筆帖式授工部主事，由此開啟宦途，故初仕官兩者並列。
	10	尹繼善	滿洲	雍正元年癸卯恩科進士	編修	
	11	楊應琚	漢軍	廕生	戶部員外郎	
	12	阿爾泰	滿洲	貢生	宗人府筆帖式	副榜貢生
	13	高晉	滿洲	監生	知縣	
	14	溫福	滿洲	繙譯舉人	筆帖式	
	15	舒赫德	滿洲	監生	內閣中書	雍正六年由監生考試筆帖式，引見後改授內閣中書
	16	李侍堯	漢軍	廕生	印務章京	
	17	阿桂	滿洲	廕生	大理寺寺丞	後於乾隆三年考取舉人，補兵部主事
	18	三寶	滿洲	乾隆四年己未科繙譯進士	內閣中書	
	19	英廉	漢軍	雍正十年壬子科舉人	筆帖式	
	20	伍彌泰	蒙古	世爵	佐領	由廕生襲世爵（三等伯）
	21	和珅	滿洲	世爵	三等侍衛	先由文生員於乾隆三十四年襲世爵（三等輕車都尉）
	22	福康安	滿洲	世爵	三等侍衛	由閒散襲世爵（雲騎尉）
	23	阿克敦	滿洲	康熙四十八年己丑科進士	編修	

	24	達爾黨阿	滿洲	不詳	三等侍衛	又名達勒黨阿後以三等侍衛襲世爵（一等子爵）。
	25	鄂彌達	滿洲	不詳	戶部筆帖式	
	26	兆惠	滿洲	不詳	筆帖式	
	27	阿里袞	滿洲	不詳	二等侍衛	
	28	官保	滿洲	不詳	刑部筆帖式	
嘉慶	1	蘇凌阿	滿洲	監生	內閣中書	後於乾隆六年考取繙譯舉人，任江蘇鎮江府理事同知
	2	保寧	蒙古	世爵	三等侍衛	世爵是三等公
	3	慶桂	滿洲	廕生	戶部員外郎	
	4	宗室祿康	滿洲	不詳	宗人府筆帖式	
	5	勒保	滿洲	監生	筆帖式	
	6	松筠	蒙古	繙譯生員	理藩院筆帖式	
	7	托津	滿洲	不詳	都察院筆帖式	
	8	明亮	滿洲	文生員	整儀尉	
	9	書麟	滿洲	不詳	鑾儀衛整儀尉	
	10	覺羅吉慶	滿洲	官學生	內閣中書	覺羅官學生
	11	宗室琳寧	滿洲	不詳	七品筆帖式	又名林成
	12	覺羅長麟	滿洲	乾隆四十年乙未科進士	刑部主事	
	13	百齡	漢軍	乾隆三十七年壬辰科進士	編修	
道光	1	伯麟	滿洲	乾隆三十六年辛卯科舉人	兵部筆帖式	先由繙譯生員考取筆帖式，中舉人後補兵部筆帖式
	2	長齡	蒙古	繙譯生員	筆帖式	由繙譯生員捐納筆帖式

	3	蔣攸銛	漢軍	乾隆四十九年甲辰科進士	編修	
	4	富俊	蒙古	繙譯進士	禮部主事	
	5	文孚	滿洲	監生	內閣中書	
	6	穆彰阿	滿洲	嘉慶十年乙丑科進士	檢討	
	7	琦善	滿洲	廕生	刑部員外郎	
	8	覺羅寶興	滿洲	嘉慶十年乙丑科進士	編修	《清史稿》載為嘉慶十五年進士，在此根據《清朝進士題名錄》改正。
	9	宗室耆英	滿洲	廕生	宗人府主事	
	10	英和	滿洲	乾隆五十八年癸丑科進士	編修	
	11	覺羅伊里布	滿洲	嘉慶六年辛酉恩科進士	國子監典簿	進士授職國子監學正，因無旗缺，奏以典簿改補。
	12	宗室奕經	滿洲	不詳	頭等侍衛	以四品宗室授頭等侍衛
	13	宗室敬徵	滿洲	不詳	頭等侍衛	以不入八分輔國公授頭等侍衛
咸豐	1	賽尚阿	蒙古	嘉慶二十一年丙子科繙譯舉人	理藩院學習筆帖式	
	2	裕誠	滿洲	廕生	三等侍衛	
	3	納爾經額	滿洲	嘉慶八年癸亥科繙譯進士	妃園寢禮部主事	又名訥爾經額
	4	文慶	滿洲	道光二年壬午恩科進士	編修	
	5	桂良	滿洲	貢生	禮部主事	由貢生捐納主事，分禮部
	6	柏葰	蒙古	道光六年丙戌科進	編修	原名松葰

				士		
	7	瑞麟	滿洲	文生員	太常寺學習讀祝官	
	8	官文	滿洲	不詳	拜唐阿	原隸內務府正白旗漢軍。 後由拜唐阿補藍翎侍衛。
	9	宗室禧恩	滿洲	不詳	頭等侍衛	由應封宗室於乾隆五十八年賞戴花翎。嘉慶八年賞頭品頂帶，後授頭等侍衛
	10	宗室肅順	滿洲	不詳	散秩大臣	由應封宗室授三等輔國將軍、委散秩大臣
同治	1	倭仁	蒙古	道光九年己丑科進士	編修	
	2	瑞常	蒙古	道光十二年壬辰恩科進士	編修	
	3	文祥	滿洲	道光二十五年乙巳恩科進士	工部主事	
	4	寶鋆	滿洲	道光十八年戊戌科進士	禮部主事	
	5	麟魁	滿洲	道光六年丙戌科進士	刑部主事	道光三年貢士，六年殿試二甲第一名
光緒	1	英桂	滿洲	道光元年辛巳恩科繙譯舉人	內閣中書	
	2	宗室載齡	滿洲	道光二十一年辛丑恩科進士	檢討	
	3	全慶	滿洲	道光九年己丑科進士	編修	先為嘉慶二十四年舉人，後於道光元年由二品廕生以文職用，原授任光祿寺，但因迴避，故改兵部主事，歷任大理寺寺丞後，又回兵部，後考取進士

	4	宗室靈桂	滿洲	道光十八年戊戌科進士	編修	
	5	文煜	滿洲	官學生	庫使	
	6	額勒和布	滿洲	咸豐二年壬子恩科繙譯進士	戶部主事	
	7	恩承	滿洲	繙譯生員	侍衛處筆帖式	
	8	宗室福錕	滿洲	咸豐九年己未科進士	吏部主事	
	9	宗室麟書	滿洲	咸豐三年癸丑科進士	宗人府主事	
	10	宗室崑岡	滿洲	同治元年壬戌科進士	編修	
	11	徐桐	漢軍	道光三十年庚戌科進士	編修	
	12	榮祿	滿洲	廕生	工部主事	後襲世爵（騎都尉兼雲騎尉）
	13	崇禮	漢軍	不詳	拜唐阿	後由拜唐阿助捐，議敘六品苑丞
	14	宗室敬信	滿洲	不詳	宗人府效力筆帖式	
	15	裕德	滿洲	光緒二年丙子恩科進士	編修	先由舉人授一品廕生，於同治十年以文職用，籤分戶部，在員外郎上行走
	16	世續	滿洲	光緒元年乙亥恩科舉人	主事	
	17	那桐	滿洲	光緒十一年乙酉科舉人	戶部主事	先由監生報捐主事，光緒三年籤分戶部，後考取舉人奏請留部。
	18	剛毅	滿洲	繙譯生員	筆帖式	
	19	榮慶	蒙古	光緒十二年丙戌科進士	編修	

二、漢人大學士

時間	編號	姓　名	出　　身	初　　仕
康熙	1	李　霨	順治三年丙戌科進士	檢討
	2	孫廷銓	明崇禎十三年庚辰科進士	投清後任天津推官
	3	杜立德	明崇禎十六年癸未科進士	授薦投清後任中書科中書
	4	魏裔介	順治三年丙戌科進士	工部給事中
	5	馮　溥	順治四年丁亥科進士	編修
	6	衛周祚	明崇禎十年丁丑科進士	投清後授吏部郎中
	7	熊賜履	順治十五年戊戌科進士	檢討
	8	王　熙	順治四年丁亥科進士	檢討
	9	黃　機	順治四年丁亥科進士	弘文院編修
	10	吳正治	順治六年己丑科進士	國史院編修
	11	宋德宜	順治十二年乙未科進士	編修
	12	余國柱	順治九年壬辰科進士	推官
	13	李之芳	順治四年丁亥科進士	推官
	14	梁清標	明崇禎十六年癸未科進士	投清後仍原官編修
	15	徐元文	順治十六年己亥科進士	翰林院修撰
	16	張玉書	順治十八年辛丑科進士	編修
	17	李天馥	順治十五年戊戌科進士	檢討
	18	吳　琠	順治十六年己亥科進士	知縣
	19	張　英	康熙六年丁未科進士	編修
	20	陳廷敬	順治十五年戊戌科進士	秘書院檢討
	21	李光地	康熙九年庚戌科進士	編修
	22	王　掞	康熙九年庚戌科進士	編修
	23	王頊齡	康熙十五年丙辰科進士	太常寺博士
雍正	1	張鵬翮	康熙九年庚戌科進士	刑部主事
	2	朱　軾	康熙三十三年甲戌科進士	知縣

	3	田從典	康熙二十七年戊辰科進士	知縣
	4	張廷玉	康熙三十九年庚辰科進士	檢討
	5	蔣廷錫	康熙四十二年癸未科進士	編修
	6	陳元龍	康熙二十四年乙丑科進士	編修
	7	嵇曾筠	康熙四十五年丙戌科進士	編修
乾隆	1	徐　本	康熙五十七年戊戌科進士	編修
	2	趙國麟	康熙四十八年己丑科進士	知縣
	3	陳世倌	康熙四十二年癸未科進士	編修
	4	史貽直	康熙三十九年庚辰科進士	檢討
	5	劉於義	康熙五十一年壬辰科進士	編修
	6	蔣　溥	雍正八年庚戌科進士	編修
	7	劉統勳	雍正二年甲辰科進士	編修
	8	劉　綸	博學鴻詞	編修
	9	陳宏謀	雍正元年癸卯恩科進士	檢討
	10	于敏中	乾隆二年丁巳恩科進士	修撰
	11	程景伊	乾隆四年己未科進士	編修
	12	嵇　璜	雍正八年庚戌科進士	編修
	13	蔡　新	乾隆元年丙辰科進士	編修
	14	梁國治	乾隆十三年戊辰科進士	修撰
	15	王　杰	乾隆二十六年辛巳恩科進士	修撰
	16	孫士毅	乾隆二十六年辛巳恩科進士	內閣中書
	17	陳大受	雍正十一年癸丑科進士	編修
	18	汪由敦	雍正二年甲辰科進士	編修
	19	梁詩正	雍正八年庚戌科進士	編修
	20	孫嘉淦	康熙五十二年癸巳恩科進士	檢討
	21	莊有恭	乾隆四年己未科進士	修撰
	22	劉　墉	乾隆十六年辛未科進士	編修
	23	彭元瑞	乾隆二十二年丁丑科進士	編修
嘉慶	1	董　誥	乾隆二十八年癸未科進士	編修
	2	朱　珪	乾隆十三年戊辰科進士	編修
	3	費　淳	乾隆二十八年癸未科進士	刑部主事
	4	戴衢亨	乾隆四十三年戊戌科進士	修撰

	5	劉權之	乾隆二十五年庚辰科進士	編修
	6	曹振鏞	乾隆四十六年辛丑科進士	編修
	7	章　煦	乾隆三十七年壬辰科進士	內閣中書
	8	戴均元	乾隆四十年乙未科進士	編修
	9	紀　昀	乾隆十九年甲戌科進士	編修
	10	鄒炳泰	乾隆三十七年壬辰科進士	編修
	11	吳　璥	乾隆四十三年戊戌科進士	編修
道光	1	孫玉庭	乾隆四十年乙未科進士	檢討
	2	盧蔭溥	乾隆四十六年辛丑科進士	編修
	3	潘世恩	乾隆五十八年癸丑科進士	修撰
	4	阮　元	乾隆五十四年己酉科進士	編修
	5	王　鼎	嘉慶元年丙辰科進士	編修
	6	卓秉恬	嘉慶七年壬戌科進士	檢討
	7	祁寯藻	嘉慶十九年甲戌科進士	編修
	8	汪廷珍	乾隆五十四年己酉科進士	編修
	9	李鴻賓	嘉慶六年辛酉恩科進士	檢討
	10	湯金釗	嘉慶四年己未科進士	編修
	11	陳官俊	嘉慶十三年戊辰科進士	編修
	12	杜受田	道光三年癸未科進士	編修
咸豐	1	賈　楨	道光六年丙戌科進士	編修
	2	葉名琛	道光十五年乙未科進士	編修
	3	彭蘊章	道光十五年乙未科進士	工部主事
	4	翁心存	道光二年壬午恩科進士	編修
	5	周祖培	嘉慶二十四年己卯恩科進士	編修
同治	1	曾國藩	道光十八年戊戌科進士	檢討
	2	朱鳳標	道光十二年壬辰恩科進士	編修
	3	李鴻章	道光二十七年丁未科進士	編修
	4	單懋謙	道光十二年壬辰恩科進士	編修
	5	左宗棠	道光十二年壬辰科舉人	同知
	6	駱秉章	道光十二年壬辰恩科進士	編修
光緒	1	閻敬銘	道光二十五年乙巳恩科進士	戶部主事
	2	張之萬	道光二十七年丁未科進士	修撰

	3	王文韶	咸豐二年壬子恩科進士	戶部主事
	4	孫家鼐	咸豐九年己未科進士	修撰
	5	張之洞	同治二年癸亥恩科進士	編修
	6	沈桂芬	道光二十七年丁未科進士	編修
	7	李鴻藻	咸豐二年壬子恩科進士	編修
	8	翁同龢	咸豐六年丙辰科進士	修撰
	9	徐郙	同治元年壬戌科進士	修撰
	10	瞿鴻禨	同治十年辛未科進士	編修
宣統	1	鹿傳霖	同治元年壬戌科進士	廣西知縣
	2	陸潤庠	同治十三年甲戌科進士	修撰
	3	徐世昌	光緒十二年丙戌科進士	編修
	4	戴鴻慈	光緒二年丙子恩科進士	編修
	5	李殿林	同治十年辛未科進士	編修

說明：

1.清初內閣制與內三院制度時廢時興，至康熙九年方正式確立，故本表從康熙九年後列起。

2.由於同一人或有兩種以上入仕方式，故「出身」欄將以主導日後任官走向者為準，又任官後，再以別途入仕者，若無法判別任官走向由何途主導，則以時間早者為準。

3.若同一人在兩段時間以上均擔任大學士，則僅列時間較早者。僅任協辦大學士而未擔任大學士者，列於該時段最後，並以網底灰色表示。若先擔任協辦大學士，後再擔任大學士者，則僅列任大學士的時間。

4.賴惠敏在討論宗室升降時，列舉封爵制度、科舉考試、廕生、筆帖式與捐納四種，而後討論皇族社會流動時，直接將爵位的升降作為垂直流動的現象來觀察。可見宗室爵位本身即是政治地位升降的標誌，故無法單純作為一種出身來探討，因此若以宗室爵位任官，而無其他出身者，表中「出身」即標註不詳。參見賴惠敏，《天潢貴胄—清皇族的階層結構與經濟生活》(臺北：中央研究院近代史研究所，1997)，頁 57-78。

5.清朝政府規定世爵品級：公侯伯為超品，子為正一品，男正二品，輕車都尉正三品，騎都尉正四品，雲騎尉正五品，恩騎尉正七品，可對品授官。如乾隆六年直隸、山西兩省沿邊武職補授時，規定副將可以一品二品世爵、參將遊擊以三品、都司以四品世爵補用。又本表世職出身者共 11 位，當中可確定初仕官職品級者 10 位，如(康熙朝)嵩祝以騎都尉任佐領(正四品)、

（乾隆朝）黃廷桂、福康安以雲騎尉任三等侍衛（正五品），便如規定對品任官；（雍正朝）查郎阿雖以一等輕車都尉任佐領，然為襲職時便兼任，不久即遷參領（正三品），符合世爵品級。然如（乾隆朝）慶福以一等公任散秩大臣（從二品）、（雍正朝）馬爾賽以三等公任護軍統領（正二品）、（嘉慶朝）保寧以三等公任三等侍衛、（乾隆朝）伍彌泰以三等伯任佐領、（乾隆朝）和珅以三等輕車都尉任三等侍衛、（康熙朝）覺羅巴哈納以騎都尉任刑部理事官（三品）等，雖可見世爵品級影響任官高低，卻未必完全符合規定，當中或有更複雜的因素左右授官。但世爵品級對品任官制確實存在，故在此將世爵列為出身之一。參見清．崑岡等修，《大清會典事例（光緒朝）》，卷 542，〈兵部．官制．世爵世職品級〉，頁 490 上-490 下；同書，卷 565，〈兵部．職制．八旗世爵及武職外用〉，頁 815 下。

資料來源：

《大清國史人物列傳及史館檔傳包傳稿資料庫》，臺北：國立故宮博物院藏。

《愛新覺羅宗譜．丁冊》，收入《中國少數民族古籍集成（漢文版）》，成都：四川民族出版社，2002。

王鍾翰點校，《清史列傳》，北京：中華書局，1987。

清史稿校註編纂小組編纂，《清史稿校註》，臺北：國史館，1986。

清．鄂爾泰等修，《八旗通志．初集》，長春：東北師範大學出版社，1985。

清．鄂爾泰等奉敕修，《清實錄．太宗文皇帝實錄》，北京：中華書局，1985。

清．錢儀吉纂錄，《碑傳集》，收入周駿富輯，《清代傳記叢刊．綜錄類 3》，臺北：明文書局，1985。

東方學會編，《國史列傳》，收入周駿富輯，《清代傳記叢刊．名人類 1》，臺北：明文書局，1986。

江慶柏編著，《清朝進士題名錄》，北京：中華書局，2007。

仰食於官：
俸餉制度與清朝旗人的生計

葉 高 樹*

一、前 言

中國古代國家從封建過渡到郡縣的歷程中，官員的來源及其待遇，即由血緣世襲的世卿世祿制逐漸轉變為唯才是用的俸祿制，[1]後世相沿不替。西漢神爵三年(59B.C.)，宣帝(91B.C.-48B.C.，74B.C.-48B.C.在位)詔曰：「吏不廉平則治道衰。今小吏皆勤事，而奉祿薄，欲其無侵漁百姓，難矣。」[2]俸祿被賦予道德的功能，遂形成「官必有祿，所以養廉也」的思維。[3]顧炎武(1613-1682)論明末清初官箴與俸祿的關係，亦言：「今日貪取之風，所以膠固於人心而不可去者，以俸給之薄而無以贍其家也。」[4]清初，戶部官員另從收入和維生的現實意義論之，云：「國家所賴者賦稅，官兵所倚者俸餉，關係匪輕。」[5]

順治元年(1644)五月，攝政王多爾袞(*dorgon*，1612-1650)率大軍入主北京，在百廢待舉之際，接納戶科給事中劉昌

* 國立臺灣師範大學歷史學系教授

1 黃惠賢、陳鋒，《中國俸祿制度史》（武昌：武漢大學出版社，2012），頁13-20。

2 漢．班固，《漢書》（臺北：鼎文書局，1986），卷8，〈宣帝紀〉，頁263。

3 明．宋濂，《元史》（臺北：鼎文書局，1986），卷96，〈食貨志．俸秩〉，頁2449。

4 清．顧炎武，《日知錄》，收入清．顧炎武，《顧炎武全集》（上海：上海古籍出版社，2011），冊18，卷12，〈俸祿〉，頁497。清初君臣也有類似的言論，參見吳吉遠，〈清人論職官俸祿與廉潔之補正〉，《史學月刊》，1994:6（開封，1994.6），頁43-46。

5 清．鄂爾泰等修，《清實錄．世祖章皇帝實錄》（北京：中華書局，1985），卷84，頁666，順治十一年六月癸未條。

(?-1670)「頒俸祿」的建議，[6]以安定歸降官員之心。惟滿洲政權本無俸祿之制，向採「所獲財物，原照官職功次，加以賞賚；所獲地土，亦照官職功次，給以壯丁」的方式，[7]乃「照故明舊例」，定在京文武官員每歲俸銀、俸米，[8]是為清朝制定俸祿的濫觴，這個辦法也逐步擴及八旗官兵。值得注意的是，皇帝視旗人為「國家根本」，「故所以教之、養之、取之、任之」，[9]在政策的保護下，他們「上則服官，下則披甲，二者皆取給於大官之錢糧」，[10]於是當差食俸成為旗人的唯一出路。

雖然清人常以「國有四民，功令獨旗人不得經商逐利，故貧困至此」，[11]也批評國家對旗人過度優遇，認為「以君養人，不如使人自養」。[12]殊不知，旗人不治生業，乃配合政策所致。例如：不務農業，係因「奉命出征，必須隨帶之人，致失耕種之業，往往地土曠廢」；[13]不營工商，則是朝廷欲盡革明季召買諸弊，故而「禁止諸王府商人，及旗下官員家人，外省貿易」。[14]無論如何，最終造就出「不士不農，不工不商，不兵不民」，[15]且「無農、工、商賈之業可執，類皆仰食於官」的特殊群體。[16]

---

6 清．鄂爾泰等修，《清實錄．世祖章皇帝實錄》，卷 5，頁 61，順治元年六月甲子條。
7 清．鄂爾泰等修，《清實錄．太宗文皇帝實錄》（北京：中華書局，1985），卷 17，頁 224，天聰八年正月癸卯條。
8 清．鄂爾泰等修，《清實錄．世祖章皇帝實錄》，卷 7，頁 78，順治元年八月己巳條。
9 清．慶桂等修，《清實錄．高宗純皇帝實錄》（北京：中華書局，1986），卷 50，頁 852，乾隆二年九月壬辰條。
10 清．賀長齡輯，《皇朝經世文編》，收入《近代中國史料叢刊》（臺北：文海出版社，1972），第 74 輯，冊 731，卷 35，〈戶政．八旗生計．八旗屯種疏．乾隆五年．御史范咸〉，頁 4b。
11 清．王慶雲，《石渠餘紀》，收入《近代中國史料叢刊》（臺北：文海出版社，1967），第 8 輯，冊 75，卷 4，〈紀旗人生計〉，頁 42b。
12 清．魏源，《聖武記》（臺北：臺灣中華書局，1962），卷 14，〈武事餘記．軍儲篇四〉，頁 43a。
13 清．鄂爾泰等修，《清實錄．世祖章皇帝實錄》，卷 80，頁 631，順治十一年正月乙卯條。
14 清．鄂爾泰等修，《清實錄．世祖章皇帝實錄》，卷 38，頁 308，順治五年閏四月丁未條。
15 清．賀長齡輯，《皇朝經世文編》，卷 35，〈戶政．八旗生計．擬時務策．沈起元〉，頁 14b。
16 清．賀長齡輯，《皇朝經世文編》，卷 35，〈戶政．八旗生計．八旗屯種疏．乾隆六年．戶部侍郎梁詩正〉，頁 5a。

乾隆二年(1737)，監察御史舒赫德(*šuhede*，1710-1777，正白旗滿洲)分析旗人生計問題的癥結，曰：

> 我朝定鼎之初，八旗生計頗稱豐厚者，人口無多，房地充足之故也。今百年以來，甚覺窮迫者，房地減於從前，人口家有什佰，兼以俗尚奢侈，不崇節儉，所由生計日消，習尚日下，而無所底止也。[17]

全在房地日減、人口日多，以及習尚日壞。韋慶遠指出，舒赫德的意見只呈現表象，真正的關鍵在八旗制度本身，國家對旗人採取「全部包養」政策，要求他們只能仕宦、披甲，卻無法提供足夠的官缺、兵額，於是形成惡性循環。[18]然而，旗人可分為皇族、旗員、兵丁三大階層，其中皇族有宗室（*uksun*）、覺羅（*gioro*）之分，[19]旗員有京官、外官之別，兵丁則有在京、駐防的不同，他們與俸餉的關係，及其各自面臨的生計問題不盡相同，故擬析論之。

二、皇族：宗室與覺羅

關外時期，宗室封爵者，只撥賜田園，入關後則增加銀、米等待遇。順治元年十月，初定滿洲諸王、多羅貝勒（*doroi beile*）、固山貝子（*gūsai beise*）、公等俸祿，其中攝政王三萬兩、輔政王(濟爾哈朗，*jirgalan*，1599-1655)一萬五千兩，以下各有等差。[20]此後，宗室俸祿迭有增加，玆表列如下：

---

[17] 清・賀長齡輯，《皇朝經世文編》，卷 35，〈戶政・八旗生計・八旗開墾邊地疏・乾隆六年・御史舒赫德〉，頁 3b。

[18] 韋慶遠，〈論八旗生計〉，收入韋慶遠，《明清史新析》（北京：中國社會科學出版社，1995），頁 428-431。

[19] 清朝皇族以血緣的近、遠分宗室、覺羅，而以努爾哈齊(*nurgaci*，1559-1626，1616-1626 在位)之父顯祖宣皇帝(*taksi*，1543-1583)本支為宗室，伯叔兄弟之支為覺羅。見清・淳穎等纂，《欽定宗人府則例（乾隆朝）》，收入故宮博物院編，《故宮珍本叢刊》（海口：海南出版社，2000），冊 278，卷 1，〈天潢宗派〉，頁 3。

[20] 清・鄂爾泰等修，《清實錄・世祖章皇帝實錄》，卷 10，頁 101，順治元年十月辛未條。

表1　宗室王公歲支俸祿變化表

俸祿／爵秩	順治元年		順治七年		順治八年		順治十年		康、雍兩朝		乾隆朝	
	銀(兩)	米(石)	銀(兩)	米(石)	銀(兩)	米(石)	銀(兩)	米(石)	銀(兩)	米(石)	銀(兩)	米(石)
和碩親王	10,000	—	10,000	6,000	10,000	7,500	10,000	5,000	10,000	5,000	10,000	5,000
親王	—	—	6,000	4,000	6,000	4,000	6,000	4,000				
世子	—	—	—	—	—	—	—	—	6,000	3,000	6,000	3,000
多羅郡王	5,000	—	4,000	2,000	5,000	3,750	5,000	2,500	5,000	2,500	5,000	2,500
長子	—	—	—	—	—	—	—	—	3,000	1,500	3,000	1,500
多羅貝勒	2,500	—	2,000	1,400	3,000	2,250	2,500	1,250	2,500	1,250	2,500	1,250
固山貝子	1,250	—	1,000	800	2,000	1,500	1,300	650	1,300	650	1,300	650
公	620	—	500	600	1,000	750	—	—	—	—	—	—
鎮國公	—	—	—	—	—	—	700	350	700	350	700	350
輔國公	—	—	—	—	—	—	400	200	500	250	500	250
將軍	—	—	80	—	—	—	—	—	—	—	—	—

俸祿 / 爵秩	順治七年		順治八年		順治十年		康、雍兩朝		乾隆朝	
	銀(兩)	米(石)	銀(兩)	米(石)	銀(兩)	米(石)	銀(兩)	米(石)	銀(兩)	米(石)
一等鎮國將軍	—	—	—	—	300	150	410	205	410	205
二等鎮國將軍	—	—	—	—	275	137.5	385	192.5	385	192.5
三等鎮國將軍	—	—	—	—	250	125	360	180	360	180
一等輔國將軍兼一雲騎尉	—	—	—	—	—	—	—	—	335	167.5
一等輔國將軍	—	—	—	—	220	110	310	155	310	155
二等輔國將軍	—	—	—	—	200	100	285	142.5	285	142.5
三等輔國將軍	—	—	—	—	175	87.5	260	130	260	130
一等奉國將軍兼一雲騎尉	—	—	—	—	—	—	—	—	235	117.5
一等奉國將軍	—	—	—	—	150	75	210	105	210	105
二等奉國將軍	—	—	—	—	125	62.5	185	92.5	185	92.5
三等奉國將軍	—	—	—	—	100	50	160	80	160	80
奉恩將軍 兼一雲騎尉	—	—	—	—	—	—	—	—	135	67.5
奉恩將軍	—	—	—	—	75	37.5	110	55	110	55

說明：

1.順治三年，定攝政王銀二萬兩、多羅英郡王(阿濟格，*ajige*， 1605-1651)銀一萬兩，其餘照順治元年例。

2.順治七年正月，定王、貝勒以下支給祿米數；同年六月，定支給俸銀數，《實錄》有分「和碩親王」、「親王」兩項。康熙朝《會典》曰：「親王銀一萬兩，米六千石」，當是將「和碩親王」、「親王」合併為一項。又康熙朝《會典》載「將軍」俸祿，只有「銀八十兩」，而無祿米。

3.康熙朝《會典》曰：「（順治）九年議准，給親王世子俸銀六千兩」，此後世子即按此數額支領俸銀。乾隆朝《會典則例・戶部・俸餉上》增記：「郡王長子三千兩」。

4.順治八年，定「每俸銀二兩，給祿米三斛」；順治十年，改為「每銀一兩，支米一斛」。

5.雍正朝宗室俸祿額數與康熙朝相同，乾隆朝以降遂為定制。

資料來源：

清・鄂爾泰等修，《清實錄・世祖章皇帝實錄》，卷10，頁101；卷47，頁337；卷49，頁392。

清・伊桑阿等纂修，《大清會典（康熙朝）》，收入《近代中國史料叢刊・三編》，第72輯，冊715，卷36，〈戶部・廩祿・宗室俸祿〉，頁3a-4a。

清・允祿等監修，《大清會典（雍正朝）》，收入《近代中國史料叢刊・三編》，第77輯，冊769，卷54，〈戶部・廩祿・宗室俸祿〉，頁1a-2b。

清・允祹等奉敕撰，《欽定大清會典則例（乾隆朝）》，收入《景印文淵閣四庫全書》，冊621，卷51，〈戶部・俸餉・宗室俸祿〉，頁1a-2b。

自順治二年(1645)起，朝廷又在京畿一帶按爵秩撥給宗室王公莊園。[21]雖然國家給予宗室王公的待遇堪稱優渥，但是能

---

[21] 順治二年，題准：「給諸王、貝勒、貝子、公等大莊，每所地一百三十晌或一百二十晌，至七十晌不等；半莊，每所地六十五晌或六十晌，至四十晌不等；園，每所地三十晌或二十五晌，至十晌不等」。其後，規定略有調整，包括：順治五年，「親王給園十所，郡王給園七所，每所地三十晌」。順治七年，「撥給親王園八所，郡王園五所，貝勒園四所，貝子園三所，公園二所，每所地三十晌；鎮國將軍園地四十晌，輔國將軍園地三十晌，奉國將軍園地二十晌，奉恩將軍園地一十晌」。凡襲封者，「伊祖父所遺園地，除撥給應得之數外，其餘地畝不必撤出，仍留本家」；加封者，則「各照本爵撥

享有者卻極為有限。根據賴惠敏的研究，因人口增加和中央集權的影響，宗室出生在北京而獲得爵位的比例，從入關初期的22.86%(1640-1659)，不斷遞減，清中期以後更自6.22%(1800-1819)降至 3.08%(1880-1899)。[22]宗室王公能簡樸自持者，憑藉俸祿不僅衣食無虞，甚至積累充盈，例如：果恭王弘曕(*hung yan*，1733-1765)「居家尚節儉，俸餉之積，至於充棟」；[23]能善加操持者，則子孫永享富貴，例如：恆恪親王弘晊(*hung jy*，1700-1775)「其俸粢，除日用外，皆置田產屋廬，歲收其利」，時宗室多「以驕奢故，皆漸中落，致有不能舉炊者，而王之子孫富饒如故」。[24]部分未能封爵的宗室，可經由國家為宗室設的專缺，取得仕進機會；[25]皇帝在挑補官員時，也會優先考慮他們，[26]由此便能各依品級領取俸祿，大多數的宗室則成為無所事事的閒散。

皇帝為照養族人，自康熙十年(1671)起，凡無品級閒散宗

給園地」。見清．伊桑阿等纂修，《大清會典（康熙朝）》，收入《近代中國史料叢刊．三編》（臺北：文海出版社，1992），第 72 輯，冊 713，卷 21，〈戶部．田土．各旗莊屯〉，頁 17b-18b。

[22] 賴惠敏，《天潢貴冑——清皇族的階層結構與經濟生活》（臺北：中央研究院近代史研究所，1997），頁 65-66。另鞠德源統計宗室《玉牒》登記的「紅名」人口（編修《玉牒》時的現存人口），1660 年 (順治十七年)，男 203 人，女 216 人，共 419 人；至 1915 年，男 16,454 人，女 12,838 人，共 29,292 人。至於覺羅人口，相同年分估計分別為 1,277 人、20,360 人。見鞠德源，〈清朝皇族宗譜與皇族人口初探〉，收入中國第一歷史檔案館編，《明清檔案與歷史研究——中國第一歷史檔案館六十周年紀念論文集》（北京：中華書局，1988），上冊，頁 421-423。

[23] 清．昭槤，《嘯亭雜錄》（北京：中華書局，1980），卷 6，〈果恭王之儉〉，頁 181。

[24] 清．昭槤，《嘯亭雜錄》，卷 6，〈恆王置產〉，頁 179。

[25] 清．崑岡等修，《清會典（光緒朝）》（北京：中華書局，1991），卷 7，〈吏部．文選清吏司．內外官之缺．宗室缺〉，頁 59。除「宗室缺」外，他們也可以透過考試、恩廕、捐納等方式取得職位。賴惠敏，《天潢貴冑——清皇族的階層結構與經濟生活》，頁 65-71。

[26] 例如：雍正皇帝嘗言：「如宗室內有一好人，滿洲內亦有一好人，朕必先用宗室。」見中國第一歷史檔案館編，《雍正朝起居注冊》（北京：中華書局，1993），冊 1，頁 453，雍正三年三月十三日辛亥。

室「年至十八歲者，准於披甲（馬甲）額數外，令其披甲，照披甲例之給銀、米。至於無父幼子，亦照此例，給銀、米贍養」，[27]兼具「俸餉」和「優恤」雙重意義。迨康熙二十年(1681)，改作「免其披甲，仍照例支給銀、米」，[28]則變為單純的「優恤」性質。茲將閒散宗室支領養贍銀、米規定變化情形，表列如下：

表 2　閒散宗室歲支養贍銀、米規定變化表

<table>
<tr><th colspan="2">支領規
時間、資格</th><th>銀
（兩）</th><th>米
（石）</th><th>規　定</th><th>備　　註</th></tr>
<tr><td rowspan="3">康熙
10.</td><td>年至十八歲</td><td>36</td><td>22.5</td><td>於披甲額數外，令其披甲</td><td rowspan="2">照披甲例支給</td></tr>
<tr><td>無父幼子</td><td>36</td><td>22.5</td><td></td></tr>
<tr><td>殘疾不能行走</td><td>24</td><td>21.1</td><td></td><td></td></tr>
<tr><td>康熙
20.</td><td>十八歲以上</td><td>36</td><td>22.5</td><td>免披甲</td><td>照披甲例支給</td></tr>
<tr><td rowspan="2">康熙
22.</td><td>十五歲以上</td><td>80</td><td>40</td><td rowspan="2"></td><td rowspan="2">照拖沙喇哈番品級</td></tr>
<tr><td>無父幼子</td><td>80</td><td>40</td></tr>
</table>

---

[27] 清·伊桑阿等纂修，《大清會典（康熙朝）》，收入《近代中國史料叢刊·三編》，第 72 輯，冊 711，卷 1，〈宗人府·優恤〉，頁 10b。雍正朝《會典》記載與康熙朝同，乾隆朝《會典則例》則曰：「康熙十年定，閑散宗室年二十以上，每月給養贍銀三兩，每歲給米四十五斛。無父幼子，亦照此數。其有殘疾不能行走者，月給銀二兩，每歲給米四十二斛二斗」，不僅閑散宗室支領銀、米的年齡不同，且無「俸餉」的意義。嘉慶朝《會典事例》另將這項措施的開始時間繫於「康熙九年(1670)」，但不見「准於披甲額數外，令其披甲」一句，其餘與乾隆朝《會典則例》同。分見清·允祿等監修，《大清會典（雍正朝）》，收入《近代中國史料叢刊·三編》（臺北：文海出版社，1992），第 77 輯，冊 761，卷 1，〈宗人府·優恤〉，頁 19b-20a；清·允祹等奉敕撰，《欽定大清會典則例（乾隆朝）》，收入《景印文淵閣四庫全書》（臺北：臺灣商務印書館，1983），冊 620，卷 1，〈宗人府·優恤宗室〉，頁 41a；清·托津等奉敕撰，《欽定大清會典事例（嘉慶朝）》，收入《近代中國史料叢刊·三編》（臺北：文海出版社，1992），第 65 輯，冊 641，卷 6，〈宗人府·優恤·養贍銀米〉，頁 1a。

[28] 清·伊桑阿等纂修，《大清會典（康熙朝）》，收入《近代中國史料叢刊·三編》，第 72 輯，冊 711，卷 1，〈宗人府·優恤〉，頁 10b。

康熙34.	年至二十歲	80	40	年滿再奏給俸	照拖沙喇哈番品級
康熙42.	年至二十歲	36	22.5	裁革所食品級俸祿	給披甲銀、米
	無父幼子	36	22.5		
雍正年間	年至二十歲	36	12		
	無父幼子	36	—		
乾隆11.	年至十歲	24	—		年滿二十歲，仍月給養贍銀三兩；四季支米，首、二、三季支米五石五斗，末一季支米五石七斗，計二十二石二斗
道光23.	年至十五歲	24	—		
光緒6.	年至十歲	24	—		

說明：

1.照披甲例支給的銀、米數，始見於乾隆朝《會典則例》。

2.康熙二十二年(1683)至四十二年(1703)，照拖沙喇哈番（*tuwašara hafan*，雲騎尉）品級支領銀、米規定的變動，只見於康熙、雍正兩朝《會典》。

資料來源：

清・伊桑阿等纂修，《大清會典（康熙朝）》，收入《近代中國史料叢刊・三編》，第72輯，冊711，卷1，〈宗人府・優恤〉，頁10b-11a。

清・允祿等監修，《大清會典（雍正朝）》，收入《近代中國史料叢刊・三編》，第77輯，冊761，卷1，〈宗人府・優恤〉，頁19b-21a。

清・允祹等奉敕撰，《欽定大清會典則例（乾隆朝）》，收入《景印文淵閣四庫全書》，冊620，卷1，〈宗人府・優恤宗室〉，頁41a-44a。

清・世鐸等纂，《欽定宗人府則例（光緒朝）》，收入故宮博物院編，《故宮珍本叢刊》，冊279，卷21，〈優恤・宗室養贍銀兩〉，頁144；〈宗室二兩錢糧規復舊制〉，頁146-147。

其中，閒散宗室「貧乏者俱賞與房產、人口，遇婚喪之事，又給與銀兩」，他們「並無行走之處」，待遇卻可以比照拖沙喇哈番品級，殊不合理。故自康熙四十二年(1703)起，恢復「年二十歲者，照披甲例，給與銀、米」的規定，[29]其收入遂與在

[29] 清・馬齊等修，《清實錄・聖祖仁皇帝實錄》（北京：中華書局，1985），

京馬甲相當。乾隆十一年(1746)，另有閒散宗室未成年子弟養贍銀的新措施，有子嗣的家庭經濟生活較兵丁為佳。[30]

同樣是天潢宗派的覺羅，因血緣較疏，國家給予的照顧遠不及宗室。康熙朝《會典》曰：「凡贍給，順治二年題准，覺羅幼丁，每戶月給銀二兩」，[31]是給有幼丁的覺羅家庭的特別津貼。這項辦法在乾隆朝《會典則例》卻記作：「優恤俸餉，順治二年題准，覺羅幼丁，每人月給銀二兩」。[32]不論幼丁是以戶計或以人計，覺羅都比一般披甲當差的旗人家庭多一份收入的機會，除此之外，實與一般旗人無異。至於閒散覺羅，他們也獲得類似宗室的假俸餉之名的「優恤」，惟官書記載頗有出入。嘉慶、光緒兩朝《會典事例》皆言：

> （康熙）十年，……閒散覺羅年及十八歲，由該旗報（宗人）府查明，每月給養贍銀二兩，每歲給米二十一石二

卷211，頁147，康熙四十二年三月庚午條。八旗世職爵秩的「拖沙喇哈番」，相當於正五品，歲支銀八十五兩，米四十二石五斗，「拖沙喇哈番品級官」則略低，歲支銀八十兩，米四十石。見清・伊桑阿等纂修，《大清會典（康熙朝）》，收入《近代中國史料叢刊・三編》，第72輯，冊715，卷36，〈戶部・廩祿・額駙世職官員俸祿〉，頁8b。

[30] 有關閒散宗室未成年子弟支領養贍銀資格調整的原因，道光二十三年(1843)，宗人府以「年甫十歲，尚未成立，即食二兩錢糧，與已授家室，借資養贍者，實為有間」為由，奏准「年至十五歲，方准給與二兩錢糧，以示節制」；光緒六年(1880)，御史戈靖條奏曰：「現在年居十四歲，未食錢糧者，約有四百餘人。覈其人數尚屬無多，所需經費實為有限」，經宗人府奏准，「照章覈辦，以符舊制」。分見清・世鐸等纂，《欽定宗人府則例（光緒朝）》，收入故宮博物院編，《故宮珍本叢刊》（海口：海南出版社，2000），冊279，卷21，〈優恤・宗室養贍銀兩〉，頁144；同書，卷21，〈優恤・宗室二兩錢糧規復舊制〉，頁146-147。

[31] 清・伊桑阿等纂修，《大清會典（康熙朝）》，收入《近代中國史料叢刊・三編》，第72輯，冊715，卷36，〈戶部・廩祿・贍給〉，頁4b。

[32] 清・允祹等奉敕撰，《欽定大清會典則例（乾隆朝）》，收入《景印文淵閣四庫全書》，冊621，卷52，〈戶部・俸餉・優恤俸餉〉，頁57b-58a。

斗。無父幼子，亦照此數。[33]

此事不見於康熙二十九年(1690)、雍正十年(1732)刊行的《會典》，乾隆二十六年(1761)成書的《會典則例》則曰：

（雍正十三年[1735]）又議准，定例，……閒散覺羅年及十八歲，月給銀二兩、米二斛。其未及歲之覺羅，……向無定例，均由各該旗酌量支給。嗣後宗室、覺羅等，已及歲者，照例之給，……至覺羅孤子，照宗室之例，父故後，不俟歲滿，給其一子月餉銀二兩。[34]

據此，閒散覺羅月給銀、米的「定例」，略可推斷是形成與雍正十年至十三年左右。閒散覺羅月支銀、米數，約介於在京馬甲和步甲之間，雖然低於閒散宗室，但是年滿十八歲便可支領，反較宗室為早；至道光二十三年(1843)，宗人府為求制度劃一，遂將之提高為二十歲。[35]

皇族之中，自然以宗室王公最具經濟優勢，惟「凡事諉諸

33 清·托津等奉敕纂，《欽定大清會典事例（嘉慶朝）》，收入《近代中國史料叢刊·三編》，第65輯，冊641，卷6，〈宗人府·優恤·養贍銀米〉，頁1a-1b。光緒朝《會典事例》記載亦同，見清·崑岡等修，《欽定大清會典事例（光緒朝）》，收入《續修四庫全書》（上海：上海古籍出版社，1997），冊798，卷6，〈宗人府·優恤·養贍銀米〉，頁1a。又乾隆五十七年(1792)纂修、嘉慶七年(1802)抄送的《欽定宗人府則例》僅曰：「閒散覺羅年及十八歲，由該旗報（宗人）府查明，每月給養贍銀二兩，每歲給米二十一石二斗。無父幼子，亦照此數」，內容相同，但無頒行時間。見清·淳穎等纂，《欽定宗人府則例（乾隆朝）》，卷14，〈優恤覺羅〉，頁105。

34 清·允祹等奉敕撰，《欽定大清會典則例（乾隆朝）》，收入《景印文淵閣四庫全書》，冊621，卷52，〈戶部·俸餉·優恤俸餉〉，頁60a-60b。從引文「其未及歲之覺羅，……向無定例，均由各該旗酌量支給」，或可認為順治二年覺羅幼丁月給銀二兩並非定制或常態。又乾隆朝《會典則例》載月給米二斛（每年合為十二石），嘉慶朝《會典事例》則為歲給米二十一石二斗，大約是逐漸提高的結果。

35 清·世鐸等纂，《欽定宗人府則例（光緒朝）》，卷21，〈優恤·覺羅及歲錢糧〉，頁160上。

管家，猶之民間富貴人家，財產屬他人經理，不數傳無不中落者」，故而輔國公載瀾(*dzai lan*，1856-1916)子溥倬(1882-1932)言：「我王府莊田有名無實，若照原額收租，我家何至如此拮据？」[36]爵位承襲數代之後，財貲豐厚者，固然有能力經營當鋪、錢莊，或收取地租；境況窘迫者，或舉債度日，或經營戲院、茶館等違例買賣；等而下之者，則招搖撞騙，日趨沉淪。[37]降及清末，「雖勳戚世冑席豐履厚不無其人，其窮乏者究屬多數」，且「閒散王公貧甚，有為人挑水者」，[38]宗室困頓如此，遑論閒散覺羅。

三、旗員：京官與外官

順治元年制定的京官俸給，對象只限於漢族官員，迨順治三年(1646)，朝廷始議准：「給滿洲、蒙古、漢軍官俸銀有差」，[39]惟辦法中世職、官職不分，且無俸米，但另各依官等授予土地。[40]降及順治七年(1650)，八旗官員方得支領俸米；次年，才

---

[36] 民國・何剛德，《春明夢錄》，收入《民國筆記小說大觀》（太原：山西古籍出版社，1997），第3輯，卷下，〈清末王公莊田有名無實〉，頁61。

[37] 賴惠敏，《天潢貴冑——清皇族的階層結構與經濟生活》，頁289-301。

[38] 民國・何剛德，《春明夢錄》，卷下，〈王公及閒散宗室日漸貧困〉，頁62。

[39] 清・伊桑阿等纂修，《大清會典（康熙朝）》，收入《近代中國史料叢刊・三編》，第72輯，冊715，卷36，〈戶部・廩祿・官員俸祿〉，頁11b。

[40] 順治三年題准：「副都統以上官員，各撥給園地三十晌，並二名壯丁地」；順治四年題准：「參領以下官員，個給二名壯丁地」。所謂「壯丁地」，《欽定八旗通志》曰：「每名壯丁地三十畝」，亦即田地五晌。見清・伊桑阿等纂修，《大清會典（康熙朝）》，收入《近代中國史料叢刊・三編》，第72輯，冊713，卷21，〈戶部・田土・各旗莊屯・撥給八旗官員兵丁畿輔田土〉，頁29b-30a；清・鐵保等奉敕撰，《欽定八旗通志》，收入《景印文淵閣四庫全書》（臺北：臺灣商務印書館，1983），冊665，卷62，〈土田志・土田規制・畿輔規制〉，頁13a。

將八旗職官和京官既有的品級制整合，並定其俸祿；復經順治十年(1653)再次調整，遂為定制。茲表列如下：

表 3　在京八旗官員歲支俸祿變化表

官銜、品級＼俸祿		順治三年		順治七年		順治八年		順治十年	
		銀（兩）	米（石）	銀（兩）	米（石）	銀（兩）	米（石）	銀（兩）	米（石）
固山額真、尚書	一品	—	—	—	—	140	105	180	90
梅勒章京、侍郎	二品	—	—	—	60	130	97.5	155	77.5
甲喇章京、理事官、一等侍衛等官	三品	50	—	34	50	120	90	130	65
牛彔章京、副理事官、二等侍衛等官	四品	40	—	30	40	100	75	105	52.5
閒散章京、鳴贊官、三等侍衛等官	五品	35	—	30	35	—	—	80	40
他赤哈哈番、護軍校、驍騎校等官	六品	30	—	25	30	60	45	60	30
七品		—	—	—	—	40	30	45	22.5
八品		—	—	—	—	20	15	40	20
正九品		—	—	—	—	—	—	33.114	16.557
從九品		—	—	—	—	—	—	31.520	15.750

說明：

1.固山額真（*gūsa i ejen*），即「都統」；梅勒章京（*meiren i janggin*），即「副都統」；甲喇章京（*jalan i janggin*），即「參領」；牛彔章京（*niru i janggin*），即「佐領」；他赤哈哈番（*taciha hafan*），即「博士」。理事官、副理事官為六部屬官，後改稱「郎中」、「員外郎」。

2.俸米支給標準：順治七年，甲喇章京以下各官，皆為銀一兩支給米一石；順治八年，銀二兩支給米三斛（一斛相當於半石）；順治十年，銀一兩支給米一斛。

3.《大清會典（康熙朝）》，將固山額真、梅勒章京以下各官按品級支給俸祿的時間，繫於順治八年(1651)；《皇朝文獻通考》，則作順治五年(1648)，此處從《會典》所載。

4.《實錄》、《會典》無九品旗員俸祿，表中銀、米數係據《實錄》載在京文武官員俸祿補入。

資料來源：

清・鄂爾泰等修，《清實錄・世祖章皇帝實錄》，卷 26，頁 9a-9b；卷 47，頁 3a-3b；卷 49，頁 392。

清・伊桑阿等纂修，《大清會典（康熙朝）》，收入《近代中國史料叢刊・三編》，第 72 輯，冊 715，卷 36，〈戶部・廩祿・官員俸祿〉，12a-12b。

清・嵇璜等奉敕撰，《皇朝文獻通考》，收入《景印文淵閣四庫全書》，冊 633，卷 42，〈國用考・俸餉・百官之俸〉，頁 7a-7b、頁 12a。

順治十年以後，旗員和漢官的俸銀畫一，惟兩者的待遇仍有差別，包括：一、初定京官俸祿時，漢官有「柴薪銀」一項，[41]朝廷另以「親隨兵」的名義撥給旗員額外津貼。[42]順治十三年

---

[41] 「柴薪銀」按官品高低，歲額一、二品一百四十四兩，三品一百二十兩，四品七十二兩，五、六品四十八兩，七品三十六兩，八品二十四兩，九品一十二兩。見清・伊桑阿等纂修，《大清會典（康熙朝）》，收入《近代中國史料叢刊・三編》，第 72 輯，冊 715，卷 36，〈戶部・廩祿・官員俸祿〉，頁 11a。

[42] 「親隨兵」始於順治初年，定滿洲都統親隨兵八名，蒙古、漢軍都統六名，護軍統領、前鋒統領五名，民公四名，侯、伯、滿洲副都統三名，蒙古、漢軍副都統、領侍衛內大臣、大學士、尚書、左都御史、子各二名，侍郎、左副都御史、學士、通政使、大理卿、詹事、王府長史、前鋒參領、驍騎參領、男、佐領各一名，官員可依配得的名額按月領取馬甲俸餉。見清・允祹等奉敕撰，《欽定大清會典則例（乾隆朝）》，收入《景印文淵閣四庫全書》，

(1656)議准，「官員俸銀，滿、漢一例照品支給，其漢官柴薪等銀俱裁」，[43]旗員的「親隨兵」則繼續保留。二、雖然旗員獲得俸米的時間較晚，但是乾隆皇帝(1711-1799，1735-1795 在位)曾指出：「其時所得地畝，原足養贍，而無缺乏」。[44]因此，俸餉之於旗人，最初的性質近似皇帝的定期恩賞。三、新定「祿米照俸銀，一兩支給一斛」的辦法，[45]僅限旗員適用，漢官「不論品，俱歲支米十二石」。[46]同任京官，旗、漢俸銀相同，俸米支給標準卻不一的問題，直到雍正三年(1725)始獲解決。是年，「特奉恩旨，漢官俸米，俱照滿洲、蒙古、漢軍官員支給，永為定例」。[47]據雍正皇帝(1678-1735，1723-1735 在位)解釋，係因「向日漢官攜帶家口者少，食指無多，故給米十二石，即可粗足」，如今漢官帶家口者多，故按俸銀數目給與俸米。[48]事實上，年支十二石之數甚屬微薄，按雍正朝工部左侍郎郝林(1655-1732)估算，「人口少者，或足四個月之用；人口多者，僅足兩個月之用，其餘月分俱費拮据」，並指出當時在京漢官不滿五百員，「將俸米酌量加增，使足終歲之用，在太倉所損

冊 621，卷 52，〈戶部・俸餉・京師兵餉〉，頁 1b-9b。

[43] 清・伊桑阿等纂修，《大清會典（康熙朝）》，收入《近代中國史料叢刊・三編》，第 72 輯，冊 715，卷 36，〈戶部・廩祿・官員俸祿〉，頁 12b。

[44] 中國第一歷史檔案館編，《乾隆帝起居注》（桂林：廣西師範大學出版社，2002），冊 4，乾隆四年十一月初二日乙巳。

[45] 清・鄂爾泰等修，《清實錄・世祖章皇帝實錄》，卷 71，頁 567，順治十年正月癸未條。

[46] 清・伊桑阿等纂修，《大清會典（康熙朝）》，收入《近代中國史料叢刊・三編》，第 72 輯，冊 715，卷 36，〈戶部・廩祿・官員俸祿〉，頁 9a。

[47] 清・允祿等監修，《大清會典（雍正朝）》，收入《近代中國史料叢刊・三編》，第 77 輯，冊 769，卷 54，〈戶部・廩祿・在京文武官員俸祿〉，頁 12a。

[48] 清・鄂爾泰等修，《清實錄・世宗憲皇帝實錄》（北京：中華書局，1985），卷 36，頁 538-539，雍正三年九月丁酉條。

不過數千餘石」。[49]

其次，入關之初，朝廷為驅策歸降的前明官員，令給總兵月支俸銀五十兩、副將三十兩、參將二十兩、遊擊十五兩、守備七兩不等。[50]這是暫時的特別措施，等到征服告一段落，朝廷也針對在各地鎮守、管理的官員，訂定按年計算的支領標準，惟其制度化則是從外任文官開始。順治四年(1647)，天下粗定，朝廷為重建地方秩序，即仿明朝地方行政制度，陸續任命總督、巡撫等各級官員，其俸銀「與京官一例照品級頒發」，但不給俸米，[51]另以辦公費的名義，酌給薪銀、蔬菜燭炭銀、心紅紙張銀、案衣銀、家伙銀、修宅銀、傘扇銀等項，做為官員收入的補充。此一辦法前後維持十年左右，期間先於順治九年(1652)停止州縣修宅家伙銀兩；迨順治十三年，在取消京官柴薪銀的同時，外官的薪銀、蔬菜、燭炭等也一併裁去，只保留心紅紙張一項。[52]在武職外官方面，朝廷將明朝歸降官兵就地編組成綠營；[53]又派遣八旗官兵在軍事要衝駐防，形成與綠營並立、

---

[49] 國立故宮博物院編，《宮中檔雍正朝奏摺》（臺北：國立故宮博物院，1980），第23輯，頁981，〈工部左侍郎郝林・奏請量增漢員俸米以資養廉摺〉，雍正朝無年月日。郝林在雍正二年至四年間(1724-1726)任工部左侍郎，奏摺中提及在京漢官年支俸米十二石，可知上奏時間當在雍正三年九月之前，雍正皇帝決定提高俸米數，可能與郝林的建議有關。

[50] 清・伊桑阿等纂修，《大清會典（康熙朝）》，收入《近代中國史料叢刊・三編》，第72輯，冊715，卷36，〈戶部・廩祿・官員俸祿〉，頁14a。

[51] 清・允祿等監修，《大清會典（雍正朝）》，收入《近代中國史料叢刊・三編》，第77輯，冊769，卷54，〈戶部・廩祿・在外文武官員俸祿〉，頁17a。

[52] 清・伊桑阿等纂修，《大清會典（康熙朝）》，收入《近代中國史料叢刊・三編》，第72輯，冊715，卷36，〈戶部・廩祿・官員俸祿〉，頁14a-16b、頁19a-19b。

[53] 羅爾綱，《綠營兵志》（重慶：商務印書館，1945），頁11-21。綠營軍官的俸餉，分俸銀、薪銀、蔬菜燭炭銀、心紅紙張銀等項，另有類似八旗駐防「丁糧馬乾」的「親丁名糧」，支給標準自成系統。參見陳鋒，《清代軍費研究》（武昌：武漢大學出版社，1992），頁102-109。

對地方加強監控的軍事系統。八旗駐防分設將軍、副都統、協領、佐領、防禦、驍騎校等官，俸銀比照在京八旗官員品級支領，不給祿米，另依品秩高低分別給予家口月糧、馬匹草料，貼補其收入，名曰「丁糧馬乾」。[54]當地方的民政、軍事管理體系逐步完善，朝廷即派遣旗員出任外省，或進入綠營系統，其俸祿便按外官之制支領。

清朝的俸餉制度仿自明朝，訂定以來鮮少更易。明制官俸過薄，時人多所議論，咸認為是導致官員侵貪，進而敗壞吏治、軍政的癥結，其弊不免延續至清。[55]惟順治年間，正值大亂之後，加上三藩並建的靡費，使國家本已短絀的財政益發窘迫；[56]康熙朝前期，歷時八年的三藩戰爭(1673-1681)，國庫更為之耗竭，基本上無力調高俸餉，故官員長期處於低薪狀態，即便待遇較佳的八旗官兵，收入也未必稱得上充裕。就外官而言，往

---

[54] 八旗駐防官兵隨行家口和飼養馬匹得支月糧、草料之制，形成於順治年間，月糧每口月領二斗五升，馬匹每匹月給草料、豆料或折銀二至三兩不等。順治十三年，具體訂定月糧支領口數，都統家口六十口，副都統四十口，參領三十五口，閒散官三十口，兵丁二口。康熙二十二年，議准駐防將軍家口四十名、馬五十匹，副都統家口三十五名、馬四十匹，協領家口三十名、馬三十匹，佐領家口二十名、馬二十匹，防禦家口十四名、馬十五匹，驍騎校、有品筆帖式（*bithesi*）家口十二名、馬十匹，無品筆帖式、撥什庫（*bošokū*，領催）、甲兵家口七名、馬六匹，弓匠、鐵匠家口五名、馬三匹，其後即以此為標準，再視各地情形有所增減。見清．伊桑阿等纂修，《大清會典（康熙朝）》，收入《近代中國史料叢刊．三編》，第 72 輯，冊 715，卷 37，〈戶部．兵餉．在外官兵俸餉〉，頁 9a-11a、頁 13b-14a；清．允祹等奉敕撰，《欽定大清會典則例（乾隆朝）》，收入《景印文淵閣四庫全書》，冊 621，卷 52，〈戶部．俸餉．直省兵餉〉，頁 11a。

[55] 黃惠賢、陳鋒，《中國俸祿制度史》，頁 472-480。

[56] 以平西王吳三桂(1612-1678)駐鎮的雲南為例，據順治十七年(1680)戶部條奏，曰：「合計天下正賦，止八百七十五萬餘兩，而雲南一省，需銀九百餘萬，竭天下之正賦，不足供一省之用。」見清．鄂爾泰等修，《清實錄．世祖章皇帝實錄》，卷 136，頁 1054，順治十七年六月乙未條。

往攜眷赴任，又有幕友、長隨等，動輒十數口乃至百餘口，督撫大員甚或不下千人，實非正俸所能負擔，[57]於是上司索求於屬下，州縣則侵用錢糧、收受陋規或科派民間，遂為慣例。[58]直到雍正二年(1724)，皇帝將地方行之有年的以附加稅名義私徵耗羨的做法，予以公開化和制度化，在直省次第實施用耗羨提解的方式支給養廉銀，改善外任文、武官員待遇，並成為主要收入，[59]是清朝俸祿制度的重大改革。

至於京官，乾隆元年(1736)，皇帝根據雍正三年給予各部堂官雙俸之例，自明年起，「將在京大、小文員俸銀加一倍賞給，令其用度從容，益得專心於官守」，[60]待遇始獲大幅改善。雙俸制適用對象不包括在京武職，乾隆皇帝指出：「文官已給有雙俸，武員亦給有隨甲，似可敷用」。[61]「隨甲」即「親隨

---

[57] 佐伯富著，鄭樑生譯，《清雍正朝的養廉銀研究》（臺北：臺灣商務印書館，1996），頁 3-5。

[58] 瞿同祖著，范忠信、晏鋒譯，《清代地方政府》（北京：法律出版社，2003），頁 40-52。

[59] 佐伯富著，鄭樑生譯，《清雍正朝的養廉銀研究》，頁 7-42、頁 123-150；莊吉發，《清世宗與賦役制度的改革》（臺北：臺灣學生書局，1985），頁 185-231。養廉銀制度陸續實施後，至乾隆年間著為定例，由於各官地位高低不同，各省事務繁簡、用度多寡不一，是以養廉銀額的支給標準有差，即便同一省分內的府、州、縣各官亦有出入，大致上都高出本俸的數倍乃至百餘倍不等，官員品級愈高，養廉銀愈是豐厚。參見黃惠賢、陳鋒，《中國俸祿制度史》，頁 522-532、頁 572-578。

[60] 中國第一歷史檔案館編，《乾隆帝起居注》，冊 1，頁 400 上，乾隆元年八月十六日丁丑。根據乾隆皇帝的上諭，在雍正三年特旨增添漢官俸米的同時，各部堂官又加恩給予雙俸，惟乾隆元年六月諭曰：「禮部堂官著照五部堂官例，給與雙俸」，則禮部原不在支領雙俸之列。見同書，冊 1，頁 281，乾隆元年六月初一日甲子。又所謂雙俸，包括俸銀、俸米兩項，但有少數官員領取雙俸單米，至乾隆五十三年(1788)才改為雙米。見同書，冊 37，頁 160-160，乾隆五十三年七月初二日壬戌。

[61] 清・慶桂等修，《清實錄・高宗純皇帝實錄》，卷 50，頁 860，乾隆二年九月庚子條。

兵」，乾隆元年為因應雙俸制的實施，也重新規劃親隨兵數，及其月給銀、米額數，[62]使武職旗員的收入不至相對減少，設想頗為周全。由於擔任大學士、尚書、左都御史、左副都御史、通政使、大理卿、詹事等旗員也配給親隨兵，故待遇優於同品級的漢官。

俸祿制度的調整，應可改善官員的經濟生活，惟入不敷出者仍大有人在。就京官而言，當時京官積習，「以裘馬聲色為娛，所入俸糈，不充谿壑之費，故多逋券山積，難以度日」，[63]旗、漢官僚皆然。肅親王豪格(*hooge*，1609-1648)七世孫宗室盛昱(1850-1900)每謂：「窮奢二字，實可為我滿人寫照。愈窮愈奢，愈奢愈窮，此兩字當如是解也。」[64]官場風氣奢靡，京官

---

[62] 旗員支領親隨兵銀、米分為兩類：一、武職，領侍衛內大臣、滿洲都統各八名，蒙古、漢軍都統、前鋒統領、護軍統領各六名，步軍統領五名，滿洲副都統四名，蒙古、漢軍副都統各三名，步軍翼尉一名，前鋒參領、護軍參領、驍騎參領各二名，副護軍參領、副驍騎參領、前鋒侍衛、上三旗內府參領各一名半。以上親隨兵每月給銀三兩，米折銀一兩。八旗佐領、上三旗內府佐領，各於本佐領額兵內食糧一分。二、世職和文職，民公四名，侯、伯各三名，大學士、尚書、左都御史、內大臣、子各二名，侍郎、學士、左副都御史、通政使、大理卿、詹事、散秩大臣、男、王府長史各一名。以上親隨兵每名月給餉銀一兩，米二斛。見清·允祹等奉敕撰，《欽定大清會典則例（乾隆朝）》，收入《景印文淵閣四庫全書》，冊621，卷52，〈戶部·俸餉·京師兵餉〉，頁1b-2a。

[63] 清·昭槤，《嘯亭雜錄·續錄》，卷5，〈唐若瀛〉，頁527。昭槤記述的是乾隆朝京官風氣，此一現象實由來已久。雍正皇帝曾斥責旗員，曰：「平居積習，尤以奢侈相尚，居室、器用、衣服、飲饌無不備極紛華，爭誇靡麗，甚且沉湎梨園，遨遊博肆。」見清·允祿等奉敕編，《世宗憲皇帝上諭八旗》，收入《景印文淵閣四庫全書》（臺北：臺灣商務印書館，1983），冊413，卷2，頁2b，雍正二年二月初二日，諭八旗文武官員人等。另張德昌據李慈銘(1830-1895)《越縵堂日記》分析晚清京官生活，即便用度拮据，仍講求宅第宏敞、選購姬妾、雇用僕役，熱中歌郎、戲曲、冶遊、飲宴。參見張德昌，《清季一個京官的生活》（香港：香港中文大學，1970），頁53-54。

[64] 民國·何剛德，《春明夢錄》，卷下，〈「窮奢」二字為晚清滿人寫照〉，頁63-64。

正俸不足應付，於是中、高級官員藉由收受外官以各種名目的饋贈作為補充，甚至累積財富；部院衙門官吏則透過辦理各種公務時索取部費，用以維持生計，這些項目都屬不當陋規，卻是常態。[65]

京官收受外官餽贈的名目，道、咸以前，「夏則有冰敬，冬則有炭敬，出京則有別敬」；同、光以降，「冰敬惟督撫送軍機有之，餘則只送炭敬」，金額自數兩至三、四百兩不等，全視「官階大小，交情厚薄為衡。後來漸重官階而輕交情」，遇親貴用事時，亦有高達千金者。[66]京官「廉者有所擇而受之，不廉者百方羅致，結拜師生、兄弟以要之。大抵大官之廉者僅足，不廉者有餘，小官則皆不足」。[67]至於部院衙門的部費，凡地方向中央主管部門呈審、呈核或奏銷等案，必須另行奉上額外費用供官吏朋分。以吏部為例，「領憑有費，領照有費，引見亦有費，或數兩，或百數十兩」。[68]據光緒三年(1877)進士福建人何剛德(1855-1934?)的記載，他在補六品缺後，得食恩、正兩俸，計銀一百二十兩，「俸之外則有印結銀，福建年約二百金左右。吏部有查結費，與同部之同鄉輪年得之，約在印結半數。此外即飯食銀也，飯食銀每季只得兩三金耳。得掌印後，則有解部照費，月可數十金，然每司只一人得之；未得掌印，則不名一錢也」。[69]簡言之，部員在未掌印前，每年從陋規中

---

65 韋慶遠，〈論清代官場的陋規〉，頁 245-257。

66 民國・何剛德，《春明夢錄》，卷下，〈外官饋送京官——冰敬、炭敬、別敬〉，頁 103-104。

67 清・葛士濬輯，《皇朝經世文續編》，收入《近代中國史料叢刊》（臺北：文海出版社，1972），第 75 輯，冊 741，卷 16，〈吏政・吏論・厚養廉議・馮桂芬〉，頁 1a。

68 民國・何剛德，《春明夢錄》，卷下，〈吏部需索常例形成原因〉，頁 99。

69 民國・何剛德，《春明夢錄》，卷下，〈京官俸銀及其他收入〉，頁 101。

可得銀二百二、三十兩至三百餘兩，遠超過六品官的雙俸。

各種部費旗員、漢官利益均霑，惟「漢京官例有印結費，每月可得數十金，而滿京官無之」。[70]官員銓選、舉人應試、捐納買官等，須取具同鄉京官印結以為憑證，京官從中收取費用漸成慣例；[71]尤其嘉、道以降，廣開捐官之途，「印結費者，部曹俸薄，賴以為津貼」。[72]雖然旗人候補職缺、參加考試也有取得印文的規定，但係由本旗都統辦理，[73]故旗人京官無此項收入。惟崇文門稅務委員的收入，則為旗員專有。崇文門掌天下貨物進出京師的稅務，歷來俱特派親信大臣出任監督，[74]其下設有：「奏委四人，堂委十數人；分局十餘處，局十人或二十人，此外掛名尚數十人，皆旗員也」，俱為虛銜，「以此為調劑滿京官之用，所以抵漢官之印結。計一歲所養，不下七、八百人」，「每歲人不過分潤百金上下。計一歲國課少入者，

---

[70] 清・震鈞，《天咫偶聞》（北京：北京古籍出版社，1982），卷 6，〈外城東〉，頁 152。

[71] 韋慶遠，〈論清代官場的陋規〉，頁 251-252。

[72] 民國・何剛德，《話夢集》（北京：北京古籍出版社，1995），卷上，〈紀事詩書後〉，頁 13。有關因捐納而收取印結銀的原因及其制度化，略為：「恐品流混雜，飭同鄉五、六品京官，具印結作保，意在救弊也。部員人多，又恐有扶同及爭執等弊，各省乃各設局管理之，酌取其資。同鄉有印之京官，勻分之，各省一律，遂儼若功令焉」。見同書，卷上，〈紀事詩書後〉，頁 13。

[73] 清・允祹等奉敕撰，《欽定大清會典則例（乾隆朝）》，收入《景印文淵閣四庫全書》，冊 620，卷 5，〈吏部・文選清吏司・候選文結〉，頁 4a；清・允祹等奉敕撰，《欽定大清會典則例（乾隆朝）》，收入《景印文淵閣四庫全書》，冊 625，卷 176，〈八旗都統・教養・錄送考試〉，頁 14a。

[74] 清・慶桂等修，《清實錄・高宗純皇帝實錄》，卷 724，頁 1067，乾隆二十九年十二月甲申條。清中期以後，「每年更換正、副監督各一人，以各部院滿員尚（書）、侍（郎）及各旗正、副都統充之。……由戶部奏請更換監督，……到任之後，不再赴署，事無巨細，皆由奏派總辦委員正、副各舉一人司之」。見民國・崇彝，《道咸以來朝野雜記》（北京：北京古籍出版社，1982），頁 104。

不過數萬金，而旗員無憂貧之慮」。[75]光緒年間，崇彝以吏部部員兼崇文門稅關幫辦委員（堂委），曰：「歲約可得四、五千金，據云奏委所入視此不只倍蓰，監督歲入一不過數萬金，彼時視此差遂為京官最優者。」[76]

晚清，旗、漢京官率以部員俸祿菲薄、生活清苦為由，將收受陋規合理化。以崇文門稅務分潤為例，旗人震鈞(1857-1920)即認為，「其所徵者，亦皆富商大賈之財，而非刻剝小民生計也」。豈料光緒十二年(1886)有某御史揭參委員冗濫，大學士閻敬銘(?-1892)奉命整頓，將委員改為奏委 2 人、堂委 4 人、分局各 2 人，餘盡裁撤，導致「旗員生計大窘」，於是「無才者，號寒嘑饑；有才者，別工施設。邇來土木之役大開，每興一工，司員累累，其分潤更鉅於崇文門稅務，而且止供數人」，故云：「事有行之似非政體，而祖宗以來，相沿不廢，其中必有故，非淺人所知也。」[77]相較於震鈞振振有詞，何剛德晚年憶及印結銀事，賦詩自嘲，曰：「資郎沿例又賚錢，調劑官私說自圓。笑我當年臨渴飲，尋源至竟愧廉泉。」[78]可略見旗、漢官員心態差異。

又何剛德曾聽聞吏部同僚直隸人李錫彬自述生活情狀：「余家平常不舉火，上下四人，晨興以一錢市開水，盥飲俱備。早

---

[75] 清・震鈞，《天咫偶聞》，卷 6，〈外城東〉，頁 151-152。

[76] 民國・崇彝，《道咸以來朝野雜記》，頁 104-105。

[77] 清・震鈞，《天咫偶聞》，卷 6，〈外城東〉，頁 151-152。崇文門稅務涉及龐大利益，其吏員向為時人詬病，曰：「天下榷稅之關，以京師崇文門胥吏為最侈且暴，言官屢劾，諭旨屢誡，而積習如故也。商賈行旅，赴試士子，莫敢或抗矣。凡外吏入都，官職愈尊，則需索愈重」。見清・陳康祺，《郎潛紀聞・三筆》（北京：中華書局，1984），卷 2，〈崇文門關吏需索之苛〉，頁 681。

[78] 民國・何剛德，《話夢集》，卷上，〈紀事詩書後〉，頁 12。

晚兩餐，四人食饅首四斤。加以蔥醬小菜，日不過京錢一千有零。每銀一兩，可易京錢十五、六千。印結費一項，作一月伙食足矣。」何氏「聞之惕然。後質諸滿員之貧者，大率類是」。[79]據李錫彬所言的晚清京城物價，一家四口每月粗茶淡飯約需銀二十兩，六品官的雙俸只夠半年之用。雖然有俸米可領，但是「京倉日積月累，米色紅朽，名曰老米，六品以下官及兵糧，皆取給焉」，「京倉米既朽壞，京官領米不能挑剔，只付與米舖打折扣而已」，[80]實質所得大受影響。此外，京官日常有交通、治裝、人情往來等費用，家中遇有婚喪喜慶，又是一筆額外支出，是以陋規收入可補貧困官員俸祿不足，惟能如崇彝歲入數千兩者，究屬少數。

雖說「京官之貧，滿、漢同之」，[81]旗員還是享有漢官無法獲得的福利，其中按爵位、品級發給的紅、白事賞俸，即是一例。茲表列如下：

表 4　京城八旗官員紅白事賞俸等第表

世職、官品 ＼ 紅白事	公侯伯子	男爵	輕車都尉	騎都尉	雲騎尉	—	恩騎尉
	—	—	三品	四品	五品	六品	七品以下
白事（兩）	60	50	40	35	30	25	20
紅事（兩）	45	40	30	25	20	15	10

資料來源：清．于敏中等纂修，《欽定戶部則例（乾隆朝）》，收入《清代各部院則例（七）》，卷 113，〈蠲恤．恤賞．京城八旗官員紅白事賞俸等第圖〉，頁 1b-2a。

79 民國．何剛德，《話夢集》，卷上，〈紀事詩書後〉，頁 13。

80 民國．何剛德，《春明夢錄》，卷下，〈京、通糧倉之弊〉，頁 74。品質良好的米，儲於通州倉，專供宮中所用，及五品以上官俸。

81 清．震鈞，《天咫偶聞》，卷 6，〈外城東〉，頁 152。

這項賞恤金額不高，對用度拮据者仍不無小補，但有若干限制，並非人人皆可照章請領。[82]

部院衙門有七、八、九品筆帖式（*bithesi*），是「八旗出身之路」，[83]職缺約在一千八百至二千人之間，其中滿洲缺佔的比例極高。[84]值得注意的是，除宗人府筆帖式係按七品官俸祿支給外，其餘皆較同品級京官為低。茲表列如下：

表 5　七至九品京官與筆帖式歲支俸祿比較表

官品／俸祿	正、從七品	七品筆帖式	正、從八品	八品筆帖式	正九品	從九品未入流	九　品筆帖式
俸銀（兩）	45	33	40	28	33.114	31.520	21.114
俸米（石）	22.5	16.5	20	14	16.557	15.750	10.550

資料來源：清・于敏中等纂修，《欽定戶部則例（乾隆朝）》，收入《清代各部院則例（七）》，卷 91，〈廩祿・中外文員俸〉，頁 7b-8a。

時人多認為「筆帖式為文臣儲才之地，是以將相大僚，多由此途歷階」。[85]事實上，他們在有幸飛黃騰達之前，都必須

[82] 主要限制有：一、凡八旗副都御史以上文職，副都統、散秩大臣以上武職，及下五旗王公包衣（*booi*）官員，各直省外任旗員，均不准請賞。二、世職兼職任官在三品以下者，照品賞給；如所兼職任係副都御史、副都統、散秩大臣以上職官不在應得賞俸之列者，不准援世職請賞。三、三品以下官員內，銜大俸小者，照所食俸銀之品級賞給。四、賞銜食俸人員，在三品以下者，照品賞給，若空銜頂帶，不食俸、不當差者，不准請賞。見清・于敏中等纂修，《欽定戶部則例（乾隆朝）》，收入《清代各部院則例（七）》（香港：蝠池書院出版公司，2004），卷 113，〈蠲恤・恤賞・紅白事賞俸等第〉，頁 1a-3a。

[83] 清・嵇璜等奉敕撰，《皇朝文獻通考》，卷 55，〈選舉考・舉官〉，頁 58a。

[84] 葉高樹，〈繙譯考試與清朝旗人的入仕選擇〉，《臺灣師大歷史學報》，52（臺北，2014.12），頁 125-126。

[85] 清・福格，《聽雨叢談》（北京：中華書局，1984），卷 1，〈筆帖式〉，

忍受一段低薪的仕途生涯。

另一個為旗人稱羨的職位，則是擔任皇帝的侍衛（*hiya*）。由於侍衛「御殿則在帝左右，從扈給事起居，滿洲將相多由此出」；[86]自乾隆十三年(1748)起，又明定頭等、二等侍衛奉旨轉任文職，得優先補授，[87]無疑是絕佳進身之階。是職分頭等三品、二等四品、三等五品、四等從五品以及藍翎侍衛六品，其中八旗缺五百七十人，宗室缺九十人，清初以來皆爰選上三旗親貴子弟充之，[88]故人人意氣風發，個個穿戴光鮮。[89]然而，嘉、道以降，他們或因家道中落，不再講究衣裝，而是期待著馬乾、值班等津貼養家活口；[90]或因揮霍無度，只得進出當鋪，舉債度日。[91]宗室奕賡自道光十一年至十六年(1831-1836)間，任三等侍衛六十一個月，除因黑龍潭「莫因（*meyen*，即『部伍』，此處指『押隊』）一次失查逸馬罰俸半年外，共得銀七百一十

頁 22。

86 清・福格，《聽雨叢談》，卷 1，〈侍衛〉，頁 25。

87 清・允祹等奉敕撰，《欽定大清會典則例（乾隆朝）》，收入《景印文淵閣四庫全書》，冊 620，卷 9，〈吏部・文選清吏司・旗員升補・武職世爵各官兼理部院〉，頁 4a。

88 清・允祹等奉敕撰，《欽定大清會典（乾隆朝）》，收入《景印文淵閣四庫全書》（臺北：臺灣商務印書館，1983），冊 619，卷 94，〈領侍衛府〉，頁 1a-1b。又除四等侍衛歲支俸銀七十兩、俸米三十五石，較五品官俸祿銀八十兩、米四十石略低外，其餘均照品支給。見清・于敏中等纂修，《欽定戶部則例（乾隆朝）》，卷 91，〈廩祿・八旗侍衛俸〉，頁 10a。

89 例如：〈少侍衛嘆〉曰：「自是旗人自不同，天生儀表有威風」，充滿自信與驕傲；〈老侍衛嘆〉曰：「戴的是赤金點軟翠，穿的俱是蠶吐的絲」，而〈少侍衛嘆〉中更對侍衛的帽、衣、靴，乃至隨身配件等項，有詳細的描述。分見故宮博物院編，《弟子書》，收入《故宮珍本叢刊》（海口：海南出版社，2001），冊 699，〈鶴侶・少侍衛嘆子弟書〉，頁 241-242；同書，〈鶴侶・老侍衛嘆子弟書〉，頁 238。

90 故宮博物院編，《子弟書》，〈鶴侶・侍衛論子弟書〉，頁 248。

91 故宮博物院編，《子弟書》，〈鶴侶・老侍衛嘆子弟書〉，頁 237；同書，〈鶴侶・女侍衛嘆子弟書〉，頁 246。

兩八分九厘，錢四百零三吊七百文，米一百八十八石五斗，馬豆九十八石，[92]若以李錫彬的家庭飲食開銷為準，其銀錢總收入僅夠支撐三年。

就外官而言，旗、漢官員赴外省就任，除攜兄弟妻子外，常帶家人同往。朝廷最初並未限制隨行僕從人數，因「慮外官貪汙，或因家口繁眾所致」，[93]自康熙二十五年(1686)起規定，漢督、撫准帶家人五十名，旗員則不許過五百人。[94]然以總督、巡撫的二品俸銀，既要賄送朝中要人、上級長官，又要維持家用、豢養奴僕，絕無可能，只能仰賴收受規禮，甚至違法侵貪。[95]因此，時人對外官有「取之裕如，日甚一日，自飲食、衣物，以及輿馬、僕從，內而妻妾之奉，外而聲伎玩好之樂，日事侈靡，欲罷不能」的印象。[96]

旗員外任，動攜數百口，需用勢必可觀。雍正二年，雍正皇帝擢用浙江布政使王朝恩(鑲紅旗漢軍)為湖南巡撫，當時湖南巡撫衙門尚無養廉銀，[97]皇帝因其「家口甚重，如許用度，

---

92 清·宗室奕賡，《侍衛瑣言》，收入宗室奕賡，《佳夢軒叢著》（北京：北京古籍出版社，1994），頁 69。

93 國立故宮博物院編，《宮中檔雍正朝奏摺》，第 1 輯，頁 42，〈兵科掌印給事中稽察錢局陳世倕·奏陳慎揀督撫裁抑外官家口及崇尚節儉諸事〉，雍正元年二月初六日。

94 清·托津等奉敕纂，《欽定大清會典事例（嘉慶朝）》，收入《近代中國史料叢刊·三編》，第 65 輯，冊 648，卷 70，〈吏部·處分例·外官攜帶家口〉，頁 21b。

95 韋慶遠，〈論清代官場的陋規〉，頁 257-266。

96 國立故宮博物院編，《宮中檔雍正朝奏摺》，第 1 輯，頁 42，〈兵科掌印給事中稽察錢局陳世倕·奏陳慎揀督撫裁抑外官家口及崇尚節儉諸事〉，雍正元年二月初六日。

97 湖廣總督、布政司、按察司養廉之制，始於雍正二年，每年分別為三萬兩、一萬五千兩、六千兩，巡撫則無；至雍正五年(1727)，奏請給湖南、湖北巡撫各一萬兩，布政司改為九千兩、按察司改為七千兩。見莊吉發，《清世宗與賦役制度的改革》，頁 200-201、頁 206-207。

從何而辦營務」，深恐「有壞朕用人之名」。[98]王朝恩奏稱：

> 臣一身之家口本來無多，因各親友見臣蒙皇上天恩，特放巡撫，薦送長隨甚多。及到任後，伊等見衙門舊規，止有家丁名糧二十分，此外並因無分文養廉，即於去冬、今春各自撤去。現在者，皆係祖、父舊人，歷年生聚，連親丁約有一百六十餘人。雖覺繁多，但臣外官年久，在京並無產業，無可安插，只得隨任養活。蒙皇上為臣慮及於此，高厚深恩，感激涕零，為今只有痛加節省，刻苦自贍而已。[99]

幾經裁減，仍以多係家中舊人為名，留用一百六十餘名，究其所以，無非是受「僕從多寡，不以所司繁簡而論，均以職分尊卑而定，以示等威」風氣的影響，[100]所謂刻苦節省只是一番空話。王朝恩在京已無產業，則暴露出旗員久任外官的困境，雍正皇帝對此頗感憂心，也教他變通方法，曰：

> 旗下人，京中到底根本，不立產業，終歸如何？在湖南亦是此用度，在京自是此用度，何不掩人之耳目，酌量留用，其餘另安插他處，或有餘資，寄去為用，豈不兩便而不顯，又且謀久之道，何樂而不為之也。[101]

從「掩人之耳目」、「或有餘資」來看，實深悉外官講究排場、

---

[98] 國立故宮博物院編，《宮中檔雍正朝奏摺》，第 3 輯，頁 797，〈湖南巡撫王朝恩．奏謝恩次哈密瓜並謹遵聖諭〉，雍正三年二月初三日，「硃批」。

[99] 國立故宮博物院編，《宮中檔雍正朝奏摺》，第 4 輯，頁 111，〈湖南巡撫王朝恩．奏謝聖訓敬謹遵行並報到任後實心整飭營伍〉，雍正三年四月初三日。

[100] 清．福格，《聽雨叢談》，卷 5，〈滿漢官員准用家人數目〉，頁 117。

[101] 國立故宮博物院編，《宮中檔雍正朝奏摺》，第 4 輯，頁 111，〈湖南巡撫王朝恩．奏謝聖訓敬謹遵行並報到任後實心整飭營伍〉，雍正三年四月初三日，「硃批」。

收取規禮的習氣，但並不勸導，亦不禁止。康熙皇帝嘗言：「所謂廉吏者，亦非一文不取之謂。若纖毫無所資給，則居官日用，及家人、胥役，何以為生？」[102]默許官員在俸祿之外另闢財源。

養廉銀制度陸續實施後，督、撫等官供養家眷的壓力自然減低，其用度多少始稱寬裕，則不易回答。雍正九年(1731)，雲貴廣西總督鄂爾泰(*ortai*，1677-1745，鑲藍旗滿洲)奉召回京出任保和殿大學士兼兵部尚書，眷屬仍在雲南，雍正皇帝指示兩江總督署理雲貴廣西總督印務高其倬(?-1738，鑲黃旗漢軍)「仍將雲貴廣西總督衙門養廉銀之項支給，以為用度，務令富足寬裕」。依鄂爾泰的說法，每年二、三千兩即已足用，萬兩則寬裕之至；高其倬宣稱，一年應一萬二千兩始稍寬裕。[103]經雍正皇帝面詢鄂爾泰，裁示：「萬金實多，今可每月以五百金為數，一年六千兩給予」，[104]則代表皇帝的標準。值得注意的是，雍正六年(1728)，鄂爾泰在雲南總督任上一年有養廉銀一萬七千兩，因「素守儉樸，原無奢費，且家口無多，養贍甚易。計一年上下衣食、幕客修金各項，共不及六千兩」。[105]鄂爾泰返京就任新職，必有墓友、僕從隨行，故留住雲南的眷屬每年二、三千金足用之說，當屬可信，雍正皇帝給予六千兩，則是「富足寬裕」。惟鄂爾泰高升之後，已無養廉銀可領，即使恪

102 清．馬齊等修，《清實錄．聖祖仁皇帝實錄》，卷 239，頁 383，康熙四十八年九月乙未條。

103 國立故宮博物院編，《宮中檔雍正朝奏摺》，第 19 輯，頁 135，〈兩江總督署理雲貴廣西總督印務高其倬．奏報支鄂爾泰眷屬家用銀兩摺〉，雍正九年十一月初十日。

104 國立故宮博物院編，《宮中檔雍正朝奏摺》，第 19 輯，頁 136，〈兩江總督署理雲貴廣西總督印務高其倬．奏報支鄂爾泰眷屬家用銀兩摺〉，雍正九年十一月初十日，「硃批」。

105 國立故宮博物院編，《宮中檔雍正朝奏摺》，第 11 輯，頁 237，〈雲南總督鄂爾泰．奏陳養廉銀兩留庫摺〉，雍正六年九月初三日。

守儉約，只憑一品大員的俸祿，還是無法維持家庭生計。

八旗駐防武職因有「丁糧馬乾」，收入較同品級文官為高，若家口不多，當可足用。例如：雍正二年，福州將軍宜兆熊(?-1731，正白旗漢軍)因「需糜廩祿，於心實有不安」，出資捐造盤鎗八百六十桿、欓木二十架等軍械，並挑選四旗壯丁四十名，每名按月捐給餉銀一兩。[106]雍正皇帝深表嘉許，卻言：「但只是你不養家口麼？那有許多捐造，實在朕心至於不忍矣。」宜兆熊奏稱：「合家不過肆拾餘口，臣留京看守墳塋、房屋家人男婦陸口，臣所得俸祿儘足，養贍有餘。」[107]時福州將軍每年領有俸銀一百八十兩、心紅紙張銀二百兩、白米家口三員、糙米家口三十七名、額馬二十匹，共可得銀七百零二兩三錢一分二釐五毫，糙米五十石八斗七升五合，[108]宜兆熊認為可以應付四十餘口的開銷。

特別的是，《福州駐防志》言：「將軍員下養廉名糧一百分，雍正二年，將軍宜兆熊奏准捐給四旗馬上鎗兵二百名、鎗營步兵三百四十七名，每年藥鉛銀一百六十八兩八分。又奏准四旗設立欓木兵八十名，於養廉名糧內每年捐給餉銀九百六十兩。」[109]所謂「養廉名糧」，即「親丁名糧」，原為各省綠營武職的津貼，在全面實施養廉銀之後，於乾隆四十六年(1781)

[106] 國立故宮博物院編，《宮中檔雍正朝奏摺》，第 2 輯，頁 218，〈福州將軍宜兆熊・奏報捐造鎗砲並整理營務以備操演防守〉，雍正二年正月初三日。

[107] 國立故宮博物院編，《宮中檔雍正朝奏摺》，第 2 輯，頁 846-847，〈福州將軍宜兆熊・奏謝天恩並繳硃批事〉，雍正二年七月初四日。

[108] 其中白米家口共折銀九兩，糙米家口有六個半月支折色銀五十四兩一錢一分二釐五毫，五個半月支本色以五十石八斗七升五合，額馬折銀二百五十九兩二錢。見清・新柱等纂，《福州駐防志》，收入《故宮珍本叢刊》（海口：海南出版社，2000），冊 330，卷 10，〈俸餉〉，頁 1b-2a。

[109] 清・新柱等纂，《福州駐防志》，卷 10，〈俸餉〉，頁 2b。

廢止，[110]就目前所見各種《駐防志》，僅《福州駐防志・俸餉》載：將軍領一百名（內馬糧四十名、戰糧、守糧各三十名）、副都統領四十名（內馬糧十六名，戰糧、守糧各十二名）；將軍每年的養廉名糧，計有銀二千五百零二兩、米一百八十石。[111]是書的編纂者新柱(*sinju*，?-1768，鑲黃旗滿洲)，曾於乾隆八年至二十四年(1743-1759)間，三度出任福州將軍，[112]他在多件奏摺中皆提及：「額賞養廉名糧一百分，先經前任將軍宜兆熊奏明，每年於養廉名糧內，捐九百六十兩給欘木兵」，及其後續使用情形，[113]新柱的繼任者也曾具摺說明此事。[114]可知福州將軍確實有「養廉名糧」的收入，但歷任將軍都按宜兆熊之例捐出；而宜兆熊捐獻的款項並未動用其俸祿，是以不致影響生活。又《福州駐防志》同時記有將軍「養廉銀一千六百兩」，[115]惟八旗武職養廉在雍正朝屬臨時的恩賞性質，至乾隆三十三年(1768)始有定例，迨乾隆四十二年(1777)復更定例，駐防將軍的

---

110 陳鋒，《清代軍費研究》，頁 140-109。

111 馬糧每名月支餉銀二兩、馬乾銀一兩，戰糧每名月支餉銀一兩五錢，守糧每名月支餉銀一兩。馬、戰、守糧月各支米三斗，每年半本、半折，每石折銀九錢。見清・新柱等纂，《福州駐防志》，卷 10，〈俸餉〉，頁 2b-3a。

112 清・國史館，《清國史（嘉業堂抄本）》（北京：中華書局，1993），冊 6，卷 123，〈大臣畫一傳檔正編・新柱列傳〉，頁 526-527。

113 《清代宮中檔及軍機處摺件資料庫》（臺北：國立故宮博物院），文獻編號：000492，〈福州將軍兼管閩海關事務新柱・奏報十一年分用過養廉名糧數目由〉，乾隆十二年四月初一日。類似內容的奏摺，新柱每年進呈一份，《資料庫》共收八件，文獻編號分別為：000492、001884、006735、008301、403001408、403003415、403006177、403009168。

114 就《清代宮中檔及軍機處摺件資料庫》所見，包括：乾隆十五年(1750)德敏(*demin*，?-1763，鑲白旗滿洲)、乾隆二十八年(1763)福增格、乾隆三十年(1765)明福(*mingfu*，正黃旗蒙古)、乾隆三十四年(1769)宗室弘晌(*hung šang*，?-1781，鑲藍旗滿洲)等，分見文獻編號：005427、403014503、403019972、011976。

115 清・新柱等纂，《福州駐防志》，卷 10，〈俸餉〉，1b。書中載有個官就職時間，其中將軍記至乾隆八年新柱就任，其他各官最晚則為乾隆九年(1744)，可知此書是在新柱第一次任職期間完成，且內容呈現的是乾隆十年(1745)以前的情形。見同書，卷 6，〈職官〉，頁 2b-3a。

養廉銀則由二千兩減為一千五百兩。[116]總之，以官員的俸祿、養廉的收入，加上皇帝默許的收受各種餽贈、規禮，應付家庭基本生活開銷不成問題。

四、兵丁：在京與駐防

旗人子弟成丁後，以馬甲為主要出路；馬甲中表現佳者，選為護軍，擔任禁門或王府守衛，或撥什庫（*bošokū*，領催），掌登記檔冊和發放俸餉。護軍中精銳者，則選入前鋒營，擔任警蹕宿衛，其餘或充匠役，或為步甲。[117]兵丁在京者，每年可領餉銀十八兩至四十八兩，餉米十六石六斗至二十二石二斗不等，其月支俸餉規定的變化情形，表列如下：

表 6　在京八旗兵丁月支餉銀、餉米變化表

俸餉 時間	前鋒		護軍		撥什庫		馬甲		匠役		步甲	
	銀(兩)	米(斛)	銀(兩)	米(斛)	銀(兩)	米(斛)	銀(兩)	米(斛)	銀(兩)	米(斛)	銀(兩	米(斛)
順治 1	2	—	2	—	2	—	2	—	1	—	—	—
順治 6	2	—	2	—	2	—	2	—	1	—	1	—
順治 9	3	—	3	—	2	—	2	—	1	—	1	—
順治 10	3	—	3	—	3	—	2	—	1	—	1	—
康熙 9	4	—	4	—	4	—	3	—	1	—	1	—
康熙 14	3	—	3	—	3	—	2	—	1	—	1	—
康熙 22	4	—	4	—	4	—	3	—	1	—	1	—
康熙 24	4	4	4	4	4	4	3	4	3-4	4	1	2
康熙 25	4	4	4	4	4	4	3	4	3-4	2-4	1.5	2

116 陳鋒，《清代軍費研究》，頁 41-44。各將軍養廉銀額數的規定，見清・托津等奉敕纂，《欽定大清會典事例（嘉慶朝）》，收入《近代中國史料叢刊三編》，第 66 輯，冊 658，卷 210，〈戶部・俸餉・外官養廉〉，頁 5a、頁 7a-7b。

117 清・允祿等奉敕編，《世宗憲皇帝上諭八旗》，卷 4，頁 90a，雍正四年十月十四日，管理正黃旗都統多羅順承郡王錫保等奉上諭。

說明：

1.順治二年，定滿洲、蒙古甲兵月給餉米有差，但無具體額數。又康熙朝《會典》曰：「（康熙）二十四年題准：前鋒、護軍、撥什庫、馬兵，每歲給餉米四十六斛，步兵照舊給二十二斛」，顯然發給餉米一事由來已久。惟其數量，乾隆朝《會典則例》分別作四十八斛、二十四斛，表中「米」的月支額數，即據乾隆朝《會典則例》記載計算。又乾隆、同治兩朝《戶部則例》載，前鋒、護軍、領催、馬甲歲支餉米二十二石二斗（合為四十四斛二斗），步甲則十石六斗（合為二十斛六斗），又有出入。
2.自康熙二十四年起，弓匠頭月給餉銀四兩，其餘弓匠、銅匠月給餉銀三兩，皆月支米四斛；鐵匠月給餉銀一至四兩，米二斛。
3.康熙二十五年，在京八旗兵丁月支餉銀、餉米數為定例。
4.綠營兵丁分馬兵、步兵、守兵三種，其月支俸餉額數在順治五年定制，餉銀分別為二兩、一.五兩、一兩，餉米則為三斗（合為○.三石或○.六斛），可為對照。

資料來源：

清・伊桑阿等纂修，《大清會典（康熙朝）》，收入《近代中國史料叢刊・三編》，第 72 輯，冊 715，卷 37，〈戶部・兵餉・在京兵餉〉，頁 1b-3a、頁 8a-9a。。

清・允祹等奉敕撰，《欽定大清會典則例（乾隆朝）》，收入《景印文淵閣四庫全書》，冊 621，卷 52，〈戶部・俸餉・京師兵餉〉，頁 1a-4a。

清・于敏中等纂修，《欽定戶部則例（乾隆朝）》，收入《清代各部院則例（七）》，卷 101，〈兵餉・京城八旗月支餉銀之圖〉，頁 1a；〈兵餉・京城八旗歲支餉米之圖〉，頁 3b。

兵丁之中，以前鋒、護軍的待遇最高，收入略與七品官的俸祿相當，加以入關之初八旗壯丁皆分得五晌地，[118]認真經營者可為調劑；養馬者又得支領草束、豆料，而有國家按月發給草料或銀兩的「馬乾」的規定。[119]相較於雍正朝以後旗人多陷

---

118 清・鄂爾泰等修，《八旗通志・初集》（長春：東北師範大學出版社，1985），卷 18，〈土田志・八旗土田規制・畿輔規制〉，頁 311。

119 「馬乾」之制，綠營先行再及於八旗，在八旗京和各地駐防支領數額皆有不同。參見陳鋒，《清代軍費研究》，頁 34-36、頁 110-112。

入生計困難的窘境，此時可謂「比戶饒裕，衣食豐足，未聞有匱乏之虞」。[120]

在駐防體系逐漸形成的過程中，朝廷另以在京八旗兵丁俸餉額數為基礎，建立駐防兵丁俸餉制度，按職位、駐地的不同，分別領銀十二兩至四十八兩，米六石至三十石不等。茲就乾隆朝《戶部則例》所見餉銀、餉米定例，表列如下：

表 7　盛京暨直省八旗駐防兵丁歲支餉銀、餉米表

俸餉／地區	前鋒		領催		馬甲		步甲		匠役		砲手		水師		養育兵		折色
	銀(兩)	米(石)	銀(兩)	米(石)	銀(兩)	米(石)	銀(兩)	米(石)	銀(兩)	米(石)	銀(兩)	米(石)	銀(兩)	米(石)	銀(兩)	米(石)	石／兩
盛京	36	—	12-36	—	18-24	—	12	—	12-36	—	—	—	22.5-36	3.6-7.2	6	—	—
黑龍江	24-36	—	18-36	—	24	—	12	—	12-24	—	—	—	12	—	6-12	—	—
吉林	36	—	18-36	—	24	—	—	—	12	—	—	—	12	—	12	—	—
察哈爾	24	—	24	—	12	—	—	—	—	—	—	—	—	—	—	—	—
直隸	36-48	22-30	36-48	12.1-30	24-36	11.1-30	18	15	12-24	11-24	—	—	—	—	—	—	1-1.4
山東	36	24	36	22-24	24	22-30	12	3.6	12	9-11	—	—	—	—	—	—	1
山西	48	30	36-48	22-30	24-36	22-30	18	15	12	11	—	—	—	—	12-18	3.6-15	1.05

[120] 《內閣大庫檔案資料庫》（臺北：中央研究院歷史語言研究所），登錄號：09446-001，〈兵部・移會典籍廳當月章京花善抄出吏科給事中朱倫瀚條陳八旗生計等款一摺〉，乾隆七年七月。

河南	—	—	36	30	24	30	18	—	12	15	—	—	—	—	—	—	1.2
江南	36	30	36	30	24	30	12	3.6	12	9	24	21	—	—	12	—	1.3
福建	36	30	36	12-30	24	30	12	6	12-24	24	—	—	24	3.6-12	12	6	0.9
浙江	36	30	36	30	24	30	12	6	12	6-24	—	—	24	3.6	12	6	1.2
湖北	36	30	36	30	24	30	12	6	12	24	24	21	—	—	—	—	0.7
陝甘	36	30	36	30	24	30	12	6	12	6	24	21-30	—	—	12	3.6-6	1
四川	36	30	36	30	24	30	12	6	12	24	24	21	—	—	12	—	0.85
廣東	36	30	36	12-30	24	30	12	12	12-24	24	24	24	24	3.6-12	—	—	0.7
新疆	36	30	36	30	12-24	15-30	6-12	3-6	12	6	24	21	—	—	12	6-8.88	—

說明：

1. 兵丁俸餉係按月關支，惟《戶部則例》中，「餉銀」以月支計，「餉米」以歲支計，為使兩者一致，將表中「餉銀」換算為「歲支」。餉米有大建（大月）、小建（小月）之分，支領時又因駐地、職位的不同，或領「本色」，或支「折色」。
2. 盛京八旗歲支餉米，前鋒、領催、馬甲、步甲皆給地十晌，水師領催米七．二石。
3. 雍正二年(1724)，下令挑選家貧、體健的餘丁，充作「養育兵」，滿洲、蒙古月食餉銀三兩，漢軍月食餉銀二兩；乾隆朝以降，因人數擴充，餉銀減少，又有「有米」、「無米」之分。

資料來源：

清．于敏中等纂修，《欽定戶部則例（乾隆朝）》，收入《清代各部院則例（七）》，卷 101，〈兵餉．餉乾總圖〉，頁 2a-3a、頁 4a-6a。

整體而言，駐防兵丁的餉銀低於在京，餉米卻較多，或許是以此做為彌補，也可能與駐防地旗地較少有關。[121]

就餉米而言，順治五年，定駐防月糧額數，「八旗兵每二口月給米五斗」，[122]即每口月給米二斗五升，合為每年三石；康熙二十二年，復限定駐防甲兵（馬甲）家口數為七名，[123]則每一披甲家庭每年可得米二十一石。依此標準，在京八旗兵丁的歲支餉米，前鋒、護軍、馬甲可領相當於七．四口月糧，步甲則為三．五口有奇。雖然無法得知當時旗人每人每月的糧食需求量，及其家庭的平均人口數，但是根據王業鍵的研究，十八至二十世紀中國的每年人均穀物消費水準為二．六石，[124]國家發給的月糧實稍有餘裕，且領月糧七名，可供八口之家食用。因此，從制度來看，擔任相同職位的兵丁，其家庭經濟狀況視家口數而定。

駐防兵丁歲支餉米數額，各省前鋒、領催、馬甲大多歲支米三十石，即十口月糧。步甲一般為六石，即二口月糧，但直隸、山西卻有十五石，山東、江南則只有三．六石，落差甚大；至於新疆步甲有只領三石者，係因「由京發充」，[125]此等犯罪發遣乃隻身前往，故以一口計。特別的是，山西駐防馬甲餉米分為無地者三十石，太原種地者二十二石，[126]則與「圈兌」有

121 陳鋒，《清代軍費研究》，頁 31-34。

122 清．伊桑阿等纂修，《大清會典（康熙朝）》，收入《近代中國史料叢刊．三編》，第 72 輯，冊 715，卷 37，〈戶部．兵餉．在外官兵俸餉〉，頁 9b。

123 清．伊桑阿等纂修，《大清會典（康熙朝）》，收入《近代中國史料叢刊．三編》，第 72 輯，冊 715，卷 37，〈戶部．兵餉．在外官兵俸餉〉，頁 14a。

124 王業鍵，〈十八世紀福建的糧食供需與糧價分析〉，收入王業鍵，《清代經濟史論集（二）》（臺北：稻鄉出版社，2003），頁 125。

125 清．于敏中等纂修，《欽定戶部則例（乾隆朝）》，卷 101，〈兵餉．餉乾總圖．新疆駐防月支餉米之圖〉，頁 6a。

126 清．于敏中等纂修，《欽定戶部則例（乾隆朝）》，卷 101，〈兵餉．餉乾總圖．直省駐防月支餉米之圖〉，頁 4b。

關。按駐防通例，旗地均屬公產，惟據乾隆二年兵部左侍郎孫國璽(?-1739)奏稱：「太原省駐防官兵，凡由京補放者，每將自己在京地畝呈交戶部，行文駐防處所，照數圈給民地，至於民地被圈，則將屯地兌補。自順治七年至今，屢圈屢兌」，此種情形不見於他處。[127]換言之，部分官兵在太原擁有田產，是以同為馬甲而支領餉米數有差。

駐防餉米的發放，若全照本色，兵丁生計不致受糧價波動影響，但各省多採折色，則有「價值不一」的問題。在順、康年間，只有部分省分有折色定額，雍正皇帝即位之初，下令「將本省歷年給發之價，酌處其中，畫一定議，價值一定，便於遵行」，認為「如遇年豐價平，稍有贏餘，於官兵亦屬有益」，並承諾「倘歲歉價昂，該督撫據實陳奏，朕自加恩」。[128]這項因地制宜的新措施，使餉米折銀的計算制度化，任桂淳認為規定不足之處，在於國家沒有考慮到將來物價的變動，是造成旗人貧困化的主因之一。[129]以清朝前期江南的米價、物價為例，的確有逐步上揚的趨勢；[130]再比較乾隆、道光、同治三朝《戶

---

127 清・海寧輯，《晉政輯要》，收入《官箴書集成》（合肥：黃山書社，1997），冊5，卷3，〈旗圈地畝〉，頁38a-39a。

128 清・鄂爾泰等修，《清實錄・世宗憲皇帝實錄》，卷6，頁134-135，雍正元年四月丁卯條。

129 任桂淳，《清朝八旗駐防興衰史》（北京：三聯書店，1993），頁82。任氏認為另一個原因，則是忽視旗人家庭人口數的變化。

130 岸本美緒，〈清代前期江南的米價動向〉，收入岸本美緒著，劉迪瑞譯，《清代中國的物價與經濟波動》（北京：社會科學文獻出版社，2010），頁85-124；岸本美緒，〈清代前期江南的物價動向〉，收入同書，頁125-160。另黃冕堂以白米、小麥為例，歸納全國糧食價格變動趨勢，略為：順治朝至康熙初期，每石銀五、六錢至八錢；康熙二十年至雍、乾之交，在一兩上下浮動；乾隆年間，大多維持在一・五兩左右；嘉、道以降，則經常在二兩至三兩以上。參見黃冕堂，〈清代糧食價格問題探軌〉，收入黃冕堂編著，《中國歷代物價問題考述》（濟南：齊魯書社，2008），頁373。

部則例》有關駐防兵「米折定價」的規定，都是「給發兵丁自行採買」，[131]似可支持任氏的觀點。

從王業鍵對十八世紀福建的米價分析來看，在乾隆十年至二十一年(1745-1756)間，福州府每石米最低一·一八兩(1745)，最高一·七三兩(1752)。[132]對照福州駐防兵丁餉米折銀僅〇·九兩，明顯低於市價，便會得到旗人生計因糧價上漲而陷入困境的推論。然而，王氏另據雍正四年(1726)福建總督高其倬奏摺，指出是年十一月至十二月福州府糙米市價每石一·二兩至一·四兩，但該府常平倉平糶是長時間進行的，每石只賣〇·九兩至一兩，故而省城米價不僅季節變動小，且異常穩定。[133]福州駐防兵丁赴常平倉買米，其價格約與「定價」相當，即使稍高，仍屬季節性短暫波動，影響自是有限，惟駐地遠離省城者，則無法享有此種優惠。換言之，餉米折銀和駐防兵丁生計的關係，因時、因地各有不同，亦視各省平抑糧價的機制運作而定，未必可以一概而論。

在京八旗各營餉米，「按十成計算，粳米五成，稜米三成五分，粟米一成五分」，[134]每季就近分倉放給。[135]支領餉米，

---

[131] 分見于敏中等纂修，《欽定戶部則例（乾隆朝）》，卷103，〈兵餉·八旗餉米·米折定價〉，頁14a；清·禧恩等纂，《欽定戶部則例（道光朝）》，（臺北：傅斯年圖書館藏，清道光年間刊本），冊18，卷79，〈兵餉·本折兵米〉，頁15a；清·承啟等纂修，《欽定戶部則例（同治朝）》，收入《清代各部院則例（八）》（香港：蝠池書院出版公司，2004），卷80，〈兵餉·本折兵米〉，頁15a。

[132] 王業鍵，〈十八世紀福建的糧食供需與糧價分析〉，頁137。

[133] 王業鍵，〈十八世紀福建的糧食供需與糧價分析〉，頁139-143。關於高其倬的奏摺，見國立故宮博物院編，《宮中檔雍正朝奏摺》，第7輯，頁138-139，〈福建總督高其倬·奏陳福建地方歷年平糶米穀弊病〉，雍正四年十二月二十日。王氏在文中已經年月換算西曆，為一七二六年十二月至一七二七年一月，本文引述年月，則仍按奏摺使用的陰曆。

[134] 清·于敏中等纂修，《欽定戶部則例（乾隆朝）》，卷103，〈兵餉·八旗

須親身前往，惟其重量非一人所能負荷，得雇工搬運，兵丁「每因腳價之費，賣米充用，致有不善謀生之人，並不計其米之接續，輒以賤價糶賣」。[136]另有部分兵丁貪圖享樂，無視朝廷「不許妄行賣米」禁令，或「將所得米石賤價糶賣」，或「將錢糧米石賤價典當與人」。[137]以上情形，都會導致「一至不能接續之時，又以貴價糴入」的問題。[138]在雍正六年至乾隆十七年(1752)間，國家採取類似常平倉的方式，設置八旗米局，「將兵丁欲賣之米，以時價買貯；及其欲買，則以平價賣給」，[139]解決賤糶貴糴造成的生活壓力。然因「不能盡得妥協之人經理其事，以致辦理多有未善。或任聽奸民赴局私買，囤積漁利，轉茲弊竇」，[140]遂告終止。當兵丁失去買賣糧食價差的優惠，不擅預算收支者，家庭生計便面臨考驗。

就餉銀而言，對於是否足用，雍正皇帝認為，只要守本分、不妄費，「兵丁每季得米、每月得銀，足以養贍妻子」；[141]道光元年(1821)，正白旗漢軍副都統武隆阿(*ulungga*，?-1831，正

餉米・搭放兵米〉，頁 7a。

135 清・于敏中等纂修，《欽定戶部則例（乾隆朝）》，卷 103，〈兵餉・八旗餉米・兵米分倉放給〉，頁 5a；同書，卷 103，〈兵餉・八旗餉米・看倉兵米〉，頁 6a。

136 清・允祿等奉敕編，《世宗憲皇帝上諭旗務議覆》，收入《景印文淵閣四庫全書》（臺北：臺灣商務印書館，1983），冊 413，卷 6，頁 1a，上諭。

137 清・允祿等奉敕編，《世宗憲皇帝上諭八旗》，卷 5，頁 29a-29b，雍正五年四月十三日，管理旗務諸王及滿洲文武大臣等奉上諭。

138 清・允祿等奉敕編，《世宗憲皇帝上諭八旗》，卷 6，頁 41b，雍正六年七月初八日，稽察八旗事務之侍衛參領等奉上諭。

139 清・允祿等奉敕編，《世宗憲皇帝上諭旗務議覆》，卷 6，頁 1a，上諭；同書，卷 6，頁 3a-3b，奏入於雍正六年二月十三日，奉旨，依議，銀兩由戶部領取。

140 中國第一歷史檔案館編，《乾隆朝上諭檔》（北京：檔案出版社，1991），冊 2，頁 566，乾隆十六年八月三十日，內閣奉上諭。

141 清・允祿等奉敕編，《世宗憲皇帝上諭八旗》，卷 5，頁 29b-30a，雍正五年四月十三日，管理旗務諸王及滿洲文武大臣等奉上諭。

黃旗滿洲)等則奏稱，「八口之家所得餉銀，即在甚能樽節之人，亦實不敷其終歲衣食之用」。[142]在兵丁俸餉固定的前提下，[143]兩種相距百年的意見頗為不同，或可將糧食以外的其他物價上漲視為直接原因。以田地價格為例，錢泳(1759-1844)描述清中期以前的變動情形：「順治初，良田不過二、三兩。康熙年間，長至四、五兩不等。雍正間，仍復順治初價值。至乾隆初年，田價漸長。然余五、六歲時(乾隆朝中期)，亦不過七、八兩，上者十餘兩。今閱五十年(嘉、道之際)，竟亦長至五十餘兩矣」。[144]除雍正朝因實施「攤丁入畝」，差傜繁重，地價一度下跌外，其他時期都持續上升，而價格高地又受政局變動、土地肥瘠、人口密度、地理位置、銀錢比價等因素影響。[145]傳統社會常以土地為衡量財富的標準，地價漸昂帶動百物齊漲，旗、民俱受衝擊，惟國家政策不利駐防旗人累積財富。

入關之初，八旗兵丁在京畿一帶都能分得田地、房舍，[146]只

---

142 《清代宮中檔及軍機處摺件資料庫》，文獻編號：405000094，〈武隆阿等．奏為密陳妥議旗人生計緣由〉，道光元年九月二十二日。

143 兵丁俸餉自定制以來即維持不變，但降及咸豐年間，國家財政困難，而有全面削減官兵俸餉的措施，包括：餉銀折發制錢、搭放制錢發給、減成發放等方式。自同治五年(1866)起，始漸次恢復；直到光緒十年(1884)，八旗兵丁才獲得十成俸餉。就恢復的進程而言，在京先於駐防，八旗優於綠營，惟拖欠、剋扣的情形層出不窮，對旗人生計造成嚴重困擾。參見劉世珣，〈清中期以後的旗務政策（1870-1911）〉（臺北：國立臺灣師範大學歷史學系碩士論文，2012），頁149-159、頁210-223。

144 清．錢泳，《履園叢話》（北京：中華書局，1979），卷1，〈舊聞．田價〉，頁27。

145 黃冕堂，〈中國歷代田畝價格考〉，收入黃冕堂編著，《中國歷代物價問題考述》，頁144-149。

146 以房舍為例，順治五年題准，按官品給房，一品官二十間，依次遞減，護軍、撥什庫、甲兵給房二間；十六年，各官間數稍減，護軍、撥什庫仍給兩間，甲兵則給房一間，或買或造，照數撥給。康熙七年(1668)題准，甲兵、餘丁未得房屋者，照每人給屋一間例，折價三十兩，自行置造。見清．伊桑阿等纂修，《大清會典（康熙朝）》，收入《近代中國史料叢刊》，第73輯，

要繼續保有，作物或地租的盈餘再加上俸餉，便可生活無虞，亦得添購田產。[147]當他們奉派各地駐防，在京土地必須暫時撤回，只能仰賴俸餉度日；部分旗人回京後，又可能面臨因繼承或遭侵占、變賣而失去產業的窘況。[148]另一方面，皇帝認定駐防係臨時差遣性質，官兵及其眷屬終究要回京師，[149]自康熙二十三年(1684)起，規定：「各省駐防官兵，原非令其久住，若置立產業、墳塋，遂同土著，殊屬不合，著該將軍等處，嚴行禁止」，[150]乃錯失低價購入田地、房舍的時機。迨乾隆二十一年(1756)，配合出旗政策的實施，[151]皇帝以「在外當差者，轉以駐防為傳舍，未免心懷瞻顧，不圖久遠之計」為由，宣布「嗣後，駐防兵丁著加恩，准其在外置立產業」，[152]此時地價已貴，他們得付出更高的代價，財富自然不易累積。

冊 727，卷 132，〈工部．營造．撥房額數〉，頁 5a-5b。

147 自康熙九年起，朝廷對旗人買賣土地有所限制，包括：「凡八旗官兵所受之田，毋許越旗買賣及私售與民，違者以隱匿官田論」，以及「兵丁本身種地，不許全賣」，分見清．允祹等奉敕撰，《欽定大清會典（乾隆朝）》，收入《景印文淵閣四庫全書》，冊 619，卷 10，〈戶部．田賦〉，頁 2b；清．允祹等奉敕撰，《欽定大清會典則例（乾隆朝）》，收入《景印文淵閣四庫全書》，冊 621，卷 34，〈戶部．田賦．畿輔官兵莊田〉，頁 16b。

148 例如：康熙三十四年(1695)，八旗都統查得所屬在京師無房舍者七千有餘人，康熙皇帝認為係兼併所致，下令另造公有房舍，以為安置。見清．馬齊等修，《清實錄．聖祖仁皇帝實錄》，卷 167，頁 813，康熙三十四年五月辛未條。

149 康熙皇帝要求駐防官兵「凡有老病、致仕、退甲，及已故官兵家口，俱令回京」；雍正皇帝亦曰：「弁兵駐防之地，不過出差之所，京師乃其鄉土」。分見清．馬齊等修，《清實錄．聖祖仁皇帝實錄》，卷 115，頁 191，康熙二十三年四月庚子條；清．允祿等奉敕編，《世宗憲皇帝上諭八旗》，卷 10，頁 20a，雍正十年七月初一日，奉上諭。

150 清．馬齊等修，《清實錄．聖祖仁皇帝實錄》，卷 115，頁 191，康熙二十三年四月庚子條。

151 定宜庄，《清代八旗駐防研究》（瀋陽：遼寧民族出版社，2003），頁 110-113、頁 229-238。

152 中國第一歷史檔案館編，《乾隆朝上諭檔》，冊 2，頁 827，乾隆二十一年二月初二日，內閣奉上諭。

康熙朝後期，米價騰貴，康熙皇帝指出，「皆生齒日繁，閒人眾多之故耳」；[153]乾、嘉年間，洪亮吉(1746-1809)亦對百餘年間人口暴增，田地房舍、社會生產力、工作機會卻不增加，造成「士農工賈各減其值以求售，布帛粟米又各昂其價以出市」的現象深感憂慮。[154]承平日久，生齒日繁，由此衍生諸多社會經濟問題，旗人不能自外，他們以披甲當差為天職，人口孳生勢必產生餘丁，定額錢糧便難以養贍家口，自易淪於窮困。茲就目前所見八旗丁數變化情形，表列如下：

表 8　八旗丁數變化表

年度＼丁數	滿 洲	蒙 古	漢 軍	滿洲、蒙古包衣	內務府包衣等	合 計
順治 5 年	55,330	28,785	45,849	216,967	—	346,931
順治 14 年	49,695	26,053	78,782	237,338	—	391,868
康熙 60 年	154,117	61,560	239,510	241,940	—	696,681
雍正 2 年	154,329	58,697	194,795	219,536	30,270	657,627
嘉慶 17 年	223,031	76,245	143,554	50,163	30,059	523,052
光緒 13 年	229,138	76,721	143,322	27,172	32995	509,348

說明：

「蒙古」丁數，包括八旗蒙古、察哈爾蒙古、烏喇特蒙古、厄魯特蒙古等；「漢軍」丁數，包括八旗漢軍、台尼堪（*nikan*，漢人）、撫西拜唐阿（*baitangga*，執事人），以及內務府及下五旗包衣（*booi*，家人，即家僕）等；「內務府包衣等」丁數，包括內務府並下五旗包衣、太監、北京投充尼堪等。

[153] 清．馬齊等修，《清實錄．聖祖仁皇帝實錄》，卷 250，頁 476，康熙五十一年四月乙亥條。

[154] 清．洪亮吉，《施卷閣甲集》，收入洪亮吉，《洪亮吉全集》（北京：中華書局，2001），冊 1，卷 1，〈意言．生計篇〉，頁 16。有關人口增加超過田地、房屋增加的問題，見同書，卷 1，〈意言．治平篇〉，頁 14-15。

資料來源：

中國第一歷史檔案館，〈清初編審八旗男丁滿文檔案選譯〉，《歷史檔案》，1988:4，頁 10-13。

清・托津等奉敕纂，《欽定大清會典（嘉慶朝）》，收入《近代中國史料叢刊・三編》，第 64 輯，冊 632，卷 12，〈戶部・南檔房〉，頁 22a-22b。。

清・崑岡等修，《清會典（光緒朝）》，卷 19，〈戶部・南檔房〉，頁 164。

從順治五年到康熙六十年(1721)的七十餘年間，八旗男丁數成長一倍，共增三十四萬九千七百五十人。特別的是，此一時期滿洲、蒙古、漢軍（含包衣）約增加二至三倍，滿洲、蒙古包衣僅增加 10%；康熙六十年至雍正二年，卻驟減三萬九千餘人，且集中在漢軍（含包衣）和滿洲、蒙古包衣，惟兩者原因皆不明。迨嘉慶十七年(1812)，總數約為康熙六十年的四分之三，當是乾隆十九年(1754)的大規模出旗政策奏效所致；此後的七十餘年，則呈現略減的趨勢。

在男丁快速成長的康、雍時期，兵額已從入關之初的不足十萬增至二十餘萬，[155]官員仍以擴充員缺為解決之道。[156]從比例上來看，旗丁人數增加一倍，兵額增加卻超過原來的一・五倍，顯然國家嘗試執行韋慶遠所比喻的「全部包養」政策。乾隆七年(1742)，順天府府尹蔣炳(1698-1764)曾對此提出批評，

---

[155] 劉小萌，《清代北京旗人社會》（北京：中國社會科學出版社，2008），頁 722。

[156] 例如：工部侍郎尹泰(*yentai*，?-1738，鑲黃旗滿洲)曰：「將佐領披甲數額酌量增加，自閒散滿洲幼丁內擇優服甲」；內閣侍讀學士布展曰：「若佐領下額定披甲、柏唐阿不再增加，該等之人不得糧米，似難維持生計」。分見中國第一歷史檔案館譯編，《雍正朝滿文硃批奏摺全譯》(合肥：黃山書社，1998)，上冊，頁 290，〈工部侍郎尹泰奏請增加披甲數額以使幼丁得生路摺〉，雍正元年八月十五日；同書，上冊，頁 346，〈內閣侍讀學士布展奏陳八旗閒散幼丁生計艱難摺〉，雍正元年九月十六日。

曰：

> 朝廷經費歲入有常，十數年來，京師添設養育兵，各省添設駐防兵，以視聖祖仁皇帝時國用較大，正以生齒日繁，俾數日用。然國家為千萬年計，人愈多則費愈大，其能十數年即一添兵，即一增餉乎？亦自古無此體政也。議者猶欲添官，猶欲加餉，非策也。[157]

即便八旗人口壓力因實施出旗政策獲得紓解，皇帝猶以添兵、增餉做為改善旗人生計的手段。例如：嘉慶十年(1805)，嘉慶皇帝(1760-1820，1796-1820 在位)一面宣稱「國家經費有常，甲兵設有定制，勢不能於額外增添餉項，俾資養贍」，一面設法在綠營巡捕營所轄馬兵中挪缺，供八旗滿洲、蒙古挑補。[158]雖然道光朝鑲黃旗滿洲都統英和(1771-1840，內務府正白旗包衣)已指出：「嘉慶十年、十一年兩次增添養育兵額，酌撥步甲、馬兵額缺，未能大有裨益」，[159]道光皇帝(1782-1850，1821-1850

---

157 《內閣大庫檔案資料庫》，登錄號：071378-001，〈大學士鄂爾泰．題覆順天府府尹所請漢軍人等各省標營准其入伍食糧仕宦所至之處准其安居立業等有關旗人生計各條應俟奉旨後查明具奏酌議辦理〉，乾隆七年四月。又養育兵始設於雍正二年，是雍正皇帝為解決在京貧困八旗餘丁生計的恩恤措施，最初議定挑取五千一百二十名，滿洲、蒙古每人三兩錢糧，漢軍二兩錢糧。乾隆初年，以降低人均錢糧數的方式擴充名額，至乾隆十八年已增至二萬五千二百十二人，其後員額仍屢有增加。參見清．鐵保等奉敕撰，《欽定八旗通志》，收入《景印文淵閣四庫全書》，冊 664，卷 36，〈兵制志．恩恤．八旗養育兵〉，頁 10a-18b。

158 清．曹振鏞等修，《清實錄．仁宗睿皇帝實錄》（北京：中華書局，1986），卷 152，頁 1093-1094，嘉慶十年十一月己未條。稍後，嘉慶皇帝又下令將差馬撥出兩千匹交與張家口牧放，每月可省馬乾銀五千兩，作為添設養育兵之用。見同書，卷 153，頁 1104-1105，嘉慶十年十一月戊辰條。

159 中國第一歷史檔案館，〈道光初籌議八旗生計史料〉，《歷史檔案》，1994:2（北京，1994.5），頁 6，「鑲黃旗滿洲都統英和等為議駁福彰阿請售旗地一摺並請清理旗地事奏摺．道光元年八月十六日」。

在位)猶認為「增設八旗及內務府三旗養育兵額，凡施惠旗人，富之、教之之道，無微不至也」，[160]是嘉慶皇帝的重要政績。

五、結　論

八旗制度係滿洲特有的「軍國民制度」，亦為清朝立國的基礎。[161]在關外時期，旗人平日從事勞動生產，生活自給自足；有事，則自備糧食、馬匹、器械，並透過掠奪戰爭所得的賞賜與分配，換取累積財富的機會，其經濟來源既毋須仰給於人，也不待國家按職給俸。入關之初，朝廷本為安頓前朝投誠官兵，乃承明制而行俸餉，旋亦施之於旗人。當時，統治者已依旗人各自的身分、職位，分別授予面積不等的莊園、田宅，頗有令其繼續保持經濟自主的用意，至於比照漢族官兵定期發給的俸餉，則另有「恩賞」的意義。然而，隨著國家政策的調整，以及八旗駐防的展開，旗人的出路被限定在服官、披甲二途，俸餉遂成賴以為生的重要收入，進而衍生出八旗生計問題。自清代以來，論旗人生計困難者，多歸因於人口日多、物價日昂、風俗日壞，但此乃整體社會變遷所致，並非旗人所獨有。

旗人依身分分為皇族、官員、兵丁三大階層，各自按職位支領俸餉，他們面臨的生計問題，未必可以一概而論。就皇族而言，獲封爵的近支宗室，得享國家提供的優渥待遇，然幾經承襲之後，向下沉淪者有之，長保富貴者亦不乏其人。雖然遠

---

160 清·曹振鏞等修，《清實錄·仁宗睿皇帝實錄》，卷首，〈仁宗睿皇帝實錄序〉，頁6。

161 孟森，〈八旗制度考實〉，收入孟森，《明清史論著集刊》（臺北：南天書局，1987），頁218-221。

支的覺羅未受國家特殊的照顧，但是覺羅幼丁可以領取贍給，未獲授職的閒散覺羅，也能支領類似閒散宗室名為俸餉實為「優恤」的補助，經濟能力仍較一般旗人為佳。就官員而言，自順、雍兩朝分別將旗、漢官員的俸銀、祿米畫一之後，旗員與漢官的法定收入相同。由於京官的俸祿菲薄，故有「京官之貧，滿、漢同之」之說，他們通常藉由收受餽贈、規禮來維持開銷。外官赴任，常攜家人、長隨，朝廷另給名糧或丁糧馬乾以為津貼，如不踰制，加上自雍正朝以降漸次施行的養廉銀，其收入當可足用；事實上，能如福州駐防將軍宜兆熊者，究屬鳳毛麟角。就兵丁而言，其月支餉銀、餉米額數，約可供八口之家需用，然因家庭人口多寡不一，駐地物價貴賤不同，兵丁各自面對的經濟壓力實因人、因地或因時而異。

在政策的限制下，旗人不能經營工商，不得購置田產，僅賴固定的俸餉收入，實不易累積財富；迨朝廷准許置立產業時，卻因地價上揚而無力購入，故其經濟狀況難以改善。當然，他們的生活態度也有可議之處。乾隆朝吏科給事中朱倫瀚(1680-1760)曰：

> 凡力作之事、經營之業，不惟世職舊家不知諳習，即閒散壯丁亦皆只知求官候甲，得以當差出力為事，其於賤作微謀，悉多鄙而不屑。……凡日用鹽米薪蔬之類、衣著器用之具，無不出資易於四方之工商以為用。……乃滿、漢八旗致窮之所由也。[162]

道光朝大學士伯麟(?-1824，正黃旗滿洲)亦云：「伊等總以身係旗人，全賴國家豢養而不耕不織，又不自謀生理」，「一切度

---

[162] 《內閣大庫檔案資料庫》，登錄號：09446-001，〈兵部・移會典籍廳當月章京花善抄出吏科給事中朱倫瀚條陳八旗生計等款一摺〉，乾隆七年七月。

日，皆仰給於官」。[163]凡此，固然是過度依賴俸餉所致，惟誠如道光皇帝所言：「八旗生齒日繁，錢糧有限，其中貧富不一，且善於度日與否，又復不一」，[164]並非所有的旗人皆在貧窮邊緣掙扎。

---

[163] 中國第一歷史檔案館，〈道光初籌議八旗生計史料〉，頁 4，「大學士伯麟為密陳調劑旗人生計三款事奏摺．道光元年六月初十日」。

[164] 《清代宮中檔暨軍機處摺件資料庫》，文獻編號：405000085，〈掌江南道監察御史佟濟．奏請調濟旗人生計事〉，道光元年八月十六日，「硃批」。

「格掄尼塔親」：以清朝旗人喪葬嫁娶規範爲中心

鹿 智 鈞*

一、前 言

乾隆五十二年(1787)十一月間，乾隆皇帝(1711-1799，1736-1795 在位)在上呈御覽的旗人翻譯試卷中，赫然發覺有個漢文詞彙的翻譯似乎有誤。關於這起事件，實錄中的記載如下：

> 又諭，據喀寧阿等奏，考試八旗各處滿洲教習人等進呈試卷內，所繙風俗字樣，俱繙「安科禮」。此雖照舊定成語，但初定時已失字意矣。蓋久行不易者，謂之「科禮」；隨時成習者，謂之風俗，理應繙作「格掄尼塔親」。除現將進呈試卷改正外，著交繙書房，將清文鑑亦照依改正，宣示各處遵行。[1]

根據上述引文，可知乾隆皇帝所在意者，主要為「風俗」一詞

* 國立臺灣大學歷史學系博士生

[1] 清・慶桂等修，《清實錄・高宗純皇帝實錄》（北京：中華書局，1985），卷 1292，頁 337，乾隆五十二年十一月庚午條。

的翻譯。雖然「舊定成語」是將「風俗」譯為「安科禮」（*an kooli*），乾隆皇帝卻認為此譯「已失字意」，應將其譯為「格掄尼塔親」（*geren i tacin*）比較恰當。[2]

若以歷史研究的角度而言，乾隆皇帝的上述行為絕非偶然。許多學者已指出乾隆皇帝在與滿文相關的各類事務上，可說是不遺餘力，細究其內容大致可歸納為兩方面：其一為《清文鑑》的重新編訂與體例創新，其二則是大量漢文典籍的翻譯出版。[3]這兩種「文化事業」雖然自清初以來便屢見不鮮，但乾隆皇帝的一些舉措仍具有劃時代意義。最明顯之處為滿文歷經百餘年發展後，無論在詞彙還是文法結構上，至乾隆年間已逐漸走向「規範化」。[4]因此，乾隆皇帝在瀏覽試卷之際，不忘思索滿文翻譯恰當與否，或許也不足為奇了。

然而即使如此，這起滿文翻譯事件似乎還有深入探索的空間。除了乾隆皇帝為何在這時間點提及此事外，「安科禮」與「格掄尼塔親」間的意涵，可能也值得特別留意。乾隆皇帝在上諭中已將這兩者清楚區分：「蓋久行不易者，謂之科禮，隨時成習者，謂之風俗，理應繙作格掄尼塔親」，而這段話的滿文記載如下：

---

[2] 莊吉發老師曾在課堂上，提及乾隆皇帝選擇以 *geren i tacin* 而非 *an kooli* 翻譯「風俗」一詞，該內容令筆者頗有啟發，謹於此特別說明。

[3] 相關討論詳可參見葉高樹，《清朝前期的文化政策》（臺北：稻鄉出版社，2002），頁 65-99、歐立德(Mark C. Elliott)著，青石譯，《乾隆帝》（Emperor Qianlong : Son of Heaven, Man of the World）（北京：社會科學文獻出版社，2014），頁 80-83。

[4] 詳可參見莊吉發，〈清高宗敕譯《四書》的探討〉，收入莊吉發，《清史論集（四）》（臺北：文史哲出版社，2000），頁 61-76；莊吉發，〈滿洲語文在清朝歷史舞臺上所扮演的角色〉，收入莊吉發，《清史論集（二十三）》（臺北：文史哲出版社，2013），頁 252-266。

goidatala yabubume fuhali halarakūngge be, teni kooli
直至很久 施行 全然 未更易者 把 才 法例

sembi, erin be dahame banjinaha tacin be 風俗 *sembi,*
稱為 時 順著、跟著 自然生成 習慣 把 稱為

giyan i geren i tacin seme ubaliyambuci acame ofi.[5]
理應 眾 的 習慣 稱為 翻譯 應當 因

滿、漢文實錄的內容差異不大，但透過滿文內容似乎較能理解乾隆皇帝的意思。「科禮」（*kooli*）在滿文中具有「法例」、「定例」之意，乾隆皇帝認為藉此來翻譯「風俗」並不妥切；「風俗」應屬於一種「自然生成」的「習慣」，若以「塔親」（*tacin*）來翻譯可能更為合適。「塔親」一詞來自於動詞 *tacimbi*，意思為「學習」、「慣習」，將其用以表達「風俗」確實也有道理。然而耐人尋味的是，為何「舊定成語」會選擇以「安科禮」（*an kooli*）來翻譯「風俗」呢？

若僅就字面意思而言，所謂的「安科禮」是由 *an* 與 *kooli* 組成，後者的意思已如前述，前者 *an* 的主要意思為「常」、「恆久」，所以「安科禮」或許可直譯為「恆常之例」。然而在清朝的滿文官書中，「安科禮」卻很常成為漢文「風俗」的對譯詞。例如順治十七年(1660)六月間的折庫訥(*jekune*，?-1676，鑲藍旗滿洲)條奏八事中，有一項為「近來習於僭侈，糜費無度，風俗之壞，莫此為甚」，[6]其中「風俗」一詞在滿文實錄中寫作 *an kooli*；[7]康熙二十三年(1684)九月間，江寧巡撫湯斌(1627-1687)

[5] 清・慶桂等修，《大清高宗純皇帝滿文實錄》（臺北：國立故宮博物院藏），文獻編號：113000663，卷 1292，頁 29a，乾隆五十二年十一月庚午條。

[6] 清・鄂爾泰等修，《清實錄・世祖章皇帝實錄》（北京：中華書局，1985），卷 136，頁 1049，順治十七年六月丁亥條。

[7] 清・鄂爾泰等修，《大清世祖章皇帝滿文實錄》（臺北：國立故宮博物院藏），

陛辭時，康熙皇帝(1654-1722，1662-1722 在位)曾特別告誡曰：「居官以正風俗為先，江蘇風俗奢侈浮華，爾當加意化導」，[8] 文中出現兩次的「風俗」，在滿文起居注冊中也都寫作 *an kooli*。[9]不過翻閱更多史料後，即可發現滿文官書有時亦將「風俗」譯為 *tacin*，例如康熙皇帝曾有言「山西風俗過於慳吝」，此時的「風俗」便寫作 *tacin*。[10]根據上述例子，可知「風俗」一詞至乾隆朝時，尚未有固定的滿文對譯詞，無論 *an kooli* 還是 *tacin* 均曾出現於滿文史料中。

為何 *an kooli* 與 *tacin* 皆能成為「風俗」的對譯詞？釐清該問題的關鍵，除了滿文的字面解釋外，或許還需探究該詞的漢文意義。在古代中國文獻中，「俗」、「民俗」、「風俗」與「禮俗」等詞時常互稱混用，這些詞彙往往同時兼有多種意涵，可說是遍及物質、社會與精神等方面。[11]「風俗」一詞的漢文意義若是如此豐富，其滿文對譯詞想必也存有多樣性。因此，「舊定成語」選擇以 *an kooli* 來翻譯「風俗」，或許是側重於「風俗」的社會規範意義，而乾隆皇帝乾隆五十二年的那則上諭，則比較強調「風俗」的形成與流傳等面向。

乾隆皇帝之所以和「舊定成語」見解不同，甚至稱其「初

文獻編號：113000062，卷 136，順治十七年六月丁亥條。

[8] 中國第一歷史檔案館編，《康熙起居注》（北京：中華書局，2009），冊 17，頁 8266，康熙二十三年九月初七日條。

[9] 《滿文起居注冊》（臺北：國立故宮博物院藏），文獻編號：114000144，頁 19a，康熙二十三年九月初七日條。

[10] 詳可參見莊吉發編譯，《康熙滿文嘉言選：都俞吁咈》（臺北：文史哲出版社，2013），頁 202-203。

[11] 相關討論詳可參見劉增貴，〈中國禮俗史研究的一些問題〉，收入劉增貴編，《法制與禮俗》（臺北：中央研究院歷史語言研究所，2002），頁 157-163。關於「風俗」概念的深入分析，亦可參見岸本美緒，〈「風俗」與歷史觀〉，《新史學》，13:3（臺北，2002.9），頁 1-20。

定時已失字意」，推測可能存有特殊考量，以下例子或能提供一些參考。康熙十三年(1674)十二月間，康熙皇帝曾對禮部諭曰：

> 古帝王撫御天下，莫不以禮制為先務。然釐定章程，必文質適中，方可昭垂永久。前見風俗近奢，恐漸流於僭濫，故令更定條例，一切服飾，力崇儉樸，冀返淳龐。[12]

根據這段引文的滿文版本，可知在這一小段引文中 *kooli* 出現了四次：禮制（*dorolon kooli*）、章程（*durun kooli*）、風俗（*an kooli*）與條例（*kooli hacin*）。[13]若從比較廣泛的角度來看，上述四者皆屬於「社會規範」（social norms）的範疇，由此恰可說明他們的滿文名稱中，為何均存有 *kooli* 字樣。然而乾隆皇帝在前述上諭中，特別強調「久行不易者」才能被稱為 *kooli*。乾隆皇帝或許是基於嚴格釐清滿文字義的立場，才決定將 *kooli* 的意涵略為限縮，而「風俗」的滿文對譯詞在此情況下，自然也難以避免地被同步調整。

以上內容嘗試分析乾隆皇帝修訂「風俗」一詞滿文翻譯的原因，然而其中似乎仍有一些問題。首先，乾隆皇帝的諸多滿文「文化事業」，最早自乾隆初年已開始推行，《御製增訂清文鑑》也於乾隆三十六年(1771)左右成書，[14]為何乾隆皇帝直到乾隆五十二年才有此上諭？除了歷史的偶然性外，是否還有其他深層因素尚待追索？其次，這起滿文翻譯的修訂事件，恰巧

---

[12] 清．馬齊等修，《清實錄．聖祖仁皇帝實錄》（北京：中華書局，1985），卷 51，頁 667，康熙十三年十二月壬寅條。

[13] 清．馬齊等修，《大清聖祖仁皇帝滿文實錄》（臺北：國立故宮博物院藏），文獻編號：113000077，卷 51，頁 19a-19b，康熙十三年十二月壬寅條。

[14] 參見林士鉉，《清朝前期的滿洲政治文化與蒙古》（臺北：國立政治大學歷史學系，2009），頁 296。

反映中國法制史研究的一大要點，即「俗」、「禮」、「法」三者間的微妙關係；[15]這可能也是自關外時期即逐漸仿效明制的滿洲統治者，無法忽略的一大課題。清朝皇帝將採取何種態度加以應對，以及滿洲傳統是否受到衝擊，皆值得繼續深究。

若想有效解決上述兩大問題，或有兩種研究策略可供嘗試。其一為從滿文著手，全面探討「俗」、「禮」、「法」等詞彙，在有清一代如何與滿文相對譯，以及這些滿文字詞的演變歷程；其二則是從滿洲「俗」、「禮」、「法」的實際內容著手，分析這三者間的微妙互動。這兩種研究方法互為表裡，彼此間缺一不可，然本文受限於篇幅，難以同時詳論這兩個問題。本文為求聚焦，將先採取第二種研究取徑，以旗人的喪葬嫁娶規範為中心進行討論。

二、清朝關外時期「法律」規範的建立

十六世紀末的中國東北，一股新興勢力正逐漸崛起，在努爾哈齊(*nurgaci*，1559-1626，1616-1626 在位)與皇太極(*hong taiji*，1592-1643，1626-1643 在位)兩人的努力下，滿洲政權迅速席捲整個東北地區。[16]在滿洲政權自部落邁向國家的過程

---

15 關於「俗」、「禮」、「法」三者關係的討論，詳可參見劉增貴，〈中國禮俗史研究的一些問題〉，頁 157-203、高明士，〈法文化的定型：禮主刑輔原理的確立〉，收入柳立言編，《中國史新論——法律史分冊》（臺北：聯經出版事業公司，2008），頁 51-57。

16 「女真」、「滿洲」、「清朝」三個詞彙在特殊歷史背景下，具有微妙的複雜關係。努爾哈齊所創之八旗制度，有效凝聚女真諸部。其子皇太極繼承汗位後勵精圖治，天聰九年(1635)十月間，先將「族名」改稱「滿洲」，隔年四月間正式稱帝時，再建「國號」為「大清」。由此可知這些詞彙雖然意義不同，彼此間卻又難以完全區分。關於皇太極更改「族名」與稱帝的經過，詳可參見袁閭琨等著，《清代前史》（瀋陽：瀋陽出版社，2004），頁 797-801。

中，[17]法制的建立無疑扮演了重要角色。滿洲社會早期的法律型態，如同其他原始氏族部落一般，主要以約定成俗的習慣法維持社會秩序。[18]當努爾哈齊逐步統一諸部後，原有的部落習慣法漸漸顯得不合時宜。萬曆十五年(1587)間，尚未稱汗的努爾哈齊已決定「定國政」，「凡作亂、竊盜、欺詐，悉行嚴禁」[19]。

努爾哈齊的上述舉措雖然頗有開創性，卻也未必代表原有的部落習慣法完全失去作用。努爾哈齊時期的法律，主要有汗的諭令、貝勒們議定的口頭規定，以及「八王」共同頒布的文書等類型。在這些新型態的法律中，不少屬於符合時局的新規定，有些則是傳統習慣法的再確認。因此，隨著滿洲勢力的日益壯大，部分習慣法並未馬上消失，反而以更清楚的形式被保留下來。[20]在這層意義上，努爾哈齊雖然已有變更法律制度的企圖並取得一些成效，但終究處於改革初期階段。如此亦能理解《清史稿》談到清朝的關外法制時，為何會特別強調「刑制尚簡」的意象。[21]

筆者為求行文簡潔，有時理應稱為「女真」之處，仍以「滿洲」或「清朝」來代稱。

[17] 相關討論詳可參見劉小萌，《滿族從部落到國家的發展》（北京：中國社會科學出版社，2007），頁 312-316。

[18] 劉小萌，《滿族從部落到國家的發展》，頁 201。

[19] 清．鄂爾泰等修，《清實錄．滿洲實錄》（北京：中華書局，1986），卷 2，頁 66，丁亥歲六月二十四日條。《清太祖高皇帝實錄》則記載為：「上始定國政。禁悖亂、戢盜賊，法制以立。」參見清．鄂爾泰等修，《清實錄．太祖高皇帝實錄》（北京：中華書局，1986），卷 2，頁 35，丁亥歲六月壬午條。

[20] 相關討論詳可參見張晉藩等著，《清入關前國家法律制度史》（瀋陽：遼寧人民社出版，1988）頁 433-436。

[21] 清史稿校註編纂小組，《清史稿校註》，第 5 冊（臺北：國史館，1986-1991），卷 150，〈志 125．刑法二〉，頁 3977，曰：「清太祖、太宗之治遼東，刑制尚簡，重則斬，輕則鞭扑而已。」

不過《清史稿》的這番見解，或許也只是一種相對而言。對比於淵遠流長的「中華法系」傳統，[22]清朝關外時期的法律制度難免顯得微不足道，但如果簡單將其視為長時間處於靜止狀態，直到入關後才有明顯轉變，可能也不甚恰當。皇太極自繼承汗位以來，為求擴大權勢推行不少改革，其中最受人矚目者，當屬明朝六部制度的引入。此舉由於茲事體大，相關制度該如何重新規劃與調整，確實是頗費思量。[23]清朝關外時期的法制發展，也在此情勢下步入新的局面。

透過漢官高鴻中(生卒年不詳)的奏言，即能清楚理解上述現象：

> 近奉上諭：「凡事都照《大明會典》行」，極為得策。我國事，有可依而行者，有不可依而行者，大都不甚相遠。只有各官犯事，照前程議罰，不惟會典不載，即古制亦未之聞也。[24]

此奏出現於六部設立以後，並且透露出兩則訊息。首先，皇太極曾下令「凡事都照《大明會典》行」，足見《大明會典》已隨著六部制度一併被引進；其次，在實際運作上，《大明會典》並未完全取代原有習慣法，以至於高鴻中對於當時的官員處分制度不甚滿意。當不同法律文化相遇時，通常都須經歷一段調和過程。皇太極縱然覺得《大明會典》有其價值，也不大可能

[22] 關於「中華法系」的介紹，詳可參見黃源盛，《法律繼受與近代中國法》（臺北：元照出版公司，2007），頁 6-18。

[23] 關於皇太極設置六部二院的討論，詳可參見張晉藩等著，《清入關前國家法律制度史》，頁 50-79、劉小萌，《滿族從部落到國家的發展》，頁 253-261、蔡松穎，〈皇太極時期的漢官〉（臺北：國立臺灣師範大學歷史學系碩士論文，2011），頁 183-193。

[24] 羅振玉編，《史料叢刊初編·天聰朝臣工奏議》，收入于浩主編，《明清史料叢書八種》（北京：北京圖書館出版社，2008），卷上，〈高鴻中陳刑部事宜奏〉，頁 280，天聰六年正月。

完全採納《大明會典》中的全數內容，畢竟當時的滿洲政權，尚未擁有徹底實施明制的條件。

許多論者在探討皇太極的立國政策時，多會提及「參漢酌金」，即仿效漢制時不忘與滿洲舊制相結合。「參漢酌金」一詞來自漢官甯完我(?-1665，正紅旗漢軍)之奏，其中恰巧也談到會典的運用問題：

> 我國六部之名，原是照蠻子家立的，其部中當舉事宜，金官原來不知。漢官承政當看會典上事體，某一宗我國行得，某一宗我國且行不得，某一宗可增，某一宗可減，參漢酌金，用心籌思，就今日規模，立個金典出來。[25]

甯完我建議皇太極嘗試修訂「金典」，認為這將有助於國政的運作。甯完我還補充道：「大明會典雖是好書，我國今日全照他行不得」，似乎是不忘強調「凡事都照《大明會典》行」的謬誤。

甯完我的建議最終是否被皇太極採納，在學界引起不少爭論。基本上學者大多同意皇太極並未盡行漢制，甯完我「參漢酌金」的構想可能已被接受，但對於「金典」誕生與否則尚無定論。曾有學者在北京國家圖書館收藏的《實錄稿》中，發現了 52 則規範條文，這些條文不僅被做上記號，甚至還註有「當在會典」四字。部分論者根據該史料，指出皇太極稱帝後曾有頒布會典之舉。然而不少學者卻持相反看法，他們提出諸多理由懷疑「崇德會典」的真實性，強調這可能僅是史籍纂修時留下的紀錄，而非真正的會典。

綜觀這兩派學者的論爭，由於雙方對於「會典」一詞的界

[25] 羅振玉編，《史料叢刊初編·天聰朝臣工奏議》，卷中，〈甯完我請變通大明會典設六部通事奏〉，頁 445，天聰七年八月初九日。

定有別，自然很難取得共識。筆者認為皇太極甫稱帝時，應該曾與臣工議定會典，隨後也確實討論出一些結果；然而若將這些內容直接稱為《崇德會典》，似乎也有些不妥。因為滿洲人雖然對於《大明會典》並不陌生，不過他們所理解的「會典」，可能屬於一種法規彙編。[26]因此，即使《實錄稿》中提及的「會典」真有其書，也未必與《大明會典》具有相同的體例與意義。[27]

我們如果暫時擱置上述爭議，或許更能發覺這些史料的價值。根據學者的分析，這 52 則規範很多頒布於天聰年間，僅有 3 條出現於崇德朝，[28]由此可知《實錄稿》中的相關記載，實屬一種清朝關外時期的規範統整，有助於我們理解當時的法制變化與社會發展。這些資料的出現，也表示關外的滿洲政權，未必完全沒有明文化的法律。關於「崇德會典」的內容，筆者將

---

26 有些學者認為當時滿洲人筆下的「會典」，可能只是一種法規集，此論有其道理也比較中性，茲舉一例補充說明。清實錄中曾記載達海翻譯過不少漢文書籍，其中一本名為「刑部會典」。《滿文原檔》中的相關記載筆跡不清，三字中只能依稀看出 *beidere jurgan*（刑部）兩字，最後一字則根據很淺的墨色，推測為「會典」的音譯，由此可知該書的滿、漢文名稱應該相同。不過這書名卻有點奇怪，「會典」前面為何要特別加上「刑部」二字？或許是因為滿洲人大多將會典視為一種規範彙編，所以才在「會典」前加上「刑部」二字加以強調。上述史料參見清．鄂爾泰等修，《清實錄．太宗文皇帝實錄》（北京：中華書局，1985），卷 12，頁 168，天聰六年七月庚戌條；《滿文原檔》（臺北：沉香亭企業社，2005-2006），頁 223。

27 「崇德會典」存在與否，至今仍是清史學界的一大爭議。關於這方面的討論，詳可參見田濤，〈虛假的材料與結論的虛假——從《崇德會典》到《戶部則例》〉，收入倪正茂編，《批判與重建：中國法律史研究反撥》（北京：法律出版社，2002），頁 203-234；張晉藩，〈再論崇德會典〉，收入朱勇編，《《崇德會典》、《戶部則例》及其他——張晉藩先生近期研究論著一瞥》（北京：法律出版社，2003），頁 3-18；李典蓉，〈試論清太宗朝的「崇德會典」〉，《法制史研究》，4（臺北，2003.12），頁 281-303。本文暫時擱置爭議，先將這 52 則規範統稱為「崇德會典」。僅以引號而非書名號來標註，乃是基於存疑待查的考量。

28 張晉藩、郭成康，〈清《崇德會典》試析〉，收入朱勇編，《《崇德會典》、《戶部則例》及其他——張晉藩先生近期研究論著一瞥》，頁 24-26。

其簡單整理為表 1。

表 1 「崇德會典」之內容分類

分　類	流水號	主 要 內 容 簡 述
喪葬事宜	1	和碩親王葬禮
	2	多羅郡王葬禮
	3	多羅貝勒葬禮
	4	固山貝子葬禮
	5	鎮國公葬禮
	6	輔國公葬禮
	7	鎮國章京葬禮
	8	輔國章京葬禮
	9	臨喪規定
	10	臨喪規定
	11	內國、外國公主葬禮
	12	內和碩公主、外合碩公主葬禮
	13	內和碩格格、外和碩格格葬禮
	14	內多羅格格、外多羅格格葬禮
	15	固山格格、外固山格格葬禮
	16	葬禮特殊加禮、斂衣燒衣、殉葬等規定
	17	守官員墳規定
	18	簡葬規定
	19	官員葬禮
	20	公以下牛彔章京以上有功於國者葬禮
嫁娶事宜	21	親王、郡王、貝勒、貝子婚禮財物

	22	禁收繼婚
	23	禁收繼婚
	27	官員黜妻規定
	28	禁止女性私嫁
財產繼承	24	分產事宜
服裝樣式	25	滿人服飾款式
	26	漢人、僧道服飾款式
名號更定	29	文書用語更定
	30	文書用語更定
	31	八旗營伍名稱更定
	32	機構名稱更定
	33	皇帝、貝勒等所屬旗鼓名稱更定
	34	世職、八旗官員名稱更定
司法訴訟	35	越訴、王與貝勒許用轄下牛彔人數等規定
	36	屬人訴訟撥往別旗
	37	親王、郡王、貝勒、貝子犯罪處分；刑部審訊程序
	38	奴僕訴訟撥往別旗、比丁、約束節儉等規定
	39	誣告處分、干名犯義等規定
	40	訴訟代書規定
行政禁令	41	禁止與蒙古私自交易弓箭刀槍
	42	買賣豬隻相關規定
	43	禁止開設當鋪、竊盜、牲畜入他人田地；牲畜走失之處理
	44	禁殺牛、馬、騾、驢、母豬
	45	出痘、燒紙、上墳禁事

	46	禁止親王、郡王、貝勒、貝子隨意互相探望出痘者
	47	治痘相關規定
	48	禁止端公道士妄言福禍、蠱惑人心
	49	禁止算命者煽惑人心
	50	禁止寺廟容隱奸細；寺廟、和尚喇嘛管理規定
	51	禁止和尚喇嘛娶妻、擁有牲畜；寺廟管理規定
	52	禁止在街戲耍向他人索取財物

表格說明

1.資料來源：李燕光編，《清太宗實錄稿本》，收入《清初史料叢刊第三種》（瀋陽：遼寧大學歷史系，1978）頁 3-15。

2.流水號為筆者所加。

「崇德會典」簡單來說可分為七大類，但他們所占的比重並不一致。這些條文雖然已儘量以類相從，整體架構仍相當粗略，難以視為一有系統的會典。不過換個角度觀之，有別於國家頒布的律典，傳統中國的令典與明代的會典，大多收錄刑事規範以外的行政法規；若以這 52 條規範的內容來看，又與會典頗為相似。仔細爬梳「崇德會典」全文後，不難發現皇太極應有意藉此凝聚部眾。當皇太極引入明制時，滿洲舊俗必定會遭受衝擊，這些條文的修訂，如實反映皇太極嘗試透過頒布新規定來解決問題。換句話說，由於《大明會典》在當時不可能完全符合國情，皇太極因而選擇以特別立法的方式加以調整，這種作法恰與「參漢酌金」原則不謀而合。

「崇德會典」具有以下兩大特色。首先是大部分的規範涉及禮制，而且主要是針對滿洲舊俗而設。有些規範僅將滿洲舊俗與漢制結合，例如各種喪葬儀禮的詳細規定，這類規範對於滿洲舊俗的影響較小；[29]不過有些規範對於滿洲舊俗的影響就很明顯，例如「收繼婚制」的嚴格禁止。「崇德會典」的第二項特色，為皇太極採行漢制之餘，仍相當重視滿洲文化的維護。例如皇太極在服裝樣式和名號更定兩方面，大力堅持滿洲文化的主導地位。[30]皇太極「參漢酌金」的原則在「崇德會典」上表露無遺，突顯他力圖凝聚各民族成員，建立一嶄新政治勢力的企圖。

前人學者在討論傳統中國的法律發展時，曾表示「禮肇於俗而生於祭，禮別於儀而歸於法」[31]，清楚點出「俗」、「禮」、「法」三者間的微妙關係。綜觀清朝關外時期的法制演變，先從舊俗走向習慣法，再慢慢轉型為「成文化」的法律制度，似乎也符合上述趨勢。然而不可忽略的是，在關外特殊的歷史情境下，這段演變過程必定存有滿洲特殊性。當清朝皇帝入主中原後，國家法制面對新局該如何調整再次成為重要任務。本文接下來茲以旗人的喪葬嫁娶規範為中心，探討清朝「禮」、「法」互動的課題，並進一步反思入關後的旗人「舊俗」產生何種變化。

---

[29] 李燕光編，《清太宗實錄稿本》，收入《清初史料叢刊第三種》（瀋陽：遼寧大學歷史系，1978），頁 3-6。

[30] 例如服飾方面皇太極規定：「凡漢人官民男女穿戴，俱照滿洲式樣」，此外許多專有名稱也規定改以滿文來稱呼，例如：「先照漢人稱呼總兵、付〔副〕將、參將、游擊、備御，今後再不許叫。」參見李燕光編，《清太宗實錄稿本》，頁 7、9。

[31] 陳顧遠，《中國法制史概要》（北京：商務印書館，2011），頁 324-329。

三、清朝入關前後之旗人喪葬嫁娶規範

順治元年(1644)的清軍入關多少帶有點偶然性，因為滿洲勢力雖然早已厲兵秣馬多時，但以多爾袞(dorgon，1612-1650)為首的統治集團，其實尚未做好一統天下的各種準備。或許是受到該背景的影響，多爾袞不得不採行一種折衷方案，即一方面大量保留明朝舊制，一方面繼續沿用諸多關外政策，例如八旗制度與圈地令等。[32]不過此舉終究只是權宜之計，清朝皇帝若想有效統治整個帝國，必定得創立「一代之制」，[33]這也促使皇帝必須認真思考滿洲舊制與明制間，究竟該如何拿捏取捨。以下將先以旗人的喪葬規範為例，探討這類規範入關前後的異同。

「崇德會典」中與喪葬典禮相關的規範為數甚多，詳可參見表 2。這些規範大致可歸納為下列幾種類型：一、不同身分、性別與階級者的喪葬儀式細節；二、喪葬典禮儀式中的「會喪」、「守墳」規定；三、官方的「簡葬」宣示；四、對於殉葬習俗的約束。

---

32 參見姚念慈，《清初政治史探微》(瀋陽：遼寧民族出版社，2008)，頁 282-283。

33 清．鄂爾泰等修，《清實錄．世祖章皇帝實錄》，卷 22，頁 196，順治二年十二月癸卯條，曰：「江南道御史楊四重奏言：一代之興，必有一代之制。今皇上大統既集，而一切諸務，尚仍明舊，不聞有創制立法，見諸施行者，恐非所以答天下仰望之心也。」

表 2 「崇德會典」中的喪葬規範

流水號	內容簡述	內容全文
	和碩親王葬禮	和碩親王卒，輟朝三日，差禮部官辦祭，和碩親王以至輔國章京俱臨喪。初祭用牛犢一隻、羊八隻、燒酒九瓶、紙兩萬張；七日祭羊九隻、紙三萬張、酒九瓶。凡辦喪匠人，上與之。親王妃及與未分家子卒，亦差該部官辦祭，和碩親王以至輔國章京俱臨喪，紙兩萬張、羊五隻、燒酒二瓶。
2	多羅郡王葬禮	多羅郡王卒，輟朝二日，差該部辦祭，和碩親王以至輔國章京俱臨喪。初祭羊八隻、酒八瓶、紙二萬五千張。凡辦喪匠人，上與之。多羅郡王妃及娶親未分家子〔卒〕，亦差該部官辦祭，多羅郡王以至輔國章京俱臨之，用紙一萬五千張、羊四隻、燒酒四瓶。
3	多羅貝勒葬禮	多羅貝勒卒，輟朝一日，差該部辦祭，和碩親王以至輔國章京俱臨之。初祭羊六隻、酒六瓶、紙一萬張；七日祭羊六隻、酒六瓶、紙二萬張。凡辦喪匠人，上與之。多羅貝勒妃及娶親及未分家子卒，差該部官辦祭，多羅貝勒以至輔國章京俱臨之，紙一萬張、羊三隻、酒三瓶。
4	固山貝子葬禮	固山貝子卒，差該部辦祭，多羅貝勒以至輔國章京俱臨之。初祭羊四隻、酒四瓶、紙千張；七日祭羊四隻、酒四瓶、紙一萬五千張。固山貝子妻及娶親未分家子卒，差該部官辦祭，紙七千張、羊兩隻、酒二瓶，本固山大人俱臨之。
5	鎮國公葬禮	鎮國公卒，差該部辦祭，固山貝子以至輔國章京俱臨之。初祭羊四隻、酒四瓶、紙七千；七日祭羊四隻、酒四瓶、紙一萬三千。
6	輔國公葬禮	輔國公卒，差該部辦祭，鎮國公以至輔國章京俱臨喪。初祭羊三隻、酒三瓶、紙六千；七日祭羊三隻、酒三瓶、紙一萬張。
7	鎮國章京葬禮	鎮國章京卒，差該部辦祭，輔國公以至輔國章京

		俱臨喪。初祭羊二隻、酒二瓶、紙四千；七日祭羊二隻、酒二瓶、紙七千。
8	輔國章京葬禮	輔國章京卒，差該部辦祭，鎮國章京、輔國章京俱臨喪。初祭羊一隻、酒一瓶、紙二千；七日祭羊一隻、酒一瓶、紙五千。和碩親王以下、輔國章京以上，或有功勞，或上憐愛，祭禮破格多費，惟聽上命，不拘定例。
9	臨喪規定	和碩親王、多羅郡王、多羅貝勒、固山貝子、和碩王妃、多羅王妃、多羅貝勒妃及娶親未分家子卒，跟親王、郡王、貝勒、貝子〔之〕擺牙喇纛章京、甲喇章京、蝦子，若本主臨喪則從之，不許私去，若本主差遣，許去。滿洲、蒙古、漢人固山額真以下眾官俱臨喪，六部官或有緊要的大事，許一半在部辦事，一半臨喪。
10	臨喪規定	固山貝子妻及娶親未分家子、鎮國公以下，輔國章京以上卒，本固山官俱臨喪。和碩親王以下、輔國章京以上若有親戚卒，去弔喪，任各人行。各部下官許戴去纓的帽子，大祭後方戴纓子；各官妻去纓子、摘鐲子，亦與夫同。其在部的官與閒官，雖未大祭，許戴纓子、穿朝服上衙門。若臨喪所，穿素服、戴去纓的帽子；其家下人，過周年，方許戴帽纓子。
11	內國、外國公主葬禮	內國公主、外國公主卒，差一等大人弔喪。羊九隻、酒九瓶、共用紙三萬。
12	內和碩公主、外和碩公主葬禮	內和碩公主、外和碩公主卒，差一等大人弔喪。羊七隻、酒五瓶、共用紙二萬。
13	內和碩格格、外和碩格格葬禮	內和碩格格、外國和碩格格卒，差二等大人弔喪。羊五隻、酒四瓶、共用紙一萬五千。
14	內多羅格格、外多羅格格葬禮	內多羅格格、外多羅格格卒，差二等大人弔喪。羊三隻、酒二瓶、共用紙七千。
15	固山格格、外固山格格葬禮	固山格格、外固山格格卒，差二等大人弔喪。羊二隻、酒二瓶、共用紙五千。
16	葬禮特殊加禮、斂衣燒衣、殉葬等規定	皇帝若有憐愛的公主、格格等，定規外多費，聽上命。和碩親王以下，牛彔章京以上卒，斂衣及燒的衣，止許夏衣三件、春秋衣三件、冬衣三件，

		共九件。凡民止許冬衣一件、夏衣一件、春秋衣一件。有減於定數者無罪；有現在衣，照定數用，若增於數之外，及無現衣而新制者，或被人舉首，其人斷出，將衣物二分入官，一分給與首主，牛彔章京、封得撥什庫、小撥什庫，俱問應得之罪。凡妻從夫死，若平昔素所恩愛者許死，眾必稱揚之；若親愛的妻不死，反逼房下侍妾而死，問死罪；若丈夫素不恩愛者及侍妾，不許從死，若違命死者，該部大人將屍看令犬食，仍令本主照死數，賠人入官。舉首者將人斷出，死者的兄弟亦令賠人入官，各問應得之罪。
17	守官員墳規定	守官員墳，牛彔章京准一人看之，其餘人丁照舊當差。白人骨櫬，往各屯送去。
18	簡葬規定	我國殯喪之費太多。人始生時，穿的、吃的牲畜，亦與之俱來乎？凡吃穿不過陽間所用之物，死後至陰間所用的，亦陰間之物。燒毀彼能得之耶？若果得之，燒毀之物，陰間用盡後，可常繼乎？不過無益之費耳。今後凡人死者，固山額真以下大人，只許用▫花、金銀吊掛、紙錢上墳，其餘俱不許用。王以下，輔國公以上，許作塔樓，不許用浮里。凡人大祭，只許一次；再祭時，許各人作金銀紙錢密燒，再不許大祭。
19	官員葬禮	官員若卒，皇帝憐愛，賜一等上公，紙二千五百、羊三隻、酒六瓶；聞喪、初祭、大祭，差官三次吊奠。一等、二等、三等公卒，紙二千、羊二隻、酒五瓶；聞喪、初祭、大祭，三次差官吊奠。大章京卒，紙一千六、羊二隻、酒四瓶，二次差官吊奠。梅勒章京卒，紙一千二、羊一隻、酒三瓶，二次差官吊奠。甲喇章京卒，紙八百、羊一隻、酒二瓶，一次差官吊奠。牛彔章京卒，紙四百、羊一隻、酒一瓶，一次差宮吊奠。有功准襲，終於王事者，俱照前例；有病卒者，止給其半，差官照前，紙與一次，羊、酒隨差官去。
20	公以下牛彔章京以上有功於國者葬禮	公以下，牛彔章京以上，或陣亡、或病卒，凡有功於國者，聞喪即差人看所辦長祭之物，額外差人、額外費用，聽上。
表格說明		

1.資料來源：李燕光編，《清太宗實錄稿本》，收入《清初史料叢刊第三種》（瀋陽：遼寧大學歷史系，1978）頁 3-6。
2.流水號為筆者所加。

上述四類規範中，涉及「殉葬」事宜者最具滿洲舊俗特徵。前兩類規範為喪葬儀式典禮的細節規定，在祭物品項目方面雖然帶有滿洲特色，但主要內容應深受明會典影響。例如關於親王的葬禮，《大明會典》有載：

> （親王）喪聞，上輟朝三日，禮部奏差官掌行喪祭禮，翰林院撰祭文、謚冊文、壙誌文，工部造銘旌，差官造墳。又欽天監取官一員，前去卜葬。國子監取監生八名，報訃各王府。御祭一壇，牲用牛犢羊豕、餘祭止用羊豕，太皇太后、皇太后、東宮各一壇，在京文武衙門各一壇。七七、下葬、百日、周年、二周年、除服，御祭各一壇。下葬以前，凡御祭及東宮文武衙門二祭，總差候伯一員行禮。周年以後三御祭，各差行人一員行禮。太皇太后、皇太后二祭，遣本府內官行禮。其祭物。本布政司轉屬買辦，冥器喪儀，本處各該衙門成造。其初喪，本國內禁屠宰三日，禁音樂嫁娶，至葬畢乃至。其封內文武衙門，各祭一壇，非封內者，不弔祭。發引，在城軍民會送，其大小殮、七七、百日、遷柩、祖奠、發引、下葬、題主、虞禮，本府俱自有祭祀。其服制，王妃、世子、眾子、及郡王、郡主、下至宮人，俱斬衰三年。封內文武官員，齊衰三日，哭臨五日而除。在城軍民，俱素服五日。郡王、眾子、郡君，為兄及伯叔父，服齊衰期年。郡王妃，服小功五月。[34]

[34] 明・申時行等修，《大明會典》（臺北：國風出版社，1963），卷 98，〈禮部・祠祭清吏司・喪禮三・親王世子世孫附〉，頁 1529-1530。

相較於《大明會典》的繁複內容，「崇德會典」中的親王葬禮規範明顯較為簡單，不過兩者的許多原則仍很相像。例如其中均有「輟朝三日」、禮部官員協助處理喪葬儀式等規定；祭祀活動的細節雖不大一樣，內容書寫方式卻很雷同。由此觀之，對於「崇德會典」的喪葬典禮、儀式而言，《大明會典》扮演了重要角色，此舉恰能反映「參漢酌金」政策的特點。

在前述「崇德會典」的四類喪葬規範中，官方的「簡葬」宣示頗為耐人尋味。該政策的出現，多少象徵當時的喪葬儀式常過於浪費。然而皇太極時期民間喪葬事宜的日益鋪張，究竟是滿洲社會的自然發展，還是受到「崇德會典」相關規範的影響？皇太極仿效明制頒訂喪葬儀式規範，一大考量或許是藉由不同身分間的等級區別，導正社會趨於奢華的風氣。然而換個角度來說，身分階級的「象徵性符號」一旦被建立，僭越行為的盛行機緣亦同時產生。[35]滿洲舊俗在此情況下很難不受影響，這對皇太極而言可說是始料未及。

清朝入關後的旗人喪葬規範多有修訂，各朝會典間的記載亦不盡相同。由於乾隆朝會典則例的相關內容較為詳盡，因而將其整理為表 3，以呈現旗人喪葬規範入關後的演變歷程。

---

[35] 筆者這方面的想法，主要受到下列研究的啟發，詳可參見林麗月，〈明代禁奢令初探〉，《臺灣師大歷史學報》，22（臺北，1994.6），頁 57-84；巫仁恕，《品味奢華：晚明的消費社會與士大夫》（臺北：聯經出版公司，2007），頁 135-136。

表 3 《欽定大清會典則例（乾隆朝）》中的旗人喪葬規範

制訂時間	主　要　內　容
順治九年	和碩親王喪，聞，輟朝三日。親王以下，奉恩將軍以上；民公侯伯、都統、尚書、子以下，佐領、騎都尉以上；固倫公主、親王福晉以下，縣君、奉恩將軍恭人以上，皆會喪。府前陳設儀衛，備采棺，內襯錦段五層。府屬官員，及護軍校等官以上命婦，咸成服，至大祭日除服。諭祭二次，祭文由內院撰給，遣禮部官奉至墳讀文祭酒，宗人府題請賜謚，內院撰給碑文，工部立碑建亭，給造葬價。
	世子喪，聞，輟朝二日。親王以下，奉恩將軍以上；民公侯伯、都統、尚書、子以下，參領以上；固倫公主、親王福晉以下，縣君、奉恩將軍恭人以上，皆會喪。府前陳設儀衛，其采棺斂襯，府屬官員及命婦成服除服，諭祭二次及題請賜謚、給碑文、立碑建亭、給造葬價等項，皆與親王同。
	多羅郡王喪，聞，輟朝二日。一應喪儀，與世子同。
	多羅貝勒喪，聞，輟朝一日。世子、郡王以下，奉恩將軍以上；民公侯伯、都統、尚書、子以下，副都統、侍郎、本旗佐領以上；和碩公主、世子福晉以下，縣君、奉恩將軍恭人以上，皆會喪。府前陳設儀衛，其采棺斂襯，府屬官員及命婦成服除服，諭祭二次及題請賜謚、給碑文、立碑、給造葬價等項，皆與郡王同，惟不建碑亭。
	固山貝子喪，聞。貝勒以上，奉恩將軍以上；民公侯伯、都統、尚書、子以下，本旗參領、郎中以上；貝勒夫人以下，縣君、奉恩將軍恭人以上，皆會喪。府前陳設儀衛，采棺內襯三層。府屬官員及命婦成服除服，諭祭二次及題請賜謚、給碑文、立碑、給造葬價等項，皆與貝勒同。
	鎮國公輔國公喪，聞。貝子以下，奉國將軍以上；郡君、貝子夫人以下，奉恩將軍恭人以上，皆會喪。府前陳設儀衛，其采棺斂襯，府屬官員及命婦成服除服，諭祭二次及題請賜謚、給碑文、立碑、給造葬價等項，皆與貝子同。
	鎮國將軍喪，聞。輔國公以下，奉恩將軍以上，皆會喪。府前陳設執事，朱棺內襯一層。賜祭二次，諭祭文內院撰給一次，遣禮部官送至墳。禮部具題，候旨立碑，碑文內院撰給，石碑工部建立。應否與謚，宗人府具題請旨。
	輔國將軍喪，聞。鎮國將軍以下，奉恩將軍以上，皆會喪。

	府前陳設執事，朱棺內襯一層。賜祭二次，諭祭文內院撰給一次，遣禮部官奉至墳。禮部具題候旨立碑，碑文內院撰給，石碑本家自立，今由工部立碑。應否與諡，宗人府具題請旨。
	奉國將軍喪，聞。輔國將軍以下，奉恩將軍以上，皆會喪。府前陳設執事，朱棺內襯一層。賜祭二次，諭祭文內院撰給一次，遣禮部官奉至墳上。
	奉恩將軍喪，聞。陳設執事，朱棺內襯一層，賜祭二次，無祭文。
	王、貝勒、貝子、公婚娶之子卒，不遣官致祭，許陳鞍馬、祭品，各如其父例。未婚娶幼子，不許造墳。閒散宗室卒，皆得用朱棺，內襯一層，陳鞍馬致祭。
	親王以下，祭葬銀、牲醴品物，多寡有差。和碩親王喪，備鞍馬十有五匹，散馬數亦如之。初祭給牛犢一、羊八、酒九瓶、楮帛三萬，大祭亦如之。造葬工部給銀五千兩。初祭禮，自備引旛一、金銀定七萬，並欽賜楮錢七萬；饌筵三十一席，於欽賜犢一、羊八之外，再加九羊爲二九。大祭禮如之。百日期年致祭，金銀定一萬，楮錢一萬，羊九，饌筵十有五席。
	世子喪，鞍馬及散馬各十有四匹。初祭給牛犢一、羊八、酒九瓶、楮帛二萬五千，大祭如之。造葬工部給銀四千兩。初祭禮，自備引旛一、金銀定六萬五千，並欽賜楮錢六萬五千；饌筵三十席，於欽賜犢一羊八之外，再加九羊爲二九。大祭如之。百日期年致祭，金銀定、楮錢各一萬，羊九，饌筵十有五席。
	多羅郡王喪，鞍馬及散馬各十有四匹。初祭、大祭，各給牛犢一、羊六、酒七瓶、楮帛二萬三千。造葬工部給銀三千兩。初祭禮，自備引旛一、金銀定六萬，並欽賜楮錢六萬；饌筵二十五席，於欽賜犢一羊六之外，再加七羊爲二七。大祭禮如之。百日期年致祭，金銀定、楮錢各一萬，羊七，饌筵十有三席。
	多羅貝勒喪，鞍馬及散馬各十有三匹。初祭、大祭，各給牛犢一、羊四、酒五瓶、楮帛一萬五千。造葬工部給銀二千兩。初祭禮，自備引旛一、金銀定五萬，並欽賜楮錢五萬；饌筵二十一席，於欽賜犢一羊四之外，再加五羊共爲十。大祭禮如之。百日期年致祭，金銀定、楮錢各一萬，羊五，饌筵十席。
	固山貝子喪，鞍馬及散馬各十有二匹。初祭、大祭，各給

	羊五、酒五瓶、楮帛一萬。造葬工部給銀千兩。初祭禮，自備引旛一、金銀定四萬，並欽賜楮錢四萬；饌筵十有五席，於欽賜五羊之外，再加三羊共爲八。大祭禮如之。百日期年致祭，金銀定、楮錢各八千，羊五，饌筵八席。
	鎮國公喪，鞍馬及散馬各十匹。初祭、大祭，各給羊四、酒四瓶、楮帛九千。工部給造葬銀五百兩。初祭禮，自備引旛一、金銀定三萬，並欽賜楮錢三萬；饌筵十有五席，於欽賜四羊之外，再加三羊共爲七。大祭禮如之。百日期年致祭，金銀定、楮錢各七千，羊四，饌筵七。
	輔國公喪，鞍馬及散馬各八匹。初祭、大祭，各給羊四、酒四瓶、楮帛八千。工部給造葬銀五百兩。初祭禮，自備引旛一、金銀定二萬，並欽賜楮錢二萬；饌筵十有五席，於欽賜四羊之外，再加三羊共爲七。大祭禮如之。百日期年致祭，金銀定、楮錢各六千，羊四，饌筵七。
	鎮國將軍喪，鞍馬七匹。初祭、大祭，各給羊二、酒二瓶、楮帛五千。初祭禮，自備引旛一、金銀定一萬四千，並欽賜楮錢一萬四千；饌筵十席於欽賜二羊之外，再加三羊共爲五。大祭禮如之。百日期年致祭，金銀定、楮錢各七千，羊三，饌筵五。
	輔國將軍喪，鞍馬五匹。初祭、大祭，各給羊一、酒一瓶、楮帛四千。初祭禮，自備引旛一、金銀定〔一〕萬二千，並欽賜楮錢〔一〕萬二千；饌筵八席，於欽賜一羊之外，再加三羊共爲四。大祭禮如之。百日期年致祭，金銀定、楮錢各六千，羊二，饌筵四席。
	奉國將軍喪，鞍馬四匹。初祭、大祭，共給羊一、酒二瓶、楮帛六千。初祭禮，自備引旛一，金銀定、楮錢各一萬，羊三，饌筵六席。大祭禮如之，其欽賜羊、楮入額內。百日期年致祭，金銀定、楮錢各五千，羊二，饌筵三席。
	奉恩將軍喪，鞍馬三匹。初祭、大祭，共給羊一、酒二瓶、楮帛三千。初祭禮，自備引旛一，金銀定、楮錢各八千，羊三，饌筵五席。大祭禮如之，其欽賜羊、楮入額內。百日期年致祭，金銀定、楮錢各四千，羊二，饌筵三席。
	王公葬期，親王停喪本府，候墳院造，完日發引，期年而葬。郡王貝勒停喪本府，五月發引，七月而葬。貝子以下，公以上，停喪本府，三月發引，五月而葬。其應會喪官員，必竢歛後，始歸其家，發引、致祭日仍齊集。
	和碩親王福晉喪，聞。親王以下，奉恩將軍以上；固倫公主、親王福晉以下，縣君、奉恩將軍恭人以上，皆會喪。

	府前陳設儀衛，采棺內襯五層。府屬官員，及護軍校等官以上命婦，咸成服，大祭日除服。諭祭一次，祭文由內院撰給，遣禮部官奉至墳。
	和碩親王側福晉、世子福晉喪，聞。世子郡王以下，奉恩將軍以上；固倫公主、親王福晉以下，縣君、奉恩將軍恭人以上，皆會喪。府前陳設儀衛，其采棺斂襯、府屬官員及命婦成服除服、諭祭一次，皆與親王福晉同。
	世子側福晉、多羅郡王福晉喪，聞。一切喪儀，皆與親王側福晉同。
	多羅郡王側福晉、多羅貝勒夫人喪，聞。世子郡王以下，奉恩將軍以上；和碩公主、世子福晉以下，縣君、奉恩將軍恭人以上，皆會喪，其餘喪儀，與世子側福晉同。
	〔多羅〕貝勒側夫人、〔固山〕貝子夫人喪，聞。貝勒以下，奉恩將軍以上；郡主、貝勒夫人以下，縣君、奉恩將軍恭人以上，皆會喪。府前陳設儀衛，采棺內襯三層，其餘喪儀，與貝勒夫人同。
	固山貝子側夫人、鎮國公夫人喪，聞。貝子以下，奉恩將軍以上；郡君、貝子夫人以下，縣君、奉恩將軍恭人以上，皆會喪，其餘喪儀，與貝子夫人同。
	鎮國公側夫人、輔國公夫人，喪，聞。貝子以下，奉恩將軍以上；貝子夫人、縣君以下，奉恩將軍恭人以上，皆會喪，其餘喪儀，與貝子側夫人同。
	輔國公側夫人喪，聞。輔國公以下，奉恩將軍以上，皆會喪。其餘喪儀，與鎮國公側夫人同。
	親王福晉以下，致祭牲醴品物，多寡有差。和碩親王福晉喪，備鞍馬與親王同。初祭、大祭，共給牛犢一、羊八、酒九瓶、楮帛二萬。初祭禮，自備引旛一、金銀定七萬、楮錢七萬；饌筵三十一席，羊十有八。大祭禮如之，其欽賜牛、羊、楮帛入額內。百日期年致祭，金銀定、楮錢各萬，羊九，饌筵十有五席。
	和碩親王側福晉、世子福晉喪，備鞍馬與親王世子同。初祭、大祭，共給犢牛一、羊六、酒七瓶、楮帛一萬七千。初祭禮，自備引旛一、金銀定六萬、楮錢六萬；饌筵二十七席，羊十有六。大祭禮如之，其欽賜牛、羊、楮帛入額內。百日期年致祭，金銀定、楮錢各萬，羊七，饌筵十有三席。
	世子側福晉、多羅郡王福晉喪，備鞍馬與世子郡王同。初祭、大祭，共給犢牛一、羊六、酒七瓶、楮帛一萬五千。

	初祭禮，自備引旛一，金銀定、楮錢各六萬，羊十有四，饌筵二十五席。大祭禮如之，其欽賜牛、羊、楮帛入額內。百日期年致祭，金銀定、楮錢各萬，羊七，饌筵十有二席。
	多羅郡王側福晉、多羅貝勒夫人喪，備鞍馬與王貝勒同。初祭、大祭，共給羊五、酒五瓶、楮帛一萬。初祭禮，自備引旛一，金銀定、楮錢各五萬，羊十，饌筵二十席。大祭禮如之，其欽賜羊、楮入額內。百日期年致祭，金銀定、楮錢各萬，羊五，饌筵十席。
	多羅貝勒側夫人、固山貝子夫人喪，備鞍馬與貝勒貝子同。初祭、大祭，共給羊三、酒三瓶、楮帛七千。初祭禮，自備引旛一，金銀定、楮錢各四萬，羊八，饌筵十有五席。大祭禮如之，其欽賜羊、楮入額內。百日期年致祭，金銀定、楮錢各八千，羊五，饌筵八席。
	固山貝子側夫人、鎮國公夫人喪，備鞍馬與貝子公同。初祭、大祭，共給羊二、酒二瓶、楮帛六千。初祭禮，自備引旛一，金銀定、楮錢各三萬，羊七，饌筵十有五席。大祭禮如之，其欽賜羊、楮入額內。百日期年致祭，金銀定、楮錢各七千，羊四，饌筵七席。
	鎮國公側室、輔國公夫人喪，備鞍馬與公同。初祭、大祭，共給羊二、酒二瓶、楮帛五千。初祭禮，自備引旛一，金銀定、楮錢各二萬，羊七，饌筵十有五席。大祭禮如之，其欽賜羊楮入額內。百日期年致祭，金銀定、楮錢各六千，羊四，饌筵七席。
	輔國公側室之喪，備鞍馬與公同。初祭、大祭，共給羊二、酒二瓶、楮帛五千。初祭禮，自備引旛一，金銀定、楮錢各一萬五千，羊六，饌筵十有三席。大祭禮如之，其欽賜羊、楮入額內。百日期年致祭，金銀定、楮錢各五千，羊三，饌筵六席。
	固倫公主喪，聞。一應喪禮，與親王福晉同。和碩公主喪禮，與世子福晉同。郡主喪禮，與郡王福晉同。縣主喪禮，與貝勒夫人同。郡君喪禮，與貝子夫人同。縣君喪禮，與鎮國公夫人同。鄉君喪禮，與輔國公夫人同。
	郡主額駙、民公以下各官卒，陳設執事，朱棺內襯一層，行初祭、大祭禮祭品各按品級，多寡不等。其父母，及命婦、未分家子卒，一應祭禮，各照伊子、伊夫、伊父品級用。
	庶人卒，朱棺內襯一層，行初祭、大祭禮。
順治十二年	下嫁外藩固倫公主喪，聞，內院撰給諭祭文，遣內大臣、

	侍衛，及禮部、理藩院官，奉送至墳，讀文祭酒。下嫁外藩和碩公主喪，聞，內院撰給諭祭文，遣侍衛及禮部、理藩院官，前往至墳，讀文祭酒。下嫁外藩郡主喪，聞，遣官讀文致祭，與和碩公主同。下嫁外藩縣主喪，聞，內院撰給諭祭文，遣禮部、理藩院官，讀文致祭。下嫁外藩郡君喪，聞，遣禮部、理藩院官致祭；無祭文。下嫁外藩縣君喪，聞，遣官致祭，與郡君同。下嫁外藩鄉君喪，聞，遣官致祭，與縣君同。
康熙四年	親王、郡王等，由宗人府奏賜謚號。貝勒以下，入八分公以上，應否給謚，請旨遵行。
康熙七年	和碩公主額駙、民公以下各官，及庶人，各增定祭品有差。其百日、期年、常祭，照初祭；大祭定數，減半用。
康熙九年	親王以下，輔國公以上喪，本府屬員具喪服外，正紅旗禮親王，鑲紅旗肅親王，鑲紅旗承澤親王、敬謹親王、克勤郡王、福勒黑公，正藍旗饒餘親王、豫郡王，鑲藍旗鄭親王、愘僖貝勒、靖寧貝勒、顧爾馬洪貝子，以上十二支，若繫本支所分者，本身及府屬官，咸具喪服，各官命婦，如其夫例。其非本支王以下，公以上，或應會喪，或不應會喪而願會喪者，皆摘冠纓，從官亦如其主例。若繫長輩，不具喪服者，聽。凡應會喪者，入公署用常服辦事，至喪家及墳所，仍用喪服。御前公、侯、伯、內大臣、護軍統領、護軍參領以上官員，及部員不應會喪者，奉旨遣往，方許赴喪。其餘各旗護軍統領、護軍參領、護衛，各隨本府王等赴喪，各官命婦，亦隨本府王福晉等赴喪，不許私往。
	官民喪儀，仍照順治九年題准例行。
康熙十二年	旗下本主，强逼奴婢殉葬者，嚴行禁止。
康熙二十六年	（前略）漢軍居父母之喪，親朋聚會，毫無居喪之體。令漢軍都統、副都統，將居喪演戲、飲酒、呼盧、鬪牌，照賭博例嚴行禁止。
	凡官員卒於官，與官員之父母及妻之喪，皆許歸殯於家，城門人役不得阻抑。
康熙五十二年	多羅貝勒生母喪，聞，喪儀皆如貝勒適夫人例，遣禮部官讀文致祭。
康熙五十四年	固倫公主有子孫奏請建碑給謚者，準其立碑勒文，並給與謚號。
雍正元年	凡和碩額駙、公品級和碩額駙故，采棺內襯三層，陳設執事，並鞍馬十匹；初祭禮，祭筵十有五席，羊七，大祭禮同。三等民公故，采棺內襯三層，陳設執事，並鞍馬八匹；初祭禮，祭筵十有五席，羊七，大祭禮同。侯故，朱棺內

	襯一層，陳設執事、並鞍馬七匹；初祭禮，祭筵十有三席，羊六，大祭禮同。伯故，朱棺内襯一層，陳設執事，並鞍馬七匹；初祭禮，祭筵十有二席，羊六，大祭禮同。一品官故，朱棺内襯一層，陳設執事，並鞍馬六匹；初祭禮，祭筵十席，羊五，大祭禮同。二品官故，朱棺内襯一層，陳設執事，並鞍馬五匹；初祭禮，祭筵八席，羊四，大祭禮同。三品官故，朱棺内襯一層，陳設執事，並鞍馬四匹；初祭禮，祭筵六席，羊三，大祭禮同。四品官故，朱棺内襯一層，陳設執事，並鞍馬三匹；初祭禮，祭筵五席，羊三，大祭禮同。五品官故，朱棺内襯一層，並鞍馬二匹；初祭禮，祭筵四席，羊二，大祭禮同。六品官以下，有頂帶官員以上故，棺内襯一層，鞍馬二匹；初祭禮，祭筵三席，羊二，大祭禮同。兵民故者，棺内襯一層，鞍馬一匹；初祭禮，祭筵二席，羊一，大祭禮同。凡公以下，有頂帶官員以上，舊例父、母、妻，各照伊子、伊夫；其未分居之子，各照伊父。嗣後未分居之子，有職銜者，仍照本身品級；如無職銜者，十五歲以上，準照伊父品級，其祭筵、羊數仍減半用，餘照舊例行。凡公以下，有頂帶官員以上，周年、百日及上墳常祭，祭筵、羊隻，各照定例内減半用。庶民常祭，亦照定例從減。
	饋粥乃慎重喪禮，因有喪之家不暇飲食，故各親族憐愛，特饋粥以食之，並非筵燕。應行令八旗，將饋粥爲名，多備豬、羊大設肴饌之處，嚴行禁止。倘有此等，該旗察出，即行題參，從重治罪。
	官民故者，前後斂衣，共五襲。
	官民人等出殯，除量造紙箚車馬轎樓庫外，其餘奇巧臺閣等項，概行禁止。鞍馬、衣箱等，喪家力能自備者，照定例數目備用，其或力不能備，除賃用槓轝、棺罩、執事外，其鞍馬、衣箱等項，徒滋糜費，應行禁止。棺罩，公、侯、伯用五采裝花青藍等段，一、二品官用銷金青藍等段，三、四、五品官用青藍雲段，六、七、八品官用青素段及青藍段，九品以下官員、生員、監生用青絹，兵丁、庶民用青布。其力不能自辦者，聽其節省租用，惟不許踰等。官民墳葬，永不許造地券。
雍正五年	王公致祭，停止用牛，其犍牛改爲蒙古羊，三牛犢改爲蒙古羊二。
雍正十三年	（前略）嗣後皇帝子孫，照依會典所定五等服制，遇期服胞伯叔兄弟之事，除年幼未分封之皇子、皇孫不議外，年長者照例具奏，再行臨喪，既未分出，自應停止成服。其諸王、貝勒、貝子、公、宗室、將軍、閒散宗室等，不論爵次，凡近支，皆照會典所定服制五等，遇小功服以上之喪，照例會喪成服；期服六十日而除，大功一月而除，小

	功七日而除。遇百日內致祭，仍齊集，摘冠纓，宗人府委官稽察。朝祭大典，王公皆當侍班，應令期服者於大祭日剃頭，小功七日，大功於出殯後剃頭，遇齋戒日，暫停前往喪所。至親王福晉以下，亦照定例，準禮部傳令齊集，委官稽察。如喪家呈部，願停止福晉等齊集者，準其停止。其喪服事宜，仍照康熙九年定例遵行。
乾隆二年	在京八旗文武各官，遇有親喪，例於持服百日之後，即入署辦事。原以旗員人少，若令離任守制，恐致誤公，而伊等在二十七月之內，仍各於私居持服，以自盡其心。惟是朝會、祭祀之期，或有執事，或應陪祀之處，仍皆一例行走，未加分別。俾盡孝思，嗣後在京旗員有親喪者，二十七月之內，凡遇朝會、祭祀之禮，應一概免其行走。
乾隆三年	期服者，令大祭日除服；大功服者，令初祭日除服；小功服者，送殯日除服。
乾隆十一年	官員服制，除父母之喪，應持服百日外，其餘喪服，皆不得藉名爲偷安之計。養子於本生父母之喪，服制既降爲期年，亦應改爲持服兩月，於一月後剃頭當差。親伯、叔、伯母、嬸母，親兄弟妻、娶妻之子，撫養庶母之喪，原定持服兩月者，改爲一月後即剃頭當差；此一戶內，如有承辦其事者，仍照常持服兩月。親伯叔祖、親伯叔祖之子、親伯叔之子、親兄弟娶妻之子、親嫂、親子婦、娶妻之孫、生子庶母之喪，原定持服一月者，今定於出殯七日後剃頭當差。親伯叔祖母、親伯叔祖之子婦、親伯叔祖之孫、親弟婦、親伯叔之子婦、親兄弟之子婦、親孫婦之喪，原定出殯七日後行走者，今定於出殯後剃頭當差。無服族人之喪，原定出殯後當差者，今定不準持服，照常當差行走。凡大臣官員持服日期，其職任官差各異，應行令各地方，各量職任，於其應行走之時，即令當差行走。
乾隆二十一年	（前略）嗣後王等側福晉薨逝，其應否予祭之處，具奏請旨，即奉旨予祭，亦不過致祭一次足矣，其用祭文之處，著永遠停止。
表格說明 1.資料來源：清．蔣溥等修，《欽定大清會典則例（乾隆朝）》，收入《景印文淵閣四庫全書》（臺北：臺灣商務印書館，1983），冊 622，卷 91，〈禮部．祠祭清吏司．喪禮五〉，頁 1a-28b。 2.括號內容為筆者所加。	

透過表 3 可知旗人喪葬規範入關後的改革，早在順治年間

已大致確立，不過其內容實與「崇德會典」有所繼承。[36]兩者間較明顯的不同，在於伴隨著宗室封爵體系入關後的制度化，喪葬典禮儀式、祭品的階級性區分可說是更為明顯。[37]順治朝以降，旗人喪葬規範亦有零星修訂，根據修訂內容可知官方關注的焦點略有轉移。有別於清初著重於社會階級的區分，康熙朝以後增修的規範，則主要涉及殉葬、節葬與喪假事宜。除了殉葬行為與滿洲舊俗較有關聯外，其餘大多反映滿、漢兩種文化相遇後的新生狀況。

上述內容主要著重於旗人喪葬規範，接下來將繼續討論旗人的嫁娶規範。「崇德會典」中與嫁娶規範相關者共有五條，他們可再被細分為貴族通婚財物事宜、禁止收繼婚制度、官員黜妻事宜與禁止女性私嫁四個部分，詳細內容可參見表 4。

---

36 清政府早在入關之初，便曾「定諸王以下官民人等祭葬禮」，詳可參見清．鄂爾泰等修，《清實錄．世祖章皇帝實錄》，卷 3，頁 43-46，順治元年正月己酉條。順治九年時，官方再次下令「更定祭葬禮」。不過在《康熙會典》中，僅存有順治九年的議定內容，其原因並不清楚，尚待進一步探究。或許由於順治元年頒布的相關規範，實屬政權過渡階段的產物，致其最終未載入會典中。

37 這方面的內容除了會典外，實錄中亦有記載，值得一併瀏覽，詳可參見清．鄂爾泰等修，《清實錄．世祖章皇帝實錄》，卷 68，頁 531-537，順治九年九月辛巳條。

表 4 「崇德會典」中的嫁娶規範

流水號	內容簡述	內容全文
21	親王、郡王、貝勒、貝子婚禮財物	國中及外藩的和碩親王、多羅郡王、多羅貝勒、固山貝子，兩家作親，定禮及迎親禮，如違制多與財物，多宰牲畜者，將多與的財物、牲畜，俱撤回入宮，兩親家仍罰三九。若閒人作親，違制多與，罰一九。凡少與者無罪。若女婿死，將所與之物俱要回；若女死，將所與之務要回一半。
22	禁收繼婚	自今以後，凡人不許娶庶母，及族中伯母、嬸母、嫂子、媳婦。
23	禁收繼婚	凡女人若喪夫，欲守其家資、子女者，由本人〔家〕宜恩養。若欲改嫁者，本家無人看管，任族中兄弟，聘與異性之人。若不遵法，族中相娶者，與奸淫之事一例問罪。漢人、高麗因曉道理，不娶族中婦女為妻。凡人既生為人，若娶族中婦女，與禽獸何異？我想及此，方立其法。我國若有淫亂之人，欲娶族中婦女者，其夫死後不許哭。心內既欲娶其妻，外則虛哭之何為？此言欲令愚魯之人曉之，今禁革不許亂娶。
27	官員黜妻規定	官員有黜妻者，須告於上，上差人查看，該與者與之。若不告於上，其妻娘家人毀家資拿衣服者，問應得之罪，將所毀家資俱令賠償。其夫若另娶妻，前妻去留在本夫，若婦欲自去者，不許。其夫有心辱妻，其妻有心毆夫者，俱聽公審。
28	禁止女性私嫁	固山額真以至眾官員女，王、貝勒下蝦的女，及貝子兄弟之女，跟從貝子人的女，壯大擺牙喇、封得撥什庫的女及寡婦，若嫁時，需到該部說知，部中大人對各王、貝勒、貝子說知，方許適人，若私自與人者有罪。其下民間女及寡婦，各問該管牛彔，方許適人。凡女年十二，方許做親，未及十二歲做親者有罪。內牛彔及思出勒黑牛彔，俱照此例。

表格說明

1.資料來源：李燕光編，《清太宗實錄稿本》，收入《清初史料叢刊第三種》（瀋陽：遼寧大學歷史系，1978），頁 6-7。

2.流水號為筆者所加。

「崇德會典」中的第 21 條，論及國內外貴族通婚的財物事宜，其中的關鍵在於嚴禁「違制多與」。該條文存有兩個疑點，其一為何謂「多與」？其二為除了貴族通婚的財物數量規定外，其他身分成員的婚禮是否也有類似規範？若想解決這兩個問題，可能還需從其他的會典中找尋線索：

> 崇德間定，親王行納幣禮，珍珠金銀花綴粧緞、蟒緞、緞袍褂裙，共九襲。蟒緞、緞衾褥，七床。金項圈一具，金大簪、小簪各三枝，金耳墜全副，金戒指十枚。訂婚日，設宴五十席；娶日，設宴六十席。凡宴日，親王以下，及大臣等，固倫公主、親王妃以下，俱會宴。……納外藩王、貝勒、台吉等女，訂婚行七九禮，筵宴宰牲五九，次行聘禮。納外藩親王女，鞍馬十二匹，盔甲十二副，閑甲二十四副，緞六十疋，布六百疋，銀桶、銀盆、銀茶桶，各一具。[38]

上述是親王等人婚禮的財物規範，由於內容相當龐雜，僅列出幾條以供參考，從中可知婚禮各階段禮物的品項與數量都有明確規定；透過《康熙會典》的補充，即能理解「崇德會典」中「違制多與」的意思。此外，該規範並非貴族所專屬，一般軍民也有類似約束：

> 崇德間定，超品公行納幣禮，緞衣五襲，緞衾褥三床，布衣二襲，布衾褥二床，金項圈一具，金耳墜全副，金簪四枝。訂婚日宴，用牲十；娶日，設宴二十五席。……

[38] 清・伊桑阿等纂修，《大清會典（康熙朝）》，收入《近代中國史料叢刊・三編》（臺北：文海出版社，1992），第 72 輯，冊 716，卷 49，〈禮部・儀制司・諸王婚禮〉，頁 10a-10b。

> 軍民人等，行納幣禮，布衣一襲，布衾褥一床，銀耳墜全副。訂婚日宴，用牲一，娶日宴，用牲二。自超品公以下，至軍民人等，婚娶若違定例，多用者，多用之物入官，兩家俱議罪。[39]

透過上述兩段引文，可知清朝最晚至崇德年間，已針對各階級成員的婚禮，設計出不同的禮物品項、數量規範，而「違制多與」的行為亦被嚴禁。此舉可能如同前述的喪葬規範一般，乃受到明制的影響。[40]旗人嫁娶儀式的財物規範於清朝入關後曾多次修訂，不過基本上僅在既有架構上作些調整與補充，整體而言更動幅度並不大，部分關外特色仍被保留下來。[41]

「崇德會典」中的第 22、23 條為收繼婚制的禁絕。所謂的收繼婚制是指丈夫死後，寡婦由族中子姪或是兄弟收繼為妻的習俗。收繼婚制盛行於人類早期社會中，是父系社會中的婚姻形式之一，漢人雖然始終將其視為蠻夷之邦的陋俗，但收繼婚制其實在漢人早期社會中也曾普遍存在。基於保存種姓、避免家產外流、維持部落關係等因素，中國北方的非漢民族則是長期保留收繼婚制。[42]不同於中國史上的其他「征服王朝」，清

---

[39] 清．伊桑阿等纂修，《大清會典（康熙朝）》，收入《近代中國史料叢刊．三編》，第 72 輯，冊 716，卷 49，〈禮部．儀制司．官民婚禮〉，頁 22b、24a。

[40] 明朝自洪武年間，已頒布與婚禮財物相關之規範，例如明．胡廣等修，《明實錄．太祖實錄》（臺北：中央研究院歷史語言研究所，1967），卷 74，頁 1363，洪武五年六月丙申條，曰：「詔定官民婚喪儀物，禮部議，凡婚禮納采問名，公、侯、品官一品至四品，紅文綺二匹；五品至九品，文綺綾羅隨用一匹。……」。

[41] 詳可參見清．鄂爾泰等修，《清實錄．世祖章皇帝實錄》，卷 40，頁 320-321，順治五年八月戊午條、清．鄂爾泰等修，《清實錄．世祖章皇帝實錄》，卷 67，頁 523-528，順治九年八月乙丑條。

[42] 相關內容詳可參見定宜庄，《滿族的婦女生活與婚姻制度研究》（北京：北京大學出版社，1999），頁 4-23、47-55。

朝在尚未入主中原前已選擇放棄收繼婚制。[43]皇太極曾於天聰九年(1635)強調「妄娶叔父、兄、弟之妻非理也」，下令嚴禁收繼婚制。[44]「崇德會典」中亦表示：

> 若不遵法，族中相娶者，與奸淫之事一例問罪。漢人、高麗因曉漢人道理，不娶族中婦女為妻。凡人既生為人，若娶族中婦女，與禽獸何異？[45]

相較於其他非漢民族，皇太極甚早放棄「收繼婚制」之舉實屬少見，從此滿、漢間的婚制差異已大幅減少，入關後自然也不存在更定與否的問題。

「崇德會典」中的第 27 條，則與「出妻」制度有關。該制度除了見於「崇德會典」外，其他官書少有紀錄，僅其他會典中載有類似內容：

> 國初定，凡官員因夫婦不和，欲出其妻，已受封者，先呈明吏部，削去所封，赴刑部呈明，差人押令離異；未受封者，問明情由，係兩情願離者，聽。若兵民出妻者，任其自便。其中有別項情由，赴部陳告，審理發落。其因夫娶妾，而欲求離異者，不准，仍聽本夫自便。[46]

上述引文與「崇德會典」第 27 條的內容大致相仿，差別僅在於「崇德會典」載有被出之妻取回財物的規定，以及兩者在「妻」、

---

43 關於元代收繼婚制的討論，詳可參見柏清韻(Bettine Birge)著，柳立言譯，〈元代的收繼婚與貞節觀的復興〉，收入柳立言編，《宋元時代的法律思想和社會》（臺北：國立編譯館，2001），頁 387-428。

44 中國第一歷史檔案館編，《清初內國史院滿文檔案譯編（上）》（北京：光明日報出版社，1989），頁 214，天聰九年十二月初五日條。

45 李燕光編，《清太宗實錄稿本》，頁 6-7。

46 清・崑岡等修，《欽定大清會典事例（光緒朝）》，收入《續修四庫全書》（上海：上海古籍出版社，1997），冊 809，卷 756，〈刑部・戶律・婚姻・出妻・歷年事例〉，頁 20b-21a。

「妾」用語上的細微差異。定宜庄曾根據「崇德會典」的內容，指出關外時期的滿洲人主要採行一夫多妻制度，入關後受到漢制影響，才改行一夫一妻多妾制。[47]定宜庄的觀察頗有見地，因「崇德會典」的措詞為「其夫若另娶妻，前妻去留在本夫」，光緒朝會典則曰「其因夫娶妾而欲求離異者，不准」，一字之差卻能道盡滿洲舊俗與傳統漢制的差異。

情節類似的內容為何記載有別？或許清朝編修上述引文時入關已久，在用語上可能已不自覺受到漢制影響。畢竟順治初年頒布的清律內已有下列規定：「凡以妻為妾者，杖一百；妻在，以妾為妻者，杖九十，并改正。若有妻更娶妻者，亦杖九十，（後娶之妻）離異（歸宗）」[48]，足見迎娶多妻已有違國法。滿洲的一夫多妻制傳統，在此情況下勢必難以繼續留存，會典纂修人員的用字遣詞，可能無形中亦受到影響。

「崇德會典」中最具滿洲特色的嫁娶規範，並於入關後長存不廢者當屬第28條。清朝關外時期採取「以旗領民」制度，旗主擁有旗下屬人的人身依附權，得以過問旗內婚配之事。「崇德會典」中雖言「若嫁時需到該部說知」，多少仍保有過往舊制的精神。清朝入主中原後，改行旗、民分治制度，一般民人的婚配並未受到官方干預；然旗人依然受舊制遺風約束，即人們耳熟能詳的「選秀女」制度。由於該制度僅適用於旗人群體，相關條文日後也移至他處，轉化為國家少數成員的專屬規範。[49]

---

47 相關討論詳可參見定宜庄，《滿族的婦女生活與婚姻制度研究》，頁63-67。

48 清．剛林等修，《大清律集解附例》，收入《中國珍稀法律典籍續編》，第5冊（哈爾濱：黑龍江人民出版社，2002），卷6，〈戶律．婚姻．妻妾失序〉，頁200。括號小字為律文註釋。

49 例如《欽定八旗則例》內即載有相關規範，詳可參見清．鄂爾泰等修，《欽定八旗則例（乾隆朝）》，收入《清代各部院則例（三十一）》（香港：蝠池書院出版公司，2004），卷7，〈典禮．挑選秀女〉，頁7b-8a。

透過上述分析可知清朝關外時期頒行的婚制，其實已受明制些許影響，但「一夫多妻」與屬人婚配須呈報等具有滿洲特色的規範，亦一併存於「崇德會典」中。清朝入關後，滿洲舊制逐漸淡出歷史舞臺，最終卻也未消失殆盡。除了「選秀女」制度外，關外婚姻財禮品項、數量規範的基本原則，入關後仍清晰可見，惟其背後精神最初或許是源自於傳統漢制。[50]

最後值得一提的是，明、清兩朝在喪葬嫁娶規範上即使多有沿襲，但會典內容的書寫方式仍有一些落差。例如明會典中對上層貴族婚禮儀式各階段的禮物品項數量，規定得鉅細靡遺；庶民的相關規範則多屬於儀式流程與細節，並未涉及禮物的品項數量。[51]會典中雖有言「近代以來，專論聘財，習染奢侈，宜令中書省集議定制，頒行遵守，務在崇尚節儉，以厚風俗，違者論罪如律」，[52]相關內容卻始終未載入會典。[53]相較於明會典，清會典中的嫁娶規範對於儀式著墨甚少，主要內容反而是禮物的品項與數量，該現象直到乾隆朝才出現變化。乾隆皇帝繼位之初曾頒布上諭曰：

> 朕聞三代聖王，緣人情而制禮，依人性而作儀，所以總一海內，整齊萬民，而防其淫侈，救其彫敝也。……本朝會典所載，卷帙繁重，民間亦未易購藏。應萃集歷代

---

[50] 中國傳統文化中的「禮」，主要作用為「定分」，即區分名分與尊卑等級。清朝關外時期許多「禮制」的推行，應多少帶有這層考量。相關討論詳可參見蔡松穎，〈皇太極時期的漢官〉，頁 245-252。

[51] 這些內容應是參考朱熹的《家禮》，參見明．申時行等修，《大明會典》，卷 71，〈禮部．婚禮．庶人納婦〉，頁 7a，曰：「洪武元年，令凡民間嫁娶，並依朱文公家禮行。」

[52] 明．申時行等修，《大明會典》，卷 71，〈禮部．婚禮．庶人納婦〉，頁 13a-13b。

[53] 不過這類規範在實錄中卻有記載，參見明．胡廣等修，《明實錄．太祖實錄》，卷 74，頁 1363，洪武五年六月丙申條。

> 禮書，並本朝會典，將冠婚喪祭，一切儀制，斟酌損益，彙成一書，務期明白簡易，俾士民易守。著總理事務王大臣，會同該部，從容定議。[54]

臣工接到皇帝命令後迅速著手修訂，最終成果即《欽定大清通禮》。或許在編修過程中因強調「萃集歷代禮書」，該書在內容上也較側重婚禮儀式的流程細節，與明會典的記載頗為類似。《欽定大清通禮》的出現，某方面來說可補清會典之不足，大幅減少明、清會典間的書寫差異。

四、「以禮化俗」政策與旗人喪葬嫁娶

本文的前一部分，旨在分析清朝入關前後旗人喪葬嫁娶規範的繼承與轉變，從中不難發現清朝早在關外時期，已逐步採行明制的部分內容。當滿洲政權的法制發展，逐漸從習慣法走向成文法時，旗人的「俗」又會受到何種影響？在討論這問題之前，或許有必要先回顧近世以來的中國王朝，如何看待「俗」、「禮」、「法」間的關係。自宋徽宗(1082-1135，1100-1126 在位)頒定《政和五禮新議》以降，官方便積極向基層庶民傳遞符合儒家思想的禮制規範。明太祖(1328-1398，1368-1398 在位)繼位之初，基於特殊政治考量，在改革社會風俗上著力甚深。洪武年間一共頒布 20 幾種帶有「禮典」性質的書籍，對於民間各種禮儀細節都有鉅細靡遺的規定。[55]

清朝代明而興，宋、明兩朝的「禮下庶人」舉措，似乎也

---

[54] 清・慶桂等修，《清實錄・高宗純皇帝實錄》，卷 21，頁 507，乾隆元年六月丙戌條。

[55] 相關討論詳可參見張佳，《新天下之化——明初禮俗改革研究》（上海：復旦大學出版社，2014），頁 6-7。

得到清朝皇帝認同。雍正十三年(1735)十一月間，詹事府少詹事許王猷奏曰：

> 我皇上躬行節儉，為天下先，又諄諄以崇儉戒奢，訓示天下。海內之民，自應翕然向化，但恐禮制未定，無所遵循。臣請飭令儒臣，以宋臣朱熹所著家禮一書，為之斟酌古今雅俗之宜，詳定節文度數之制。凡嫁娶喪祭之事，寧儉無奢，寧儉無繁，定為禮式，頒行天下。……如此則所行既合於禮，而所費又不傷於財。習俗之奢侈，庶幾可以少挽矣。[56]

許王猷建議乾隆皇帝藉由禮書的頒布，解決民間的奢靡之風。該建議最終也獲得皇帝首肯，前文提及的《欽定大清通禮》便在此背景下修纂成書。[57]透過此例足見當時君臣均支持「以禮化俗」的理念，與宋、明兩朝皇帝的立場相仿。本文接下來關注的內容，乃皇帝如何針對旗人群體，在喪葬嫁娶方面實施「以禮化俗」策略。

清朝諸帝並非直到乾隆皇帝時，才留心「以禮化俗」的相關事宜。例如雍正元年(1723)十月間，副都統祁爾薩(*kirsa*，?-1746)曾奏曰：

> 昔滿洲、蒙古，遇有喪事，親友饋粥、茶弔慰，後因風俗日下，至有多備豬、羊，大設餚饌送飯者，官兵競相

[56] 《清代宮中檔及軍機處摺件資料庫》（臺北：國立故宮博物院藏），文獻編號：402005699，〈詹事府少詹事許王猷．奏請酌定禮式以節財用以維風俗摺〉，雍正十三年十一月二十日。

[57] 清．慶桂等修，《清實錄．高宗純皇帝實錄》，卷 21，頁 507，乾隆元年六月丙戌條。

效法，不量家道，過為奢靡。[58]

面對祁爾薩的條奏，雍正皇帝(1678-1735，1723-1735 在位)特別指出：

> 夫饋粥一事，乃我朝滿洲淳樸之俗。因其人篤於居喪，至廢飲食，親友恐其傷生，特饋粥糜，勸令少進，並非設宴也。此禮相沿至今，失其本意，竟至過為侈費。昔廉親王允禩，值伊母妃之事，欲沽取孝名，詭為孝行。迨至百日，猶令二人扶掖匍匐而行；於定例外，加行祭禮，每祭焚化珍珠、金銀器皿等物，所費不貲。半年後，仍令人扶掖而行。當日朕慮伊致殞其生，深加軫惜，再三慰勸。及事畢，見伊容體充肥，略無衰損，有識者多厭憎而譏議之。敦郡王允䄉、郡王允禵、貝子允禟，三人相結，指稱饋食，大設筵席。自初喪以至百日，日用羊、豕二、三十口，備極饈品，輪流饋送，舉國喧傳，此眾人所共知者。……《論語》云：「禮，與其奢也，寧儉。喪，與其易也，寧戚。」……茲朕欲援據典則，揆情合義，且期有裨於旗人生計，將副都統祁爾薩所奏准行。但恐眾人謂朕抑制伊等，使居喪不得備禮，有礙於子孫盡孝之心，親友相關之誼，是以躊躇未定。著各部及八旗大臣等，會同詳議具奏。[59]

[58] 《清代宮中檔及軍機處摺件資料庫》，文獻編號：402020620，〈禮部等衙門管理禮部事務多羅嘉郡王允祹等‧奏覆嚴禁八旗喪儀中以饋飯為名廣設宴筵之條款〉，雍正元年十一月十四日。

[59] 清‧鄂爾泰等修，《清實錄‧世宗憲皇帝實錄》（北京：中華書局，1985），卷 12，頁 224，雍正元年十月丁卯條。

雍正皇帝看似回覆祁爾薩所奏，其中卻有大半篇幅指責允禩(*yūn sy*，1681-1726) 等人因矯情破壞了滿洲風俗的淳樸特色。此時正值雍正皇帝繼位之初，該奏與上諭的出現，可能帶有些許政治動機。然而即使如此，仍不難看出雍正皇帝意圖透過國家政令的推行，導正旗人日益奢侈的風俗。雍正皇帝希望大臣們一同集思廣益，想出既「揆情合義」又有利於旗人生計的方法。

根據雍正皇帝的上諭，「饋粥」實屬滿洲舊有喪俗，不料當今旗人竟過於浮誇，導致「饋粥」的美意蕩然無存。雍正皇帝在闡述見解時，不僅堅稱「饋粥」的傳統意義，還援引儒家經典《論語》來強化論證，此舉同樣表現於臣工的回奏上：

> 夫人子居喪，疏食水飲，此古禮也，未聞以送飯為名，盛設筵饌者。宋臣司馬光云：「居喪饋食，或因親朋慮其不能成禮，齎送粥糜往勞之。若肥饌美醲，致之者為不義，受之者為不孝。」我朝甚重喪禮，有喪之家，親友憐其不食，特饋粥糜，蓋行古之道也。[60]

臣工藉由「古禮」探討「饋粥」意涵的論述，與皇帝的說詞頗為相似。因此，清朝君臣看似意圖端正滿洲舊俗，但他們的立論基礎，卻多來自於傳統儒家文化精神。[61]

不過我們也不能僅由上述例證，全盤推論清朝官方的禮制論述，皆與儒家文化密切結合，最明顯者即旗人守制規範。乾

---

60 《清代宮中檔及軍機處摺件資料庫》，文獻編號：402020620，〈禮部等衙門管理禮部事務多羅嘉郡王允裪等・奏覆嚴禁八旗喪儀中以饋飯為名廣設宴筵之條款〉，雍正元年十一月十四日。

61 關於這方面的討論，亦可參見蔡名哲，〈滿洲人的淳樸從何談起：一個研究概念的探討〉，《成大歷史學報》，49（臺南，2015.12），頁 238-246。

隆皇帝曾對自己為父皇守制之事，存有下列回憶：

> 國俗於親喪，服縞素，百日而除。朕昔遭皇考大故，欲持服三年，聖母諭云：「滿洲舊俗，服縞素即不薙髮，故止能以百日為斷。若百日外仍服縞素，亦不當薙髮，經二十七月之久，蓄髮甚長，不幾如漢人之蓄髮乎？此必不可行之事。且國俗不薙髮即不祭神，而舊制從無三年不祭神之事。縞素百日，已為得中，不宜太過，欽此。」朕因敬遵慈訓而行，然於釋縞素後，仍存縞素之服。[62]

乾隆皇帝在父皇駕崩時，「中心哀慕，實不能自已」，「欲行三年之喪，稍盡子臣之誼」。[63]然而乾隆皇帝的這個決定，不僅未獲大臣們支持，連皇太后亦不置可否。皇太后以維護滿洲舊俗的觀點勸告乾隆皇帝，其中最有意思者當屬薙髮留辮之事。若皇帝三年不除服，一定會「蓄髮甚長」，如此一來與漢人髮式傳統有何不同，想當然耳「必不可行」。乾隆皇帝最後聽從了母親的建議，由此可知皇帝在滿、漢文化間的取捨，實存有一微妙的分寸。

上述皇帝守制故事並非只發生於宮廷內，基層旗人若遭逢至親亡故，大多也將三年喪期改為百日，足見這項規範從上到下一以貫之。[64]《京口旗營風俗志》內有載：

> 父母喪，祖父母、曾祖父母喪，皆百日不剃髮，期服制

---

[62] 清・慶桂等修，《清實錄・高宗純皇帝實錄》，卷 1081，頁 524，乾隆四十四年四月癸酉條。

[63] 清・慶桂等修，《清實錄・高宗純皇帝實錄》，卷 2，頁 162，雍正十三年九月庚子條。

[64] 關於旗人守制的討論，詳可參見黃麗君，〈清初滿人守制考實〉，《中正歷史學刊》，8（嘉義，2006.3），頁 249-269。

> 一月不剃髮。百日後銷假，差操則紅緯帽、布靴而已矣，蓋營制也。餘如漢俗。[65]

根據引文最後一句的「餘如漢俗」，可知旗人與漢人守制上的差別，或許僅在於時間長短，其餘細節則是大同小異。《滿洲四禮集》內亦有下列說明：

> 子為父母三年喪，而於三月除服者，以旗人不得在家守制，故三月暫釋之，以奉官差。非永除也，仍在其服。三年內，逢祭奠則服，以往墓前。孫於一年內，曾孫於百日內，亦服服往墓前。若兩月、一月等服，則不服矣。[66]

上述引文主要論及旗人三月除服的原因，並指出除了著服時間的縮短外，其餘喪俗多無異於漢人：

> 粗布毛邊，三月服。子為父母，妻為夫為公姑，室女為父母，家人為家長，家人為主母。服雖三月，喪實三年，故三年內，不與宴會，不聽音樂，不嫁娶，非朝賀不著色衣，不配飾。[67]

透過旗人守制的例子，即可發現縱使旗人大量接受漢制，在一些細節處仍有所變異。該現象除了具有維護舊俗的考量外，為遷就現實而加以調整，可能也是重要原因之一。

---

[65] 佚名，《京口旗營風俗志》，收入中國社會科學院近代史研究所近代史資料編輯室編，《近代史資料》（北京：知識產權出版社，2006），冊 79，不分卷，〈喪葬・成服弔唁〉，頁 10。

[66] 清・索寧安，《滿洲四禮集》（臺北：臺聯國風出版社，1969），不分卷，〈慎終集・除服儀節〉，頁 14a-14b。

[67] 清・索寧安，《滿洲四禮集》，不分卷，〈慎終集・滿洲服制〉，頁 22a。

前文主要關注於喪俗部分，接下來將嘗試探討旗人的葬制。目前這方面的研究，大多著重於滿洲的火葬傳統，其中最常被引用的史料，大多為下列兩者。其一為雍正十三年間常祿(*canglu*)之奏：

> 我八旗滿洲、蒙古，凡葬其親者，往往必先火化，然後檢骨掩埋。……今旗人祖宗墳墓，俱在附近地方，何必復行火化，殘毀親屍？乃以習慣成俗相沿，不知其非。揆諸仁孝之心，實屬未協。[68]

其二則是乾隆皇帝對於常祿奏議的回覆：

> 古之葬者，厚衣之以薪，葬於中野。後世聖人，易之以棺槨，所以通變宜民，而達其仁孝之心也。本朝肇跡關東，以師兵為營衛，遷徙無常。遇父母之喪，棄之不忍，攜之不能，故用火化，以便隨身捧持，聊以遂其不忍相離之願，非得已也。自定鼎以來，八旗蒙古，各有寧居，祖宗墟墓，悉隸鄉土。喪葬可依古以盡禮，而流俗不察，或仍用火化，此狃於沿習之舊，而不思當年所以不得已，而出此之故也。朕思人子事親，送死最為大事，豈可不因時定制，而痛自猛省乎？嗣後除遠鄉貧人，不能扶柩回里，不得已攜骨歸葬者，姑聽不禁外，其餘一概不許火化。倘有犯者，按律治罪，族長及佐領等，隱匿不報，

---

68 《清代宮中檔及軍機處摺件資料庫》，文獻編號：402005636，〈掌江南道事協理河南道監察御史常祿．奏請飭禁旗俗火化親屍摺〉，雍正十三年十月二十日。

一併處分。[69]

根據乾隆皇帝的見解，關外時期的旗人實施火葬乃情非得已，入關後情勢已變，故下令禁止旗人再行火葬。不過乾隆皇帝的這道命令，似乎難以完全扭轉當時旗人好行火葬的風氣。已有學者指出江南一帶的駐防旗人，直到道光年間才改行土葬，並推測此舉可能與旗人的族群認同有所關連。[70]

皇帝既然已禁行火葬，為何基層旗人不聽勸諭仍繼續為之？學者們提出的「族群認同」觀點確實有其道理，但這之中或許還存有其他因素。首先，江南一帶自宋朝以降，一來受到佛教文化的影響，二來是地狹人稠的環境，火葬逐漸蔚為成風。[71]顧炎武(1613-1682)曾對此有言：

> 火葬之俗，盛行於江南，自宋時已有之。……然自宋以來，此風日盛。國家雖有漏澤園之設，而地窄人多，不能徧葬，相率焚燒，名曰火葬，習以成俗。[72]

在清代江南地區的文集與地方志中，常見地方官針對火葬的大力禁絕。如果說江南地區的漢民也多採行火葬，旗人火葬能否僅簡單視為「族群意識」的展現，似乎還有待思量。

火葬在清代民間屢見不鮮除了宗教與環境因素外，官方法

---

69 清・慶桂等修，《清實錄・高宗純皇帝實錄》，卷 5，頁 241，雍正十三年十月乙酉條。

70 許富翔，〈清代的旗、民關係：以江寧駐防為例〉，收入中國社會科學院近代史研究所政治史研究室編，《清代滿漢關係研究》（北京：社會科學文獻出版社，2011），頁 222-223。

71 相關討論詳可參見張佳，《新天下之化——明初禮俗改革研究》，頁 149-156。

72 清・顧炎武，《日知錄》，收入《景印文淵閣四庫全書》（臺北：臺灣商務印書館，1983），冊 858，卷 15，〈火葬〉，頁 29a-32b。

律懲罰力度的不足，可能也是火葬難以禁絕的原因之一。當乾隆皇帝嚴禁火葬令的上諭頒布後，隨即被修入清律中：

> 八旗、蒙古喪葬，概不許火化。除遠鄉貧人，不能扶柩歸里，不得已攜骨歸葬者，姑聽不禁外，其餘有犯者，按律治罪。族長及佐領等，隱匿不報，一併處分。[73]

然而該條例在乾隆二十一年(1756)時做出以下修正：

> 旗、民喪葬，概不許火化，除遠鄉貧人，不能扶柩歸里，不得已攜骨歸葬者，姑聽不禁外，其餘有犯，照違制律治罪。族長及佐領等，隱匿不報，照不應輕律，分別鞭責議處。[74]

這項修訂是基於原例內「按律治罪」的用語太過模糊，以至於有些官員常引用〈發塚律〉內的「毀棄尊長死屍條」問擬罪名。[75]然而火葬與隨意毀損先人遺體的行為終究有別，官方注意到該問題後，決定著手修改此例。此舉雖然解決刑度輕重失衡的問題，卻也導致執行火葬的處分變得較輕微，[76]其嚇阻作用難免大打折扣。[77]

---

[73] 清．黃恩彤，《大清律例按語》（臺北：國立臺灣大學圖書館藏），卷 46，〈禮律．儀制．喪葬〉，頁 44b。

[74] 清．崑岡等修，《欽定大清會典事例（光緒朝）》，收入《續修四庫全書》，冊 809，卷 768，〈刑部．禮律．儀制．喪葬．附律條例〉，頁 19b-20a。

[75] 相關討論詳可參見清．吳壇著，馬建石等編，《大清律例通考校注》（北京：中國政法大學出版社，1992），卷 17，〈禮律．儀制．喪葬〉，頁 569。

[76] 清．薛允升著，黃靜嘉編校，《讀例存疑重刊本（二）》（臺北：成文出版社，1970），卷 8，〈吏律．公式．制書有違〉，頁 207，曰：「凡奉制書有所施行，而（故）違（不行）者，杖一百。違皇太子令旨者，同罪。失錯旨意者，各減三等」。

[77] 清朝旗人喪葬習俗的相關討論，亦可參見關笑晶，〈清代滿族的喪葬習俗

在旗人的嫁娶禮俗方面，亦有與喪葬禮俗類似的現象。首先，若旗人在喪葬上日益鋪張，嫁娶喜事的相關事宜，自然也會趨於奢華。雍正年間詹事府少詹事伊爾敦曾奏曰：

> 近見八旗官兵之內，其於婚喪之事，固有循分按定例行者，亦尚有越分而不遵定例行者，浮費太多，耗財實甚。原其所以不遵行之故，皆因無人專司其事，督責稽察，自然恣意妄行。……請上勅下該部，再為議定。自大小官員，以及兵丁人等，其於婚喪之禮，按其職分之尊卑，將應用之物件，詳加分別，定為成例，刊刻頒行。每旗佐領，每姓族長，各頒發定例一本，責令該佐領與該族長，收掌曉諭。凡遇有婚喪之事，務令先報知該佐領與該族長，一一照例遵奉而行。[78]

透過伊爾敦的奏言，可知旗人在婚喪之事上常違反定例，導致花費甚多。伊爾敦認為該現象的形成，應與相關規範不夠清楚以及稽查不力有關，因而建議皇帝嚴加改革。伊爾敦的意見雖然有理，不過若想徹底解決旗人嫁娶喪葬過度奢靡的惡習，未必如他想像的一般簡單。如同伊爾敦所言，當時其實已有相關規範，足見眾人的陽奉陰違才是主要癥結，類似情形亦表現於監察御史楊嗣璟(？-1759)的具奏上：

> 竊維節儉可以足用，而侈靡必至傷財，故婚喪之儀，官兵庶民，確有定制，載在會典，所以昭法守而防淫侈，

——從《御制增訂清文鑒》談起〉，《滿語研究》，2010：1（哈爾濱，2010.6），頁 91-103。

[78] 《清代宮中檔及軍機處摺件資料庫》，文獻編號：402004957，〈詹事府少詹事伊爾敦．奏陳八旗人員婚喪之禮宜尚節儉摺〉，雍正年月日不詳。

> 無非愛養斯民之至意也。乃地方官，每以其事為無關緊要，而奉行不力，以致百姓無由遵守，往往奢僭妄為。[79]

面對國家頒布的「婚喪之儀」，地方官似乎不大當作一回事，此舉難免導致百姓膽敢「奢僭妄為」。因此，縱然伊爾敦已提出查緝不嚴的佐領與族長，將一併連帶處分的建議，但這類一味相信透過人為控管，即可約束旗人不再奢靡的期待，最終應該還是難以實現。[80]不過藉此仍可看出官方面對這類問題時，常會採取「以禮化俗」策略加以解決。

旗人在婚喪儀禮上的日益奢糜，根本原因可能是受到大環境的影響。早在康熙初年，廣東道御史朱裴(？-1700)已表示「都下以靡麗相競，四方以奢侈為尚」，「婚嫁葬祭，漫無等級，滿漢效尤，莫可底止」。[81]當時民間的嫁娶究竟有多鋪張？以下史料內容或能提供一些參考：

> 臣觀南北直省，各有澆風，方締結乎絲蘿，旋較量於金帛，名約聘禮，實係納財。多者二、三百金不等，少者四、五十兩為率，此在士夫之家，猶措置之匪易，況乃

[79] 《清代宮中檔及軍機處摺件資料庫》，文獻編號：402005644，〈巡視南城掌京畿道事浙江道監察御史楊嗣璟．奏陳婚喪儀式應求節儉摺〉，雍正十三年十一月初二日。

[80] 伊爾敦的具體建議如下：「如有仍蹈前轍，不遵定例，耗財妄費者，許該佐領、族長，即行申報，將僭越本人交部治罪。倘該佐領、族長，狥隱不報，任其僭越，或被旁人首明，或經都統巡察察出，將該佐領與該族長，即行題參交部議處外，並僭分之人，嚴加治罪。」參見《清代宮中檔及軍機處摺件資料庫》，文獻編號：402004957，〈詹事府少詹事伊爾敦．奏陳八旗人員婚喪之禮宜尚節儉摺〉，雍正年月日不詳。

[81] 清．馬齊等修，《清實錄．聖祖仁皇帝實錄》，卷 6，頁 114，康熙元年六月丁未條。

> 庶民之輩，將拮据以何堪。[82]

如此高額之聘禮，恰能反映當時婚禮籌辦之不易。此奏雖然不是專論旗人狀況，但當時的社會風氣若是如此，旗人自然無法置身事外，各種儀禮的日益奢侈也不難想像。

另一方面，旗人從龍入關後，長期與大量漢民一同生活，雙方在生活習慣與禮儀上勢必互有影響。[83]若從嫁娶之事來看，旗人漸有採行漢俗的現象，這在《京口旗營風俗志》中多有紀錄。例如在行聘宴籌方面：

> 行聘之日，古禮親友皆請，男家則日中酒席，女家則晚間酒席，親友并無禮物。近則染漢俗，亦有攜糕為賀者。[84]

不過作者除了點明旗人的一些婚俗已從漢俗外，亦強調京口駐防旗人保有不少舊俗，例如在議姻部分：

> 滿族議姻，不同於漢族，無請口契八字帖等事，亦不合婚，名曰「天婚」，又名曰「闖婚做親」。[85]

而在告期過庚之處亦有言：

> 告期過庚，名曰「看書」。……看書一節女家權最重，女家不許看書，則新婦之生日、時辰、八字，終不得知，

---

82 《清代宮中檔及軍機處摺件資料庫》，文獻編號：402005005，〈協理江南道事廣東道監察御史向日正．奏請嚴婚禮勒索聘財以崇節儉敦化風俗〉，雍正元年八月初三日。

83 劉小萌，《清代北京旗人社會》（北京：中國社會科學出版社，2008），頁654。

84 佚名，《京口旗營風俗志》，不分卷，〈婚姻．行聘宴籌〉，頁3。

85 佚名，《京口旗營風俗志》，不分卷，〈婚姻．議姻〉，頁2。

> 故往往有因看書頗費周折者。此則旗營之惡俗，不若漢族看年庚完娶之易也。[86]

透過《京口旗營風俗志》的相關記載，可知旗人在嫁娶方面融合了滿、漢風俗，該現象也與既有研究成果不謀而合。[87]

若論及旗人的嫁娶婚俗，索寧安(*soninggan*，鑲黃旗滿洲)的《滿洲四禮集》亦值得一提。他在〈滿洲婚禮舊規序〉一文中，先花不少篇幅論證滿洲舊俗如何與「古禮」相符，之後又感嘆曰：

> 夫滿洲與漢軍，雖同蒞旗籍，而所行之禮，已多有不同，豈止與漢禮風俗迥異而已哉。然滿洲之禮，向係祖孫父子，各為口授，而未見有筆之於書者。後人多至遺忘，或家無故老，又不肯就經歷之人，以詳其細節，乃漸習尚浮華，甚至失滿洲之舊制而不問。有滿洲之家，娶親用漢軍禮者，又有漸用漢禮者，而滿洲之禮，不漸遺失乎？[88]

根據索寧安的觀察，當時不僅旗、漢婚俗有別，旗人群體中滿洲與漢軍的婚俗也不盡相同。旗人婚俗的漸漸流失，似乎與滿洲儀禮細節未見諸文字有關，這或許也是旗人效法漢俗的一大原因。索寧安有鑑於此，著手編纂《滿洲四禮集》，希望藉此挽救旗俗漸失的困境。索寧安的作為，多少能證明入關後的旗人即使難以避免地「漢化」，有些人仍有意識地透過著述保存

---

[86] 佚名，《京口旗營風俗志》，不分卷，〈婚姻・告期過庚〉，頁 3。

[87] 詳可參見陳捷先，〈清代滿俗漢化略考〉，《國立臺灣大學歷史學系學報》，15（臺北，1990.12），頁 207-215。

[88] 清・索寧安，《滿洲四禮集》，不分卷，〈滿洲婚禮舊規序〉，頁 2a-2b。

滿洲舊俗。不過耐人尋味的是，索寧安在《滿洲四禮集》中，時常運用將舊俗與「古禮」相提並論的寫作策略，[89]而他筆下的「古禮」，即儒家經典中的儀禮制度。索寧安雖然極力捍衛滿洲舊俗的留存，卻又不忘強調這些舊俗與「古禮」的關連性，此舉和前述清朝君臣針對「饋粥」一事的分析，可說是有異曲同工之妙。

五、結　論

目前學界討論清朝皇帝的統治方針時，大多認為皇帝在承襲明制時仍努力維護滿洲特殊性，該現象已有學者透過「參漢酌金」的概念加以融會貫通。[90]皇帝處理國家大事時，多需經過細緻的思索衡量，尤其當皇帝面臨各種制度的建立與更動，滿、漢文化間孰輕孰重，抑或是想辦法調和兩者，或許都是皇帝考慮的重點。本文從乾隆五十二年的一則上諭開始談起，並以旗人喪葬嫁娶規範為討論中心，試圖一探清朝皇帝創設與調整制度時的諸多苦心。

「俗」、「禮」、「法」三者長久以來，屬於許多學科的共同研究焦點，中國法律史研究對此也有豐碩的成果。綜觀清朝自關外至關內的法制發展，可以發現滿洲勢力在很短的時間內，即從習慣法走向成文法。在這段迅速演變的歷程中，滿洲

89 例如清．索寧安，《滿洲四禮集》，不分卷，〈滿洲婚禮舊規序〉，頁 1a-1b，曰：「古有六禮，一曰納采，二曰問名，三曰納吉，四曰納幣，五曰請期，六曰親迎，此古禮之制也。……如可為匹，始向女家問取女之年庚合對。滿洲之女，多無名諱，取庚帖者，即古之問名也。」

90 相關討論詳可參見葉高樹，〈「參漢酌金」：清朝統治中國成功原因的再思考〉，《臺灣師大歷史學報》，36（臺北，2006.12），頁 153-192。

舊俗被迫面臨何種轉變？清朝皇帝對於滿洲特質的積極維護已是眾所皆知，但當此舉有可能與國家制度產生矛盾時，皇帝又該如何因應？藉由「俗」、「禮」、「法」三者間的微妙關係，或能為目前尚在熱議的「新清史」課題，提供另一種思考角度。

本文之所以選擇嫁娶喪葬規範為主題，實因他們均為眾人生活中的重要大事，自古以來在「俗」、「禮」、「法」內皆佔有一席之地。若以旗人的嫁娶喪葬為例，不僅能讓全文內容更為聚焦，亦可掌握該議題之精髓。不過本文仍存有一些侷限，其中尤以「滿洲風俗」的相關討論，大多採取官方視角最為顯著。然而由於基層旗人生活中的風俗習慣存有地域差別，難以簡單一概而論；此外，若先將禮制規範與君臣眼中的風俗梳理清楚，相信亦對後續旗人基層社會的全面探究有所助益。本文目前暫時無法論及的內容，當是筆者日後持續努力的方向。

徵引書目

檔案資料

《滿文原檔》，臺北：國立故宮博物院，2005 年。
滿文老檔研究會譯注，《滿文老檔》，東京：東洋文庫，1958 年。
河內良弘譯注，《中國第一歷史檔案館藏內國史院滿文檔案譯註・崇德二三年分》，京都：松香堂書店，2010 年。
《中央研究院歷史語言研究所藏明清史料》，臺北：中央研究院歷史語言研究所。
《內閣大庫檔案資料庫》，臺北：中央研究院歷史語言研究所。
《清代宮中檔及軍機處檔摺件資料庫》，臺北：國立故宮博物院。
《大清國史人物列傳及史館檔傳包傳稿資料庫》，臺北：國立故宮博物院。
《滿文起居注冊》，臺北：國立故宮博物院藏。
《清國史館傳稿》，臺北：國立故宮博物院藏。
《清內務府八旗列傳檔案稿》，北京：全國圖書館文獻縮微複製中心，2001 年。
《內閣全宗》，北京：中國第一歷史檔案館藏。
李光濤、李學智編著，《明清檔案存真選輯》，臺北：中央研究院歷史語言研究所，1973 年。
遼寧大學歷史系編，《清初史料叢刊第四種・天聰朝臣工奏議》，遼寧：遼寧大學歷史系，1980 年。
羅振玉編，《史料叢刊初編・天聰朝臣工奏議》，收入于浩主編，《明清史料叢書八種》（北京：北京圖書館出版社，2008 年。
中國第一歷史檔案館編，《清初內國史院滿文檔案譯編》，北京：光明日報出版社，1989 年。
《大清太宗文皇帝實錄》，小紅綾初纂本，臺北：國立故宮博物院藏。
李燕光編，《清太宗實錄稿本》，收入《清初史料叢刊第三種》，瀋陽：遼寧大學歷史系，1978 年。
中國第一歷史檔案館整理，《康熙起居注》，北京：中華書局，2009 年。
中國第一歷史檔案館編，《雍正朝起居注冊》，北京：中華書局，1993 年。
國立故宮博物院編，《宮中檔雍正朝奏摺》，臺北：國立故宮博物院，1980 年。
中國第一歷史檔案館譯編，《雍正朝滿文硃批奏摺全譯》，合肥：黃山書社，1998 年。
中國第一歷史檔案館，〈清初編審八旗男丁滿文檔案選譯〉，《歷史檔案》，1988 年第 4 期，北京，1988 年 11 月，頁 10-13。
中國第一歷史檔案館編，《乾隆帝起居注》，桂林：廣西師範大學出版社，2002 年。
中國第一歷史檔案館編，《乾隆朝上諭檔》，北京：檔案出版社，1991 年。
中國第一歷史檔案館編，《乾隆朝軍機處隨手登記檔》，桂林：廣西師範大學出版社，2000 年。
中國第一歷史檔案館整理，《嘉慶帝起居注》，桂林：廣西師範大學出版社，2006 年。
中國第一歷史檔案館，〈道光初籌議八旗生計史料〉，《歷史檔案》，1994 年第 2 期，北京，1994 年 5 月，頁 3-12、頁 50。
中國第一歷史檔案館等編，《清代戶口・宗譜・鄉試錄・會試錄等項檔案縮微膠捲》，北京：中國第一歷史檔案館，1987 年。
王雲五主編，《道咸同光四朝奏議》，臺北：臺灣商務印書館，1970

年。
季羨林等編，《愛新覺羅宗譜》，收入《中國少數民族古籍集成（漢文版）》，第42-51冊，成都：四川民族出版社，2002年。
姜亞沙等編，《中國科舉錄續編》，北京：全國圖書館文獻縮微複製中心，2010年。
清國史館，《建州表》，臺北：國立故宮博物院藏。
清國史館，《清國史（嘉業堂抄本）》，北京：中華書局，1993年。
故宮博物院文獻館編，《文獻叢編》，臺北：臺聯國風出版社，1964年。
國立北平故宮博物院編，《文獻特刊論叢專刊合集》，臺北：臺聯國風出版社，1967年。
東方學會編，《國史列傳》，收入周駿富輯，《清代傳記叢刊．名人類1》，臺北：明文書局，1986年。
王鍾翰點校，《清史列傳》，北京：中華書局，1987年。
清史稿校註編纂小組編纂，《清史稿校註》，臺北：國史館，1986年。
顧廷龍主編，《清代硃卷集成》，臺北：成文出版社，1992年。
故宮博物院編，《子弟書》，收入《故宮珍本叢刊》，第699冊，海口：海南出版社，2001年。
國史編纂委員會編，《朝鮮王朝實錄．顯宗改修實錄》，漢城：國史編纂委員會，1970年。

官書典籍

春秋．左丘明，《國語》，收入《四部叢刊》，第14冊，臺北：臺灣商務印書館，1966年。
西漢．毛　亨傳，東漢．鄭　玄箋，《毛詩》，收入《四部叢刊》，第1冊，臺北：臺灣商務印書館，1966年。
東漢．班　固，《漢書》，臺北：鼎文書局，1986年。

明・宋　濂，《元史》，臺北：鼎文書局，1986 年。

明・胡　廣等修，《明實錄・太祖實錄》，臺北：中央研究院歷史語言研究所，1967 年。

明・申時行等修，《大明會典》，臺北：國風出版社，1963 年。

清・剛林等修，《大清律集解附例》，收入《中國珍稀法律典籍續編》，第 5 冊，哈爾濱：黑龍江人民出版社，2002 年。

清・談　遷著，汪北平校點，《北游錄》，北京：中華書局，1960 年。

清・顧炎武，《日知錄》，收入清・顧炎武，《顧炎武全集》，第 18-19 冊，上海：上海古籍出版社，2011 年。

清・顧炎武，《日知錄》，收入《景印文淵閣四庫全書》，第 858 冊，臺北：臺灣商務印書館，1983 年。

清・伊桑阿等纂修，《大清會典（康熙朝）》，收入《近代中國史料叢刊・三編》，第 72-73 輯，第 711-730 冊，臺北：文海出版社，1992 年。

清・王士禎撰，靳斯仁點校，《池北偶談》，北京：中華書局，1982 年。

清・馬齊等修，《清實錄・聖祖仁皇帝實錄》，北京：中華書局，1985 年。

清・馬齊等修，《大清聖祖仁皇帝滿文實錄》，臺北：國立故宮博物院。

清・允祿等奉敕編，《世宗憲皇帝上諭八旗》，收入《景印文淵閣四庫全書》，第 413 冊，臺北：臺灣商務印書館，1983 年。

清・允祿等奉敕編，《世宗憲皇帝上諭旗務議覆》，收入《景印文淵閣四庫全書》，第 413 冊，臺北：臺灣商務印書館，1983 年。

清・允祿等監修，《大清會典（雍正朝）》，收入《近代中國史料叢刊・三編》，第 77-79 輯，第 761-790 冊，臺北：文海出版社，1992 年。

清・鄂爾泰等修，《清實錄・太祖高皇帝實錄》，北京：中華書局，1986 年。

清・鄂爾泰等修，《清實錄・太宗文皇帝實錄》，北京：中華書局，1985 年。

清・鄂爾泰等修，《清實錄・世祖章皇帝實錄》，北京：中華書局，1985 年。

清・鄂爾泰等修，《大清世祖章皇帝滿文實錄》，臺北：國立故宮博物院藏。

清・鄂爾泰等修，《清實錄・世宗憲皇帝實錄》，北京：中華書局，1985 年。

清・鄂爾泰等修，《八旗通志・初集》，長春：東北師範大學出版社，1985 年。

清・鄂爾泰等修，《欽定八旗則例（乾隆朝）》，收入《清代各部院則例（三十一）》，香港：蝠池書院出版公司，2004 年。

清・新柱等纂，《福州駐防志》，收入《故宮珍本叢刊》，第 330 冊，海口：海南出版社，2000 年。

清・席吳鏊，《內閣志》，收入《續修四庫全書》，第 751 冊，上海：上海古籍出版社，1995 年。

清・葉鳳毛，《內閣小志》，收入《續修四庫全書》，第 751 冊，上海：上海古籍出版社，1995 年。

清・允祹等奉敕撰，《欽定大清會典（乾隆朝）》，收入《景印文淵閣四庫全書》，第 619 冊，臺北：臺灣商務印書館，1983 年。

清・允祹等奉敕撰，《欽定大清會典則例（乾隆朝）》，收入《景印文淵閣四庫全書》，第 620-625 冊，臺北：臺灣商務印書館，1983 年。

清・傅恆等奉敕撰，《御製增訂清文鑑》，收入《景印文淵閣四庫全書》，第 232-233 冊，臺北：臺灣商務印書館，1983 年。

清・嵇　璜等奉敕撰，《皇朝文獻通考》，收入《景印文淵閣四庫全書》，第 632-638 冊，臺北：臺灣商務印書館，1983 年。
清．清高宗敕撰，《清朝文獻通考》，臺北：新興書局，1958 年。
清．清高宗敕修，《清實錄．滿洲實錄》，北京：中華書局，1986 年。
清．清高宗敕譯，《滿文大藏經》，北京：紫禁城出版社，2002。
清．于敏中等纂修，《欽定戶部則例（乾隆朝）》，收入《清代各部院則例（七）》，香港：蝠池書院出版公司，2004 年。
清．阿桂等修，《欽定吏部則例》，收入故宮博物院編，《故宮珍本叢刊》，第 282 冊，海口：海南出版社，2000 年。
清．紀　昀等撰，《欽定歷代職官表》，上海：上海古籍出版社，1989 年，影印武英殿本。
清．紀　昀等撰，《欽定四庫全書總目》，北京：中華書局，1965 年。
清．鐵保等奉敕撰，《欽定八旗通志》，收入《景印文淵閣四庫全書》，第 664-671 冊，臺北：臺灣商務印書館，1983 年。
清．淳穎等纂，《欽定宗人府則例（乾隆朝）》，收入故宮博物院編，《故宮珍本叢刊》，第 278 冊，海口：海南出版社，2000 年。
清．海寧輯，《晉政輯要》，收入官箴書集成編纂委員會編，《官箴書集成》，第 5 冊，合肥：黃山書社，1997 年。
清．洪亮吉，《施卷閣甲集》，收入洪亮吉，《洪亮吉全集》，第 1 冊，北京：中華書局，2001 年。
清．慶桂等修，《清實錄．高宗純皇帝實錄》，北京：中華書局，1986 年。
清．慶桂等修，《大清高宗純皇帝滿文實錄》，臺北：國立故宮博物院。
清．索寧安，《滿洲四禮集》，臺北：臺聯國風出版社，1969 年。
清．托津等奉敕纂，《欽定大清會典（嘉慶朝）》，收入《近代中國史料叢刊．三編》，第 64 輯，第 631-640 冊，臺北：文海出版社，1991 年。
清・托津等奉敕纂，《欽定大清會典事例（嘉慶朝）》，收入《近代中國史料叢刊・三編》，第 65-70 輯，641-700 冊，臺北：文海出版社，1991 年。
清・梁章鉅、朱　智撰，何英芳點校，《樞垣記略》，北京：中華書局，1984 年。
清・錢儀吉編，《碑傳集》，收入《近代中國史料叢刊》，第 93 輯，第 921 冊，臺北：文海出版社，1973 年，據光緒十九年江蘇書局校刊本影印。
清・錢儀吉纂錄，《碑傳集》，收入周駿富輯，《清代傳記叢刊・綜錄類 3》，臺北：明文書局，1985 年。
清・錢儀吉等編，《清朝碑傳全集》，臺北：大化出版社，1984 年。
清・昭槤，《嘯亭雜錄》，北京：中華書局，1980 年。
清・曹振鏞等修，《清實錄・仁宗睿皇帝實錄》，北京：中華書局，1986 年。
清・禧恩等纂，《欽定戶部則例（道光朝）》，清道光年間刊本，臺北：傅斯年圖書館藏。
清・錢　泳，《履園叢話》，北京：中華書局，1979 年。
清・宗室奕賡，《侍衛瑣言》，收入宗室奕賡，《佳夢軒叢著》，北京：北京古籍出版社，1994 年。
清・賀長齡輯，《皇朝經世文編》，收入《近代中國史料叢刊》，第 74 輯，第 731 冊，臺北：文海出版社，1972 年。
清・魏　源，《聖武記》，臺北：臺灣中華書局，1962 年。
清・王慶雲，《石渠餘紀》，收入《近代中國史料叢刊》，第 8 輯，第 75 冊，臺北：文海出版社，1967 年。
清・曾國藩，《曾國藩全集・奏稿》，湖南：岳麓書社，1985 年。
清・承啟等纂修，《欽定戶部則例（同治朝）》，收入《清代各部院則例（八）》，香港：蝠池書院出版公司，2004 年。
清・福格，《聽雨叢談》，北京：中華書局，1984 年。

清・薛福成，《庸盦筆記》，上海：江蘇人民出版社，1983 年。
清・黃恩彤，《大清律例按語》，臺北：國立臺灣大學圖書館藏。
清・寶鋆等奉敕修，《清實錄・穆宗毅皇帝實錄》，北京：中華書局，1987 年。
清・崑岡等修，《清會典（光緒朝）》，北京：中華書局，1991 年。
清・崑崗等修，《欽定大清會典（光緒朝）》，收入《續修四庫全書》，第 794 冊，上海：上海古籍出版社，1997 年。
清・崑岡等修，《欽定大清會典事例（光緒朝）》，收入《續修四庫全書》，第 798-814 冊，上海：上海古籍出版社，1997 年。
清・世鐸等纂，《欽定宗人府則例（光緒朝）》，收入故宮博物院編，《故宮珍本叢刊》，第 278-279 冊，海口：海南出版社，2000 年。
清・陳康祺，《郎潛紀聞・初筆、二筆、三筆》，北京：中華書局，1984 年。
清・葛士濬輯，《皇朝經世文續編》，收入《近代中國史料叢刊》，第 75 輯，第 741 冊，臺北：文海出版社，1972 年。
清・震鈞，《天咫偶聞》，北京：北京古籍出版社，1982 年。
清・文慶等纂，《籌辦夷務始末・同治朝》，臺北：文海出版社，1971 年。
清・吳　壇著，馬建石等編，《大清律例通考校注》，北京：中國政法大學出版社，1992 年。
清・薛允升著，黃靜嘉編校，《讀例存疑重刊本》，臺北：成文出版社，1970 年。
清・世續等奉敕修，《清實錄・德宗景皇帝實錄》，北京：中華書局，1987 年。
清・余宏淦，《新編沿海險要圖說》，清光緒二十八年(1902)江震學堂石印本，臺北：國家圖書館藏。
清・徐　珂，《清稗類鈔》，北京：中華書局，1984 年。
清・佚名，《京口旗營風俗志》，收入《近代史資料》，第 79 冊，北京：知識產權出版社，2006年。
民國·何剛德，《春明夢錄》，收入《民國筆記小說大觀》，第3輯，太原：山西古籍出版社，1997年。
民國·何剛德，《話夢集》，北京：北京古籍出版社，1995年。
民國·崇彝，《道咸以來朝野雜記》，北京：北京古籍出版社，1982年。

專書著作

中國第一歷史檔案館編，《清代文書檔案圖鑑》，長沙：岳麓書社，2004年。
方甦生編，《清內閣庫貯舊檔輯刊·敍錄》，北平：國立北平故宮博物院文獻館，1935年。
王德昭，《清代科舉制度研究》，香港：香港中文大學出版社，1982年。
王燕飛，《清代督撫張允隨與雲南社會》，昆明：雲南大學出版社，2005年。
古鴻廷，《清代官制研究》，臺北：五南出版社，2005年。
白鋼主編，杜婉言、方志遠著，《中國政治制度史·明代卷》，北京：人民出版社，1996年。
任桂淳，《清朝八旗駐防興衰史》，北京：三聯書店，1993年。
安雙成主編，《滿漢大辭典》，瀋陽：遼寧民族出版社，1993年。
朱彭壽編，《清代大學士部院大臣總督巡撫全錄》，北京：國家圖書館出版社，2010年。
江慶柏編著，《清朝進士題名錄》，北京：中華書局，2007年。
佐伯富著，鄭樑生譯，《清雍正朝的養廉銀研究》，臺北：臺灣商務印書館，1996年。
何炳棣著、葛劍雄譯，《明初以降人口及其相關問題：1368～1953》，北京：生活·讀書·新知三聯書店，2000年。

吳元豐，《滿文檔案與歷史探究》，瀋陽：遼寧民族出版社，2015年。
巫仁恕，《品味奢華：晚明的消費社會與士大夫》，臺北：聯經出版公司，2007 年。
李弘祺，《宋代官學教育與科舉》，臺北：聯經出版公司，1993 年。
李細珠，《張之洞與清末新政研究》，上海：上海書店出版社，2003年。
杜家驥，《八旗與清朝政治論稿》，北京：人民出版社，2008 年。
杜家驥，《清代八旗官制與行政》，北京：中國社會科學出版社，2015年。
林士鉉，《清代蒙古與滿洲政治文化》，臺北：國立政治大學歷史學系，2009 年。
孟　森，《明清史講義》，臺北：里仁書局，1982 年。
定宜庄，《滿族的婦女生活與婚姻制度研究》，北京：北京大學出版社，1999 年。
定宜庄，《清代八旗駐防研究》，瀋陽：遼寧民族出版社，2002 年。
祁美琴，《清代內務府》，瀋陽：遼寧民族出版社，2008 年。
姚念慈，《清初政治史探微》，瀋陽：遼寧民族出版社，2008 年。
科瓦利琴科主編，聞　一、蕭　吟譯，《計量歷史學》，成都：四川人民出版社，1987 年。
凌林煌，《曾國藩幕府賓僚探究》，臺北：文史哲出版社，2002 年。
徐立亭，《清帝列傳·咸豐同治帝》，長春：吉林文史出版社，1995年。
袁閭琨等著，《清代前史》，瀋陽：瀋陽出版社，2004 年。
馬子木，《清代大學士傳稿 1636-1795》，濟南：山東教育出版社，2013 年。
高中華，《肅順與咸豐政局》，濟南：齊魯書社，2005 年。
商衍鎏，《清代科舉考試述錄》，北京：故宮出版社，2014 年。
張　佳，《新天下之化——明初禮俗改革研究》，上海：復旦大學出版社，2014 年。
張　杰，《清代科舉家族》，北京：社會科學文獻出版社，2003 年。
張哲郎，《明代巡撫研究》，臺北：文史哲出版社，1995 年。
張晉藩、郭成康，《清入關前國家法律制度史》，瀋陽：遼寧人民出版社，1988 年。
張德昌，《清季一個京官的生活》，香港：香港中文大學，1970 年。
張德澤，《清代國家機關考略》，北京：中國人民大學出版社，1981 年。
莊吉發，《故宮檔案述要》，臺北：國立故宮博物院，1983 年。
莊吉發，《清世宗與賦役制度的改革》（臺北：臺灣學生書局，1985 年。
莊吉發編譯，《康熙滿文嘉言選：都俞吁咈》，臺北：文史哲出版社，2013 年。
郭成康，《十八世紀的中國政治》，臺北：雲龍出版社，2003 年。
陳　鋒，《清代軍費研究》，武昌：武漢大學出版社，1992 年。
陳文石，《明清政治社會史論》，臺北：臺灣學生書局，1911 年。
陳顧遠，《中國法制史概要》，北京：商務印書館，2011 年。
陶晉生，《女真史論》，臺北：食貨出版社，1981 年。
傅宗懋，《清代督撫制度》，臺北：國立政治大學，1963 年。
黃仁宇，《中國大歷史》，臺北：聯經出版事業公司，1993 年。
黃本驥編，《歷代職官表》，上海：上海古籍出版社，1980 年。
黃惠賢、陳　鋒，《中國俸祿制度史》，武昌：武漢大學出版社，2012 年。
黃源盛，《法律繼受與近代中國法》，臺北：元照出版公司，2007 年。
葉高樹，《清朝前期的文化政策》，臺北：稻鄉出版社，2002 年。
路康樂（Edward J．M．Rhoads）著，王琴、劉潤堂譯，《滿與漢—清末民初的族群關係與政治權力（1861-1928）》（*Manchus and Han：Ethnic Relations and Political Power in Late Qing*

and Early Republic China, 1861-1928），北京：中國人民大學出版社，2010 年。

趙志強，《清代中央決策機制研究》，北京：科學出版社，2007 年。

劉小萌，《滿族從部落到國家的發展》，北京：中國社會科學出版社，2007 年。

劉小萌，《清代北京旗人社會》，北京：中國社會科學出版社，2008 年。

劉　偉，《晚清督撫政治——中央與地方關係研究》，武漢：湖北教育出版社，2003 年。

歐立德（Mark C. Elliott）著，青　石譯，《乾隆帝》，北京：社會科學文獻出版社，2014 年。

蕭啟慶，《元代進士輯考》，臺北：中央研究院歷史語言研究所，2012 年。

賴惠敏，《天潢貴冑——清皇族的階層結構與經濟生活》，臺北：中央研究院近代史研究所，1997 年。

錢　穆，《國史大綱》，收入《錢賓四先生全集》，第 27 冊，臺北：臺灣商務印書館，1993 年。

錢　穆，《中國歷代政治得失》，收入《錢賓四先生全集乙編》，第 31 冊，臺北：聯經出版社，1995 年。

錢　穆，《國史新論・中國歷史上的傳統政治》，收入《錢賓四先生全集乙編》，第 30 冊，臺北：聯經出版社，1995 年。

錢實甫編，《清代職官年表》，北京：中國人民大學出版社，1981 年。

瞿同祖著，范忠信、晏　鋒譯，《清代地方政府》，北京：法律出版社，2003 年。

魏秀梅編，《清季職官表：附人物錄》，北京：中華書局，2013 年。

羅爾綱，《綠營兵志》，重慶：商務印書館，1945 年。

Folsom, Kenneth E. *Friends, Guests, and Colleagues : The Mu-fu System in the Late Ch'ing Period*, Berkeley: University of California

Press, 1968.

Wong, J. Y. *Yeh Ming-Ch'en: Viceroy of Liang Kuang (1852-8)*, New York: Cambridge University Press, 1976.

期刊論文

王雪華，〈督撫與清代政治〉，《武漢大學學報（社會科學版）》，1992年第1期，武漢，1992年11月，頁74-80。

王業鍵，〈十八世紀福建的糧食供需與糧價分析〉，收入王業鍵，《清代經濟史論集（二）》，臺北：稻鄉出版社，2003年，頁119-150。

王德金，〈淺析明代的督撫〉，《河北大學學報（哲學社會科學版）》，2001年第4期，保定，2001年7月，頁39-43。

古鴻廷、傅光森，〈清代部院大臣陞遷模式之探討〉，《朝陽學報》，第1期，臺中，1996年6月，頁39-53。

田　濤，〈虛假的材料與結論的虛假——從《崇德會典》到《戶部則例》〉，收入倪正茂編，《批判與重建：中國法律史研究反撥》，北京：法律出版社，2002年，頁203-262。

吳元豐，〈《滿文老檔》芻議〉，《故宮學術季刊》，第28卷第2期，臺北，2010年12月，頁213-234。

吳吉遠，〈清人論職官俸祿與廉潔之補正〉，《史學月刊》，1994年第6期，開封，1994年6月，頁42-46。

宋純路，〈明代巡撫及明政府對它的控制〉，《長春師範學院學報》，第20卷第2期，長春，2001年7月，頁36-39。

李　洵，〈清前期廣東督撫及其對地區發展的影響（哲學社會科學版）〉，《東北師大學報》，1988年第1期，長春，1988年3月，頁36-43。

李仁淵，〈評 *Qing Governors and Their Provinces: The Evolution of Territorial Administration in China, 1644-1796*〉，《新史學》，第22卷第4期，臺北，2011年12月，頁229-239。

李弘祺，〈公正、平等與開放——略談考試制度與傳統中國的社會結構〉，收入李弘祺，《宋代教育散論》，臺北：東昇出版社，1980 年，頁 23-34。
李典蓉，〈試論清太宗朝的「崇德會典」〉，《法制史研究》，第 4 期，臺北，2003 年 12 月，頁 281-303。
李學智，〈明清檔案存真選輯·第二集·解題〉，收入李光濤、李學智編著，《明清檔案存真選輯二集》，臺北：中央研究院歷史語言研究所，1973 年。
孟　森，〈八旗制度考實〉，收入孟森，《明清史論著集刊》，臺北：南天書局，1987 年，頁 218-310。
岸本美緒，〈「風俗」與歷史觀〉，《新史學》，第 13 卷第 3 期，臺北，2002 年 9 月，頁 1-20。
岸本美緒，〈清代前期江南的米價動向〉，收入岸本美緒著，劉迪瑞譯，《清代中國的物價與經濟波動》，北京：社會科學文獻出版社，2010 年，頁 85-124。
岸本美緒，〈清代前期江南的物價動向〉，收入岸本美緒著，劉迪瑞譯，《清代中國的物價與經濟波動》，北京：社會科學文獻出版社，2010 年，，頁 125-160。
林　乾，〈咸豐後督撫職權的膨脹與晚清政治〉，《社會科學戰線》，1989 年第 1 期，北京，1989 年 3 月，頁 142-148。
林　乾，〈近十年來明清督撫制度研究簡介〉，《中國史研究動態》，1991 年第 2 期，北京，1991 年，頁 21-26。
林麗月，〈科場競爭與天下之「公」：明代科舉區域配額問題的一些考察〉，《國立臺灣師範大學歷史學報》，第 20 期，臺北，1992 年 6 月，頁 43-73。
林麗月，〈明代禁奢令初探〉，《臺灣師大歷史學報》，第 22 期，臺北，1994 年 6 月，頁 57-84。
柏清韻（Bettine Birge）著，柳立言譯，〈元代的收繼婚與貞節觀的復興〉，收入柳立言編，《宋元時代的法律思想和社會》，臺北：國立編譯館，2001 年，頁 387-428。

范玉春，〈明代督撫的職權及其性質〉，《廣西師範大學學報（哲學社會科學版）》，1989 年第 4 期，桂林，1989 年 5 月，頁 49-55。

韋慶遠，〈論清代官場的陋規〉，收入韋慶遠，《明清史新析》，北京：中國社會科學出版社，1995 年，頁 242-286。

韋慶遠，〈論八旗生計〉，收入韋慶遠，《明清史新析》，北京：中國社會科學出版社，1995 年，頁 412-431。

孫守朋，〈20 世紀 60 年代以來清前期督撫研究綜述〉，《平頂山學院學報》，第 23 卷第 1 期，平頂山，2008 年 2 月，頁 38-41。

徐中舒，〈內閣大庫檔案之由來及其整理〉，收入徐中舒，《徐中舒歷史論文選輯》，上冊，北京：中華書局，1998 年，頁 294-321。

徐中舒，〈再述內閣大庫檔案之由來及其整理〉，收入徐中舒，《徐中舒歷史論文選輯》，上冊，北京：中華書局，1998 年，頁頁 322-377。

徐春峰，〈清代督撫制度的確立〉，《歷史檔案》，2006 年第 1 期，北京，2006 年 2 月，頁 62-71。

高　翔，〈也論軍機處、內閣和專制皇權——對傳統說法之質疑，兼析奏摺制之源起源〉，《清史研究》，1996 年第 2 期，北京，1996 年 5 月，頁 20-29。

高　翔，〈尹繼善述論〉，《清史研究》，1995 年第 1 期，北京，1995 年 2 月，頁 27-37。

高明士，〈法文化的定型：禮主刑輔原理的確立〉，收入柳立言編，《中國史新論——法律史分冊》，臺北：聯經出版事業公司，2008 年，頁 51-101。

國立北平故宮博物院文獻館，〈國立北平故宮博物院文獻館二十四年度工作報告〉，國立北平故宮博物院編，《文獻論叢》，〈附錄〉，收入國立北平故宮博物院編，《文獻特刊論叢專刊合集》，臺北：臺聯國風出版社，1967 年，頁 34-35。
張永江，〈八旗蒙古任官初探〉，收入《蒙古史研究‧第 3 輯》，呼和浩特：內蒙古大學出版社，1989 年，頁 150-181。
張　杰，〈清代八旗滿蒙科舉世家論述〉，《滿族研究》，第 1 期，北京，2002 年 7 月，頁 35-39。
張　杰，〈清代科舉制度對滿洲文化發展的多元影響〉，《學習與探索》，2004 年第 4 期，哈爾濱，2004 年 4 月，頁 129-133。
張晉藩，〈再論崇德會典〉，收入朱勇編，《《崇德會典》、《戶部則例》及其他——張晉藩先生近期研究論著一瞥》，北京：法律出版社，2003 年，頁 3-18。
張晉藩、郭成康，〈清《崇德會典》試析〉，收入朱勇編，《《崇德會典》、《戶部則例》及其他——張晉藩先生近期研究論著一瞥》，北京：法律出版社，2003 年，頁 19-32。
張瑞德，〈測量傳統中國社會流動問題方法的探討〉，《食貨月刊》，第 5 卷第 9 期，臺北，1975 年 12 月，頁 436-441。
張德澤，〈軍機處及其檔案〉，《文獻論叢‧論述二》，收入國立北平故宮博物院編，《文獻特刊論叢專刊合集》，臺北：臺聯國風出版社，1967 年，頁 57。
莊吉發，〈文獻足徵——《滿文原檔》與清史研究〉，收入莊吉發，《清史論集（一）》，臺北：文史哲出版社，1997 年，頁 39-74。
莊吉發，〈清高宗敕譯《四書》的探討〉，收入莊吉發，《清史論集（四）》，臺北：文史哲出版社，2000 年，頁 61-76。
莊吉發，〈傳統與創新—清朝國史館暨民初清史館纂修列傳體例初探〉，收入莊吉發，《清史論集（十八）》，臺北：文史哲出版社，2008 年，頁 7-80。
莊吉發，〈滿洲語文在清朝歷史舞臺上所扮演的角色〉，收入莊吉發，《清史論集（二十三）》，臺北：文史哲出版社，2013 年，頁 214-302。

莊吉發，〈*jedzi: bukdari*——清朝滿文奏摺制度的沿革〉，收入莊吉發，《清史論集（二十四）》，臺北：文史哲出版社，2015年，頁 54-127。

許富翔，〈清代的旗、民關係：以江寧駐防為例〉，收入中國社會科學院近代史研究所政治史研究室編，《清代滿漢關係研究》，北京：社會科學文獻出版社，2011 年，頁 213-238。

陳文石，〈清代的筆帖式〉，收入陳文石，《明清政治社會史論》，臺北：臺灣學生書局，1991 年，頁 599-621。

陳文石，〈清代滿人政治參與〉，收入陳文石，《明清政治社會史論》，臺北：臺灣學生書局，1991 年，頁 651-754。

陳捷先，〈從清初中央建置看滿洲漢化〉，收入陳捷先，《清史論集》，臺北：東大圖書公司，1997 年，頁 119-135。

陳捷先，〈清代滿俗漢化略考〉，《國立臺灣大學歷史學系學報》，第 15 期，臺北，1990 年 12 月，頁 207-215。

傅宗懋，〈清代督撫職權演變之研析〉，《政大學報》，第 6 期，臺北，1962 年 12 月，頁 379-409。

喬治忠，〈《舊滿洲檔》與《內國史院檔》關係考析〉，《歷史檔案》，1994 年第 1 期，北京，1994 年 3 月，頁 80-83。

單士魁，〈清代題本制度考〉，《文獻論叢・論述二》，收入國立北平故宮博物院編，《文獻特刊論叢專刊合集》，臺北：臺聯國風出版社，1967 年，頁 177-189。

覃壽偉，〈近二十年來明清督撫研究綜述〉，《漳州師範學院學報(哲學社會科學版)》，2009 年第 2 期，漳州，2009 年 6 月，頁 126-131。

黃冕堂，〈清代糧食價格問題探軌〉，收入黃冕堂編著，《中國歷代物價問題考述》，濟南：齊魯書社，2008 年，頁 308-375。

黃麗君，〈清初滿人守制考實〉，《中正歷史學刊》，第 8 期，嘉義，2006 年 3 月，頁 249-269。

黃麗君，〈皇帝及其包衣奴才：論清代皇權及內務府官僚體制〉，臺北：國立臺灣大學歷史學系博士論文，2014 年。
楊軍民，〈「邊塞」與「旗員」：清代陝甘總督群體結構特徵考論〉，《陰山學刊》，第 28 卷第 1 期，包頭，2015 年 2 月，頁 75。
葉高樹，〈「參漢酌金」：清朝統治中國成功原因的再思考〉，《臺灣師大歷史學報》，第 36 期，臺北，2006 年 12 月，頁 153-192。
葉高樹，〈「滿族漢化」研究上的幾個問題〉，《中央研究院近代史研究所集刊》，第 70 期，臺北，2010 年 12 月，頁 195-218。
葉高樹，〈清朝的旗學與旗人的繙譯教育〉，《臺灣師大歷史學報》，第 48 期，臺北，2012 年 12 月，頁 71-154。
葉高樹，〈清朝的繙譯科考制度〉，《臺灣師大歷史學報》，第 49 期，臺北，2013 年 6 月，頁 47-136。
葉高樹，〈繙譯考試與清朝旗人的入仕選擇〉，《臺灣師大歷史學報》，第 52 期，臺北，2014 年 12 月，頁 95-132。
達力扎布，〈《清內秘書院蒙古文檔案彙編》評介〉，收入齊木德道爾吉、寶音德力根主編，《蒙古史研究．第十輯》，呼和浩特：內蒙古大學出版社，2010 年，頁 328-335。
趙中男，〈明代巡撫制度的產生及其作用〉，《社會科學輯刊》，1996 年第 2 期，瀋陽，1996 年，頁 101-104。
劉世珣，〈清中期以後的旗務政策（1870-1911）〉，臺北：國立臺灣師範大學歷史學系碩士論文，2012 年。
劉咏梅，〈論清初漢軍旗人督撫的歷史作用〉，《北京城市學院學報》，2001 年第 4 期，北京，2001 年 12 月，頁 75-80。
劉鳳雲，〈清代督撫與地方官的選用〉，《清史研究》，1996 年第 3 期，北京，1996 年 8 月，頁 22-30。
劉鳳雲，〈清康熙朝漢軍旗人督撫簡論〉，收入閻崇年主編，《滿學研究．第 7 集》，吉林：吉林文史出版社，2002 年，頁 350-372。
劉鳳雲，〈從康雍乾三帝對督撫的簡用談清代的專制皇權〉，《河南大學學報(社會科學版)》，第 44 卷第 3 期，開封，2004 年 5 月，頁 60-63。

劉增貴，〈中國禮俗史研究的一些問題〉，收入劉增貴編，《法制與禮俗》，臺北：中央研究院歷史語言研究所，2002 年，頁 157-203。

暴景升，〈清末督撫的崛起與中央權威的衰落〉，收入朱誠如等編，《明清論叢·第 14 輯》，北京：紫禁城出版社，2014 年，頁 75-85。

蔡名哲，〈滿洲人的淳樸從何談起：一個研究概念的探討〉，《成大歷史學報》，第 49 期，臺南，2015 年 12 月，頁 213-256。

蔡松穎，〈皇太極時期的漢官（1627-1643）〉，臺北：國立臺灣師範大學歷史學系碩士論文，2011 年。

鞠德源，〈清朝皇族宗譜與皇族人口初探〉，收入中國第一歷史檔案館編，《明清檔案與歷史研究——中國第一歷史檔案館六十周年紀念論文集》，上冊，北京：中華書局，1988 年，頁 408-440。

魏秀梅，〈從量的觀察探討清季督撫的人事遞嬗〉，《中央研究院近代史研究所集刊》，第 4 期，臺北，1973 年，頁 259-292。

魏復古（Karl A. Wittfogel）著，蘇國良等譯，〈中國遼代社會史（九〇七～一一二五年）總述〉，收入鄭欽仁、李明仁譯，《征服王朝論文集》，臺北：稻鄉出版社，1999 年，頁 1-69。

羅麗達，〈清初江南地方行政上的滿漢政治衝突－張伯行噶禮互參案研究〉，《新史學》，第 7 卷第 3 期，臺北，1996 年 9 月，頁 49-90。

羅繼祖，〈清初督撫多遼東人〉，《吉林大學社會科學學報》，1980 年第 5 期，長春，1980 年 5 月，頁 72。

關文發，〈試論明代督撫〉，《武漢大學學報（社會科學版）》，1989 年第 6 期，武漢，1989 年 6 月，頁 83-92。

關笑晶，〈清代滿族的喪葬習俗－－從《禦制增訂清文鑒》談起〉，《滿語研究》， 2010 年第 1 期，哈爾濱，2010 年 6 月，頁 91-103。

關曉紅，〈陶模與清末新政〉，《歷史研究》，2003 年第 6 期，北京，2003 年 12 月，頁 72-89。

關曉紅，〈清季督撫文案與文案處考略〉，《近代史研究》，2006 年第 3 期，北京，2006 年 5 月，頁 140-150。

神田信夫，〈清初の文館について〉，《東洋史研究》，第 19 卷第 3 期，東京，1960 年 12 月，頁 36-52。

Guy, R. Kent. "Rule of Man and the Rule of Law in China: Punishing Provincial Governors during the Qing," in James V. Feinerman, and R. Kent Guy, eds., *The Limits of the Rule of Law in China*, Seattle: University of Washington Press, 2000.

Rowe, William. "Education and Empire in Southwest China: Ch'en Hung-mou in Yunnan, 1733-38," in Benjamin A. Wlman and Alexander Woodside, eds., *Education and Society in Late Imperial China,1600-1690*, Berkeley: University of California Press, 1994.

Rowe, William. "Introduction: The Significance of the Qianlong-Jiaqing Transition in Qing History," *Late Imperial China*, 32:2 (December 2011), 74-88.

其　他

〈人名權威人物傳記資料查詢〉

http://archive.ihp.sinica.edu.tw/ttsweb/html_name/search.php (臺北：中央研究院歷史語言研究所)。